U0903466

两岸及港澳法制研究论丛

纪念澳门基本法实施十周年学术研讨会
暨中国宪法学研究会两岸及港澳法制研究专业委员会
第一次全体会议论文集

两岸及港澳法制研究论丛（第一辑）

周叶中　邹平学　主编

厦门大学出版社
XIAMEN UNIVERSITY PRESS
国家一级出版社
全国百佳图书出版单位

出版说明

2008年10月在四川省成都市召开的中国法学会宪法学研究会2008年年会上，中国法学会宪法学研究会第六届理事会宣布成立两岸及港澳法制研究专业委员会。这是中国法学会宪法学会同人致力于宪法学中国化发展，重视研究港澳、两岸关系等宪法学的中国问题的重要学术平台。为更好地促进港澳、两岸问题的法制研究，为学界同人提供一个港澳和两岸法制专题学术讨论的平台和信息交流的园地，中国法学会宪法学研究会两岸及港澳法制研究专业委员会决定不定期编辑出版《两岸及港澳法制研究论丛》，诚邀内地和港澳台同行热情参与，共襄此举。

2009年11月21日，由中国法学会宪法学研究会两岸及港澳法制研究专业委员会、深圳大学港澳基本法研究中心、深圳大学法学院和武汉大学比较宪法研究中心共同举办的“纪念澳门基本法实施十周年学术研讨会暨中国宪法学研究会两岸及港澳法制研究专业委员会第一次全体会议”在深圳大学成功举行，来自内地及港澳地区近100位学者和有关部门的官员参加了本次盛会。会议收到论文33篇，有22位学者作了主题发言，与会者针对港澳基本法和两岸关系和平发展等理论实践展开研讨。经专业委员会研究审定，决定将此次会议的30篇论文编辑成书，作为本论丛第一辑。

本书由深圳大学港澳基本法研究中心资助出版。全国人大常委会港澳基本法委员会、国务院台湾事务办公室、中国法学会宪法学研究会韩大元会长、深圳大学港澳基本法研究中心主任董立坤教授对本次会议的召开和本书的出版给予了大力支持，厦门大学出版社法律编辑室为本文集出版做了大量工作，在此谨致谢忱！

本文集由武汉大学周叶中教授、深圳大学邹平学教授主编，深圳大学叶海波副教授参与了编辑工作。由于水平所限，疏漏和不当之处在所难免，敬请读者诸君批评指正。

周叶中　邹平学

2010年8月28日

目 录

“一国两制”理论问题及其成功实践

港澳基本法实施与港澳政制法制的运行实践

两岸关系和平发展

“一国两制”理论问题及其成功实践

论一国两制中的几个宪法问题

骆伟建 *

“一国两制”从理论到实践，从政策到法律，从过渡时期到特别行政区，已经经历了20多个年头。在“一国两制”和基本法的实施中，宪法与基本法的关系、宪法与特别行政区的关系、基本法与法律体系的关系、基本法与法律解释制度的关系，始终引起社会和理论界的广泛关注。对于宪法学和“一国两制”理论来说，必须对这四个最基本的问题作出回应，消除一些误解和偏见。

一、宪法与基本法的关系

(一)宪法是基本法的立法依据，还是宪法中的某一条是基本法的立法依据？

宪法学的一般理论告诉我们，宪法是国家一切法律的立法依据。这种说法在“一国一制”下是毫无疑问的常识，从没有受到挑战。但是，在“一国两制”的条件下，有人提出，不能笼统地说宪法是基本法的立法依据，应该具体地说宪法中的第31条才是基本法的立法依据。那么，原有的定论是否仍然适用？或者原有的常识是否应该修改？

1. 从基本法的规定上看，宪法就是基本法的立法依据

香港、澳门特别行政区基本法序言第三段规定：“根据中华人民共和国宪法，全国人民代表大会特制定中华人民共和国(香港、澳门)特别行政区基本法，规定(香港、澳门)特别行政区实行的制度，以保障国家对(香港、澳门)的基

* 澳门大学法学院教授，博士生导师，法学博士。

本方针政策的实施。”所以，中华人民共和国宪法是制定基本法的法理依据，这个命题是十分肯定，又非常明确的。

2. 从宪法与基本法关系的内在逻辑上看，宪法也是基本法的立法依据

何谓立法依据？应是指立法合法性的法律根据，具体而言包含立法权的法源、立法内容的合法性获得。按照这一标准，全国人民代表大会制定基本法的权力来源于《宪法》第 62 条关于全国人民代表大会行使职权中的第 3 款“制定和修改刑事、民事、国家机构的和其他的基本法律”，第 13 款“决定特别行政区的设立及其制度”，以及第 31 条“国家在必要时得设立特别行政区。在特别行政区内实行的制度按照具体情况由全国人民代表大会以法律规定”的条文。《宪法》第 62 条是全国人大立法权的一般规定，《宪法》第 31 条是全国人大制定基本法的直接权力的来源。虽然《宪法》第 31 条授权人大制定基本法，为立法权的合宪性提供了依据，然而，并不等于制定基本法内容是否合宪也仅仅依据第 31 条。立法权的合宪性与立法内容的合宪性既有联系，也有区别。特区基本法的内容是否合宪，要以宪法为依据，不是以宪法某一条为依据。正如全国人民代表大会在通过基本法的决定中指出，“（香港、澳门）特别行政区基本法是根据《中华人民共和国宪法》按照（香港、澳门）的具体情况制定的，是符合宪法的”①。符合宪法的含义，不是仅仅指符合《宪法》第 31 条。

3. 基本法仅是根据《宪法》第 31 条制定的说法是有问题的

第一，把制定基本法的立法依据与设立特别行政区的法律依据混为一谈。特别行政区设立的法律依据和特别行政区基本法制定的法律根据有所不同。特别行政区是根据《宪法》第 31 条规定由国家设立的。因为《宪法》第 30 条规定了中国行政区划的一般制度，包括普通行政区、民族区域自治区。如果没有例外的规定，就不可能设立特别行政区。所以，《宪法》第 31 条针对中国行政区划制度作出特殊规定，根据需要可设立特别行政区。

第二，把制定基本法的依据之一变成了唯一依据。《宪法》第 31 条是制定基本法的宪法依据之一，在《宪法》第 31 条的规定中，要求全国人民代表大会根据具体情况制定基本法，规定特别行政区的制度。根据《宪法》第 31 条的规定，允许在两种不同制度下，特别行政区可以有不同于宪法另一制的规定。换

---

① 参见《全国人民代表大会关于〈中华人民共和国香港特别行政区基本法〉的决定》和《全国人民代表大会关于〈中华人民共和国澳门特别行政区基本法〉的决定》。

一种说法，没有《宪法》第31条的规定，就没有基本法有关特别行政区社会、经济制度，居民基本权利和自由制度，行政、立法和司法制度的规定，也就没有基本法第11条第1款“根据中华人民共和国宪法第三十一条，(香港、澳门)特别行政区的制度和政策，包括社会、经济制度，有关保障居民的基本权利和自由的制度，行政管理、立法和司法的制度，以及有关政策，均以本法的规定为依据”的规定。

《宪法》第31条是宪法有关两种社会制度的特殊条文，所以，基本法规定的特别行政区的社会制度，虽然与宪法的相应条文不同，并不构成违反宪法而无效。而且，《宪法》第31条，也是一个授权条文，授权基本法根据“一国两制”，港澳社会情况，作出特别规定。

但是，基本法制定的宪法依据，不限于《宪法》第31条，还要根据宪法中的“一国”规范作出相应的规定。如基本法规定，特别行政区直辖于中央人民政府，其法律依据是宪法关于国务院统一领导全国地方各级政府的规定。基本法在中央与特区关系的条文中，体现全国人民代表大会及其常委会的地位与职权、国务院的地位与职权的规定，均源自宪法有关中央国家机关地位、职权的规定。基本法关于解释和修改的规定，也是以宪法关于法律解释和修改的规定为基础。所以，认为制定基本法唯一的法律依据就是《宪法》第31条，除此之外，宪法的其他规定对基本法不发生作用，是不正确的。这种观点实际上把宪法高于基本法变成一个空洞的概念，基本法不受宪法的约束，最终结果是特区可以不受宪法的约束，“一国”的宪制基础也就没有了。

所以，基本法在序言中，对设立特别行政区和制定基本法的法律依据，分别作了说明。基本法序言第二段规定，全国人民代表大会根据我国《宪法》第31条的规定，设立特别行政区。第三段规定，全国人民代表大会根据宪法制定特别行政区基本法。

因此，宪法整体上作为立法依据的通说并没有过时，仍然有效。但是，在“一国两制”下，宪法作为基本法的立法依据的内涵有所变化，即在“一国”方面，基本法的规定必须与宪法相应的规定保持一致，但在“两制”方面，基本法可以在宪法的授权下作出不同于宪法的规定。然而，不论是一致，还是不相同，都是宪法整体中不可分割的部分。

（二）宪法是基本法的唯一立法依据，还是联合声明也是立法依据之一？

根据上述，宪法是基本法的立法依据是无可辩驳的。那么，中英、中葡联合声明这两份国际文件是否也是制定基本法的立法依据呢？宪法、基本法和联合声明之间究竟是一种什么关系？

1. 中英、中葡联合声明不是基本法的立法依据

立法依据的含义之一，是指能够作为立法内容的合法性的判断标准。如何确定立法内容的合法性依据，应由规范性文件在一国法律体系中的地位来决定。制定法律不能抵触宪法，所以宪法是法律的立法依据。制定行政法规等其他规范性文件不能抵触法律，所以，宪法和法律是其立法的依据。

国际条约或协议要成为国内立法的依据，前提必须是已经成为国内法的一部分并产生了法律的效力。它要成为国内法的一部分，首先，需要经过一定的程序，通常有两种方法，一种是纳入式，另一种是转换式。其次，如果不是采用纳入的程序，需要经过立法转换，在此之前不可能产生效力，当然谈不上它是其他规范性文件的立法依据。

根据以上原理，不论是纳入还是转换，国际条约成为国内法的一部分，是以宪法为基础的，并以宪法规定它在国内法体系中的地位和效力。如，《大韩民国宪法》第 5 条第 1 款明确规定："按照本宪法正式批准和公布的条约和公认国际法规则应与大韩民国的国内法具有同样的效力。"

中国宪法对国际法在国内法体系中的地位并没有明确的规定。但在具体的法律中有所规范。如，在《民法通则》第 142 条中规定："中华人民共和国缔结或者参加的国际条约同中华人民共和国的民事法律有不同规定的，适用国际条约的规定……"

从逻辑上说，联合声明必须经过国内立法的程序才能成为国内法的一部分，基本法就是通过立法程序将联合声明转换成了国内法。中国政府在联合声明第 2 条第 12 项中说："上述基本政策和本联合声明附件一所作的具体说明，将由中华人民共和国全国人民代表大会以中华人民共和国（香港、澳门）特别行政区基本法规定之，并在五十年内不变。"基本法将政策变成法律。

国际法转换为国内法的依据是宪法，联合声明是被转换的对象，基本法是转换的结果，所以，转换的对象不能是转换结果的依据。因为它们处在同一个过程中，是因果关系，一个事物的两个不同阶段。而立法依据关系，在本质上

是体现不同规范之间的效力高低的关系，是两个不同规范之间的关系。

2. 将中英、中葡联合声明视为基本法的立法依据是不准确的，是把中国制定基本法的立法依据与中国履行国际法义务混为一谈

中英《关于香港问题的联合声明》、中葡《关于澳门问题的联合声明》由七个条文组成。具体可分为两个部分，一部分是中英、中葡双方共同声明，主要是确认1997年7月1日和1999年12月20日中国对香港和澳门恢复行使主权，以及在中英、中葡联合声明签署后至1997年7月1日和1999年12月20日过渡期间，英国、葡国继续负责香港、澳门的行政管理，中国给予合作。这部分事务是需要双方共同完成的。另一部分是中国政府的单方面声明，主要宣布对香港和澳门执行“一国两制”、高度自治、“港人治港”、“澳人治澳”的基本政策，并承诺由全国人民代表大会将有关的基本政策以基本法规定之。这部分事务应该是由中国自己来完成的，即由全国人民代表大会依据宪法来制定基本法，由于制定基本法是属于中国主权内的事务，不可能由中英、中葡共同制定基本法。但是，全国人民代表大会在制定基本法的时候，要履行中国政府在中英、中葡联合声明中所作的承诺，将有关的政策写入基本法。可以说，联合声明中的中国政府的单方面声明是基本法的立法政策。

落实联合声明是中国应该履行的义务。但履行义务与立法依据是两个不同的概念。立法依据是上位法与下位法的关系，违反立法依据而制定的规范性文件，其后果是丧失效力。法院不能适用违反立法依据的规范性文件。所以，立法依据是国内法律体系的问题。履行义务是缔约方执行条约的规定，是属于国际法律体系的问题。对缔约方有拘束力，需要善意履行。

国内法与国际法，虽然两者之间有联系，但属于两个不同的体系，国际法在一国内适用的理论，不论是一元论，还是二元论，不论孰先孰从，它的指向都是履行义务，缔约方或者直接适用或者通过具体立法适用国际法。由于国际法并不能限制国家的主权机构，如立法机关制定法律的行为，更不能以要求履行国际法为由，缔约一方宣布另一方的国内法违反国际法而无效。但是，作为国内法的立法依据就不同了，凡不符合立法依据的规范性文件一定是无效的，能制定作为立法依据的法律的主体也一定有权依法宣布违反立法依据的规范性文件无效。因此，立法依据与履行义务是不同的。

如果说中英、中葡联合声明是基本法的立法依据，就等于说，联合声明无须经过纳入或转换程序自然就是中国的国内法，它的效力高于法律，所以，能

够成为基本法的立法依据。这在逻辑上是违背上述常理的，与中国宪法的规定不符。

如果联合声明是基本法的立法依据，有些问题就变得模糊了：基本法的制定和实施是否应该由中英、中葡共同负责？特别行政区的事务不仅是中国的内政，还应是国际事务？特别行政区的高度自治权，不是中央政府授予的，是中英、中葡共同授予的，应该共治？因此，当混淆了立法依据与履行义务的概念，就会产生非常有害的后果。

二、宪法与特别行政区的关系

（一）宪法适用于特别行政区

1. 宪法是国家的根本大法，是国家主权在法律上的集中体现。因此，宪法的基本理论认为，宪法适用于一国领土所有范围。

那么，在“一国两制”下，宪法适用于特别行政区吗？如果适用于特别行政区，“两制”如何存在？“两制”的存在是否因违宪而无效？

有人提出，宪法在特别行政区不适用。这是割裂了宪法的整体与部分的关系。宪法作为一个整体，既是“一国”的体现，也允许“两制”的存在，正如在分析宪法是基本法的立法依据时说的，“一国”是宪法的一般条款，“两制”是宪法中的特殊条款，两者共存于宪法整体之中。所以，讲宪法适用于特别行政区，就是说宪法中的“一国”要适用于特别行政区，宪法中的“两制”也要适用于特别行政区，不能只有其中一部分适用于特别行政区。

2. 宪法中“一国”的规定适用于特别行政区，主要的宪法规范有：

第一，宪法对有关行使主权的国家机关的法律地位的规定，要适用于特别行政区。国家主权是通过国家机关来行使的，我国宪法明确规定行使主权的国家机关以及它们的法律地位，这些国家机关对外有权代表国家，不依赖于任何外国的国家政府和组织，有完全的独立性，对内全权领导国家内政事务，领导下级机关工作，有不可动摇的法律地位。我国《宪法》第 57 条规定，中华人民共和国全国人民代表大会是最高国家权力机关，它的常设机关是全国人民代表大会常务委员会。第 81 条规定，中华人民共和国主席代表中华人民共和国，进行国事活动，接受外交使节，等等。第 85 条规定，中华人民共和国国务院，即中央人民政府，是最高国家权力机关的执行机关，是最高国家行政机关。第 93 条规定，中华人民共和国中央军事委员会领导全国武装力量。上述规定对特别行政区是有约束力的，只有这样，才能做到统一行使国家主权。相反，如果上述宪法规范不适用于特别行政区，那么就等于要求特别行政区摆脱它们的领导和监督，显然违背“一国两制”的原则。

第二，宪法关于为行使国家主权而赋予中央国家机关相应的职权规范，对特别行政区要适用。也就是说，中央国家机关依照宪法规定，行使主权，作出一定的行为，特别行政区必须执行，不能拒绝。这是有效地行使国家主权的保障，也体现国家对特别行政区行使主权。正如我们前面已提到的，如果国家主席根据全国人大常委会的决定，宣布进入紧急状态、发布动员令，那么特别行政区就要执行。要是这类宪法规范不能适用于特别行政区，对它没有法律约束力，必然导致根据基本法对特别行政区行使外交、国防权力流为一句空话。

第三，宪法规定国家主权象征的规范要适用于特别行政区。一国的主权除了体现在它的国家权力内容上外，还通过一定的形式表现出来，作为主权的象征。宪法关于中华人民共和国国旗、国徽的规定适用于特别行政区，在中英、中葡联合声明中也是明确肯定的，即香港、澳门特别行政区要悬挂中华人民共和国国旗和国徽。

宪法中“两制”的规定也要适用于特别行政区，主要的宪法规范就是第 31 条，授权全国人民代表大会制定的特别行政区基本法可以规定不同于宪法中有关社会主义的制度。由于第 31 条是宪法中的特别条款，优先适用，所以，“两制”是由宪法保障的。

(二)宪法直接地适用于特别行政区

凡宪法中适用于特别行政区的规范应该是直接的适用。按照基本法第 11 条的规定，“特别行政区的制度和政策，包括社会、经济制度，有关居民的基本权利和自由制度，行政管理、立法和司法方面的制度，以及有关政策，均以基本法为依据”。从宪法与基本法的相互关系可以看到，属于《宪法》第 31 条规定所指的内容，并由基本法规范了的特别行政区制度和政策，以基本法为准。反之，基本法没有规范的，就应该以宪法的规定为依据。所以，宪法中的“一国”规范是直接可以在特别行政区适用的，不需要通过基本法间接产生效力，在特别行政区内任何违反宪法一国原则的抽象性行为或具体行为都是无效的。

基本法的这一规定，与澳门原有的《澳门组织章程》(原澳门的宪制文件)有相似之处。原《澳门组织章程》第2条规定："在不抵触共和国宪法与本章程的原则，以及在尊重两者所定的权利、自由与保障的情况下，其享有行政、经济、财政及立法自治权。"由于原《澳门组织章程》没有居民权利和自由的规定，所以，葡国宪法中的有关权利、自由和保障的规定也是直接在澳门适用。

在特别行政区的司法实践中，法官在审理案件时，其判决书的理由中就有直接引用中国宪法规定的情形。

所以，宪法在特别行政区直接适用是有理论和实践依据的。

三、宪法赋予基本法的特殊地位，构建了特区的法律体系

根据宪法的规定，中国的法律体系由宪法、基本法律、法律、行政法规、地方性法规和行政规章组成。它们的法律位阶依次排列。

但是，根据"一国两制"制定的基本法对宪法确立的法律体系产生了影响。

(一)基本法的属性和在法律体系中的地位

1. 基本法是一部全国性的法律，是国家的基本法律。

根据中国宪法和《中华人民共和国立法法》(以下简称《立法法》)的规定，基本法在国家法律体系中，其法律地位仅次于宪法，属于国家的基本法律。《宪法》第31条和《立法法》第8条均明确规定，特别行政区制度只能由法律规范。基本法虽然规定特别行政区的制度，但它是一部全国性的法律。因此，基本法作为全国性法律，不仅特别行政区要遵守，中国其他地区也要遵守。

2. 基本法是一部特别的全国性法律，属于基本法律中的特别法。

在宪法确立的法律体系中，在"一国两制"下，明确了特别法优于一般法的原则。基本法第18条规定："全国性法律除列于本法附件三者外，不在(香港、澳门)特别行政区适用。""列于附件三的法律应限于有关国防、外交和其他依本法规定不属于(香港、澳门)特别行政区自治范围的法律。"所以，全国性法律如与基本法规定不一致，则不可能在特别行政区适用。

基本法与其他全国性法律的关系，一方面，在特别行政区优先适用基本法。另一方面，基本法的适用有一定的保留范围。除有关国防、外交和其他依基本法规定属于中央管理的事务外，适用基本法，不适用内地法律。

但是，基本法的这种优先适用和保留范围本身也有例外的限制，即当全国人民代表大会常务委员会决定特别行政区进入战争状态或紧急状态，“中央人民政府可发布命令将有关全国性法律在特别行政区实施”。在这种条件下，基本法就失去优先适用和保留范围。

(二)基本法构建的特区法律体系

1. 特别行政区的法律必须以基本法作为立法依据，凡抵触基本法则无效。所以，特区的地方立法与国家的法律之间的关系，不再是如《立法法》所规定，地方性法规须以宪法、法律、行政法规为依据。特区的法律以基本法为依据、为核心，除受适用于特区的全国性法律约束外，无须以其他全国性法律为立法依据，因而，构建了“一国两制”下有特色的，由基本法，适用于特区的全国性法律，特区的法律、行政法规和其他规范性文件组成的地方法律体系。

2. 由于特区与内地法律制度的不同，又引申出内地与特区的司法协助的关系。由于法律制度的不同，内地与特区发生的法律关系，须以区域之间的司法协助的方式处理。在宪法规范的法律体系中，产生了不同法律之间要互相尊重、互相合作的关系。国家法制的统一，在“一国两制”下，有了例外的情况。如何进行区域之间的司法协助，是需要研究的重大课题。

因此，基本法的诞生，对宪法确立的法律体系产生了影响，使得构成法律体系的法律渊源之间的关系有了新的内容。

四、宪法创新了法律解释制度

基本法的解释与内地法律解释有所不同。它最大的特点是，既以中国宪法、中国立法法和全国人民代表大会常务委员会关于法律解释的规定为基础，又吸收了欧洲共同体法律解释制度的一些做法，形成了具有独特性的基本法解释制度，也为中国宪法中的法律解释制度作了一次重大的创新。

（一）坚持人大常委会解释法律的宪法权力

有人提出，基本法的解释权应属于特区的法院，人大常委会不应该解释基本法。这种剥夺人大常委会解释权的主张违背宪法的原则。

根据中国《宪法》第67条第1项和第4项的规定，全国人民代表大会常务委员会行使“解释宪法，监督宪法的实施”和“解释法律”的职权。因此，解释宪法和解释全国人民代表大会及其常务委员会制定的法律，是属于全国人民代表大会常务委员会的专属权力，它的解释具有最高法律效力。由于基本法是全国人民代表大会制定的全国性法律，当然应由人大常委会解释。所以基本法规定，“本法的解释权属于全国人民代表大会常务委员会”。

（二）根据一国两制授权特区法院解释基本法

根据全国人民代表大会常务委员会1981年6月10日通过的《关于加强法律解释工作的决议》，“一、凡关于法律、法令条文本身需要进一步明确界限或作补充规定的，由全国人民代表大会常务委员会进行解释或用法令加以规定。二、凡属于法院审判工作中具体应用法律、法令的问题，由最高人民法院进行解释。凡属于检察院检察工作中具体应用法律、法令的问题，由最高人民检察院进行解释。最高人民法院和最高人民检察院的解释如果有原则性的分歧，报请全国人民代表大会常务委员会解释或决定。三、不属于审判和检察工作中的其他法律、法令如何具体应用的问题，由国务院及主管部门进行解释。”据此，法律解释是以全国人大常委会的立法解释为主导，具有最高性。同时赋予行政、司法机关解释法律的权力，受人大立法解释的监督。立法解释是解决明确法律规范的界限问题，行政、司法解释是解决法律规范的具体适用问题。正因为中国的法律解释制度中在立法解释之外，行政和司法机关也可对法律进行解释，所以，基本法规定：“全国人民代表大会常务委员会授权（香港、澳门）特别行政区法院在审理案件时对本法关于（香港、澳门）特别行政区自治范围内的条款自行解释。”

但是，考虑到“一国两制”，特区法院在审理案件时，有时需要对基本法所有条款作解释，以保障审判的进行，所以，特别行政区法院解释基本法的范围、效力与内地法院解释法律的范围、效力是有所不同的。基本法规定：“（香港、澳门）特别行政区法院在审理案件时对本法的其他条款也可解释。但如（香港、澳门)特别行政区法院在审理案件时需要对本法关于中央人民政府管理的事务或中央和(香港、澳门)特别行政区关系的条款进行解释,而该条款的解释又影响到案件的判决,在对案件作出不可上诉的终局判决前,应由(香港、澳门)特别行政区终审法院提请全国人民代表大会常务委员会对有关条款作出解释,(香港、澳门)特别行政区法院在引用该条款时,应以全国人民代表大会常务委员会的解释为准。但在此前作出的判决不受影响。”

基本法的上述规定借鉴了欧洲共同体法律解释制度的做法,所以:

第一,特区法院一方面可对基本法赋予特区自治范围事务的条款自行解释,另一方面又可对基本法的其他条文解释,只是在最终判决时,该解释将影响判决的结果,由终审法院提请全国人民代表大会常务委员会解释,并以人大常委会解释为准。

第二,法院的解释,不仅是限于对基本法具体条文适用的解释,也涉及对基本法自治范围条文的内容、界限的解释。

(三)全国人大常务委员会解释基本法是全面的,可解释基本法所有条文

有人提出,既然法院可对自治范围的事务进行解释,为什么人大常委会还可解释呢?

虽然全国人民代表大会常务委员会授权特区法院对自治范围的条款自行解释,但是从解释权的角度理解,人大常委会应该可对基本法的所有条款进行解释,包括对自治范围的条款。只是解释中央管理事务和中央与特区关系条款与解释自治范围的条款在程序和方式上有所不同。

凡是人大常务委员会保留解释的条款,如遇需要解释时,可主动解释。凡是特区法院自行解释的条款,人大常务委员会不作主动解释。原因是:第一,自行解释,意味着法院在无须请示人大常务委员会的情况下,可解释基本法条款。因为是自行解释,人大常务委员会就不能先于法院而作出解释,否则,如果人大常务委员会主动解释,也就改变了自行解释的性质了。所以,只有在特区要求全国人民代表大会常务委员会对自治范围内的条款进行解释时,人大常务委员会才作解释。第二,从自行解释的条件和程序看,法院对基本法的自行解释必须是在审理案件时进行,对自行解释发生争议,只能在法院作出判决后出现。在此之前,不能由法院以外的机构进行解释,影响法院的独立审判。所以,人大常务委员会对基本法自治范围条款的解释,也只能在法院判决后,

经特区的请求作出。人大常务委员会经特区请求解释自治范围内的条款，不是干预特区自治，因为对基本法行使解释权是基本法赋予全国人民代表大会常务委员会的职权，只要遵循不主动解释的程序就可以。第三，从全国人民代表大会常务委员会审查特区立法会备案的法律范围看，也体现对特区自治范围的条款不主动解释的精神。如澳门基本法第 17 条第 3 款规定，全国人大常委会可将澳门特别行政区立法机关制定的法律发回，但仅限于澳门特别行政区立法机关制定的任何不符合澳门基本法关于中央管理的事务及中央与澳门关系条款的法律。反过来说，对立法会制定的法律，限于自治范围的事务，并不审查和发回。不审查，也就意味着不对基本法有关特区自治范围内的条款主动解释。

（四）人大常委会对法院解释进行监督

有人提出，人大常委会对法院解释进行监督，是否干预了法院的独立审判？

基本法的解释权属于全国人民代表大会常务委员会，人大常务委员会又授权特区法院解释基本法。所以，在人大常务委员会与特区法院之间存在一种授权与监督的关系，即授权者对被授权者解释基本法有监督权。如果法院解释基本法存有问题，人大应可作出正确的解释。法院在以后的审理中，应以人大常务委员会解释作为判决的依据。这样的安排并不干预法院的独立审判。

第一，法律的解释权与审判权是两个不同性质的概念。解释权是通过对法律的解释，明确法律条款的真实含义和界限。审判权是解决具体的法律如何适用于案件，解决和排除纠纷的问题。前者是法律自身的问题，后者是法律适用的问题。

第二，因为两者性质不同，就不存在解释权干预审判权的问题。法律解释机关作出解释后，如何将法律适用于个案，完全由法院自行决定，不受其他机关干涉。

所以，人大常务委员会只对特区法院解释基本法进行监督，不对特区法院审判权进行监督。因此，基本法规定，对在人大常委会作出解释前已经生效的法院判决无溯及力，即“但在此前作出的判决不受影响”。

因此，基本法的解释制度既坚持了宪法规定的原则，又根据“一国两制”的需要进行了创新。

坚持原则体现在:第一,基本法的最终解释属于人大常委会,人大常委会的解释并具有最高效力。第二,法院在适用基本法时的解释,如与人大常委会解释不一致,以人大常委会解释为准。第三,人大常委会对基本法的所有条款进行解释。第四,人大常委会对法院解释基本法进行监督。

创新之处表现在:第一,人大常委会主动解释基本法限于中央管理的事务条款。第二,特区自治事务的条款由法院自行解释。第三,扩大了法院对法律解释的范围,授权法院可以对中央管理事务的条款进行解释,只是要求在终局判决前,须提请人大常委会解释,并以人大常委会解释为准。

综上所述,宪法是基本法的唯一立法依据,宪法应该直接适用于特别行政区,基本法确立了在法律体系中的特殊地位,构建了特区的独特法律体系,基本法也创新了法律解释制度。

论澳门基本法实施的成功经验

王禹*

澳门回归已经十年，澳门基本法实施也已经十年。这里对澳门基本法实施的成功经验谈点粗浅意见。

第一，正确处理了中央与特区的关系。

澳门基本法明确规定了澳门特别行政区是中华人民共和国不可分离的部分，澳门特别行政区是我国享有高度自治权的地方行政区域，直辖于中央人民政府。因此，澳门特别行政区与中华人民共和国的关系是地方与中央的关系，而不是联邦制下联邦与属邦的关系，也不是宗主国与附属地的关系。

正确处理中央与澳门特别行政区的关系，必须牢牢把握澳门是我国单一制下地方行政区域的定位。澳门的权力并非本身所固有，而是我国全国人大通过基本法授予的，而作为被授权的澳门，不能将自己的地位凌驾于中央之上，必须承认中央始终拥有撤销授权、改变授权和监督被授出权力行使的权力，是中央统一领导下的地方。

如澳门基本法第23条明确规定了特别行政区应自行立法维护国家安全。2009年，澳门特别行政区顺利完成了《维护国家安全法》的立法工作，成功落实了维护国家安全的宪制责任。

第二，行政主导体制初步确立并得到了有效运作。

澳门基本法虽然没有明确出现行政主导字样，但行政主导是政治体制的基本特征，却是确定无疑的。澳门基本法明确规定行政长官具有双重法律地位和双重身份，既是地区首长，也是行政首长，在行政与立法的相互关系中，要起到主导的作用。

澳门基本法规定行政长官有权委任立法会七名议员，行政长官有权制定

* 澳门理工学院一国两制研究中心副教授、法学博士。

行政法规，这些规定加强了行政主导体制运作的能力。回归十年，行政与立法基本上顺利运作，能够较好地配合，其间出现欧文龙案件，特区政府的强势形象有一定影响，但没有受到根本性伤害。当然，行政主导并不是指行政独大，不是指行政不受任何制约和监督。澳门社会现在对立法会监督功能的认识正在进一步深化，要求加强对政府的监督和制约的呼声也在进一步高涨。

司法独立是澳门政治体制的基本特征，对政府的法制监督起到最后把关的作用。澳门法院在受理有关行政法规的几个案件里，判决政府败诉，维护澳门居民的人权和合法权益，彰显了司法独立的价值，对澳门行政主导政治体制的健康成长，起到了重要作用。

第三，澳门回归十年以来保持了社会稳定和经济发展，为基本法的成功实施创造了基本前提。

澳门回归十年，是澳门历史上发展最好的十年。澳门的社会治安得到了根本好转，澳门的经济迅速发展，尤其是赌权开放后，经济总量成倍增长，人均收入达到亚洲最高地区之一。澳门经济发展和社会稳定，为澳门基本法成功实施创造了前提。

澳门基本法序言明确规定在澳门实施“一国两制”，是“为了维护国家统一和领土完整，有利于澳门的社会稳定和经济发展”，因此考察“一国两制”是否成功的其中一个重要指标，就是是否有利于澳门的社会稳定和经济发展。而澳门回归后所取得的经济成就，恰恰证明了“一国两制”的成功实践和澳门基本法的成功实施。

第四，严格按照基本法办事在社会上有高度共识。

基本法是“一国两制”的法律化和制度化，澳门特别行政区内部的制度和政策必须以基本法为依据，法律、行政法规和其他规范性文件都不能同基本法相抵触。因此，必须严格按照基本法办事，才能在澳门成功实施“一国两制”。譬如澳门基本法第7条规定私有土地必须经澳门特别行政区成立前依法确认才能成立，正是基本法具有宪制权威，严格按照基本法办事形成共识，所以，严格按照这一规定，澳门社会相对容易地解决了长期存在且争议较大的“砂纸契”土地问题。

“一国两制”是史无前例的崭新事物，要在澳门实施“一国两制”，首先要认识、学习、理解和研究“一国两制”。澳门回归十年来，澳门特区政府和社会各界持续不断地举办各种宣传和研讨“一国两制”和基本法的活动，使“一国两制”与基本法深入人心，这对形成严格按照基本法办事的社会共识有重要作用。

第五，根据澳门本地情况，实事求是地实施基本法。

澳门基本法是在我国对澳门恢复主权的前提下，根据澳门本地具体情况制定的，因此，在实施澳门基本法时，必须根据澳门本地具体情况，实事求是地实施基本法。如关于澳门的政制发展，2009 年前后，澳门没有对基本法附件一和附件二是否修改展开激烈的争论，而是相对保持了稳定。

当然，“一国两制”的贯彻落实和澳门基本法的实施，并非完美无缺，也有一些经验值得总结，如廉政建设问题、依法施政问题、法律改革问题、经济适度多元化问题、贫富差距问题，等等。这些问题还有待于“一国两制”和基本法在下一个十年的伟大实践予以解决。

是"剩余权力",还是"保留性的本源权力"?
——中央与港、澳特区权力关系中一个值得关注的提法

张定淮[*]　孟　东[**]

一、问题的提出

2007年6月6日全国人大常委会委员长吴邦国在"纪念香港特别行政区基本法实施十周年座谈会"上强调:香港特别行政区的高度自治权来源于中央的授权。中央授予香港特别行政区多少权,特别行政区就有多少权,没有明确规定的,根据基本法第20条的规定,中央还可以授予,不存在所谓的"剩余权力"问题。[①] 吴邦国的上述讲话内容清晰地说明了中央和香港特别行政区之间的权力关系。

人们不禁要问,"剩余权力"问题是怎样提出来的呢?提出这一问题的意图何在?搞清楚这一问题的来龙去脉是澄清这一问题的基本前提。

从形式上看,"剩余权力"问题起源于围绕《香港特别行政区基本法》(以下简称《基本法》)性质而展开的争论,即《基本法》是一部什么性质的法律。它是应当被视为香港特别行政区的宪法,还是作为中华人民共和国的基本法律?这种争论在《基本法》草拟过程中曾多次出现。经参与草拟工作的宪法学专家

---

* 深圳大学港澳基本法研究中心教授,副主任。

** 深圳大学当代中国政治研究所研究生。

① 吴邦国:《纪念香港基本法实施十周年座谈会》,载香港《文汇报》,2007年6月6日。

的反复磋商和讨论，最后认定，《香港特别行政区基本法》在法律地位上为中华人民共和国的基本法律。尽管许多学者从《基本法》作为香港的最高法律，且具有某种宪法功能的角度称为“小宪法”，但从严格的政治和法律意义上讲，这种对《基本法》的称谓是极为不适当的。理由极其简单，中华人民共和国是一个单一制国家，而不是一个复合制国家。将《基本法》称为“小宪法”，极易使人们对中国的国家结构产生误解。

这一争论衍生出来的另一个重大问题是本源性权力的归属问题。1990年4月4日全国人民代表大会发布的《关于〈中华人民共和国香港特别行政区基本法〉的决定》中明确指出，香港特别行政区基本法是根据《中华人民共和国宪法》、按照香港的具体情况制定的，是符合宪法的。香港特别行政区设立后实行的制度、政策和法律，以香港特别行政区基本法为依据。从上述《决定》的这段文字，我们可以清楚地理解如下四层意思：其一，香港《基本法》的立法依据是中国宪法，其内容要符合宪法；其二，《基本法》的制定是需要根据香港的实际情况的，也就是说，出于尊重香港市民的现实生活方式并保证其实行的制度50年不变，香港特别行政区将享有高度自治权；其三，全国人民代表大会是《基本法》的立法主体，《基本法》是一部贯彻“一国两制”精神、保证香港享有自治权的授权法；其四，特区建立后，其实行的制度、政策和法律以《基本法》为依归。从《决定》所表达的四层内容看，《基本法》的授权法性质是十分清晰的，仅此，就足以表明中央政府的本源性权力特征。

在事实如此清晰的情况下，为何仍然有人提出“剩余权力”问题呢？有两种关于“剩余权力”的看法是必须提到的，而这两种看法对于本源性权力的认识是截然不同的：

其一，在1986年香港基本法起草阶段，港区草委李柱铭等人提出要求在基本法里将明文规定由中央行使的权力和香港特区享有的权力之外的权力（即所谓的“剩余权力”）归香港特区行使，①其主要观点为：“在即将建立的香港特别行政区制度下，由中央政府行使国防、外交事务的权力。国防、外交以

---

① 王叔文：《香港特别行政区基本法导论》，中共中央党校出版社1990年版，第116页。

外的其他权力作为‘剩余权力’，应该概括地由特别行政区行使。”①香港回归后，随着《基本法》的实施，在涉及香港政制发展的最终决定权上，关于“剩余权力”的议题再次惹起争议，其观点为：“既然基本法明确列举了属于中央和属于特别行政区的权力，那么基本法未明确列举的权力，尤其是随着实践发展而产生的权力，香港特别行政区是否可以不经过中央的同意或者授权而直接行使？”②

这种所谓香港拥有“剩余权力”的观点存在的问题在于，它要么是不懂得单一制国家中央对地方授权的基本原理，要么就是误解了《基本法》制定的依据，或者是故意借用联邦制中的“剩余权力”概念来强词夺理。

其二，有相当部分大陆学者认为，在以“一国两制”方式解决香港和澳门主权回归的问题上的确存在着“剩余权力”的问题。他们认为，既然中央政府的权力是本源性权力，香港和澳门的《基本法》均为授权法，那么，中央政府本源性权力中那些没有授予这两个特别行政区的权力是一种什么权力？中央政府为什么没有在有关所谓“剩余权力”争论出现的情况下，用“剩余权力”的概念公开提示人们中央政府拥有的本源性权力中那部分没有授予给香港、澳门两个特别行政区的权力呢？

持这种看法的学者对于单一制国家结构中中央政府具有本源性权力的概念是清晰的，只是苦于没有一个与联邦制条件下“剩余权力”具有类似性，且能描绘单一制国家中央对地方授权基本原理的词语来称谓中央对地方实行授权后那些没有授予的本源性权力。只好用“剩余权力”来称谓单一制国家中央没有授予地方的那部分本源性权力。

为了回答这个问题，全国人大副秘书长、港澳基本法委员会主任乔晓阳曾于2004年4月6日就这一问题作出过这样的表述，他说：“通过基本法来保证香港实实在在地搞资本主义。这跟联邦制是不一样的，联邦制的权力实际上是各个州授予联邦，把其他权力保留下来，没有给联邦的权力，都是在各自的州里面。单一制是反过来的，地方没有权力，地方的权力是中央给的，这是一

① 李元起、黄若谷：《论特别行政区制度下的“剩余权力”问题》，载《北方法学》2008年第2期。

② 李元起、黄若谷：《论特别行政区制度下的“剩余权力”问题》，载《北方法学》2008年第2期。

个根本的区别。如果说一定有‘剩余权力’，这个权力也是在中央。”从乔晓阳的上述讲话，我们不难看出，中央政府既避免，也不愿使用联邦制条件下的“剩余权力”概念来称谓中央政府本源性权力中没有授予地方的那部分权力。他并没有使用一个特定的术语来概括这部分本源性权力。在没有适当术语来描绘这部分权力性质的情况下，人们就借用了联邦制“剩余权力”概念来理解中央政府所固有的本源性权力中没有授予的权力。殊不知，联邦制“剩余权力”概念是有特定内涵的。因此，对“剩余权力”的概念进行辨析是绝对必要的。

二、“剩余权力”的概念辨析

联邦制被亨廷顿誉为人类进入近现代社会在“国家机构方面唯一重要的制度革新”①。不过，西方学者对于联邦制概念所作出的定义却并非整齐划一，他们是根据世界不同的联邦制国家来描绘联邦制特征的。我国宪法学者童之伟对联邦制所作出的界定是，联邦制是“由全国性政府和区域性政府根据宪法分享包括主权权力在内的国家权力行使权，并且不得单方面改变宪定权力分享格局的一种国家结构形式类型”②。当联邦制被视为一种制度结构来理解时，有关国家权力分配的制度安排就存在着两种走向联邦制的发展趋势：

一种趋势是当分散的国家走向一个新的联邦国家时，权力向联邦政府方向倾斜，即权力由分散走向整体。目前绝大多数联邦国家都是按照这样一种趋势而走向联邦国家的。另一种趋势是有些单一制国家在其运作过程中存在问题，需要采用复合制的政体来解决内部问题。这样一种情况下产生的联邦制国家，其权力的运行方向是分散的，即权力由整体走向分散。而“剩余权力”的概念主要源于邦联制向联邦制的转变过程。当联邦成员单位出于共同利益和目标而愿以主权让渡的方式组建一个新的联邦制国家时，其通常以宪法的形式列举联邦权力或联邦组成单位的权力，以此作为解决未来联邦与联邦组成单位之间关系中出现争议问题的法律依据。然而，就联邦或联邦组成单位

---

① 缪赛尔·P. 亨廷顿著：《变化社会中的政治秩序》，上海人民出版社 2008 年版，第 104 页。

② 童之伟：《国家结构形式论》，武汉大学出版社 1997 年版，第 210 页。

而言，不论哪方获得这种列举性权力，都存在着权力让渡一方享有“剩余权力”的问题，而所谓的“剩余权力”就是没有让渡的权力。这种情况是所有复合制国家中普遍存在的情况。

联邦制秉持分权制衡的设计理念对国家权力分配作出宪制性安排，就当今世界20多个联邦制国家而言，其联邦政府与联邦组成单位之间权力的划分方式可以归结为三种形式：

一是单独罗列联邦政府事权，而未列举的“剩余权力”归属联邦成员单位。

比如美国宪法将联邦政府的权力列举后，就把“剩余权力”保留给各州政府。《美国宪法》第10条修正案规定：“本宪法所未授予合众国政府或未禁止各州政府所行使的权力，均由各州或由人民保留之。”目前多数联邦制国家采用这一模式，比如1919年的德国魏玛宪法、1920年及1934年的奥地利宪法均按此方式处理联邦与联邦组成单位之间的权力划分问题。

二是既列举联邦政府的权力，也列举联邦成员单位的权力，避免发生权力的混淆。“剩余权力”既没交给联邦政府，也没交给联邦成员单位，而是作出特别规定，如若联邦政府和联邦成员单位发生冲突，要采用有利于联邦政府的解释，以防地方权力的扩大，如印度。①

三是同时列举联邦和联邦组成单位的权力，但强调宪法未作具体划分的“剩余权力”归属联邦政府享有。加拿大采用了这种做法，“却因美国宪法间尚不免诱起中央与各邦权限上的冲突，遂于宪法上将中央与各省的事权，俱明白列举。但所列举者终究不能包括一切事权，于是复以未及规定的残余权(剩余权力)归诸中央”②。

无论“剩余权力”归属于联邦政府或联邦组成单位，从联邦制的形成和发展历程考究，“权力的集中和统一变成了联邦制一个引人注目的特征”③，印度式联邦制有利于联邦的解释和加拿大式联邦“剩余权力”归于联邦政府的制度设计，在宪制上为联邦政府的集权和国家统一提供了宪制保障，虽然美国联邦的“剩余权力”在宪制安排上归于各州，但在实践中联邦政府的权力却呈现出走向集中的趋势。步入20世纪后，美国联邦政府的权力扩张不断加快。联邦

---

① 参见林良光主编：《印度政治制度研究》，北京大学出版社1995年版，第210页。

② 王世杰、钱端升：《比较宪法》，商务印书馆1999年版，第361页。

③ 王丽萍：《联邦制与世界秩序》，北京大学出版社2000年版，第7页。

最高法院作出的有利于联邦政府的种种判例①为联邦政府的权力集中提供了法律保障，后来在美国政治制度的历史发展中，联邦政府“默示权力”的获得以及联邦政府通过项目对州政府实行的“资助”，进而使联邦相对于各州的权力又有了进一步的提升。②

主权权力是由中央垄断，还是由中央与地方分享是联邦制与单一制国家最重要的差别之一。联邦制国家有两个层面的宪法，除联邦宪法外，各联邦组成单位也有各自的宪法。在这样一种情况下，“剩余权力”成为联邦或联邦组成单位防止对方权力扩张的一种武器。单一制国家的情况就截然不同。它仅有一部全国性宪法，“地方的权力都由中央通过法律文件予以规定或改变，地方的权力没有宪法保障”。③ 童之伟将联邦制与单一制的最根本性的差异归结为这样一条标准，“那就是看主权权力是由全国性政府独占还是与其区域性政府分享；由全国性政府独占主权权力的是单一制，由全国性政府同区域性政府分享主权权力的是联邦制”④，而所谓主权权力，就是指一个国家权力对内的至高无上性和对外的绝对自主性。联邦国家的成立是其成员国永久出让部分主权的结果，而单一制国家主权为中央所独有，地方的权力源自中央的授权。

单一制国家的中央对地方的授权与联邦制国家内部的权力让渡与权力划分具有性质上的重大差别。前者所授予地方的权力既可以追加，也可以收回。所以中央政府可以根据国家的实际情况继续授予某一地方更多的权力，也可收回这一部分权力，即授权的非永久性，而后者的权力让渡和划分具有不可回逆性。在联邦制国家的实际运作中，联邦政府的权力虽然也存在扩张的现象，但基于宪制的“剩余权力”却并没有完全被剥夺。宪制下的联邦与联邦组成单位之间的权力关系基本保存下来。由此可见，两种不同国家结构中的中央与地方的关系是根本不同的。单一制国家的中央政府是独占国家主权权力的，

① 可参见美国法院的判例：弗莱彻诉佩克案、麦卡洛克诉马里兰州案、吉本斯诉奥格登案；或参见李道揆：《美国政府和美国政治》，中国社会科学出版社 1990 年版，第 485～489 页。

② 参见笔者为《美国大政府的兴起》[约翰・F. 沃克、哈罗德・G. 瓦特著，重庆出版社 2001 年版(中文版)]所作的序，第 4 页。

③ 参见何华辉：《比较宪法学》，武汉大学出版社 1988 年版，第 148 页；转引自王丽萍：《联邦制与世界秩序》，北京大学出版社 2000 年版，第 17 页。

④ 童之伟：《国家结构形式论》，武汉大学出版社 1997 年版，第 146 页。

其对地方政府的权力授予只是为了实现中央政府有效统治的手段。

我国自秦朝以来就是一个单一制国家,且"基本上是一个中央集权型单一制"[①]国家。虽然在其漫长的历史中曾出现过割据分裂,但总的来看,其持续的时间并不长。中央与地方的关系一直是一种授权关系,也就是说,地方的权力来自中央的授予。中央政府可以根据不同地方的实际情况赋予其权力的大小。必要时,中央政府也可收回其所授予地方的权力。新中国成立后,这种国家结构形式得以保留,即使是在少数民族居住地区实行民族区域自治制度之后,中央集权型的单一制国家结构也没有发生改变。

20 世纪后期,中国共产党从实践理性出发,为解决国家统一问题提出了"一国两制"政策,并创建了特别行政区制度,顺利解决了对香港和澳门恢复行使主权的问题。"民族区域自治制度和特别行政区制度是我国独创的制度,是国家结构问题上的重大创造",这使我国的单一制国家结构中带有某些复合制特征。[②] 不过,我国宪法学者王叔文教授却并非如此认为,他指出:"不能单凭二者表面上的相似就断定香港特别行政区同中央的关系超出了单一制的范畴,而带有联邦制特点。"[③]不同专业的学者对于我国国家结构出现的某些变化所作出的不同描述是否准确姑且不论,他们对于我国主体性的单一制结构是肯定的。有鉴于此,我们是不能够简单地拿联邦制条件下具有深刻内涵的"剩余权力"概念来描述单一制国家结构下中央所具有的本源性权力中那些没有授予给地方政府的权力的。那么,对于这部分权力我们应使用何种专业性词语来加以描述?笔者认为,"保留性的本源权力"这个术语可以准确描述像我国这样的单一制国家中央政府没有授予给地方的那部分固有权力,且具有如下功能:首先,它反映了我国单一制国家结构中地方政府的权力来源,以及中央与地方之间的授权关系;其次,它可以凸显中央政府固有权力中没有授予地方的剩余部分是中央政府本源性权力的一部分,而不是其他性质的权力;最后,它与联邦制条件下的"剩余权力"特定内涵概念完全区别开来。显然,用"保留性的本源权力"概念可以完全排除人们对于中央与香港特别行政区和澳

---

① 王惠岩主编:《政治学原理》,高等教育出版社 1999 年版,第 123 页。

② 王惠岩主编:《政治学原理》,高等教育出版社 1999 年版,第 123 页。

③ 王叔文:《香港特别行政区基本法导论》,中共中央党校出版社 1990 年版,第 88 页。

门特别行政区权力关系上存在的误解。

三、中央与港、澳特区权力关系的法制化

如前所述，香港和澳门两个特别行政区的建立极大地丰富了我国单一制的国家结构形式，使其具有某些联邦制的特点，但总体上看，中国国家结构基本上仍然是集权型单一制。在这样一种国家结构中，地方政府得到中央政府的授权，对地方事务进行管理，本源性权力在中央政府手中。值得注意的一个问题是，新中国建立后的60年，中央政府在对地方授权的方式和层次上是不同的，而授权方式和层面的差异与地方政府所享有的管辖权限的大小和程度密切相关。

从20世纪80年代开始，政治学界所展开的一个重要研究课题就是中央政府与地方政府的适度分权问题。然而，直至今日，出于调动中央和地方两方面积极性考虑而强调的中央与地方适度分权的问题也没有很好的解决。新中国建立后的30年间，虽然毛泽东同志强调过“应当在巩固中央统一领导的前提下，扩大一点地方的权力，给地方更多的独立性，让地方办更多的事情”①，然而，此段时间我国中央集权体制的集权趋势却显得尤为突出。② 此种情况表明，中央政府给地方授权的情况随意性较高，没有制度保障。民族区域自治制度的建立是这种集权趋势中的一个例外。由于民族问题是一个具有特殊性的问题，因此，早在1949年通过的《中国人民政治协商会议共同纲领》和1954年《宪法》中，这种制度就作为一种人民民主专政国家的基本制度被确定下来。这也是新中国建立后的30年间中央政府首次，也是唯一一次将中央对地方的授权予以法制化的举动。改革开放30年的过程中，中央过分集权的弊端凸显出来，在“依法治国”方略的指导下，中央政府通过一系列立法，实现了不同层面的对地方政府的授权，其中包括“分税制”和香港、澳门高度自治权的授予。

从授权理论的角度看，单一制国家的中央政府在对地方实行授权的同时

① 毛泽东：《论十大关系》。

② 中央政府对于除少数民族地区以外地区的极为少量的放权举动，也只是通过政策文件的形式下达。而在随后出现的集权趋势下，中央的集权程度更高。

是保留着收回这些权力的权力的。然而,出于政治上的考虑,中央政府也不会轻率地作出收回授权的举动,这是授权理论对单一制国家中央对地方授权的基本解释。

香港和澳门两个特别行政区所享有的高度自治权也是在中国中央政府对这两个地区实行特别授权的结果,而这种授权的法制化就体现在两部《基本法》上。从严格意义上讲,中央政府对民族区域实行的自治授权与中央政府对其他地方政府的授权是不同的,而对于港、澳两个地区实行的高度自治权的授权又不同于民族区域自治的授权。

对于中国大陆的一般地方行政区域而言,中央政府的授权灵活性较大,其授权形式多局限于政策层面,如若中央政府认为不适当,其收回授权时政治上的顾虑较小。对于民族区域自治的授权是通过宪法的相关规定实现的。由于这一制度是我国的基本政治制度之一,即使中央政府保留着收回授权的权力,出于政治上的考虑,也不会有此举动,而对于香港和澳门两个特别行政区的高度自治权的授予而言,中央政府不仅基于宪法的相关规定,还基于国际条约——《中英联合声明》、《中葡联合声明》。① 中央政府在香港和澳门回归时反复强调,坚持"一国两制"是我们对国际社会所做出的庄严承诺,这表明了中央政府恪守《基本法》的决心。尽管中央政府仍然拥有收回授权的权力,但不论是从政治、法治还是国家诚信的角度考虑,中央政府都不会有这种举动。为了消除国际上和香港人士的疑虑,邓小平在会见撒切尔夫人时专门花了相当长的篇幅论述了"中国是信守承诺的"。② 由此可见,香港和澳门两个特别行政区所享有的高度自治权是具有多重保障的。

为了体现中国单一制的国家结构特征,香港和澳门的《基本法》都明确以概括方式做出了体现国家主权的原则性规定,如,《基本法》的立法主体是全国人大;其立法的依据是《中华人民共和国宪法》;其作为一个享有高度自治权的地方行政区域,直辖于中央人民政府;对于中央与这两个地区的关系,《基本法》也明确说明了是一种授权关系。在这样一些大的原则性规定之外,《基本法》还采用了列举方式对中央政府行使的各项权力(包括第 13 条至第 15 条,

① 例如《基本法》序言。其中明确写道:"国家对香港的基本方针政策,已由中国政府在中英联合声明中予以阐明。"

② 《邓小平文选》第 3 卷,人民出版社 1993 年版,第 101 页。

第158条至第159条）做出了规定。《基本法》“采用列举式规定的方法，一方面固然是对中央行使的权力的‘限制’，即中央对特别行政区行使的权力将严格限制在这些方面，即，限制在体现国家主权和统一所绝对必需的范围之内，同时也是对中央这些权力的肯定和保证”①。

在此特别值得一提的是《基本法》第20条的规定，即，“香港特别行政区可享有全国人民代表大会和全国人民代表大会常务委员会及中央人民政府所授予的其他权力”。对于这一条规定，清华大学王振民教授作出了这样的解释：它“一方面表明了中央政府拥有特别行政区的主权，保留‘剩余权力’，中央有‘授权的权力’，另一方面它也表明特别行政区有继续接受中央授予的‘其他权力的权力’”。② 王振民教授还认为这一规定是《基本法》的起草者“打破了常规的立法惯例，十分灵活而又不失原则地解决了‘剩余权力’，即中央保留一切‘剩余权力’，而特别行政区有再接受中央授予‘其他剩余权力’之权力”。③ 他甚至还认为，“如果没有这样的规定，那就意味着中央不可以再授予特别行政区其他权力，而特别行政区也不可以再接受这样的授权”。

对于王振民教授的上述解读，笔者有不同的看法。首先，基本法的第一章（总则）中就已经十分明确地说明了中央和特别行政区的关系是“授权”关系，本源性权力的拥有者当然是中央，而本源性权力包括主权在内的所有权力。中央政府对特别行政区实行授权只是为了使其保持高度自治并实现有效治理。其次，特区作为中国的一个地方区域享有高度自治权，在这种情况下，其所希望的是尽可能从中央政府那里争取到更多的自治权，而不是拒绝享有更多自主权。这一点从中英谈判的过程中港人“精英”的表现可以看出。显然，这一条规定并不是要肯定特区接受中央授权的权力。港、澳两个特区的自治权的获得是中央政府出于这两个特区的实际而做出的理性让步。所以，从逻辑上看，“如果没有这条规定，特区就不可以再接受中央授权”的说法是不成立的。再次，单一制国家的中央政府向地方政府授权的权力是国家主权范畴的

① 王振民著：《中央与特别行政区关系——种法治结构的解析》，清华大学出版社2002年版，第174～175页。

② 王振民著：《中央与特别行政区关系——种法治结构的解析》，清华大学出版社2002年版，第174～175页。

③ 王振民著：《中央与特别行政区关系——种法治结构的解析》，清华大学出版社2002年版，第176页。

权力，其行使这种授权的权力是不受限制的。就常理而言，集权制国家的中央政府是不愿主动出让权力的，其做出出让权力的行为是迫不得已而为之，因此“如果没有这样的规定，那就意味着中央政府不可以再授权”的说法是站不住脚的。最后，上文中反复用“剩余权力”概念来描述中央本源性权力中那部分没有授予给特区的权力（即保留性的本源权力）也是不适当的。

那么《基本法》第 20 条规定的真实意图何在？笔者认为，不论是从《基本法》第 20 条在《基本法》中的条目顺序看，还是从《基本法》立法的背景考察，此条款的内容都是为了使港人放心而做出的一种承诺。也就是说，特区除了享有高度自治范围内的行政管理权、立法权和独立的司法权和终审权外，如果出于香港的有效治理的需要，中央政府还可以进一步授权。其核心的内容是中央释放善意。这一条款也是对特区授权的一个兜底条款。

有人认为港澳地区所享有的高度自治权比联邦制下联邦组成单位的权力还要大。这种说法有一定的合理成分，但却并非完全正确。特区所享有的某些高度自治权（如货币发行权，不向中央政府缴纳税收等等）的确相对于联邦组成单位所享有的权力大，但从联邦与联邦单位之间的权力划分来看，两者之间的权力关系是不能轻易改变的，因为两者中的任意一方所做出的权力让渡，都具有不可回逆性。港、澳作为中国这样一个单一制国家内的地方行政区域，即使享有高度自治权，这种高度自治权也是存在两个维度的。第一个维度就是邓小平 1983 年 6 月 26 日在会见美国新泽西州西东大学教授杨力宇时就中国大陆和台湾和平统一的设想的谈话中所强调的自治维度，“自治不能没有限度，既有限度就不能‘完全自治’。‘完全自治’就是‘两个中国’，而不是一个中国”①。第二个维度就是许崇德教授所讲的中央对特区的授权限度，“中央授给特区多少权，特区就有多少权”。

笔者认为，在处理中央和港、澳特区关系中除了强调上述高度自治权的两个维度外，还有一个必须强调的内容是，中央政府对两个特区的授权已经法制化。而这种授权法制化的载体就是《基本法》。既然《基本法》是中央对特区授权法制化的产物，这就意味着《基本法》对于授权方和被授权方都具有约束力。因此，中央政府一以贯之地强调要严格按《基本法》办事，并在香港和澳门回归后，在处理各种问题时严格以基本法为准则，而对于特区而言，“《基本法》规定

① 邓小平：《邓小平文选》第 3 卷，人民出版社 1993 年版，第 30 页。

特区行使什么权，特区就行使什么权。绝对不能超越法律的规定”[①]。

香港回归，特区政府是否存在着未经中央政府的授权或同意，单方面行使宪制以外的权力的现象呢？的确存在，如，特区政府行使了颁授勋章权，在批地修建迪尼斯乐园问题上，其所批出土地的期限为100年，这也超越了基本法规定的50年限制，香港法院还多次行使了所谓的违宪审查权等等。特区政府甚至还有与《基本法》的具体条文相矛盾的举动，如财政赤字问题，但笔者认为，对于诸如此类问题，应当从如下几个方面来加以把握：

首先，《基本法》作为一个具有某些宪制功能的法律文件，当年就是依据“宜粗不宜细”的原则制定的[②]，因此它不可能面面俱到。这就需要看特区政府所行使的具体权力是否符合“一国两制”精神和《基本法》的原则。如果答案是肯定的，且又有利于特区的治理，即使没有中央政府的具体授权，特区政府也是可以行使这些具体权力的。中央政府对于特区政府行使的这样一些所谓未予以授权的具体权力是不会干预的，如颁布勋章的权力。

其次，对于跨越基本法规定的50年限度的批地问题，特区政府的确行使了超越自己权限的权力，笔者也并没有看到全国人大或国务院有关的授权文件，但从中央政府的态度看，也并没有对迪斯尼乐园的修建提出异议，而是采取了乐观其成的态度，特区政府是否得到了中央的首肯尚不得而知，但有一点是肯定的，这有利于香港的长期繁荣稳定。

再次，对于特区政府所行使的具体权力出现与《基本法》的某些具体条文相矛盾的情况，我们也要从原则上加以把握。众所周知，《基本法》第107条规定“特区的财政预算以量入为出为原则，力求收支平衡，避免赤字，并与本地生产总值的增长相适应”，但特区政府在面对1997—1998年的金融危机中出现了巨额的财政赤字。难道我们就可以因此而斥责特区政府违反了《基本法》吗？显然，我们并没有这么做。这是因为香港特区政府财政赤字的出现是特殊情况下的一种现象，并非特区政府的有意而为。对于这样的情况，中央政府不仅可以谅解，还会伸出援手。

最后，对于特区出现的违反“一国两制”精神和《基本法》原则的权力行使

---

① 许崇德：《对“一国两制”的粗浅认识》，载《香港基本法、澳门基本法研讨会论文集》，2008年11月，上海，第10页。

② 《邓小平文选》第3卷，人民出版社1993年版，第220页。

行为，如，香港法院的违宪审查权的行使，中央是完全有权通过对《基本法》相关条款的解释来加以纠正的。对于严重违反“一国两制”精神和《基本法》原则的有影响的言论要严肃予以批驳，以正视听。

香港是一个法治社会，特区政府应当严格依法办事。中央政府虽对于特区政府在有些未经中央政府授权的情况下而单方面行使《基本法》未作出规定，且与《基本法》原则不矛盾的具体权力的举动未表示异议，但先提请中央政府授权然后依法行使权力恐怕是一种更好的选择。

四、结　语

“一国两制”毕竟是一项史无前例的伟大事业，其在落实过程中存在或出现各种问题都是正常的现象，但有一点是特别应当高度关注的，即中央政府和特区政府的行为是否符合“一国两制”的精神，是否有利于国家和特别行政区的稳定和繁荣。“一国两制”政策的内涵是随着其实践而不断丰富的，在《基本法》实施已十余年的今天，大陆和特区的情况都发生了重大变化，因此，把握基本法的精神实质和基本原则是处理中央与特区关系的关键。香港享有“剩余权力”之说显然是有悖于《基本法》的精神和原则的论调，而“剩余权力”也无法真实反映单一制国家的本源性权力特征。有鉴于此，笔者提出中央“保留性的本源权力”概念，以求真切地说明中央与特区之间的权力关系。

宪政法治规限下的政府

张弘*

宪治的基本假设是,每一个人都同样平等、自由并拥有一些基本权利,这些基本权利必须予以保护。为了保障个人的权利,以免社会出现弱肉强食的情况,我们必须设立政府,设立政府的最终目的,是要透过一个制度化的权力架构,来保障每一个人的权利。但由于政府所拥有的权力亦可能对个人的权利构成威胁,故政府本身的权力也要受到法律的规限,以使公民的权益可得到全面的保障。换句话说,政府必须是在法律之下的一个“有限政府”。

一、香港政府的基本结构及主导地位①

法治要求政府权力分配至不同的政府机关,它们相互制约,政府权力不集中于一个政府机关,也不让一个政府机关较于其他政府机关拥有过大的权力。一般来说,政府分为三个拥有不同职权的政府机关:行政机关、立法机关和司法机关。简单来说,行政机关主要是负责执行法律;立法机关负责制定法律;而司法机关则负责在诉讼中根据法律作出裁决。

(一)香港特别行政区行政机关基本结构

1. 行政长官

香港特别行政区行政长官不单是整个香港特别行政区的首长,“代表香港

* 辽宁大学法学院副教授。

① 参见陈弘毅等合编:《香港法概论》,三联书店(香港)有限公司1999年版,第111~113页。

特别行政区”[①]，亦是香港特别行政区行政机关的首长。[②] 行政长官由年满40周岁、在香港通常居住连续满20年并在外国无居留权的香港特别行政区永久性居民中的中国公民担任。[③] 行政长官行使下列职权：领导香港特别行政区政府；负责执行基本法和其他法律；签署立法会通过的法案并公布法律；签署立法会通过的财政预算案；决定政府政策和发布行政命令；提名并报请中央人民政府任命特区主要官员；任免各级法院法官；任免公职人员；执行中央人民政府就基本法规定的有关事务发出的指令；代表香港特别行政区政府处理中央授权的对外事务和其他事务；批准向立法会提出的有关财政收入或支出的动议；根据安全和重大公共利益的考虑，决定政府官员或其他负责政府公务的人员是否向立法会或其属下的委员会作证和提供证据；赦免或减轻刑事罪犯的刑罚；处理请愿、申诉事项。[④]

2. 主要官员

在行政长官以下的是三个最高级的主要官员：政务司司长、财政司司长和律政司司长。其下的则是各司司长，副司长，各局局长，廉政专员，审计署署长，警务处处长，入境事务处处长和海关关长等其他主要官员。[⑤] 主要官员由香港通常居住连续满15年并在外国无居留权的香港特别行政区永久性居民中的中国公民出任。[⑥] 这些主要官员负责领导整个香港特别行政区的公务员架构，公务员须为香港特别行政区永久性居民，[⑦]但政府还可聘请其他国籍人士担任政府部门的顾问或担任政府部门的专门和技术职务。[⑧] 香港特别行政区行政机关[⑨]行使下列职权：制定并执行政策；管理各项行政事务；处理中央人民政府授权的对外事务；编制并提出财政预算、决算；拟定并提出法案、议案、附属法规；委派官员列席立法会并代表政府发言。[⑩]

---

① 《基本法》第43条。

② 《基本法》第59条及第60条。

③ 《基本法》第44条。

④ 《基本法》第48条。

⑤ 《基本法》第101条。

⑥ 《基本法》第61条。

⑦ 《基本法》第99条。

⑧ 《基本法》第101条。

⑨ 亦即狭义的“香港特别行政区政府”。

⑩ 《基本法》第62条。

3. 行政会议

行政会议是一个协助行政长官决策的机构,[①]其成员由行政长官从行政机关的主要官员、立法会议员和社会人士中委任,他们须是在外国无居留权的香港特别行政区永久性居民中的中国公民,[②]行政会议由行政长官主持,行政长官在作出重要决策、向立法会提交法案、制定附属法规和解散立法会前,须征询行政会议的意见,但人事任免、纪律制裁和紧急情况下采取的措施除外。行政长官如不采纳行政会议多数成员的意见,应将具体理由记录在案。[③]

(二)行政主导的香港特别行政区政府[④]

1. 行政主导的含义

从基本法所描述的行政机关和立法会之间的关系,我们可以看到香港特别行政区政府是一个强调行政主导的政府。其实世界上几乎所有国家的政府都可以说是以行政为主导的政府。行政机关在三个政府机关当中可以说是最庞大的,而其组织架构也是最复杂的,因为它负责政府事务的日常运作,与市民直接接触,所以对市民的影响也是最大的。无论是制定政策、制定法律还是执行法律和相关政策,行政机关都是主导的机构。故此行政主导本身并不存在问题,也不必然与权力分立和相互制约的原则有所冲突。问题是行政主导究竟到了什么程度,其他政府架构尤其是立法机关能否对行政部门进行有效的监察,以至能否有限度地作出积极的行动去制定政府的政策和法律。

我们要考虑两个因素:一是对政府权力的限制和监察,另一是政府的效率。如果政府的权力不受限制和监察,无论其效率有多高,人民的权利都是没有保障的,他们的意愿或需要有可能被忽视。反过来说,如果政府受到太多的限制和监察,人民的利益也会因而受损,重重的监察程序可能使政府的行动一拖再拖,不能适时地满足人民一些急切的需要。所以关键是如何平衡制约原则与效率原则,建立一个平衡的政府体制,同时兼顾政府权力的制约与其效率。

---

① 《基本法》第54条。

② 《基本法》第55条。

③ 《基本法》第56条。

④ 参见陈弘毅等合编:《香港法概论》,三联书店(香港)有限公司1999年版,第113~114页。

2. 行政机关主导立法会

香港特别行政区政府是非常强的行政主导政府。首先,从上述行政长官与立法会的产生方法来看,行政长官与立法会所代表的利益是相当接近的,双方的矛盾并不尖锐,故此双方的关系会偏向于达成共识而不是相互制约。此外,行政长官还可透过他所拥有的对政府职位的任命权来取得更多立法会成员的支持。这些可由立法会成员担任的政府职位包括行政会议部分议员,以至公营机构或各咨询委员会主席的席位。其中最重要的当然是行政会议的议席了,透过委任立法会内主要政党的领导人进入行政会议,行政长官就可尝试确保立法会内一定数目的议员会支持政府的方针政策。“行政吸纳”其实是香港政治文化的特色之一,透过政府的委任权把社会中的一些政治力量吸纳入行政架构之内,政府就能较容易取得更多的支持。

行政长官还有一项非常有力的武器,这就是解散立法会的权力。根据《基本法》第 49 条,若行政长官认为立法通过的法案不符合香港特别行政区的整体利益,可在 3 个月内将法案发回立法会重议。但如立法会以不少于全体议员 2/3 多数再次通过原案,行政长官必须在一个月内签署公布该法或按《基本法》第 50 条解散立法会。根据第 50 条,若立法会拒绝通过政府提出的财政预算案或“其他重要法案”,经协商仍不能取得一致意见,行政长官可解散立法会。

不过,行政长官在解散立法会前,需征询行政会议的意见。行政长官在其一任任期内亦只能解散立法会一次,若重选的立法会仍以全体议员 2/3 多数通过所争议的原案,而行政长官仍拒绝签署;或重选的立法会继续拒绝通过所争议的由行政机关提出的原案,行政长官便须辞职。① 虽然这种安排在一定程度上能平衡行政长官解散立法会的权力,但行政长官只要能拥有解散立法会的权力而不用实际使用这权力,便已经足以对个别的立法会成员造成潜在的威胁,促使他们在政府的压力之下同意政府的政策。这种压力对一些独立的议员来说是尤其大的,因为他们必须考虑若进行重选他们能否再次取得议席。如果他们不想冒险的话,他们就会很容易向政府妥协。

3. 立法会的监察权和提案权

香港特别行政区强势的行政主导政府的另一表现是立法会对行政机关的

① 《基本法》第 52 条。

监察能力的限度。根据《基本法》第64条，行政机关必须对立法会负责。这包括执行立法会通过并已生效的法律；定期向立法会作施政报告；签署立法会议员的质询；征税和公共开支须经立法会批准。

大部分法律草案均是由行政机关草拟，然后交与立法会讨论，立法会个别成员提交法律草案的权力是非常有限的。《基本法》第74条规定，凡不涉及公共开支或政治体制或政府动作的法律草案，可由立法会议员个别或联名提出。凡涉及政府政策者，在提出前必须得到行政长官的书面同意。据此行政长官差不多可以完全决定什么法律草案会在立法会中讨论，因为鲜有法律草案不涉及政府政策的。若立法会把行政机关所提出的法律草案作出根本的修改然后通过，行政长官仍然可以拒绝签署甚或解散立法会。因此，行政机关要执行的法律绝大部分会是行政机关自己所倡议的。

立法会有权听取行政长官的施政报告并进行辩论，对政府的工作提出质询和就任何有关公共利益问题进行辩论。不过这些听取施政报告、质询和辩论的权力，对行政机关实质施政的影响其实并不大。即使在辩论中立法会议员向政府提出一些不同的意见，行政机关也不一定要采纳。除关于是否通过某法律的辩论外，其他辩论结果对行政机关并没有任何规范作用。质询的确会使行政机关向立法会更详细地解释它的政策，但即使政府的回答并不理想，立法会所能采取的具体行动也不多。

立法会在有需要时可以传召有关人士包括政府官员出席会议作证和提供证据，①这会对有关官员构成一定的压力，也会帮助立法会找出那些在政府所犯错失中应负责任的官员，但行政长官却可基于“安全和重大公共利益的考虑”，决定政府官员或其他负责政府公务的人员是否须向立法会或其属下的委员会作证和提供证据，②而即使发现了哪些官员应负责任，立法会还是没有能力采取什么实质行动去惩罚有关官员。

香港特别行政区立法会并不如某些国家的议会一样可因政府施政失误而通过不信任案，迫使政府下台。虽然立法会有权弹劾行政长官，但这弹劾权只局限于行政长官有最重违法或渎职行为的情况。③

① 《基本法》第73(101)条。

② 《基本法》第48(11)条。

③ 《基本法》第73(9)条。

立法会通过财政预算和批准税收及公共开支的权力，可说是它最实质的监察权力了。若能充分发挥，至少能确保政府不会苛征重税，但基本法的其他条文也已经规定了香港特别行政区要实行低税收政策，且财政预算要量入为出。[①] 即使立法会认为社会上有一些急切的需要得给予照顾，它亦没能力迫使政府采取行动，立法会成员只能要求或等候行政机关提出立法或财政建议，然后行使他作为立法会议员的权力去决定同意或不同意。

此外，立法会也缺乏一个有效的机制去对行政机关作出全面的监察。不少立法会议员都身兼其他职业且对政府运作了解并不深，但他们所要监察的政府却拥有一大批专职及专业的公务人员，负责管理政府的各种事务。

在一些其他国家如美国，立法机关会设立一些与行政机关各部门对口的常设委员会，由它们负责审查相关政府部门的工作和处理有关部门管辖范围内的一切立法工作。所有法律草案都会先交由有关的常设委员会讨论，才由立法机关的全体会议审议。这样的安排使立法机关的成员能在某一政府工作范围逐步积累经验，加深他们对有关政策的认识，这样他们监察政府的能力也会相对增强。此外，各个立法机关议员和各常设委员会也会有更强的支援力量，帮助议员掌握有关资料，甚至可以自行制定有关政策。这些安排是值得参考的，基本法并没有排除它们的可能性。

4. 公务员政府

香港特别行政区政府的另外一个特点是，行政机关是一个以公务员为骨干的政府。当然在任何现代国家的政府里，公务员都会是政府的骨干，但与香港不同的是，在一般国家的政制里，政府行政政策的最高负责人都是政治任命的。这表示若他们在决策上有错误，他们都得承担政治责任而辞职。

虽然基本法没有清楚地规定行政机关的主要官员得由公务员担任，且每一届行政长官都可以重新任命他的主要官员，但第一届行政长官在任命主要官员时并没有偏离这个传统安排。由公务员主导的政府可以说是基本法所设计的政府架构的精粹，它的好处是政策的延续性和稳定性都较大。

有人认为这样的制度能确保公务员以中立的态度来制定政府政策而不会偏向任何一方的政治利益。其实任何行政决策者根本不可能是中立的，他们所制定的政府政策难免会反映某些阶层的利益。所谓公务员中立只是指在制

---

① 《基本法》第 107 条及第 108 条。

定政府政策的过程中，某一人士或利益集团不可以直接左右政府的决策。公务员可以独立地作出决策，但公务员却不可能是中立的。

这种制度的另一个问题是其问责性不足：即使负责决策的主要官员或其下属在决策或执行政策的过程中犯了明显的错误，但由于公务员的任命并不是政治性，故此在现行公务员制度（如辞退公务员的程序和条件）和现有的政治文化之下，我们很难迫使公务员承担政治责任。这便进一步强化了香港特别行政区政府的行政主导色彩。

二、香港政府权力表现

地方自治有以下几点要素："第一，地方自治政府必须拥有足够的自治权力范围。第二，在其自治的权力范围内，自治政府可以自行决定如何行使这些权力，而中央政府是不会干预的。第三，自治政府必须拥有足够的代表性，能充分反映自治地区人民的意愿。第四，中央政府与自治政府之间任何可能出现的矛盾和纠纷，必须由一个公正的平衡机制来解决。"①

1．自治权力范围

香港特别行政区的自治权力范围包括香港享有的行政管理权②、立法权③和独立的司法权的终审权④。香港特别行政区政府所拥有的自治权力范围是相当大的，我们甚至可以说香港特别行政区所拥有的自治权范围之大，在世界上其他国家的自治地区当中亦是少有的。

举例来说，香港特别行政区的自治权力范围有两方面是鲜有一般地方自治政府所拥有的。第一方面是香港特别行政区政府在处理其本身的经济事务时，它的权力是非常广泛的。这包括了自行发行货币，⑤自行作为一个单独的关税地区，⑥在财政和税收上完全独立于中央政府，不用向中央政府上缴任何

---

① 陈弘毅等合编：《香港法概论》，三联书店（香港）有限公司1999年版，第104页。

② 《基本法》第2条及第16条。

③ 《基本法》第2条及第17条。

④ 《基本法》第2条及第19条。

⑤ 《基本法》第111条。

⑥ 《基本法》第116条。

税收。[①] 第二方面是香港特别行政区政府拥有有限度的对外事务的权力。例如香港特别行政区可在经济、贸易、金融、航运、通讯、旅游、文化、体育等领域以“中国香港”的名义，单独地同世界各国、各地区及有关国家组织保持和发展关系，签订和履行有关协议，[②]香港特别行政区亦可以“中国香港”的名义参加不以国家为单位参加的国际组织和国际会议。[③]

2. 自治权的界限和中央的权力

单是拥有很大的自治范围是不够的，宪治还要求自治政府能自行决定如何行使这些自治的权力，这就要视乎中央政府在自治地区内保留哪些权力。在基本法内，我们会发现中央政府在香港特别行政区内拥有以下权力：

(1)修改基本法的权力。全国人大享有制定和修改基本法的权力。[④] 这一项权力在很多国家的地方自治安排上也是由中央政府所拥有，这也可以说是体现主权最起码的权力之一。

(2)国防和外交事务。中央人民政府负责管理与香港特别行政区有关的外交事务[⑤]及香港特别行政区的防务[⑥]，并已在港设立外交部驻港特派员公署及人民解放军驻港部队。与上一项权力一样，这两项权力在其他国家的地方自治安排上亦是由中央政府所拥有，它们都体现主权的最起码权力。

(3)任命行政长官和主要官员。中央人民政府负责任命香港特别行政区行政长官和行政机关主要官员，[⑦]这一项任命权是实质的权力，而并不只是手续上的安排。

(4)解释基本法。全国人大常委会有权解释基本法。[⑧] 中央具有基本法的最终解释权，可决定中央的权力的实质范围，及香港特别行政区所享有的自治权力。

(5)违宪审查。全国人大常委会如认为香港特别行政区立法机关制定的

---

① 《基本法》第 106 条。

② 《基本法》第 151 条。

③ 《基本法》第 152 条。

④ 《基本法》第 159 条。

⑤ 《基本法)第 13 条。

⑥ 《基本法》第 14 条。

⑦ 《基本法》第 15 条。

⑧ 《基本法》第 158 条。

任何法律不符合基本法涉及中央管理的事务及中央和香港特区的关系的条款，可将有关法律发回，该等法律立即失效。[①] 一般来说，由中央来行使这一权力并不必然会影响到自治，因为自治政府确不应制定超越其自治范围的法律，但全国人大常委会在行使此权力时，亦必须遵从法治原则。

(6)全国性法律适用于香港。全国人大常委会有权修改基本法的附件三，把一些"全国性法律"适用于香港特别行政区，但有关法律限于"有关国防、外交和其他按基本法规定"不属于香港特别行政区自治范围的法律，[②]全国人大常委会把全国性法律适用于香港的时候，必须谨慎行事，以免就一些纯属特区自治范围内的事务进行中央立法。

(7)紧急状态。全国人大常委会有权宣布国家进入战争状态或"因香港特别行政区内发生香港特别行政区政府不能控制的危及国家统一或安全的动乱而决定香港特别行政区进入紧急状态"，而在此情况下，中央人民政府可发布命令将有关全国性法律在香港特别行政区实施。[③]

(8)审查原有法律。全国人大常委会有权宣布香港原有的法律中那些与基本法有抵触的法律为无效，不能成为香港特别行政区的法律。[④]

(9)国家行为与司法管辖。中央政府所作的"国防、外交等国家行为"不受香港特别行政区法院的管辖，[⑤]这项豁免的范围实质有多大，视乎国家行为被赋予什么意思，这又是解释权的问题。在 1997 年 7 月 1 日后的第一宗涉及基本法的诉讼中，香港特别行政区高等法院上诉庭就认为香港特别行政区的法院没有权力去审查全国人大的一些关于香港的决定，但本案判决并未就"国家行为"的问题作出解释。

(10)禁止叛国等行为的立法。香港特别行政区须"自行立法禁止任何叛国、分裂国家、煽动叛乱、颠覆中央人民政府及窃取国家机密的行为，禁止外国的政治性组织或团体在香港特别行政区进行政治活动，禁止香港特别行政区的政治性组织或团体与外国的政治性组织或团体建立联系"[⑥]。香港特别行

---

① 《基本法》第 17 条。

② 《基本法》第 18 条。

③ 《基本法》第 18 条。

④ 《基本法》第 160 条。

⑤ 《基本法》第 19 条。

⑥ 《基本法》第 23 条。

政区在进行有关立法时，必须满足此条文的要求。

3. 自治政府的代表性

即使自治政府拥有足够的自治权，而中央政府又不会干预它的自治，这一个自治政府还须能够代表自治地区大部分人民的意愿，自治才算实现。自治并不要求行政长官和立法机关的所有成员都要由全面的地区直接选举产生，但至少他们的产生程序须确保所选出的人士能充分代表自治地区大部分人民的意愿。

根据基本法的规定，行政区行政长官和主要政府官员都由香港特别行政区永久居民中的中国公民担任，而且他们都不能拥有在外国的居留权。

基本法的附件一规定，第二届行政长官由一个由 800 人组成的选举委员会选出。这 800 人分别来自四个界别：工商、金融界（200 人），专业界（200 人），劳工、社会服务、宗教界等（200 人）和立法会议员、港区全国人大代表、全国政协委员等人士（200 人）。各个界别的划分以及每个界别中何种组织可以产生选举委员的名额，由香港特别行政区“根据民主、开放的原则”制定选举法另以规定

第一届行政长官的产生程序则由《全国人民代表大会关于香港特别行政区第一届政府和立法会产生办法的决定》所规定。第一届行政长官也是由一个类似上述选举委员会的推选委员会选举产生。这一个推选委员会也是由四个界别组成：工商、金融界（100 人）、专业界（100 人）、劳工、基层、宗教界等（100 人）和原政界人士、香港地区全国人大代表、香港地区全国政协委员的代表（100 人）。但总人数只是 400 人。这 400 人的推选委员会由香港特别行政区筹备委员会（以下简称筹委会）负责筹组。这 400 人必须全部是香港永久性居民。而筹委会由全国人大常委会委任，超过一半的成员由香港人出任。

至于香港特别行政区立法会的成员，其中至少 80％得由香港特别行政区永久性居民中的中国公民担任，此部分的立法会成员不能拥有在其他国家的居留权。根据基本法附件二，第二届及第三届立法会成员人数都是 60 人。在第二届立法会上，由功能团体选举的议员占 30 人，分区直接选举的议员占 24 人。在第三届立法会上，由功能团体选举的议员占 30 人，而分区直接选举的议员占其余的 30 人。

第一届立法会的组成比较复杂。原本根据《全国人大关于香港特别行政区第一届政府和立法会产生办法的决定》，第一届立法会成员为 60 人，其中由

功能团体选举的议员占 20 人。如香港回归前最后一届立法局的组成符合上述的组成方法的话，其议员经筹委会确认后，即可成为特别行政区第一届立法会议员。根据全国人大常委会在 1994 年的有关决定，港英政府在 1995 年所采用的最后一届立法局选举办法是违反基本法的，所以港英政府最后一届的立法局议员不能“坐直通车”成为第一届立法会的成员。

为了填补这个在 1997 年 7 月 1 日出现的立法机关的真空，筹委会决定由上述负责推选第一届行政长官的推选委员会来推选一个 60 人的“临时立法会”，其任期不超过 1998 年 6 月 30 日。香港特别行政区在 1998 年根据有关的规定产生第一届立法会。

第一届立法会的产生办法由第一届行政长官和临时立法会在筹委会的有关决定的基础上制定。根据基本法的规定，第一届立法会有 1/3 的成员（20 人）是由分区直接选举产生，直接选举的具体方法则由临时立法会决定。至于第一届立法会的其余成员，30 人由功能团体选举产生，10 人由选举委员会选举产生。

第一届行政长官将会与第一届立法会一起在基本法附件二的基础上决定第二届立法会的组成，接着第一届行政长官就会与第二届立法会一起在基本法附件一的基础上决定第二届行政长官的产生办法。第二届行政长官和第二届立法会将决定第三届立法会的组成。

根据基本法附件一和二，2007 年以后，香港特别行政区行政长官和立法会的产生办法将可“根据香港特别行政区的实际情况和循序渐进的原则”①而有所转变，例如进一步增加立法会内由普选产生的议席，这将取决于第二届行政长官和第三届立法会如何决定。根据基本法附件一和附件二的规定，这些政制上的转变都要获得立法会全体议员 2/3 多数通过，行政长官同意，并报全国人大常委会批准或备案。在这方面得留意的是，基本法规定特别行政区政制发展的最终目标是行政长官和立法会都由普选产生。

从宪治和自治的理想出发，一个越开放、一般市民参与程度越高的制度，所产生的政府的代表性就越高，自治就会随着政府代表性的提高而越充实。开放民主的制度是自治和宪治的一个非常重要的基础。

---

① 《基本法》第 45 条及第 68 条。

4. 平衡的协调机制

自治安排须清楚地划分中央政府与地方自治政府各自的权力范围。若中央政府或地方自治政府作出超越其本身权力范围的行为，中央政府与自治政府之间便无可避免地出现矛盾或冲突，但很多时候问题是如何决定中央政府或自治政府有没有超越其权力范围。因此，自治要求有一个平衡的机制，来解决中央政府与自治政府之间的矛盾和纠纷。这一个机制必须能根据客观的准则，按照界定双方之间的关系的法律规定，不偏不倚地找出一个双方都能接受的解决争议的方法。

如上所述，基本法订下了中央政府与香港特别行政区政府各自的权力范围。基本法不单列出了各项权力，更订明行使权力的一些条件。故此，我们若要知道香港特别行政区在行使它的权力时有没有越权，或中央政府在行使其权力时有没有干预香港的自治，这便要视乎行使这些权力的法定条件是否存在。基本法的最终解释权属于全国人大常委会，所以行使这些权力的条件是否存在，以及香港特别行政区有没有越权或中央政府有没有干预香港的自治，将由全国人大常委会来决定。

在这方面，基本法提供了一个协调中央政府与香港特别行政区之间的矛盾的机制，这便是全国人大常委会之下设立的香港特别行政区基本法委员会。该委员会共有 12 名成员，由全国人大常委会任命内地和香港人士各 6 人组成，其中包括法律界人士。香港委员由香港特别行政区行政长官、立法会主席和终审法院首席法官联合提名，但他们必须为在外国无居留权的香港特别行政区永久性居民中的中国公民。

根据《基本法》，中央政府在行使下列权力前均须先咨询基本法委员会的意见：

(1)《基本法》第 17 条：全国人大常委会撤回由香港特别行政区立法会制定的但与基本法中“关于中央管理的事务及中央和香港特别行政区的关系的条款”不符的法律。

(2)《基本法》第 18 条：全国人大常委会增减基本法附件三内适用于香港特别行政区的全国性法律。

(3)《基本法》第 158 条：全国人大常委会解释基本法的条款。

(4)《基本法》第 159 条：全国人大把关于基本法的修改议案纳入其议程。

虽然基本法委员会的功能是咨询性的，但该委员会仍有可能发展成为一个能平衡中央政府与香港特别行政区政府利益的解决矛盾的机制。不过这有几个先决条件：第一，个别成员个人的政治立场不是全国人大常委会在委任基本法委员会成员时的主要考虑点。第二，成员中需要有法律专业知识的人士。第三，基本法委员会以基本法的法律条文而非政治考虑为形成其意见的主要基础。第四，全国人大常委会在一般情况下都愿意接受基本法委员会的意见。

三、规限政府权力的方法

在香港，规限政府权力的方法包括以下几个方面：①

1. 法治原则

第一方面的限制乃来自赋予政府权力的形式。法治的形式性要求是，政府所行使的一切权力都必须源于宪法中所作出的授权，并载于宪法或根据宪法而制定的其他法律之中，而政府必须根据宪法和其他法律所规定的程序和条件，来行使这些由宪法和其他法律所赋予的权力。换句话说，政府所有的权力都是由宪法所直接或间接地赋予的，而政府亦只可以行使宪法和其他法律已赋予它的权力。这就是以法治来规限政府的权力的核心意义，以宪法这一部法律来订出关于政府拥有的权力的基本原则，就是要体现法治的要求。因此，拥有一部宪法也可以说是宪治的最基本的条件。

但单单说以宪法来限制政府权力是不够的。我们还得知道宪法的条文（无论是给予政府权力或是限制政府权力的条文）在执行时会被赋予一个什么的解释。由于宪法主要只是订出一些原则性的规定，而较详细而具体的规定会由一般法律来补充或引申，所以宪法所用的字眼较为笼统，而解释宪法条文时的宽度亦会较一般法律为大。宪法的条文最终如何被解释，将影响宪法能否对政府的权力进行足够的规限和对公民的人权给予足够的保障。而要实践宪治主义，负责解释宪法的机构在获取一个宪法条文的不同的可能的含义时，必须采纳一个能符合宪治精神的解释。

2. 权力分立及制约

政府权力的第二方面的限制来自政府权力本身的分配方法。根据权力分

---

① 参见陈弘毅等合编：《香港法概论》，三联书店（香港）有限公司1999年版，第95～97页。

立与相互制衡的原则，任何政府机关都不能拥有绝对或完全的权力。政府的权力会被宪法分配至不同的政府机关。在纵向的权力关系上，政府权力会被分配至中央政府和不同层次的地方政府。在横向的权力关系上，政府权力会被分配至行政机关、立法机关和司法机关。各个政府机关在行使宪法所赋予的权力时都会受到其他政府机关的制约。在纵向的权力关系上，中央政府应适量下放权力予地方政府，让地方政府自行决定一些纯属地方性的事务。在横向的权力关系上，其中一个扮演重要制约功能的政府机关就是司法机关(即法院)。为了确保司法机关公正地执行宪法的规定，司法机关应是独立于立法和行政两机关的。至于行政机关与立法机关之间的关系，其设计则是以达到“政府效率”和“权力制约”的平衡为目标。

3. 民主政制

选择由哪些人负责掌握政府权力的方式(主要是最高行政决策机关的主要成员及立法机关的成员的产生办法)是对政府权力的第三方面的限制。根据民主原则，政府要员之所以能行使宪法上给予政府的权力，完全是因为人民选择了他们作为人民的代表，代表全体人民去行使管治社会的权力。为了确保人民能自由及公平地作出选择，选择的程序应是普及、平等、定期及不记名的选举。在满足一些起码的条件(如关于国籍、居留权或年龄的条件)后，人民的每一分子都有权投票及参选。

但民主并不等同于宪治，有了民主的制度并不表示政府的权力就已适当地被规限。从历史中我们见到很多专制独裁的政府，都是透过民主选举而掌握政权的。若民主政制的精神是每一个公民的意愿和权益都能得到充分的保障，那就需要一个宪治的制度来制约政府，以避免政府透过选举和假借大多数人的名义而取得不受限制的权力。

不过，没有一个民主政制作为基础，我们又很难见到真正的宪治。由于民主政府是由人民透过定期的选举平等地选出的，故民选政府在行使权力时必须考虑人民的反应，因为若得不到人民的支持，它就可能在下一次选举中落败而下台。这对政府构成很大的制约，使政府不敢任意使用其权力。可能在少数情况下，一个并不是由民主选举产生的政府，仍可以透过自我约制而在某种程度上施行宪治，但这完全依靠执政者的良好意愿，宪治的基础非常薄弱。这样的政府可以随时改变其统治策略而使用其权力来压制人民。

所以，民主与宪治两者是相辅相成的。民主政制依靠宪治，以确保政府的权力仍被规范在一界限之内，避免“大多数人的暴政”，使民主的精神受到真正的尊重。同时宪治也依靠民主政制来维持，借以监察政府的行为，使宪治建立在一个更稳健的基础之上。

4．人权保障

最后一方面的限制政府权力的设计与宪法所赋予政府的权力的内容有直接的关系。归根到底，其实限制政府的权力只是宪治手段，宪治的最终目的是要保障每一个人的人权，无论他在社会中是属于少数还是大多数。人权是人与生俱来而与他人平等地拥有的一些基本权利。人权观念其实是建基在一些基本的价值观念上，包括生存的权利、自由、平等、人格尊严、人与人之间的互相尊重和关怀等。人权的范畴相当广泛，包括如人身自由、言论自由、结社自由、出入境自由等公民及政治权利，而经济、社会及文化权利如受教育的权利、工作的权利等也在现代人权概念的范畴之内。

由于对人民的人权威胁最大的就是政府本身的权力，所以要保障人权，就得以各种方法来限制政府的权力。此外，宪法须订明人民有哪些基本人权是政府所必须保护的。除了有宪法和其他法律所认可的原因和在必须的情况下，政府才能透过法律的规定去限制人民行使这些基本的人权。政府还须负起积极的社会责任，容让每一个人都拥有平等的机会去行使和享用他们的自由和权利，活出充实的人生，不会因饥饿、贫穷、愚昧无知或受人歧视等社会因素而受到压迫。

总括来说，以宪法赋予政府权力，并以宪法来分配政府的权力予不同的政府机关、规定选举政府要员的民主政制及订明政府必须尊重和保障的基本人权，都可以说是宪治这观念对宪法的一些根本性的要求。因此，在讨论宪法和宪治时，一些相关的理念如法治、权力分立及制约、民主和人权都是必须同时考虑的。

四、香港与大陆规限政府权力的差异

自提出依法治国、建设法治国家方略以来，人们尤其是权力的享有者开始逐渐认识到，法治以规限政府权力为第一要务，即法治首先是治吏，然后才是治民。这一意识的改变，不但校准了大陆法治的发展方向与目标，而且，客观上调动了广大群众参与法治建设的热情。经过十几年的持续发展，大陆法治建设尤其是规限政府权力的法治建设已初见成效，然而，与法治发达的香港相比，还有很大差距，区别明显。

第一，立法上的差异。香港通过成文法与判例法对政府的权力进行全面控制，体系与内容完整。而大陆立法对政府权力的控制还不全面，空白处较多，如对人身权影响非常大的行政强制等行政行为至今尚无统一的法律控制，应尽快立法。

第二，实质与程序上的差异。香港对政府权力的控制既注重实体上的控制，又注重程序上的控制，尤以程序更为重，效果良好。而大陆则早先只注重实体结果上的控制，但忽略程序上的制约，虽然这些年已开始注重程序设计与程序义务的设定，但至今还无统一的行政程序法，造成实体与程序的不平衡。

第三，行政裁量权方面的差异。在香港，行政裁量权依然存在，且量势不减，因为有行政权一定有裁量权，这是不容否定的，但基于理性与立法的控制，这种裁理的幅度与程序已相当小，滥用的可能性也较低，且纳入司法审查。而在大陆，政府的行政裁量权依旧呈强势，成为行政滥权的重灾区，虽然这些年有所改变，如新颁行的《治安管理处罚法》，就将罚款的幅度进行了“度”的划分，如 500 元以下、500～1000 元、1000～2000 元等各种，使裁量的幅度缩小，处罚的合理性增强。但无论如何，控制自由裁量权仍将是大陆行政法治的重中之重，并且大陆应改变只有行政处罚“显失公正”才可诉，其余行政行为即使不公正也不可诉的现状。

第四，对象与程度上的差异。香港法治的进步已使违法的行政行为大大降低，故其法治的重点主要在行政权的合理性即正当性与否上。而大陆行政权的法律控制还主要规限在行政行为的合法性与否上，就连行政诉讼法都规定，人民法院只审查具体行政行为是否合法，而原则上不审查是否合理。这也需要改变。

第五，内部监督与外部监督的差异。香港法治对政府权力的内部监督是由独立于行政机关的专门机构来进行，如申诉专员公署，其职权独立行使，职责独立承担。而大陆对政府权力的内部监督如行政监查、行政审计、行政复议，都是由设立于行政机关内的行政机构来进行的，缺乏独立性，也因此缺少效力的可依性。香港对政府权力的外部监督主要是司法复核，依据的是一般诉讼程序，而大陆则有独立的行政诉讼制度。

分歧与并存：内地与港澳法律文化的共荣

任喜荣*

法律文化是一个内涵多少有些模糊的概念，由于文化在传统哲学界被分成精神层面的文化、制度层面的文化、器物层面的文化，①因此，比较流行的法律文化的看法认为，法律文化分为法律价值、法律规范、法律设施、法律艺术四个层面，②也就很好理解了。值得注意的倒是，人们通常在不同层面上使用法律文化的概念，常常并不刻意厘清，从而造成了一定程度上理解的混乱。本文使用法律文化概念时，基本上是在观念（或价值）和制度（或规范）的层面上来使用的。

法律文化的形成离不开特定的人群与社会，吉尔兹称法律是一种“地方性知识”，表达了这一深意。吉尔兹说：“我始终认为，法律就是地方性知识；地方在此处不只是指空间、时间、阶级和各种问题，而且也指特色（accent），即把对所发生的事件的本地认识与对可能发生的事件的本地想象联系在一起。”③在不同的社会支持系统下，法律文化的差异是一种客观事实。法律文化之间进行着生生不息的吸收、对抗与融合，然而法律文化的差异永远也不可能消失。同样的境况也适用于中国内地与香港或澳门。这是本文立论的前提，即内地

---

* 吉林大学法学院副教授，法学博士。

① 关于文化，萧箑父先生的定义可谓有代表性，他说：“文化有广狭义，广义文化可分为三个层次：表层的器物文化；中层的制度文化；深层的精神文化，乃文化的狭义，专指人类实践重大精神创造活动长期积淀而成的社会心理、价值体系、思维方式、人伦观念、审美情趣等。”（萧箑父：《中国传统哲学概观（一个论纲）》，载《武汉大学学报》（哲学社会科学版）1999年第6期。）

② 徐忠明：《思考与批评：解读中国法律文化》，法律出版社2000年版，第41页。

③ ［美］克利福德·吉尔兹：《地方性知识：法律与事实的比较透视》，载梁治平：《法律的文化解释》，三联书店1998年版，第126页。

与香港或澳门并不存在法律文化上的"同化"或"归化"的问题，而是法律文化的"并存"与"共荣"的问题。

与不同国家间的法律文化的比较研究不同，内地与港澳的法律文化研究是在"一国两制"背景下的比较研究，这使得研究本身具有确定的主权边界和独特的问题。本文将研究如下几个方面的问题：其一，内地与港澳法律文化差异的表现。在众多可比较因素中，选取司法理念的差异来作说明。其二，文化多元或法律文化的多元日益成为现代国家的特征，然而在主权完整性的背景下，多元性是存在边界的。边界的界定受到人权保障、法制统一、自治与全球化等因素的考量。其三，在"一国两制"理论与制度背景下，所构筑与容纳的法律文化多样性，区别于其他国家，具有明显的独特性。其四，最后的结论是认为在不同的社会支持系统下，内地与港澳法律文化应该相互吸收与借鉴，走向共荣。

一、法律文化的分歧——以司法理念为例

内地与港澳法律文化的差异巨大，100多年来宗主国的影响、社会发达程度的不同、社会制度的差异、人口结构的改变等，已烙下了深刻的印记。其中司法理念的不同，可为代表。

需要从一开始就说明的是，内地与港澳本身就具有法律文化的多样性，如内地就是传统法律文化、社会主义法律文化、西方现代法律文化与少数民族法律文化的交汇；而香港，自19世纪英国人在香港建立殖民地统治以来，英式的法律体系和法治传统移植过来，逐渐在香港本土生根，形成了香港的法律和法律文化，①但中国传统的法律与习惯并没有完全退出，从而形成了某种"二元化的法律体系"②。在实际的纠纷解决实践中，民间的纠纷解决机制也发挥着重要的作用。有人分析指出："很明显，在英国的统治已经建立的几十年之后，

---

① 陈弘毅：《法治、启蒙与现代法的精神》，中国政法大学出版社1998年版，第261～262页。

② 苏亦工：《中体西用：中国传统法律与习惯在香港》，社会科学文献出版社2002年版，第69页。

香港的华人除因刑事犯罪而受到指控之外，很少与正式的法律机制打交道。他们成功地建立起了自己的纠纷解决机制而尽量少地依赖正式制度，甚至商业交往也是如此。”①回归之后，港澳法律文化的多样性变得更加丰富多彩。本部分的分析不关注三地法域各自内部的法律文化冲突，而是着重于内地与港澳之间的法律文化分歧，即以社会主义法治为特征的内地与以西方现代法治为特征的港澳之间的比较，并以司法理念的分歧为例。

司法理念是人们对于司法核心价值目标、司法权力功能和司法行为的理性认识。在自由主义的司法理念下，最为核心的是“司法独立”与“司法公正”，然而社会国家或福利国家的发展却使问题变得复杂化了，司法的民主方面越来越受到人们的关注。世界著名诉讼法学家莫诺·卡佩莱蒂将其解读为“司法独立”与“民主责任”的旷日持久的冲突与协调，他说：“法律的自由主义理论确立了司法独立和民主责任两项原则，并且无疑两者之间存在一种内在的冲突或矛盾。然而，这并不意味着两者之一或两者应予抛弃。更加严肃和现实的当然是，实际上人类努力使这两项原则相结合……人们试图调和其对立，一方面根据合理平衡这两大价值的要求而使司法机构承担一定程度的责任，另一方面令其享有相应的独立地位。”②日本学者棚濑孝雄也表达了基本一致的看法。③

如此看来，“司法独立与公正”与“司法的民主”在某种程度上成了现代司

---

① Yash Ghai: *Hong Kong's New Constitutional Order*, Second Edition, Hong Kong University Press, 1999, p. 25.

② [意]莫诺·卡佩莱蒂著：《比较法视野中的司法程序》，徐昕、王奕译，清华大学出版社 2005 年版，自序第 15 页。

③ 日本学者棚濑孝雄所分析指出的：“在自由主义的司法理念下，司法不仅对政治保持着其独立性，发挥着监督和制衡政治的重要功能，而且为了防止广义的政治化和出于维持中立性的考虑，对民众的参与也持有消极或警戒的态度。像韦伯所指出的那样，民主主义可能削弱法律适用的形式合理性，具有损害近代社会中司法根本理念的危险性。”但是，由近代社会所创造的这种“审判神话”只适用于近代社会，“然而在我们生活于其中的当代社会里，这样的社会变化已经发生并正在加速进展。一方面，一般民众作为司法理所当然的受益者要求得到更好服务；另一方面，政治权力与司法的关联更加复杂和高度化，仅仅用排除恣意的干涉这种抑制已不足充分地把握和控制局面。面临着与作为近代司法前提的近代社会明显不同的这些社会条件，司法的正当性维持也变得相当的不安定和困难。”（[日]棚濑孝雄著：《纠纷的解决与审判制度》，王亚新译，中国政法大学出版社 2004 年版，第 248～249 页。）

法理念的两端。而其价值序位的不同,则可以真实地反映内地与港澳司法理念的重大区别。

司法独立与公正是香港司法理念的核心。尽管在香港的殖民地时代,除了高等法院法官和区域法院法官的任期受到保护之外,当时的宪法性文件中并没有明确地确认司法独立,但司法独立还是因宪法惯例而得以保证,并成为香港的骄傲。1997 年以后,《基本法》第四章第四节则明确了司法独立的基本制度安排,其中第 85 条规定:"香港特别行政区法院独立进行审判,不受任何干涉,司法人员履行审判职责的行为不受法律追究。"2004 年香港《法官行为指引》,开篇便指出:"一个独立并能维护法治、捍卫个人权利和自由的司法机构,是我们社会的基石。司法机构必须独立,且其独立性必须是有目共睹的。法律面前,人人平等。法官在审理案件解决市民相互之间和市民与政府之间的纠纷时,必须本着公平公正、无惧无私的态度行事。"进一步印证了司法独立与公正在司法理念中的核心地位。陈弘毅教授在《香港九七回归的法学反思》一文中提出 1997 年回归之后"香港法院所面临的挑战是如何采取一种中庸之道,一方面勇于坚持它们的独立司法权和敢于发挥它们法定的管辖权,借以维护法治和权利保障等原则;另一方面,不采取过高的姿态,避免法院的角色过于政治化,因为这样可能导致特别行政区政府或中央政府对法院进行激烈的反击,届时作为巧妙而脆弱的权力均衡状态的法治制度便毁于一旦。"①以避免过于卷入政治而确保司法独立,也是这一司法理念的体现。

中国内地虽也在一定程度上承认司法独立,但司法的民主责任在价值序位上高于司法独立。如果说香港受西方司法近代司法理念的影响,形成了"因独立而公正"的思维定式的话,内地则形成了"因民主而公正"的思维定式。这是由人民代表大会制度这一社会主义民主政治制度所决定的。1982 年《宪法》第 126 条规定:"人民法院独立行使审判权,不受行政机关、社会团体和个人的干涉。"隐含了人民法院并不独立于人大的权力结构安排。与近代西方司法理念认为民主主义会削弱司法独立从而无法实现司法公正的担忧不同,社会主义的司法理念认为恰恰是民主确保了司法的公正性。

对于司法与民主的关系,陈端洪教授曾撰文指出:"社会主义民主,可以概

---

① 陈弘毅:《法治、启蒙与现代法的精神》,中国政法大学出版社 1998 年版,第 276 页。

括为三个原则，即人民民主专政、民主集中制与群众路线。这三个原则决定了中国司法的使命、组织与审判方式。”①尽管自20世纪90年代以来，关于司法独立和司法职业化的研究甚嚣尘上，推动了中国内地司法制度的改革，司法理念日益与世界接轨，但自1999年最高人民法院制定的第一个五年改革纲要以来，2004年、2009年最高人民法院又分别制定了第二和第三个五年改革纲要，改革纲要是人民法院阶段性发展规划，最能体现人民法院司法改革的基本内容和发展方向，从实际内容看，三个纲要都不同程度地体现了对于民主发展方向的坚持。最高人民法院院长王胜俊最近在《深入学习实践科学发展观　坚持为大局服务为人民司法》一文中强调人民法院要转变司法观念，树立为人民司法意识。他提出：人民法院要“始终坚持为人民司法，真正做到司法公正为了人民，事业发展依靠人民，公平正义的成果由人民共享。坚持为人民司法，必须站稳政治立场，克服特权思想，把维护好人民权益作为工作的根本出发点和落脚点，实现好、维护好、发展好最广大人民的根本利益；必须杜绝衙门习气，克服官僚作风，尊重人民主体地位，推进司法民主；必须克服司法神秘主义、形式主义，增强群众观念，增进群众感情，体现司法人文关怀，努力解决人民最关心、最直接、最现实的利益问题，把人民群众是否满意作为检验工作成效的根本标准”②。

如果说，在西方对于司法的民主责任的强调仅仅是对司法独立的现代修正的话，在中国内地，司法民主则是司法权力合法性的根源和司法权力运行的内在机制。这就是为何针对香港终审法院“居港权”案的判决，全国人大常委会必然释法的根本原因。

二、国家法律文化多元性的限度

现代国家法律文化的多元已成为一种普遍现象。法律社会学者和法律文化学者提出的法律的多元化问题、“活法”问题、法律的本土化问题以及国家法

① 陈端洪：《司法与民主：中国司法民主化及其批判》，载《中外法学》1998年第4期。

② 王胜俊：《深入学习实践科学发展观　坚持为大局服务为人民司法》，载《求是杂志》2009年第4期。

与民间法的对立等问题，印证了这一现实。虽然最初法律多元性问题的提出是由西方学者对非西方社会法律结构的分析得出的，特别是西方法治观念渗透到这些地区之后，但是，法律多元显然不是非西方国家的专利，西方国家同样面临着法律多元的法制现状。[①] 这种情况在西方国家随着移民的大量涌入、对人的自由权利保护的加强、全球化或区域一体化的发展等因素的作用而日渐明显。如在英国，由于欧共体法的适用而形成的对英国传统的“议会主权”原则的挑战，以及2008年盛极一时的关于伊斯兰教法（Sharia Law）在英国的适用的争论，可为代表。

就一国而言，法律的多元主要表现为如下法律形态的并存：其一，以制定法和判例法为代表的国家正式法或国内法；其二，现实有效的民间习惯法或宗教法，此处的“有效”有两层含义，一方面是指实际被人们所遵从的，另一方面是指被国家确认当事人可选择的；其三，国际法或区域法的影响。由此产生的问题是，一国可以容纳多大程度上的法律多元？通过什么样的立法与司法机制来处理可能出现的法律冲突？多元的法律形态可能会受到哪些因素的考量，从而决定其“合法性”？或者从实证法学的角度看，哪些才能够成为现实有效的法律秩序的一部分？

英国法学家约瑟夫·拉兹关于法律体系存在标准的理论可以为上述问题的解决提供借鉴。拉兹指出：“一个社会完全有可能受到两种法律体系的影响，例如一种是宗教的，而另一种是国家的，它们彼此之间尽管有时相互冲突，但也可以相互融合。”[②]“假设有两种法律体系，它们不仅在各自的特定社会中都是有效的，而且，它们还是彼此不相容的。这时就需要使用排除标准来认定究竟真实存在的是哪一种法律体系。”[③]构成排除标准的重要内容“特别重视人们对于国家、政权和其他一些法律制度只是其中之组成部分的社会生活形式的态度和行为”，以及“重要的宪法性法律的效力，例如重要的法律适用机关和法律创造机关的运行，以及具有其他政治属性的法律的效力”。然而，“就相

① [日]千叶正士著：《法律多元》，强世功等译，中国政法大学出版社1997年版，第5页。

② [英]约瑟夫·拉兹著：《法律体系的概念》，吴玉章译，中国法制出版社2003年版，第247页。

③ [英]约瑟夫·拉兹著：《法律体系的概念》，吴玉章译，中国法制出版社2003年版，第248页。

互竞争的法律体系而言，能从中胜出的才是真实存在的法律体系。不过，在某些情况下，两种相互竞争的法律体系可能具有大致相同的主张，检验就总是一种没有最终答案的过程”①。法律多元表现为两种或多种法律体系的竞争，结果并不总是非此即彼的，除非经过特定时空的检验，否则结论很难骤然得出，而一种法律体系的失效也可能又为其他法律体系的出现提供空间，结果只能是“如果法律在某一特定时刻存在，那我们就说，这时的法律体系是真实存在”②。

如果我们的思考不是那么抽象的话，为解决法律多元所引起的法律冲突，一个国家一定会设置冲突的法律解决机制，包括立法的和司法的解决机制，并因此一定存在衡量法律（文化）多元性限度的标准。这些标准可能包括：

（一）法制统一

法制统一对于一国法律秩序的形成来说，本身就具有重要的价值，而为了确保法制的统一，一国不仅会建构以宪法为根本规范的严谨的法律位阶体系，而且会通过法律解释机制、违宪审查机制等，确保法律精神、原则和内容的一致性。因此，当法律多元威胁国家法制统一时，国家权力的发动会对其进行修正。如中国传统婚姻家庭法和传统婚俗中对于女性权利的处理，就存在违反现代家庭法和继承法的平等权利的规定，从而，当纠纷需要国家权力的介入时，国家法就具有不可取代的重要地位。在移民数量较多并重视公民权利保障的国家，在某一社群范围内所适用的传统法、宗教法或民间法，在一定程度上也获得了国家法的认同，但当其原则与内容与国家法冲突并可能减损国家法的权威时，则毫无疑问无法获得官方的认同。在英国，虽然部分信奉伊斯兰教的社群希望在群体内部可自由选择适用伊斯兰教法，并主要是家庭法与继承法部分，但仍然引起了广泛的警觉，担心会因此引起英国法制的分裂。因此，英国上议院的大法官（Lord Chancellor）Jack Straw 明确指出了英国法的绝对主导地位，他指出，伊斯兰教法只具有附属地位，当它与英国法相抵触时则无效。③

---

① ［英］约瑟夫·拉兹著：《法律体系的概念》，吴玉章译，中国法制出版社 2003 年版，第 248 页。

② ［英］约瑟夫·拉兹著：《法律体系的概念》，吴玉章译，中国法制出版社 2003 年版，第 249 页。

③ http://www.bbc.com，下载日期：2008 年 10 月 30 日。

(二)人权保障

人权保障是现代法治的观念基础和宪政建设的核心价值目标。宪法中的权利被视作是基本权利,是公民参与国家政治、经济生活的最根本最重要和最低限度的权利。基本权利具有固有性、不受侵犯性和普遍性。人权的国际化趋势也日益明显。国际人权公约和国际性的人权保障机制日益发展和完善。许多国家设立了人权委员会或平等机会委员会等专门委员会致力于人权保障。

是否有利于扩大人权保障的程度,也在事实上成为解决法律冲突的标准。以英国为例,在欧洲,二战后起草的《欧洲人权宪章》赋予了个人在欧洲人权法院起诉主权国家的权利。英国 1951 年签署了这一宪章并于 1966 年接受了个人申诉权。许多案件因此被成功地提出,促使议会修改了国内法。在《宪章》没有实现国内法化的背景下,法院并不准备接受宪章在国内法上的直接效力,但却通过普通法加强了对社会权利和政治权力的保护。1998 年《人权条例》(Human Rights Acts)的通过,则使《宪章》的规定可以直接应用于国内法院。[①]《人权条例》解决了议会主权与宪章权利有效保护的冲突,从而提高了人权保障的程度。

许多国家的传统习惯法的效力,也经常接受人权标准的审查。

(三)社会自治

对社会自治的尊重或提高社会自治的程度,是现代国家治理的目标之一。社会自治首先指的是个人的自治,表现为公民个人享有的作为公民的权利与自由。作为学术研究的重心,社会自治更关注的是通过社群的集合体共同行使的权利,主要表现为社团自治、民族自治、地方自治等。社会自治可以制约公权力的扩张,从而成为现代宪政的价值目标之一。

自治体拥有不同形式的自治规范,自治往往基于人群或地域而采用不同的法律规范体系,从而构成一国法律多元的主要表现形式。如在我国,民族自治地方的自治条例和单行条例仅适用于自治地方。在某些宗教具有深远影响的国家,宗教法与国家法往往划分不同的领域发挥效力,或由公民选择适用宗教法或国家法。伊斯兰国家往往设立两套法院系统,一个是“沙里阿”法院,主

---

① Anthony Lester QC and Kate Beattie, *Human Rights and The British Constitution*, *The Changing Constitution*, Sixth Edition, edited by Jeffrey Jowell and Dawn Oliver, Oxford University Press, 2007, p. 59.

要管辖私法案件,另一个是听诉法院,主要处理公法案件。

对于统一的主权国家而言,自治是一种可欲的宪政价值,但是中央政府也要确保主权的最高权威性,从而避免因分权而带来的国家分裂的潜在危险。对此,自治体的自治权限的范围往往通过宪法以及民族自治法或地方自治法加以规定,在自治权限划分不明确从而形成法律冲突的情况下,对自治权的宪法解释则成为自治权限的法律标准。

(四)全球化以及区域一体化

全球化以及区域一体化对国家法制发展已产生重大影响,国家法律的多元性也部分地归功于此,以国际法所代表的法律秩序和以国内法为代表的法律秩序重叠交叉在一起。不仅传统的国际法一直就以某种方式被视为国家法律体系的一部分,而且随着全球化的日益深入,全球化程度越高的领域(如金融与市场),国内法的趋同性以及国内法与国际法的协调性就越明显。尽管人们对于全球化或区域一体化深存疑虑,如许多国家在加入国际条约时的"保留",对西方文化或法律霸权主义的担忧,欧盟宪法草案的流产,金融危机刺激下的贸易保护主义等,甚至有的激烈反对,如恐怖主义等,但是,全球化在一个开放的社会中,如中国,显然是一个不可逆转的过程,并成为法制现代化的推动力量。

全球化既是一个可欲的价值目标,同时又隐含着降低主权绝对性的危险,因此,各国往往通过宪法或宪法性法律设定立法与司法机制,确保全球化在可控的范围内实现。

如果不是从法律社会学或法律文化学等法律研究的外在视角出发,而是从实证法的内在研究视角出发的话,法律多元总是会受到以宪法为根本法的"法制统一"标准的检验,其他标准则是对这一标准的不同程度的修正,并最终会被吸收到这一标准中。

三、"一国两制"构筑与容纳的法律文化多样性

内地与港澳法律文化的分歧从积极的方面看是中国法律文化多元性的表现。陈弘毅教授曾说:"香港法治属普通法系和资本主义式法制,中国大陆法制则以社会主义为基础,并在不少方面追随欧洲大陆法系的模式。所以,香港

的回归意味着中华人民共和国的法制增加了其多元性,变成了一个有更丰富内容的复合体。”①

大陆与港澳法律文化的多样性以“一个国家,两种制度”为基础,并且拥有充分的法律依据。

《中华人民共和国宪法》第31条规定:“国家在必要时得设立特别行政区。在特别行政区内实行的制度按照具体情况由全国人民代表大会以法律规定。”《香港特别行政区基本法》第2条规定:“全国人民代表大会授权香港特别行政区依照本法的规定实行高度自治,享有行政管理权、立法权、独立的司法权和终审权。”第5条规定:“香港特别行政区不实行社会主义制度和政策,保持原有的资本主义制度和生活方式,五十年不变。”第8条规定:“香港原有法律,即普通法、衡平法、条例、附属立法和习惯法,除同本法相抵触或经香港特别行政区的立法机关作出修改者外,予以保留。”第11条规定:“根据中华人民共和国宪法第三十一条,香港特别行政区的制度和政策,包括社会、经济制度,有关保障居民的基本权利和自由的制度,行政管理、立法和司法方面的制度,以及有关政策,均以本法的规定为依据。”“香港特别行政区立法机关制定的任何法律,均不得同本法相抵触。”《澳门特别行政区基本法》有基本相同的规定。通过宪法的充分授权、基本法的独特法律地位、原有法律制度和司法制度的延续性、原有社会制度性质的保持等方式,既为港澳法律制度的独特性,也为统一后的中国法律制度的进一步多样化,提供了明确的法律依据。

与通常的主权国家法律文化的多样性不同,“一国两制”构筑与容纳的法律文化多样性具有特殊性。

(一)追求法制的“独立”而非“统一”

与普通主权国家的法律多元通常会受到“法制统一”的审查与限制不同,“一国两制”背景下的法律多元,则排除了“法制统一”标准的存在。尽管陈弘毅教授在香港回归初期借用凯尔森的根本规范理论,认为“从法理角度看,香港的九七回归意味着香港法制根本规范的改变和转移,即原有的、以英国国会立法和英皇特权立法为依归的根本规范,将由一个以《中华人民共和国宪法》为终极依据的根本规范所取代”②。然而,不论是宪法还是基本法都只满足于

① 陈弘毅:《法治、启蒙与现代法的精神》,中国政法大学出版社1998年版,第277页。

② 陈弘毅:《法治、启蒙与现代法的精神》,中国政法大学出版社1998年版,第256页。

或致力于建构两地法制的“最基本的”或“最低限度的”关联。因此，对于主权国家如何确保宪法的最高权威性这样的问题，许崇德教授认为宪法和基本法是母法与子法的关系，“宪法正是透过基本法而在特别行政区得到实施”。然而，法制统一所要求的“法律的精神、原则与内容的内在统一”，显然正是“一国两制”所极力避免的。

“一国两制”背景下的法律多元明显具有建构多元的特点，而不像许多国家和地区，其中包括中国内地和港澳，以自然成长的方式形成法律多元。

（二）独特的“自治”主体

在一般情况下，法律多元的形成往往是由于某些群体基于传统与宗教的原因，而选择适用与（主流）国家法不一样的行为规则导致的。国家在法制统一性所允许的限度内为满足社会自治的需要，会允许这种多元性的存在。民族法、宗教法的存在就是如此。同时，上述两种类型的法在主体和适用范围上分别存在不同形式的限制，如我国《民族区域自治法》所确认的自治是“民族自治”与“区域自治”的结合，是特定区域范围内的民族自治，它在任何情况下都不能解读为全国范围内的具有某一民族身份的人群的自治。宗教法，如穆斯林居主导地位的国家的伊斯兰教法或“沙里亚”法（Sharia Law），一般在家庭、婚姻、继承等方面适用于伊斯兰教徒，其他许多法律，包括刑法、行政法以及商法等则属于世俗法。

在一国两制的原则下，分别确立了“港人治港”与“澳人治澳”的原则，但其中的“港人”与“澳人”并非民族、种族或宗教群体概念，而是特殊地域上的人群概念。特别行政区的居民不会因为离开特别行政区而丧失基本法所赋予的权利和义务，也不能选择适用某一类法律。特别行政区所反映的主要是地方自治的理念而不是民族或宗教自治的理念。

（三）最低限度的立法与司法关联机制

一般情况下，主权国家为避免法律多元带来的法律冲突，通常会设计充分的立法与司法机制以解决已发生的或潜在的冲突。如联邦制国家的联邦最高法院或宪法法院就主要负责裁决因地方分权及其他原因所导致的法律冲突。我国内地的立法审查机制与司法解释功能也起到了避免法律冲突的作用。

与建构多元的模式相适应，无论是宪法还是基本法都没有建构充分的立法与司法关联机制，从而将关联本身限制在了最低的程度上。

基本法第 17 条、第 18 条、第 19 条、第 158 条的规定反映了关联机制的基本情况。首先，全国人大常委会对特别行政区的立法享有备案审查权，但只在“认为香港特别行政区立法机关制定的任何法律不符合本法关于中央管理的事务及中央和香港特别行政区的关系的条款”，才“可将有关法律发回，但不作修改”。已发回的法律立即失效，但“无溯及力”。迄今为止，人大常委会未将特别行政区的任何一项立法发回。其次，全国人大常委会决定宣布战争状态或因特别行政区内发生特别行政区政府不能控制的危及国家统一或安全的动乱而决定特别行政区进入紧急状态时，中央人民政府可发布命令将有关全国性法律在特别行政区实施。再次，香港特别行政区的法院享有独立的司法权和终审权。最后，人大常委会享有基本法的解释权，同时授权特别行政区法院行使解释权。但是，当“香港特别行政区法院在审理案件时需要对本法关于中央人民政府管理的事务或中央和特别行政区关系的条款进行解释，而该条款的解释又影响到案件的判决，在对该案件作出不可上诉的终局判决前，应由香港特别行政区终审法院请全国人民代表大会常务委员会对有关条款进行解释。”

根据上述规定，除为了维护国家主权的需要之外，立法机关与司法机关的关联机制极其有限。目前除因“居港权”案所引发的内地与香港关于基本法解释权的冲突，导致1999年的“释法”之外，其余两次“释法”都是基于香港政治发展的需要，而由人大常委会主动“释法”。

四、结语：从分歧走向共荣

“一国两制”理论背景下所形成的法律文化的多元，在世界上也是一个特例。2007年许崇德教授在香港回归十年后的一篇纪念性文章当中概括了基本法的三个“史无前例”，即基本法所体现的“一国两制”是史无前例的，基本法对特别行政区制度的设计是史无前例的，基本法的起草方式和过程是史无前例的，[①]让人印象深刻。这再一次提醒我们宪法乃是政治法的事实，即宪法的基本内容是对国家根本制度的安排，而制度的形态则取决于政治权力的运作，宪法的发展也往往与国家的政治发展相关。在特别行政区的政治体制、经济

① 许崇德：《全面体现“一国两制”的法律》，载《人民日报》2007年6月7日第7版。

制度、社会制度、司法制度问题上,是政治的智慧而不是立法的先例发挥了最大的作用。特别行政区制度所创造的法律多元完全超出了一般主权国家所能容纳的法律多元。宪法与基本法通过对两个法域的隔离,实现了两种法律体系的最大的不同与最小的冲突。“最小的冲突”主要在一种描述的意义上使用,并不严谨,这是因为法律冲突在实证法的意义上指的是涉及两个或两个以上法域的案件的处理,主要指的是国际法律的冲突,但在特别的情况下也可指国内法律冲突,如内地与港澳。但由于“一国两制”所建构的法律多样性尽量降低内地与港澳的法律关联性,从而也就使两地法律冲突降到了相当低的水平。陈弘毅教授在纪念基本法实施十周年的文章中写道:“回归10年以后,香港和中国内地两地法制的联系仍相当松散,虽然基本法为两地的司法互助提供了基础,但香港和内地的司法互助的密切程度仍低于香港与一些外国的司法互助水平,主要由于两地法制的差距比香港与一些其他国家法制上的差距更大。”①

相对于人们经常说的法律文化的“冲突”而言,内地与港澳之间更多的是“分歧”,即对政治体制、经济制度、司法制度,包括人权保障的不同态度,在实证法层面却被隔离而相安无事。实际的法律冲突可以司法的方式解决,但对社会制度类型的分歧,则只能以民主的方式来解决。港澳与内地相比,面积小、人口少、经济上对内地的依赖强,从普通的文化理论出发,更容易在文化上处于劣势,从而存在着被同化或归化的危险。然而,正如宪政理论通过“控权”来纠正“多数人的暴政”一样,特别行政区制度则通过赋予特区“高度自治权”,保证其在文化上的独立和对等的地位。内地法制与港澳法制分别拥有不同的社会支持系统,任何一方的改变都不可能骤然为之。内地的法治日益完善,内地与港澳之间有许多值得互相吸收与借鉴之处。就可见的未来而言,分歧、并存、共荣是内地与港澳法律文化多元的基本形态。这实际上已属于法律政治学的范畴。

内地与港澳法制现状的形成是基于各自独特的社会支持系统,优劣得失的简单评价会因社会生活的复杂性而显得苍白。

首先,内地与港澳法制有法系之别。尽管关于法系的样式学者们向来观

---

① 陈弘毅:《“一国两制”的法治实践》,载《中国人大》2007年6月。

点不同[①]，但香港属于英美法系，澳门属于大陆法系，中国内地属于社会主义法系(但具有大陆法系的特征)，则不会引起太大的分歧。由此，三地在法律原则、法典化程度、法律职业、法律渊源、司法结构、司法程序等方面，都存在重大区别。

其次，内地与港澳法制有根本制度之别。此处的根本制度包括根本的政治制度和经济制度。中国内地自 1949 年以来便实行了社会主义制度，1954 年起建立了人民代表大会制度。香港和澳门在回归之前一直是英国与葡萄牙的殖民地，无民主可言，回归之后则建立了具有行政主导特点的代议民主制。

再次，内地与港澳有社会结构之别。中国内地长期以来实行社会主义制度，追求社会平等，限制个人财富积累，简化社会结构，导致社会结构一元化。除少数民族文化外，文化形态也比较单一。港澳则长期实行资本主义制度，作为中西文化汇聚之地，文化多元与社会结构复杂同时并存。有学者指出：“香港处于中西文化的交汇点，九成以上的居民，承袭了中国传统的伦理道德思想，又同时不断受到西方文化的冲击。社会制度基本上是西方的模式，法治制度有相当稳健的基础，整个社会是趋向理性、温和以及容忍不同类型的思想形态，经济结构是高度资本主义模式，在这种中西合璧的结合下，产生了一个充满活力，享有高度自由和崇尚法治的华人社会。”[②]

最后，内地与港澳有发展程度之别。中国内地改革开放政策的实施仅有 30 年，不论是经济发展的水平、法治发达的程度、社会救助的能力，还是公民的文化素养，都处于初期发展阶段，全面提高还需时日。香港与澳门则受宗主国的影响，社会发达程度较高。

如果不是过于极端而主张以大陆法律文化取代港澳法律文化或相反，那么三地法律文化的并存就是一个可欲的现实。法制的相互吸收与借鉴是法律全球化背景下法律发展的常态，属于同一主权国家的三地的法制互相吸收与借鉴更是不容置疑。三地的法制各自具有适应性，分歧与冲突并不会贬损各自的价值。在对主权的绝对性给予充分尊重的前提下，“共荣”是三地法律文化多元的最值得期待的景象。

---

① [德]K. 茨威格特、H. 克茨：《比较法总论》，法律出版社 2003 年版，第五章。

② 陈文敏：《人权在香港》，广角镜出版社有限公司 1990 年版，第 354 页。

大陆学界对基本法相关理论的研究综述(1985—2009)

——以中国期刊网"基本法"关键词为检索依据

孙成*

一、引言

1984年12月19日,伴随着掌声,中英两国政府首脑在北京正式签署了关于香港问题的协议。"这标志着中国将以一种全新的理论指导国家统一进程,以一种全新的国家结构模式解决统一问题,以一种全新的法律治理香港。这种全新的理论便是中国特色社会主义理论下的'一国两制'。这种全新的国家结构模式就是'一国两制'条件下的单一制。"①这种全新的法律就是基本法。② 实践推动着理论的发展,自联合声明签订以后,大陆学界从1985年便开始了对"一国两制"、基本法及相关课题的研究工作,至今已有25年,可以说积累了一批研究成果,并对部分理论问题达成了共识。但是,迄今为止尚未发现关于这一领域的学术综述性文章,这对于检视现有成果脉络、前瞻学术发展方向甚为可惜。笔者这篇学术综述性文章试图弥补这一缺憾,以求教于方家。本项研究所援引的资料皆来自期刊网(以"基本法"为关键词,领域限于文史哲、政治、法律),时间跨度自1985年至2009年,分析大陆学界从1985年以来

* 深圳大学法学院2008级宪法学与行政法学研究生。

① 陈友清:《1997—2007:一国两制法治实践的法理学观察——以法制冲突为视角》,法律出版社2008年版,第1页。

② 当然基本法是1990年起草完毕的,但是在联合声明中已对基本法的起草和基本内容作了安排。

对基本法及相关理论的研究情况。①

二、研究资料的宏观分析

自1985年黎士勇在《法学评论》第6期发表第一篇关于“一国两制”理论的文章以来，②至2009年底，据笔者不完全统计，共有395篇关于“一国两制”和基本法的文章公开发表。从整体上看，这一时期的研究主要有以下基本特征：

第一，在学术风格上，学术自主性的程度逐步提升，政治话语在论文中所占的比例不断下降，越来越多的学者开始立足于基本法实践中出现的问题，以更加多元的视角思考基本法问题。“尽管自1982年以来，在宪法学界已经开始清算‘文革’时期的意识形态观念对宪法学造成的影响，尽可能地恢复宪法学自身应有的学术特色”③，但是客观地讲，如果我们审视1997年以前的文章，不得不承认限于当时宪法学的整体研究情况，特别是考虑到当时涉及港澳问题与基本法的研究还具有相当敏感性的政治现实，当时的文章不可避免地具有“泛意识形态化倾向”和“自我中心主义”的特征。“前者是指将意识形态的差异作为判断理论正确或取舍的价值标准，或者将一些本应属于法律技术的问题政治化，从而丧失了理论应有的客观性，也同时损害了理论应有的逻辑性和科学性。后者则是指研究者往往以己方的立场出发，试图将自己的价值观、理论观强加给对方，或者试图说服对方接受自己的观点，或者拒绝改变自己的立场，期待对方做出让步，而不管对方是否还有让步的空间。”④当然，这

---

① 这里需要特别说明一下：本文所援引的资料既包括对香港基本法也包括对澳门基本法的研究成果，但是在分析的过程中发现，大陆学界对澳门基本法的关注度显然低于香港基本法，客观上这也与澳门基本法在起草和实施过程中确实争议不大的现实有关，所以本文的研究重点在于香港基本法的研究情况，文中若无特别说明，所说的基本法均指香港基本法。

② 黎士勇：《试论一国两制的法律依据》，载《法学评论》1985年第6期。

③ 韩大元：《中国宪法学研究三十年：1978—2008》，载《湖南社会科学》2008年第5期。

④ 黎士勇：《试论一国两制的法律依据》，载《法学评论》1985年第6期。

种情况在1997年以后逐步得到了改善，这一方面得益于在大量青年学者的努力下，大陆宪法学界的理论研究从注释宪法学逐步向宪法解释学、规范宪法学转型，从宪法学范畴的角度进一步理清宪法学与政治学的疆界，特别是在方法论的层面上对传统宪法学进行了反思，这无疑也极大地推进了基本法研究领域在研究风格和方法上的转型；另一方面，不可忽视的是香港基本法在实施后，大量基本法问题以我们不熟悉的方式被迅速司法化了，通过法院判决的方式呈现到了我们面前，这一现实的挑战也在客观上推进了大陆学界研究基本法的理论转轨。大陆学者逐步认识到香港实行的是普通法制度，香港学者也必然从普通法的角度证明自己立场的合法性和理论的正当性，如果我们一味地从大陆的正统法学理论出发，无视香港100多年的普通法传统，不仅很难说明基本法引发的问题，而且这种排斥的态度也会引发更多的冲突，不利于三地间在基本法研究领域达成更多的共识。在这点上，我们只要选取几篇不同时期大陆学界研究基本法的代表论文便可大致窥见上述学术风格的转变。如，肖蔚云发表在《法律科学》1989年第1期上的文章《论香港特别行政区基本法规定的政治体制》；许崇德、陈克发表在《法学评论》1992年第2期上的文章《试论香港原有法律的保留问题》；凌兵发表在《法治论丛》2003年第1期上的文章《香港特别行政区基本法与全国人大立法权的界限——对香港特区终审法院居留权案判决的宪法思考》；程洁发表在《中国法学》2006年第5期上的文章《论双轨政治下的香港司法权——宪政纬度下的再思考》；邹平学发表在《法学》2007年第5期上的文章《抵触基本法还是符合基本法——评香港特区立法会〈议事规则〉第57(6)条之定位》。

第二，在研究内容上，归功于老一辈学者敏锐的学术眼光，基本法研究前期所开创的问题域（下文将专门解释问题域的概念）和一些基本成果为今后的研究打下了坚实的基础。具体来说，根据资料分析，1985—1996年基本法研究所形成问题域的表层领域大致包括：(1)综述“一国两制”理论；(2)综述香港、澳门法律制度；(3)中央与地方关系的研究；(4)港澳政治评析；(5)综述港澳基本法总体理论；(6)司法问题（基本法解释问题）研究；(7)港澳政治体制研究（行政、立法、司法制度及相互关系）；(8)居民基本权利和义务；(9)驻军问题；(10)区际法律冲突、国际条约、涉外事务问题。如果我们审视1997年后的成果就会发现，其实直至今日我们的基本法研究，总体上并未完全突破当时开创的问题域，只是研究重点发生了一定的转移，而且对每个问题研究得更加深入而细化。另外,这一时期某些学者的成果仍是我们今天研究基本法的重要参考资料。如,肖蔚云发表在《北京大学学报》1989 年第 1 期上的文章《对未来香港特别行政区政治体制的探讨》,李昌道发表在《社会科学》1991 年第 1 期上的文章《香港居民国籍问题探讨》等。但是与此同时,我们也注意到,由于当时整个宪法学界在研究进路上以注释宪法学为主,不可避免地,很多基本法的文章也深受其影响,在论证方式上,往往是以基本法文本所确定的结构展开,注重文本的阐释与证明,在宏大的叙事风格中,强调理论高度有余,关注微观技术性问题不足。所以我们审视 1997 年以前的研究,就能明显地感觉到学者们比较中意于研究基本法的“本质属性”和介绍港澳法律制度的总体情况。虽然这种研究进路对于基本法内容的普及有重要的作用,但是也导致了大量文章大同小异、如出一辙的问题,表现在由于缺乏多元化的思想碰撞,所以这一时期的基本法研究并没有产生多少学术争鸣,影响了研究的深度。这种状况随着 1997 年后法制冲突的展开发生了转变,在香港方面:围绕“居留权案”及其所引发的“人大释法”问题、立法会扩权问题、司法扩权问题、香港普选的宪制问题等方面,在澳门方面:围绕社团政治问题、立法议员质询权问题等方面,大陆学界在基本法研究领域取得了质的提升,不仅对过去研究涉猎不多,但在基本法实践中所反映出来的新问题进行了拓展性研究,而且也对过去学界虽然关注不少(如中央与地方的关系、基本法的性质问题、行政主导体制问题),但多是泛泛而谈的研究领域进行了深化研究。前者的代表成果有:邹平学发表在《法学》2009 年第 5 期上的文章《香港基本法解释机制基本特征刍议》,饶戈平发表在《中外法学》2008 年第 3 期上的文章《人权公约不构成香港普选的法律依据》,楼胜华发表在《比较法研究》2006 年第 5 期上的文章《澳门现行社团法律制度的结构与特征分析》,张元元发表在《法学家》2009 年第 1 期上的文章《对澳门特区立法会议员质询的分析:1999—2008》。后者的代表性的研究成果有:田飞龙发表在《研究生法学》2007 年第 6 期上的文章《法律的抑或政治的?——香港基本法模式下的中央与地方关系反思》,李琦发表在《厦门大学学报》2002 年第 5 期上的文章《特别行政区基本法之性质:宪法的特别法》,程洁发表在《法学》2009 年第 1 期上的文章《香港宪制发展与行政主导体制》。

第三,在参考资料的选取上,随着基本法实践的展开和大陆学界的研究心态逐步开放,表现在基本法研究后期,特别是 2005 年以后的基本法研究成果都比较注重参考港澳及国外的研究成果。（这里之所以选取参考资料作为考察基本法研究情况的特征，主要是由基本法研究的特殊性所决定的，在基本法领域存在两个立场相互独立甚至相互对立，研究方法也具有较大差距的研究群体，他们的研究对象都是基本法，但是对同一问题所得出的结论却往往不同，在此种背景下，考察大陆学界在研究基本法时的资料选取情况，实质上包含着对大陆学界研究心态和研究立场的考察）客观地说，基本法研究前期的研究成果在参考资料选取上都是比较单一的，具体表现在：(1)国内的资料基本上来源于关于基本法的几本经典教材和几篇文章，论文的同质化现象严重。[①]据统计，当时大部分文章的参考资料是：王叔文主编的教材《香港特别行政区基本法导论》，中央党校出版社 1990 年版。许崇德主编的教材《港澳基本法教程》，中国人民大学出版社 1994 年版。肖蔚云分别于 1989—1996 年发表的论文，[②]李昌道分别于 1990—1996 年发表的论文。[③] (2)外文（包括港澳地区的中、外文资料）资料严重不足，据统计，1985—1996 年发表的基本法论文只有三四篇严格引用了香港、英国的外文资料。其中的代表作是许崇德、陈克发表

---

① 这里的“同质化”概念是笔者援引韩大元在《中国宪法学研究三十年：1978—2008》（《湖南社会科学》2008 年第 5 期）中提出的宪法学研究在 80、90 年代的问题，主要是指研究大同小异、模板化严重、缺少创新性，笔者认为回归前的基本法研究也存在同样的问题。

② 主要有：肖蔚云：《对未来香港特别行政区政治体制的探讨》，载《北京大学学报》1989 年第 1 期；肖蔚云：《论香港特别行政区基本法规定的政治体制》，载《法律科学》1989 年第 1 期；肖蔚云：《论中华人民共和国宪法与香港特别行政区基本法的关系》，载《北京大学学报》1990 年第 3 期；肖蔚云：《一部艰辛而有创造性的杰作——回顾香港特别行政区基本法的诞生》，载《中外法学》1990 年第 3 期；肖蔚云：《论一国两制下中央与香港特别行政区的法律关系》，载《北京大学学报》1991 年第 4 期；肖蔚云：《澳门基本法草案与香港基本法的比较研究》，载《北京大学学报》1992 年第 5 期；肖蔚云：《九七后香港与中央及内地的司法关系》，载《中外法学》1996 年第 2 期。

③ 主要有：李昌道：《“一国两制”构想的伟大实践——学习香港特别行政区基本法的体会》，载《政治与法律》1990 年第 4 期；李昌道：《香港特别行政区基本法系列谈 1，2》，载《政治与法律》1990 年第 5～6 期；李昌道：《香港居民国籍问题探讨》，载《社会科学》1991 年第 1 期；李昌道：《香港司法见闻(1－6)》，载《政治与法律》1992—1993 年；李昌道：《今日香港政局》，载《复旦学报》1993 年第 4 期；李昌道：《香港后过渡期的政局述要》，载《政治与法律》1993 年第 2 期；李昌道：《港英政改方案出笼缘由研析》，载《政治与法律》1994 年第 3 期；李昌道：《香港回归后的法律及其发展趋势》，载《复旦学报》1994 年第 5 期；李昌道：《香港人权法评析》，载《政治与法律》1995 年第 4 期。

在《法学评论》1992年第2期上的文章《试论香港原有法律的保留问题》。这种情况的出现除了受限于当时大陆的客观物质条件外,还有一个更为主要的原因恐怕在于当时的大陆学界的研究心态和研究立场,当时在基本法研究领域,意识形态的正确与否似乎要比结论和论证方法的科学性与否具有更高的价值,大陆学界普遍对港澳学者和外国学者关于基本法的研究成果持警惕和排斥心理,由此可见当时的学界并未认识到"'一国两制'的首要法律含义是,两种本质不同的法律制度作用于同一社会客体,并以同一客体为场域展开冲突。我们必须面对并予以充分理解和尊重的事实是,由于两地政治和社会意识的差异甚至对立,如果我们单纯参考内地的资料,并且仅以内地的法学方法和理论去研究基本法,不但很难说明和证明发生于'一国两制'法治理论和实践的问题"①,其产生的理论也不能对弥合两制的冲突起到桥梁的作用,其理论本身反而可能沦为冲突之源。这一窘况在回归后,特别是两地经历了居留权案引起的宪制危机后,逐步引起了学界的关注,大陆学者不仅在研究内容上开始有意识地加强对港澳基本法研究成果的参考和利用,而且在研究方法上更加关注香港学者判例与实证的分析方法。有学者甚至在文章中提出"为了加强洞见力和说服力,在本文中,笔者不拟以内地学者的论著为主要参照和理据,而主要以普通法法学理论和法学方法进行阐述,包括所参考的资料也以普通法理论著作为主"②。在这方面的代表作有:陈友清发表在《现代法学》2006年第7期上的文章《论一国两制下特区司法管辖权的限制性与完整性》,朱国斌发表在《法学研究》2008年第2期上的文章《香港基本法第158条与立法解释》,程洁发表在《清华法治论衡》2009年第1期上的文章《地方普选的宪制基础研究——以香港普选问题为出发点》。

三、研究资料的微观考量

以上分析从宏观的角度入手,说明了回归前基本法研究的一些特点。下

① 陈友清:《1997—2007:一国两制法治实践的法理学观察——以法制冲突为视角》,法律出版社2008年版,第11页。

② 陈友清:《1997—2007:一国两制法治实践的法理学观察——以法制冲突为视角》,法律出版社2008年版,第12页。

面将从微观的角度着眼，采取计量的方法，进一步展示回归前基本法的研究概况并对以上特点予以更形象化的说明。为此，笔者以"问题域"系统为分析工具，分两个层次对现有资料进行了整理：

在正式行文之前，首先对"问题域"系统予以说明，笔者这里所指的"问题域"系统是援引俞吾金教授在其著作《问题域外的问题》中所提出的概念，"所谓'问题域'是指问题的逻辑可能性空间，一个特定的问题域也就是在一种特殊的哲学观支配下形成的问题领域"。"从形象的角度来说，我们在思考问题时或许会认为自己的思想是无拘无束的，但其实这是一种幻觉，实际上我们永远只能提出和思考我们可能提出和思考的问题，这些问题的逻辑可能性空间正是由我们置身其中的问题域先入为主加以划定的。我们之所以很少或根本感觉不到问题域对自己思维的影响，是因为它已经落入到无意识层面上去了。""一个问题域表现为一个独立的网络系统，在系统的表面领域是一些具体的问题，越往系统内部探索，我们接触的问题就越抽象，最后在系统核心的部分，我们见到了所有问题都由之流出的源泉——一种特殊的哲学观"[①]，笔者称其为对某类问题的基本假设和基本判断。

（一）"问题域"系统的表层领域

首先从"问题域"系统的表层领域着手，它的表层领域体现为一个个具体的问题集合。据统计，自 1985 年到 2009 年基本法研究的表层领域共可分为十个问题域。这里不仅要对大陆学界基本法研究资料分回归前和回归后两个时段进行一次对比式的罗列，（见表 1）更是希望将这两个时段的基本法理论研究的情况与回归以来基本法在实践中产生的冲突焦点进行对比，并对相关的数据进行分析（见图 2、图 3、图 4），从最一般的意义上概括这一时期问题域系统的形成原因和问题所在。

① 俞吾金：《问题域外的问题》，上海人民出版社 1988 年版，第 1～3 页。

表 1　基本法研究的问题域(表层领域)

问题域系统的表层部分	综述"一国两制"理论	综述香港、澳门法律	港澳政治评析	港澳基本法总体问题研究	港澳政治体制(行政、立法、司法制度及相互关系)	中央与地方关系研究	居民基本权利和义务	司法问题基本法判例、基本法解释研究	驻军问题	区际法律冲突、国际条约、涉外事务问题
代表字母	A	B	C	D	E	F	G	H	I	J
1997 年以前论文数量(篇)	19	26	17	47	18	5	4	2	2	15
占所有论文的比例(%)	4.8	6.6	4.3	11.9	4.6	1.3	1	0.5	0.5	3.8
1997 年以后论文数量(篇)	17	38	9	22	36	18	6	63	3	28
占所有论文的比例(%)	4.3	9.6	2.3	5.6	9.1	4.6	1.5	15.9	0.7	7
回归后实践中产生的冲突焦点	无	无	焦点 10	无	焦点 4、8	焦点 1、2、9	焦点 3、5、6	焦点 1、3、5、6、8、9、10	无	焦点 7

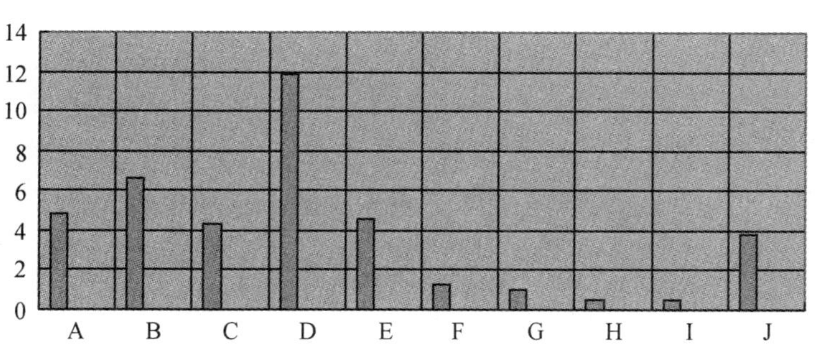

图 1　回归前各领域论文占总论文的比例

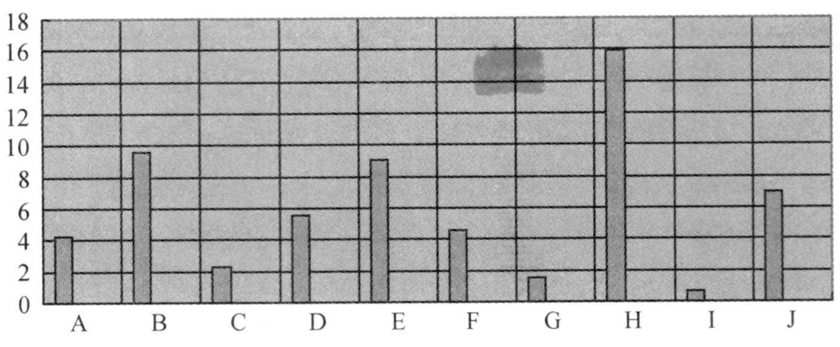

图 2　回归后各领域论文占总论文的比例

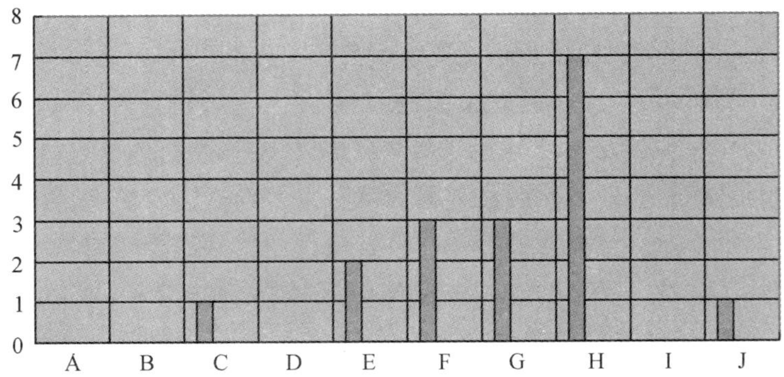

图 3　回归后基本法实际的冲突焦点在各研究领域的分布图

注:笔者在这里所选取的回归后基本法的冲突焦点是参考陈友清在其博士论文中所提出的观点,分别是:(1)临时立法会合法性;(2)国家的法律地位;(3)居留权;(4)司法独立和平等;(5)言论和表达自由;(6)平等选举权;(7)司法管辖权冲突;(8)政治体制;(9)23条立法;(10)政治改革与民主化问题。① 其中至少有7个焦点都明显涉及基本法的解释问题,并已经在香港法院的判例中得到了体现。

如果以不太严谨的眼光分析、对比表1、图2至图4的资料,可以得到以下三个基本信息:

第一,回归前基本法研究的问题域系统从表面上看其重点问题是:(1)港澳基本法总体问题研究;(2)综述香港、澳门法律;(3)综述"一国两制"理论。不太关注的问题是:(1)港澳基本法涉及的司法问题(基本法解释);(2)驻军问

① 陈友清:《1997—2007:一国两制法治实践的法理学观察——以法制冲突为视角》,法律出版社2008年版,第27~40页。

题;(3)居民基本权利和义务问题;(4)中央与地方的关系问题。

第二,回归后基本法研究的问题域系统从表面上看其重点问题是:(1)港澳基本法涉及的司法问题(基本法判例、基本法解释);(2)综述香港、澳门法律;(3)港澳政治体制(行政、立法、司法制度及相互关系)。不太关注的问题是驻军问题。

第三,如果将回归前的研究重点与回归后的实际冲突进行对比,(图 2 对比图 4)就会发现其数据呈负相关关系,即回归前研究较少的问题,恰恰是回归后基本法实践中的重点问题所在。而如果将回归后的研究重点与实际冲突进行对比,(图 3 对比图 4)其数据基本上呈正相关关系,但也有例外,(如居民权利和义务方面)即回归后的研究从总体上看是围绕着基本法在实践中产生的冲突焦点展开的。

上述信息揭示了我们不可回避的几个问题:(1)为什么在回归前基本法研究领域存在这种倒置现象,以及产生了怎样的影响?(2)回归后的基本法研究重点发生了转向,这说明了什么?以及这种现象是否表示我们理论界的研究已经足以回馈基本法在实践中产生的问题?或者说大陆的基本法研究成果已为港澳学界普遍接受了?

应该说在回归前,在基本法尚未对特别行政区直接产生法律效力的情况下,我们对基本法的任何讨论及任何问题域的形成都是基于一种"纯理论"角度的预测性判断,由于缺少实践的支持,所以在回归前学界形成的问题域系统中,关注焦点必然多集中于所谓"总论"的方面。而法律是一门实践科学,基本法在实践中会如何运行以及出现什么问题,我们只能假设而不可能准确判断。这种情况就导致在香港回归后,我们发现基本法以我们不熟悉的司法化方式展现出来。基本法实施中的冲突和问题很多将直接呈现在一个个具体的案件争议和一份份香港各级法院的判决书中。可以说在相当长的时间内,内地的基本法研究学界是整体失语的,回归前基本法研究的理论并不能完全回应基本法运行中的实践。这也就意味着,基本法研究问题域重点的转移在所难免。所以,从 2003 年后中央调整了对港澳的工作策略,从"不干预"到"不干预、有所为",学界也相应地加强了对港澳基本法及相关理论的研究工作,大量针对港澳基本法在实践中产生的问题的研究纷纷展开。特别是对于宪法学界来说,由于长期在实践中没有宪法性判例支撑,研究始终陷于隔空打物的尴尬之中。这种苦闷似乎一下子在基本法判例之中找到了突破口,一时间"违宪审查”、“基本法解释权”成为研究领域的“热词”。据统计,回归前专门论述基本法解释制度的文章只有两篇,而回归后激增到了63篇,但是若认真审视论文的内容的话,有相当数量的成果还处于泛泛而谈、大而化之的状态。所以应当承认目前大陆学界关于基本法及相关理论的研究工作对于基本法的实践来说,只能评价为“跟得上趟了”,远未能对基本法实践中出现的诸多问题起到指导作用,在整体上也没有提出能让港澳学者信服和接受的“基本法领域的共识性理论”。

(二)“问题域”系统的深层部分

在整理和分析问题域系统的表层领域后,接下来将进一步探索问题域系统的深层部分,以求发现基本法研究领域的核心内容。为此目的,笔者对上述表1中的十个问题域又进行了一次梳理,在整理过程中发现:

总体来说,在回归前基本法研究成果大量同质化的情况下,整个基本法研究领域并未出现大规模的观点交锋和学术争鸣。比如在综述“一国两制”和综述香港、澳门法律的两个领域基本上可以用“赞扬”和“介绍”两个词语予以概括,但是具体来看,一些领域倒也出现了几个研究热点。如:(1)国家结构形式问题。① (2)法律的衔接与适用(包括国际条约的适用)。② (3)区际法律冲突问题(主要围绕管辖权)。③ 据统计,在回归前基本法研究领域中与上述三个

---

① 代表性论文有:程辑雍:《对我国特别行政区法律地位的初步探讨》,载《上海社会科学院学术季刊》1986年第1期;翁其银:《论“一国两法”》,载《法学》1989年第5期。陆德山:《一国两制对传统理论法学的发展》,载《法律科学》1987年第4期;翁其银:《论一国两法与特殊单一制》,载《上海社会科学院学术季刊》1990年第2期;

② 代表性论文有:周杰普:《试论香港跨越九七合约的效力》,载《政治与法律》1993年第4期;邓中华:《香港特别行政区的对外缔约权及有关问题》,载《法学评论》1993年第2期;宋连斌、宁敏:《1997年后多边国际条约在香港继续适用的方式探析》,载《河北法学》1994年第1期;徐崇利:《国际经济条约继续适用于香港九七之后的探讨》,载《法律科学》1996年第6期;黄瑶:《略论香港法律适用化研究》,《法学评论》1996年第5期。

③ 代表性论文有:陈曾侠:《一国两制下粤港澳互涉刑事案件管辖与司法互助探讨》,载《行政与法》1996年第4期;牛凯:《论香港特别行政区与内地法律冲突的几个问题》,载《中国青年政治学院学报》1996年第1期;张真寿:《一国两制三法域司法框架下内地、香港、澳门互涉刑事案件管辖冲突初探》,载《行政与法》1996年第2期;栗晓宏:《论我国大陆与香港地区法律的冲突及解决方式》,载《行政与法》1996年第4期;肖蔚云:《九七后香港与中央及内地的司法关系》,载《中外法学》1996第2期。

热点问题直接或间接相关的文章超过50篇,约占总数的1/3多。如果立足今日,我们再去审视当年的这些文章,我们似乎会觉得当时的这种"时代性"文章是缺乏学术自主性的表现,正如上文所指的有"泛意识形态化"和"自我中心主义"的倾向。但与此同时,如果我们将上述三个热点问题放在一起思考,我们就会发现其实上述三个热点问题都是围绕着一个中心而展开的,而这个中心正是上文提出的问题域系统的核心假设和核心判断,即当时的基本法研究都是围绕主权问题展开的,港澳问题的核心是主权回归。强调宪法的适用与单一制的国家结构形式,审查过去法律、国际条约的适用及协调区际司法冲突,这些不都是在强调中国对港澳的主权行使吗?如果在历史的纬度下进行思考,这一点与当时的时代背景是密不可分的,自1840年鸦片战争以来,长时期的外族侵略及其所带来的民族屈辱感深深印刻在了每个中国人特别是老一辈知识分子的心中,故当面对祖国复兴,香港回归祖国的现实时,民族自豪感所带来的主权观是超越一切法学理论的,与此同时也就形成了以主权观为系统核心的基本法研究的问题域。

时光飞逝,随着1997年香港回归、1999年澳门回归,"一国两制"理论从当年的政治构想、外交文件演变为法律制度、法律实践,中英关于香港"主权问题"的争论似乎也随着大英帝国米字旗的缓缓落下而尘埃落定,但事实并非如此,就在香港回归后的第一个工作日,一个不和谐的声音就从香港高等法院传来,它告诉我们由基本法所引发的中央与香港的法制冲突这才刚刚开始。从回归后大陆学界研究基本法的文献上看,其主要热点集中于:基本法解释机制和港澳政治体制(行政、立法、司法三者的相互关系)这两方面。据统计,与这两个领域直接或间接相关的论文超过100篇,占回归后发表论文的50%以上。如果我们仔细审视这些文章就会发现,第一,在基本法解释机制方面,[①]表面上这些文章都在讨论终审法院是否存在其于"吴嘉玲案"中提出的"对全国人大及常委会的行为违反基本法的固有的宪法性管辖权"以及其谬误之处,或者探讨终审法院主动提请"人大释法"的机制和如何界定"人大释法"的效

① 代表性的论文有:朱国斌:《香港基本法第158条与立法解释》,载《法学研究》2008年第2期;焦洪昌:《香港基本法解释冲突之原因分析——以居留权系列案件的讨论为例》,载《广东社会科学》2008年第3期;邹平学:《香港基本法解释机制基本特征刍议》,载《法学》2009年第5期;王振民:《论回归后香港法律解释制度的变化》,载《政治与法律》2007年第3期。

力。但归根到底这些文章都是在回答一个问题：基本法解释权的归属和对终审法院解释权的制约。第二，在港澳政治体制方面，①文章都在探讨立法会扩权、司法机关的扩权问题或行政主导体制的建立与优化问题，究其实质都是在回答中央如何对香港进行有效管治的问题。由此观之，回归后大陆基本法研究仍未改变以主权观为系统核心的问题域。但是由于背景不同，侧重点亦有所区别。回归前，其所指的“主权”主要是从国家之间的关系入手，着重分析中国与英国在香港问题上的主权争议及其引发的相关问题，在一定程度上具有超越于法学理论之外的特点。而在回归后，“主权”所指的另一方面内涵被凸显出来，即强调在“一国两制”理论下中央如何基于主权处理与港澳的关系。其所涵涉的范围主要集中于以基本法为框架的法学理论之内。②

四、总结与展望

综上所述，通过以问题域系统为分析工具，分表层领域和核心领域对大陆学界的基本法研究成果进行分析，总体上我们可以认为：在问题域的表层领域，回归前的研究侧重于围绕基本法的条文和“一国两制”政策所带来的影响进行的阐释性研究；而在回归后随着基本法从理论走向实践，学界主要以基本法在实践中所带来的冲突为逻辑线索，一方面对以前的研究领域进行深化，另一方面也开拓了新的研究领域。而在问题域的深层领域，以主权观为系统核心的问题域并未发生根本性变化，但侧重点有所不同，回归前侧重“国与国之间的主权问题”，而回归后侧重“中央与地方之间的主权与自治权问题”。

---

① 代表性的论文有：范忠信：《基本法模式下的中央与特区司法关系》，载《法商研究》2000 年第 5 期；程洁：《香港宪制发展与行政主导体制》，载《法学》2009 年第 1 期；杨建平：《论香港实行行政主导的客观必然性》，载《中国行政管理》2007 年第 10 期；朱孔武：《香港立法会调查权的法理探析》，载《政治与法律》2009 年第 8 期。

② 根据小查理斯·爱德华·梅里亚姆在《卢梭以来的主权学说史》中提出的观点，主权一词包含三种不同的意义。(1)主权表明君主/人民在一国中拥有的特权地位；(2)主权指的是国家与其领土范围内的个体或团体之间的关系；(3)主权被看作是一国与其他国家之间的关系。参见：小查理斯·爱德华·梅里亚姆著：《卢梭以来的主权学说史》，毕洪海译，法律出版社 2006 年版，第 185～187 页。

正如上文提及的，笔者之所以选择以综述的形式对大陆学界关于基本法及相关理论的研究成果进行分析和整理，其主要目的就是期望通过这样的方式展示大陆学界在基本法研究领域的基本概况和基本脉络。在此过程中探求其蕴涵的深层次的原因，最终为建立三地学界都承认的“基本法的共识性理论”寻找可行之路。但路在何方呢？对此，根据上述分析结论，可得出以下两个基本判断：第一，在相当长的一段时间内，大陆基本法研究的问题域核心仍是主权问题。两地之间基于这一理论预设的差异，尽管面对同一问题，观点仍会有相当大的差异。第二，随着大陆宪法学界的研究水平的不断提高、研究方法的不断改进，特别是不少青年学者有意识地通过判例分析和实证分析方法研究基本法问题，不排除三地学界之间首先就基本法研究方法等技术性问题达成共识，以研究方法问题为桥梁，在各方学术观点各异的条件下搭建三地学界的交流平台。

当然，对共识性基本法理论的详细论证显然已超过了本文所涉及的范围。不过，最近学界的两位中青年学者的观点很值得参考，第一位是强世功。从大历史观着眼，提出对“一国两制”、基本法以及更深层次上对中华文明秩序的重新思考；①第二位是陈友清，他提出以“一国两制”理论及其对法学理论的贡献为历史起点，以这一理论的实践载体——香港法治为逻辑起点，在现实、宪政和理论三个纬度上，提出“一国两制”法制冲突有力地拓展了中国法学的视野，并进而提出消解冲突之道要回归到中华法系的建构问题上。② 笔者认为有一点是毫无疑问的，未来基本法研究的发展愿景应该是：从冲突中寻求启示，以互动探求共识，在存异中求得大同，在大同中趋至融合。

---

① 参见强世功于2007年9月至2009年2月在《读书》上发表的“香江边上的思考系列”(1～13)。

② 陈友清：《1997—2007：一国两制法治实践的法理学观察——以法制冲突为视角》，法律出版社2008年版。

港澳基本法实施与港澳政制法制的运行实践

论港澳基本法解释模式

范进学*

港澳基本法确立的解释模式是"一国两制"下的产物，是经验的结晶，它不仅确保了一国宪法体制的统一性与完整性，而且确保了港澳特别行政区司法权的高度独立性。认真对待与总结港澳基本法所确立的解释模式及经验，对于完善我国法律解释制度具有重要的理论意义与实践价值。

一、港澳基本法解释模式之解读

《中华人民共和国香港特别行政区基本法》第158条和《中华人民共和国澳门特别行政区基本法》第143条关于基本法的解释，其文本语言表述完全一致，即：本法的解释权属于全国人民代表大会常务委员会。

全国人民代表大会常务委员会授权香港或澳门特别行政区法院在审理案件时对本法关于香港或澳门特别行政区自治范围内的条款自行解释。

香港或澳门特别行政区法院在审理案件时对本法的其他条款也可解释。但如香港或澳门特别行政区法院在审理案件时需要对本法关于中央人民政府管理的事务或中央和香港或澳门特别行政区关系的条款进行解释，而该条款的解释又影响到案件的判决，在对该案件作出不可上诉的终局判决前，应由香港或澳门特别行政区终审法院提请全国人民代表大会常务委员会对有关条款作出解释。如全国人民代表大会常务委员会作出解释，香港或澳门特别行政区法院在引用该条款时，应以全国人民代表大会常务委员会的解释为准。但在此以前作出的判决不受影响。

* 上海交通大学凯原法学院教授，法学博士。

全国人民代表大会常务委员会在对本法进行解释前，征询其所属的香港或澳门特别行政区基本法委员会的意见。

此外，特别行政区行政长官根据香港基本法第48条第2项或澳门基本法第50条第2项赋予的职权，也可建议提请人大常委会解释基本法。

港澳基本法关于解释的规定虽然寥寥数语，但其确立的解释模式之内涵却是丰富的，笔者依据个人之基本法解释模式意义解读，基本法所确立的解释模式包含了以下七个层面的意义：

(1)基本法解释的法定职权由全国人大常委会行使，其他任何机关不得染指。

(2)特别行政区法院对基本法自治范围的条款经全国人大常委会授权而享有解释权。

(3)特别行政区法院在审理案件时对基本法的其他条款也享有解释权，换言之，特别行政区法院的解释范围也涵盖了非自治范围的条款。

(4)在审理案件中凡涉及中央人民政府管理的事务或中央和香港或澳门特别行政区关系的条款，法院需要解释而且这种解释影响到案件的判决的，那么在终局判决前，应由特别行政区终审法院提请人大常委会作出解释，而这一解释将成为特别行政区法院判案的法律依据。

(5)基于特别行政区法院对自治范围外的条款享有解释权之规定，即使特别行政区法院未按照提请程序提请全国人大常委会进行解释，而自行对基本法条款进行了适用性司法解释，也视为正当。

(6)特别行政区行政长官可建议提请全国人大常委会解释基本法。

(7)全国人民代表大会常务委员会对基本法的解释征询其所属的香港或澳门特别行政区基本法委员会的意见。

港澳基本法所确立的上述解释的模式既不同于美国普通法院解释的模式，也不同于法国的宪法委员会或大陆法系其他国家的宪法法院解释的模式，而是由全国人大常委会行使最终立法解释权并授权特别行政区法院行使司法解释权相结合的混合模式。但这一模式又赋予了特别行政区法院近乎全部且相当独立的解释权限：所谓“全部”，是指特别行政区法院既对自治范围内的事务享有解释权，又可在审理案件时对非自治外的条款行使解释权，从而使特别行政区法院对基本法所有条款均有解释之权。所谓“相当独立”，一方面在自治范围内法院自行解释，无须提请全国人大常委会进行立法解释；另一方面，即使按照提请程序，在终审法院提请全国人大常委会进行基本法解释之前的适用性司法解释，亦不受其后全国人大常委会立法解释之影响。

二、港澳基本法解释模式之评析

港澳基本法所确立的解释模式，既符合我国宪法之架构，又尊重港澳特别行政区之制度运作，是“一个国家，两种制度”经验之结晶。

（一）港澳基本法解释模式是一种新型宪法性法律解释模式

以世界之视阈，对宪法性文件解释的模式大致可分三种式样：一是马歇尔于1803年所创设的由普通法院解释宪法的模式，二是1940年奥地利确立的由宪法法院解释宪法的模式，三是1950年法国确立的由宪法委员会解释宪法的模式。三种模式虽各具千秋，但皆适合于本国宪政之文化传统及体制发展。特别是二战结束后以及20世纪90年代初苏联与东欧国家制度的转型后，越来越多的国家走向了政治问题司法化的道路，无论是战后的德国、意大利、日本，还是转型后的苏东国家，甚至一些发展中国家如印度、巴西、南非等，都确立了宪法司法解释的新型解释模式，这一趋势被有的学者称为“新宪政主义”(the new Constitutionalism)。① 港澳特别行政区基本法分别于1990年与1993年通过、1997年和1999年实施，正赶上世界新宪政主义之大潮，应当说，港澳基本法所确立的解释体制基本合乎宪法司法化之价值选择，但又具有自己的特色：(1)香港和澳门特别行政区政治问题司法化得到了基本法的确认与肯定，港澳基本法对中国而言是法律，而对港澳特别行政区而言则是根本法，是宪法，在港澳特别行政区对基本法的解释就是对宪法的解释，而这一解释权既不在特区立法机关，也不在特区行政机关，而赋予了特区司法机关，况且特区终审法院具有一锤定音的终审司法权。所以，凡是特区内的自治事务即便是政治事务，法院皆有裁决之权，这样就充分保障了特区内政治司法化与宪法司法化的实现。因此，基本法在港澳特区实际上确立了政治司法化的价值之

① RanHirschl, *Towards Juristocracy: The Origins and Consequences of the New Constitutionalism*, Harvard University Press, 2004.

路。尽管它可能会受到全国人大常委会立法解释之影响，但这种影响最终依旧会转化为特区法院的司法解释，因为全国人大常委会的解释毕竟为立法解释，属于立法活动，而这种立法性解释仍需借助特区法院的司法解释方能作司法性个案之适用。(2)基本法的解释权主体由全国人大常委会与特区法院共享，其解释权限在各自范围内共存，但全国人大常委会对基本法享有法定的最终解释权。由于全国人大常委会属于立法机关，因此，全国人大常委会的基本法解释隶属于立法性解释。全国人大常委会对基本法的法定解释权与特区法院的授权解释权是一种服从与被服从的隶属关系，是授权而非分权之关系，尽管特区法院可以对基本法自治范围内的事务自行解释，但最终的决定权仍属于全国人大常委会，换言之，全国人大常委会有权改变特区法院的授权解释；而且由于全国人大常委会是基本法的法定解释主体，它在基本法的规定内可以对全部条款进行自我解释，所以，全国人大常委会的立法解释始终制约着特区法院的司法解释。(3)基本法解释形式大致有三种：一是全国人大常委会主动解释基本法的模式，这种形式的解释既可对有关中央管理和中央与特区关系的条款进行解释，也可对特区自治条款进行解释；二是全国人大常委会根据特区终审法院或特区行政长官的提请被动解释；三是特区法院在审理案件中对自治条款或非自治条款进行解释。从理论上讲，全国人大常委会主动解释基本法属于抽象性立法解释，而其被动性解释是在特区法院审理案件的过程中并经终审法院的提请之情况下的解释，属于个案解释。

综上所述，港澳基本法所确立的解释模式之特色在于三个并存与统一：一是立法解释与司法解释之并存与统一，二是法定解释与授权解释之并存与统一，三是抽象解释与个案解释之并存与统一。这种解释模式不同于普通法院的司法解释模式，也不同于宪法法院或宪法委员会单一解释的模式，从而构成了一种新型的宪法文件解释模式。

(二)港澳基本法解释的提请程序具有柔性义务与刚性阙如之特征

港澳基本法皆规定：如特别行政区法院在审理案件时需要对本法关于中央人民政府管理的事务或中央和特别行政区关系的条款进行解释，而该条款的解释又影响到案件的判决，在对该案件作出不可上诉的终局判决前，应由香港或澳门特别行政区终审法院提请全国人民代表大会常务委员会对有关条款作出解释。从该规定分析，特别行政区终审法院提请全国人大常委会解释之程序是作为“应”的义务出现的，而构成这一义务履行的前置条件有三：一是特区法院审理案件之时、终局判决之前，这是时间要件；二是事关中央人民政府管理的事务或中央和特别行政区关系的条款，这是内容要件；三是影响到案件判决之结果，这是结果要件。只有同时具备了上述三个要件，终审法院才承担“应”提请的义务。

问题是，这里的“应”是“应当”之义还是“应该”之义？“应当”与“应该”二词，虽一字之差，却在法律意义之诠释中具有质的差异。在法律意义上，“应当”是法律义务的判断，而“应该”则不具有法律意义，它仅是一种道德义务的判断。因此，如果将“应”解释为“应当”，那么终审法院提请义务就是法律义务，在具备了三个要件的情形下，它必须履行提请的法律义务，否则要承担相应之法律责任；倘若“应”为“应该”之道德意义，则终审法院的提请义务就不是法律义务而成为其道德义务，在此情形下，终审法院是否履行提请的义务则完全取决于其道德自律之自我约束，即使它“应”提请而未提请，也缺乏应有的制约措施以羁之。从基本法实施实践看，这里的“应”更多地被赋予了道德之内涵，即使终审法院“应”提请而未提请，也不需要承担何种政治责任或法律责任。譬如 1999 年 1 月 29 日香港特区终审法院在香港居民内地所生子女的居留权案件中，就对涉及中央管理的事务与中央和特区关系的相关条款自行解释而未提请全国人大常委会进行立法解释。不过，一旦这样的情形出现，就会引发中央与特区及社会各界之广泛争议，从而不利于特区的稳定与发展，所以，“应”之提请义务还需足够的道德考量与尊重。

此种情况的出现，除了与“应”之意义模糊有关外，可能还与基本法之规定有关，即特别行政区法院在审理案件时对本法的其他条款也可解释。言外之意是，特区法院也有权解释非自治条款。从基本法之规定分析，对特区法院关于非自治条款解释权的限制，除了仅仅作为一个模糊不清的“应”字外，最后还附有一个“但书”之免责情形，即“但在此以前作出的判决不受影响”。也就是说，即使终审法院履行了“应”提请的义务，全国人大常委会也作出了立法解释，但是在此解释作出之前，即便特区法院已对非自治条款进行了自我解释并将解释结论适用到了案件的判决上，该自行解释与判决结果也是成立的。这就为特区法院规避提请义务撕开了“天衣之缝”。

由此可见，基本法实施的稳定性在很大程度上取决于全国人大常委会与特区法院之间相互保持的互尊与互信之基础。然而，这种互尊与互信之基础是建立在双方自律之上的，即自治条款由特区法院自行解释，中央与特区关系与事务条款应由终审法院提请全国人大常委会解释，从而暴露了基本法关于解释模式之程序上的刚性阙如。笔者以为，将“应”为之提请义务明确为“应当”是为之法律义务，或许这一困境将会化解之。

（三）港澳基本法解释模式保证了国家宪政架构制度之统一性

我国现行《宪法》第 67 条规定了全国人大常委会行使“解释法律”的职权，港澳基本法皆规定了其解释主体为全国人大常委会，基本法之于特区虽有“宪法”之意义，但之于内地就是法律，所以，基本法的规定是对我国宪法关于全国人大常委会解释法律之职权的确认。由全国人大常委会作为基本法的解释主体，不仅保证我国宪法体制相衔接，而且保证一国主权下两种宪政架构制度之统一性。

由于在基本法的解释模式中，特别行政区终审法院的提请义务属于一种柔性之道德，加之基本法关于特区法院拥有对自治条款的解释权的规定，因而终审法院有可能不自我履行提请解释之义务，在此情形下就难以保证全国人大常委会对于基本法解释的最终权威性，从而有可能破坏国家宪政制度的统一。所以，港澳基本法解释模式中的关于特别行政区行政长官根据香港基本法第 43 条与第 48 条第 2 款或澳门基本法第 50 条第 2 款赋予的职权也可向中央人民政府建议提请全国人大常委会解释基本法之程序是该模式之不可分割的组成部分。特区终审法院与特区行政长官皆有提请解释权，但二者之权力的来源与性质是不同的：前者源于基本法的明确授权规范，其性质虽多属于道德义务，但具有一定的法律意义；而后者则源于基本法规范推定与宪政惯例，其性质只是一种建议，缺乏必然的法律意义。所谓基本法规范推定是指特区行政长官的建议提请不是来自基本法的直接规定，而是基于特区行政长官的职权规范而推定出来的，具体而言是依据香港基本法第 43 条和第 48 条第 2 款与澳门基本法第 45 条和第 50 条第 2 款推定的。香港基本法第 43 条（澳门基本法第 45 条）规定：香港（或澳门）特别行政区行政长官依据本法的规定对中央人民政府和香港特别行政区负责；香港基本法第 48 条（澳门基本法第 50 条）第 2 款规定：香港或澳门特别行政区行政长官负责执行本法和依据本法适用于香港或澳门特别行政区的其他法律。既然特区行政长官对基本法的执行负有法定职责，所以凡是在特区终审法院应提请而未提请解释的前提下，特区行政长官为履行对执行基本法负有的法定职责，在其职权范围内向中央人民政府建议提请全国人大常委会解释基本法是正当的、合宪合法的。所谓宪政惯例是指特区行政长官建议提请程序，是由香港特区行政长官两次建议提请解释基本法的实践而形成的。[①] 尽管基本法中未明确规定特区行政长官的建议提请程序，但上述两次建议提请解释的宪政实践却沿用了这一新惯例。

由特区行政长官建议提请解释基本法的情形是在两种不同的前提下实施的：第一次是在特区终审法院未自动履行提请义务的前提下进行的，第二次是在非诉情况下进行的，但不管哪种情况，都是基于特区行政长官之法定职责而提起的。所以，无论从基本法文本的体系解释还是从宪政实践之历史效果看，对保证全国人大常委会对基本法解释权的终局性和国家宪政架构制度之统一性都具有不可估量的价值与意义。倘若说，该解释模式程序之改进完善的话，那么特区行政长官建议提请程序仍然属于柔性规范，假若特区行政长官同样未行使其职责而没有提出建议提请程序，其情形又当如何呢？笔者不得而知。

三、港澳基本法解释模式植于内地之可能性

港澳基本法解释模式基本上确立了立法解释与司法解释双重解释模式机制，它融法定解释与授权解释、一般解释与个案解释为一体，既保障了国家宪政之统一，又保证了地方的高度自治。实践证明，这一解释模式是成功的。那么，这一解释模式能否移植至内地？有多大的可借鉴意义？

从理论上说，由于港澳基本法是“一国两制”政制的产物，所以在内地实行一国一制的前提下，似乎没有移植这一模式的可能性。但是，笔者认为，港澳基本法所确立的解释模式仍不失为内地法律解释体制尤其是宪法解释体制所借鉴。理由如下：

其一，合乎新宪政主义之趋势。自美国权利宪法化与司法审查机制确立之后的200多年以来，这一制度日益得到世界范围的普及。首先，二战后的日本于1946年、意大利于1948年、联邦德国于1949年、法国于1958年都在新

---

① 第一次是1999年居留权条款解释案，第二次是2005年特首剩余任期条款解释案。

宪法中确立了司法审查制度，意大利于1956年建立了宪法法院，法国于1958年创立了宪法委员会。其次，新独立的国家主要是前英国殖民地国家获得独立后纷纷完成了确立权利宪法化与司法审查制度的过程，如印度于1950年通过了新宪法并确立了印度最高法院的司法审查制度，此外，非洲一些国家如加纳于1957年，尼日利亚于1959年、肯尼亚于1960年也确立了这一模式。再次，一些国家通过确立权利宪法化与司法审查制度从权威主义走向了民主，如南非于1993年通过了《临时权利法案》，1995年建立了宪法法院，1996年颁布了《最终权利法案》；南欧新兴的民主国家如希腊于1975年、葡萄牙于1976年、西班牙于1978年以及拉丁美洲国家如尼加拉瓜于1987年、巴西于1988年、哥伦比亚于1991年、秘鲁于1993年、波利比亚于1994年都将基本权利法案作为其新宪法的重要内容并确立了某种形式的司法审查制度。最后，苏联及东欧国家转型之后普遍通过了新宪法，建立了宪法法院与违宪审查制度。即使属于不成文宪法的国家如新西兰、以色列等也走向了司法审查之路。所以，新宪政主义所倡导的人权的司法保护与司法审查制度的确立是世界宪法革命的重要内容。① 如前述，港澳基本法解释模式是一种政治与权利司法化的价值架构，符合世界新宪政主义之趋势。人权司法化之路必然是宪法诉讼之路，这是大趋势，不仅符合宪法作为最高法律效力的宪法文本要求，也符合世界宪政之价值趋向。

其二，既保持了中国宪政之特色，又保障了适度的宪法文本之适用性。中国宪政之最大特色是实行人民代表大会制度，立法权具有至上性，全国人大是最高国家权力机关。由全国人大常委会解释宪法，保障了人民意志的统一性与最大化的民主性；如果借鉴港澳基本法解释模式，全国人大常委会似可再授权最高人民法院和地方人民法院在审理案件中，自行根据案件判决之需要，对宪法条款进行作出适度解释。当然，这种授权法院解释宪法的模式，在解释的范围内可作出原则性分工，譬如宪法的序言及总纲部分予以宪法保留，只能由最高人民法院或全国人大常委会进行解释。全国人大常委会的法定解释与法院的授权解释相结合的解释模式，既保持了中国社会主义宪政之特色，又保障了宪法文本的司法适用性，使宪法迈向了法律适用的应有之路。法院适度解

① RanHirschl, *Towards Juristocracy: The Origins and Consequences of the New constitutionalism*, Harvard University Press, 2004, pp. 7～9.

释宪法，不仅利于法律发现、法律解释与法律论证之完整性，避免法律漏洞、法律空缺或法律冲突问题的出现，而且利于法院与法官职能的价值之最大化地发挥。近来内地司法机关呈现出了一种司法保守主义，他们避谈宪法司法化，舍弃对宪法规范的适用，这种做法试图将具有最高法律效力的根本法束之高阁，并当作一种粉饰门面的高贵摆设，这是一种逆民主与宪法性质的思潮在司法领域的反映。试想，宪法一旦失去了适用性，公民基本权利或人权何以保障？违宪的法律法规何以审查？进而涉及“宪法有何用”之大问题。宪法的生命就在于适用，不允许被适用，何谈一国宪政之进步？即便目前在我国无法在国家层面上推行宪法司法化，那么在全国人大常委会解释宪法这一大的制度框架下，允许最高人民法院和地方人民法院在审理案件中适度适用或引用宪法条文，对我国法治与宪政建设有百利而无一害。

其三，将使中国更加开放与全球化。威权与民主是一对矛盾体，没有威权，民主将会一盘散沙，陷入无政府主义之中；只有威权，则使民主走向专制；既有威权，又有广泛的制度民主，始终是一个社会所要解决的政制问题。如果我们采取务实的实用主义姿态，在当下的我国确立起适度的二元解释模式，将使中国更加开放与全球化，从而会建立一种政府权力与民主权利皆受制于宪法的权力监督与制约机制，最终将把人权、法治与宪政事业推向一个更高、更新的历史阶段。人权的司法保护，就是通过宪法司法化而实现的，没有宪法之司法化，就没有人权的司法保护；法治之法，首先是宪法，没有宪法之治，就没有法治；宪政则是以民主为基础、以自由为目的、以法治为举措的政治治理活动，没有宪法的运行，宪政即付之阙如。

港澳基本法的人大解释程序研究

上官丕亮*

根据香港基本法和澳门基本法的规定，基本法的解释有两种：一种是全国人大常委会的解释，另一种是特别行政区法院的解释。后者是法院在审理案件适用法律时的解释，其解释程序在实践中没有太多的争议。本文主要拟以香港基本法为例，对全国人大常委会解释基本法的程序作一些讨论，以期抛砖引玉。

一、基本法对全国人大常委会解释程序的规定

1990 年 4 月 4 日第七届全国人民代表大会第三次会议通过的《中华人民共和国香港特别行政区基本法》第 158 条规定：

本法的解释权属于全国人民代表大会常务委员会。

全国人民代表大会常务委员会授权香港特别行政区法院在审理案件时对本法关于香港特别行政区自治范围内的条款自行解释。

香港特别行政区法院在审理案件时对本法的其他条款也可解释。但如香港特别行政区法院在审理案件时需要对本法关于中央人民政府管理的事务或中央和香港特别行政区关系的条款进行解释，而该条款的解释又影响到案件的判决，在对该案件作出不可上诉的终局判决前，应由香港特别行政区终审法院请全国人民代表大会常务委员会对有关条款作出解释。如全国人民代表大会常务委员会作出解释，香港特别行政区法院在引用该条款时，应以全国人民

* 苏州大学王健法学院副教授、宪法学与行政法学教研室主任、法学博士。

代表大会常务委员会的解释为准。但在此以前作出的判决不受影响。

全国人民代表大会常务委员会在对本法进行解释前，征询其所属的香港特别行政区基本法委员会的意见。①

从上述条款来看，除基本法明确规定征询基本法委员会的意见是全国人大常委会解释基本法的必经程序之外，基本法并没有对全国人大常委会解释基本法的程序作出详细的规定，只是对特别行政区法院在审理案件时需要对基本法关于中央人民政府管理的事务或中央和特别行政区关系的条款进行解释，而该条款的解释又影响到案件的判决这一情形，规定了在作出终局判决前，由终审法院提请全国人大常委会作出解释的提请程序。也就是说，基本法主要对全国人大常委会被动解释基本法的程序作了原则性的规定，概括起来，其法定的解释程序主要包括三个步骤：

(1)提请解释：特别行政区终审法院提请全国人大常委会解释；

(2)征询意见：全国人大常委会征询基本法委员会的意见；

(3)作出解释：全国人大常委会作出解释。

二、全国人大常委会解释基本法的实践对解释程序的发展

自 1997 年香港回归、基本法实施以来，全国人大常委会对香港基本法共进行过三次解释：

(一)1999 年解释居留权条款

1999 年 1 月 29 日，香港特别行政区终审法院就香港居民内地所生子女的居留权案件作出判决，该终审判决对《中华人民共和国香港特别行政区基本法》第 22 条第 4 款和第 24 条第 2 款第 3 项进行了扩大解释，该有关条款涉及中央管理的事务和中央与香港特别行政区的关系，而终审法院在判决前没有依照《中华人民共和国香港特别行政区基本法》第 158 条第 3 款的规定提请全

① 详见《中华人民共和国香港特别行政区基本法》第 158 条。

国人民代表大会常务委员会作出解释。该判决改变了香港现行的出入境管理制度，引起了香港社会广泛的关注和讨论，并可能引发严重的社会问题和后果。5月20日，香港特别行政区行政长官董建华依据《基本法》第43条和第48条第2项所赋予的职权，向国务院提交《关于提请中央人民政府协助解决实施〈中华人民共和国香港特别行政区基本法〉有关条款所遇问题的报告》，请求国务院提请全国人大常委会释法。国务院研究后，向全国人大常委会提出了《关于提请解释〈中华人民共和国香港特别行政区基本法〉第二十二条第四款和第二十四条第二款第（三）项的议案》。全国人大常委会委员长会议审议了国务院的议案，提出了《全国人民代表大会常务委员会关于〈中华人民共和国香港特别行政区基本法〉第二十二条第四款和第二十四条第二款第（三）项的解释（草案）》。在征询全国人大常委会香港特别行政区基本法委员会的意见之后，1999年6月26日第九届全国人民代表大会常务委员会第十次会议审议通过了《全国人民代表大会常务委员会关于〈中华人民共和国香港特别行政区基本法〉第22条第4款和第24条第2款第3项的解释》。①

（二）2004年解释香港政制发展规定

当时，香港社会在讨论香港政制发展问题，对行政长官的产生办法和立法会的产生办法即基本法附件一第7条和附件二第3条的规定，存在着不同的理解和认识。为了保证香港基本法得到正确理解和实施，委员长会议根据部分全国人大代表的意见，提出了《全国人民代表大会常务委员会关于〈中华人民共和国香港特别行政区基本法〉附件一第七条和附件二第三条的解释（草案）》。在征询了全国人大常委会香港特别行政区基本法委员会的意见并听取了香港特别行政区政府政制发展专责小组汇集的香港各界对政制发展问题的咨询意见和专责小组的意见以及香港特别行政区全国人大代表、全国政协常委的意见之后，2004年4月6日第十届全国人民代表大会常务委员会第八次会议审议通过了《全国人民代表大会常务委员会关于〈中华人民共和国香港特

① 详见《全国人民代表大会常务委员会关于〈中华人民共和国香港特别行政区基本法〉第二十二条第四款和第二十四条第二款第（三）项的解释》及其解释（草案）的说明，载《全国人民代表大会常务委员会公报》1999年第4号。

别行政区基本法〉附件一第七条和附件二第三条的解释》。①

(三)2005年解释特首任期问题

2005年3月12日,国务院批准董建华辞去香港特别行政区长官的请求。根据《基本法》的规定,行政长官缺位时,应在六个月内产生新的行政长官。当时,对新的行政长官的任期问题,香港社会出现了两种不同意见,一种意见认为应当是原行政长官剩余的两年任期,另一种意见认为应是新的一届五年任期。为此,香港特别行政区署理行政长官曾荫权于4月6日向国务院提交报告,建议提请全国人大常委会释法。国务院研究后,于4月10日向全国人大常委会提交了《关于提请解释〈中华人民共和国香港特别行政区基本法〉第五十三条第二款的议案》。全国人大常委会委员长会议审议了国务院的议案,提出了《全国人民代表大会常务委员会关于〈中华人民共和国香港特别行政区基本法〉第五十三条第二款的解释(草案)》。在征询全国人大常委会香港特别行政区基本法委员会的意见并听取香港特别行政区全国人大代表、全国政协委员和包括法律界在内的香港各界人士的意见之后,2005年4月27日第十届全国人民代表大会常务委员会第十五次会议审议通过了《全国人民代表大会常务委员会关于〈中华人民共和国香港特别行政区基本法〉第五十三条第二款的解释》。②

从上述全国人大常委会解释基本法的三次实践来看,全国人大常委会对基本法的解释分为被动解释和主动解释两种(第一次解释和第三次解释是被动解释,而第二次解释为主动解释),而且这两种解释的程序有所不同。

在实践中,全国人大常委会被动解释基本法的程序主要包括以下几个

---

① 详见《全国人民代表大会常务委员会关于〈中华人民共和国香港特别行政区基本法〉附件一第七条和附件二第三条的解释》及其解释(草案)说明,载《全国人民代表大会常务委员会公报》2004年第4号。

② 详见《全国人民代表大会常务委员会关于〈中华人民共和国香港特别行政区基本法〉第五十三条第二款的解释》及其解释(草案)的说明、国务院《关于提请解释〈中华人民共和国香港特别行政区基本法〉第五十三条第二款的议案》、香港特别行政区署理行政长官曾荫权《关于请求国务院提请全国人民代表大会常务委员会就〈中华人民共和国香港特别行政区基本法〉第五十三条第二款作出解释的报告》,载《全国人民代表大会常务委员会公报》2005年第4号。

步骤：

(1)特别行政区行政长官向国务院提出请求；

(2)国务院向全国人大常委会提出解释议案；

(3)全国人大常委会委员长会议审议议案并提出解释草案；

(4)征询基本法委员会的意见；

(5)听取特别行政区全国人大代表和全国政协委员以及香港各界人士的意见(第一次释法没有这一步骤)；

(6)全国人大常委会审议通过有关基本法条款的解释。

而全国人大常委会主动解释基本法的程序，主要包括以下几个步骤：

(1)全国人大常委会委员长会议提出解释草案；

(2)征询基本法委员会的意见；

(3)听取特别行政区全国人大代表和全国政协委员以及香港各界人士的意见；

(4)全国人大常委会审议通过有关基本法条款的解释。

不难看出，全国人大常委会解释基本法的实践发展了《基本法》第158条关于基本法解释程序的规定，特别是创设了主动解释基本法的程序。正如一位学者所言："无论是终审法院还是全国人大常委会，都在不断地通过'个案'创造规则。终审法院通过个案宣告其违宪审查权与废止香港立法会立法的权力。在中央政府方面，则是通过3次释法，形成国务院提请全国人大常委会释法与人大常委会自行释法两种启动释法的程序。"①

三、几个有争议的基本法解释程序问题

(一)在特别行政区终审法院不提请全国人大常委会对基本法有关条款作出解释时，行政长官能否请求国务院提请全国人大常委会解释基本法

对于1999年全国人大常委会解释基本法，香港反对人大释法的人认为，

① 程洁：《论双轨政治下的香港司法权——宪政维度下的再思考》，载《中国法学》2006年第5期。

无论是在第158条所设立的《基本法》解释权分布体系里，还是在《基本法》其他条文里，都找不到可以支持行政长官在这次事件的情况下请求全国人大常委会解释《基本法》的法理依据。[①] 的确，《基本法》第158条没有明确规定行政长官提请解释基本法的问题。然而，《基本法》第158条并未排除行政长官就基本法解释问题向中央人民政府提出协助请求的可能。首先，《基本法》第158条没有也不可能排除国务院向全国人大常委会提出基本法解释的请求。至于国务院提出基本法解释请求的动因，则是由国务院决定的。在第一次全国人大常委会解释基本法时，国务院根据特别行政区行政长官董建华提交的报告，而向全国人大常委会提出解释议案，是符合《基本法》第158条有关解释权属于全国人大常委会的规定和全国人大常委会解释基本法的程序的。在这个意义上，行政长官提交报告并促使国务院提请全国人大常委会解释基本法，并不违反基本法。[②]

这里还有一个问题：行政长官请求国务院提请全国人大常委会解释基本法有无法律依据？1999年5月20日，香港特别行政区行政长官董建华在向国务院提交的《关于提请中央人民政府协助解决实施〈中华人民共和国香港特别行政区基本法〉有关条款所遇问题的报告》中指出："我现根据《基本法》第43条和第48条第2项的有关规定，就执行《基本法》有关条款所遇问题，向中央政府报告，并提请协助，建议国务院提请全国人大常委会根据《宪法》和《基本法》有关规定，对《基本法》第22条第4款、第24条第2款第3项的立法原意作出解释。"然而，《基本法》第43条和第48条第2项所规定的内容是否包括行政长官就基本法解释问题向中央政府提出协助请求的职权呢？《基本法》第43条规定，香港特别行政区行政长官依照本法的规定对中央人民政府和香港特别行政区负责。《基本法》第48条第2项规定，香港特别行政区行政长官负责执行本法和依照本法适用于香港特别行政区的其他法律。显然，《基本法》第48条第2项所规定的负责执行基本法的职责是行政长官履行《基本法》第43条职责的具体体现。行政长官履行《基本法》第43条和第48条第2项

---

① 参见陈弘毅：《回归后香港与内地法制的互动》，载陈弘毅著：《法理学的世界》，中国政法大学出版社2003年版，第412页。

② 参见陈玉田：《论基本法解释的程序》，载中国人民大学宪政与行政法治研究中心编：《宪政与行政法治研究——许崇德教授执教五十年祝贺文集》，中国人民大学出版社2003年版，第388～399页。

所规定的职权需要借助必要的途径和手段，包括向中央政府提出协助请求。而《基本法》，当然包括其中的第158条，并未限制行政长官提出请求的事项。在这个意义上，行政长官有权向国务院提出提请全国人大常委会解释基本法的请求报告。从行政长官履行基本法规定的责任角度讲，他亦有义务这样做，如果这样做对于其履行该等责任是必要的话。至于行政长官向中央政府提出协助之请求的必要性问题，则由行政长官决定，本身并非法律问题。① 而且，当时据香港特区政府的调查统计，根据终审法院1999年1月29日的判决，内地新增加的符合具有香港居留权资格条件的人士至少167万。香港特区政府的评估显示，吸纳这些内地人士将给香港带来巨大压力，香港的土地和社会资源根本无法应付大量新进入的内地人士在教育、房屋、医疗卫生、社会福利及其他方面的需要，这将严重影响香港的稳定和繁荣。香港社会对该项判决是否符合《基本法》提出了疑问和争论。香港社会的广泛民意均要求尽快解决这一问题。② 显然，行政长官请求国务院提请全国人大常委会释法是对香港特别行政区负责的表现，这是《基本法》第43条的明确要求。因此，我们可以说，在特别行政区终审法院不提请全国人大常委会对基本法有关条款作出解释时，行政长官请求国务院提请全国人大常委会解释基本法，是符合基本法的，是有法律依据的。

严格说来，1999年行政长官请求国务院提请全国人大常委会释法是在终审法院没有提请全国人大常委会释法的前提之下的一次“在不得已之下”的补救措施和无奈之举。这次释法引发风波和纷争的根源不在于全国人大常委会，也不在于行政长官，而在于香港终审法院，它没有依照《基本法》第158条的规定提请全国人大常委会释法。正如陈弘毅教授所指出的：“在本案中，第22条第4款设定了对中国内地人士前来香港的管制，属中港关系条款。在本案在原讼庭至终审的阶段，第22条第4款应如何解释，都一直是左右最终判决结果的关键因素之一。因此，第158条第3款的正确应用，便是由终审法院

① 参见陈玉田：《论基本法解释的程序》，载中国人民大学宪政与行政法治研究中心编：《宪政与行政法治研究——许崇德教授执教五十年祝贺文集》，中国人民大学出版社2003年版，第399页。

② 详见“对《全国人民代表大会常务委员会关于〈中华人民共和国香港特别行政区基本法〉第二十二条第四款和第二十四条第二款第（三）项的解释（草案）》的说明”，载《全国人民代表大会常务委员会公报》1999年第4号。

在作出其判决之前，先把第22条第4款提交人大常委会进行解释。终审法院没有这样做，便是技术上的犯错。”①今后，面对同样的情形，终审法院应当严格遵循第158条第3款的规定，提请全国人大常委会释法，这才是正常的解释程序。亦诚如陈弘毅教授所言：“第158条设立的解释权分工体系是，自治条款由香港法院自行解释，中港关系条款最终由人大常委会解释。当然，第158条并没有排除、取消或否定人大常委会就自治条款行使解释权，但158条的理想实施情况是，形成一个宪法性惯例，人大常委会实行自我约束，不就自治条款行使解释权，而香港终审法院也实行自我约束，不自行解释中港关系条款，而忠诚地实施第158条第3款的规定，把这种条款提请人大常委会进行解释。”②

(二)对于非涉诉的基本法解释问题，行政长官能否请求国务院提请全国人大常委会解释基本法

从三次人大释法来看，全国人大常委会对基本法的解释可分两大类：涉诉的基本法解释与非涉诉的基本法解释。显然，1999年第一次释法属于涉诉的基本法解释，而2004年第二次释法和2005年第三次释法属于非涉诉的基本法解释。显然，《基本法》第158条没有对非涉诉的基本法解释的程序作出规定。

《基本法》第158条第1款规定：“本法的解释权属于全国人民代表大会常务委员会。”这表明全国人大常委会对基本法的所有条款都有解释权，当然对非涉诉的基本法条款也有解释权。正如肖蔚云先生所指出的：“宪法第67条第4项规定全国人大常委会解释法律，香港基本法是由全国人大制定的基本法律，是全国性法律，它当然由全国人大常委会解释，这体现了国家的统一和主权，体现了‘一国两制’中的‘一国’。”“香港基本法第158条第1款规定基本法的解释权属于全国人大常委会，就是根据宪法第67条第4项的内容写的。有人认为基本法第158条第2款规定了全国人大常委会授权香港法院在审理案件时解释基本法属于自治范围内的条款，全国人大常委会对自治范围内的条款就不能进行解释，其实不然，解释权属于全国人大常委会就说明解释不属

① 陈弘毅：《回归后香港与内地法制的互动》，载陈弘毅著：《法理学的世界》，中国政法大学出版社2003年版，第414页。

② 陈弘毅：《回归后香港与内地法制的互动》，载陈弘毅著：《法理学的世界》，中国政法大学出版社2003年版，第413页。

于别的国家机关，全部解释权都属于全国人大常委会，基本法第158条第2款只是一种授权，并不等于分权，不是分一部分解释权给香港法院，全国人大常委会对这部分条文就不能解释。只是香港法院在审理案件中被授予解释基本法属于自治范围内的条款。因此全国人大常委会对基本法所有条文都有解释权。”①也就是说，全国人大常委会完全可以按照解释法律的程序来解释香港基本法中非涉诉的条款。

与第一个问题同理，特别行政区行政长官也可以请求国务院提请全国人大常委会解释非涉诉的基本法条款。而且，“严格说来，从法律上看，特别行政区行政长官是否建议解释《基本法》，对人大最终是否解释《基本法》并不起决定性作用。因为即使没有特别行政区行政长官的《报告》和建议，没有任何人或机关的建议，全国人大常委会根据《基本法》第158条第1款的规定，仍有权主动解释《基本法》，并不以任何机构或个人是否建议它解释为前提，因为《基本法》并没有对全国人大常委会的解释权设定限制”②。

（三）全国人大常委会能否主动解释基本法

2004年人大第二次释法与第一次、第三次不同，它是全国人大常委会主动解释基本法，没有特别行政区行政长官提出释法建议和国务院提出解释议案的环节，这也引发了法律界的争议。

与普通法制度下的司法机关“被动解释”制度不同，全国人大常委会对法律的解释通常是不以具体案件的审理为基础，它可以主动解释法律。③ 然而，笔者认为，在一般情况下，全国人大常委会还是以不主动释法为宜，以特别行政区首先提出为好，最好依照行政长官首先向国务院提出释法建议、国务院提出解释议案、委员长会议提出解释草案、全国人大常委会审议释法的程序开展解释基本法的活动。理由有三：

一是行政长官首先向国务院提出建议，更符合基本法关于特别行政区“直

---

① 肖蔚云：《略论香港终审法院的判词及全国人大常委会的释法》，载肖蔚云著：《论香港基本法》，北京大学出版社2003年版，第861～862页。

② 王振民著：《中央与特别行政区关系：一种法治结构的解析》，清华大学出版社2002年版，第279页。

③ 王振民著：《中央与特别行政区关系：一种法治结构的解析》，清华大学出版社2002年版，第272页。

辖于中央人民政府”的规定。正如一位学者所指出的:“行政长官向国务院提出建议并转化为议案和解释在程序上可能要比直接向立法机关提出建议要花费更长的时间,即便如此,笔者还是认为,在一般情况下,行政长官还是向国务院提出建议为好,因为特区直辖于中央人民政府,即直辖于国务院。”①

二是特别行政区最了解自身的情况,自己最清楚有无解释基本法的必要,故由行政长官代表特别行政区来向国务院提出释法建议最为合适。

三是由特别行政区自己提出释法建议,而不是由全国人大常委会主动释法,有利于保障特别行政区的高度自治权,维护特别行政区居民对实行“一国两制”的信心,消除他们的某些忧虑和担心。2007 年 4 月 4 日,香港特区政府律政司司长黄仁龙在《基本法》实施十周年暨颁布十七周年研讨会致辞时表示,回归以来,全国人大常委会曾就居留权、政制发展及行政长官的任期三次解释《基本法》的条文。中央政府及特区政府都非常明白人大常委会解释《基本法》可能会造成的影响,大家都了解为什么人大释法会令很多普通法的法律工作者担忧香港法制的完整性及肯定性受削弱。黄仁龙强调,特区政府不会轻易向全国人大常委会寻求释法。如果真的有这样的情况出现,他会竭尽所能,减低释法对法治的影响。② 他的这一番话反映了香港社会对人大释法的一些担忧。这也进一步表明全国人大常委会不宜主动释法。

四、结语:我们应当认真对待基本法的解释及其程序

显然,目前港澳特别行政区基本法关于基本法的解释程序的规定是不够明确、具体的。那么,我们应该如何对待呢?是释法,还是修法?任何法律永远是滞后的,正如我国著名法学家沈宗灵先生所言:“无论立法者多么高明,规章条文也不可能网罗一切行为准则,不能覆盖一切具体案件。因此,在某种意义可以认为:法律本身的天然局限性就是法律解释学的根源。反过来说,法律

① 王磊:《论人大释法与香港司法释法的关系——纪念香港基本法实施十周年》,载《法学家》2007 年第 3 期。

② 详见文青:《黄仁龙:港府不会轻易向全国人大常委会寻求释法》,中国新闻网(http://www.chinanews.com.cn/ga/zxgagc/news/2007/04—04/907911.shtml)。

只有通过解释来发现、补充和修正，才能获得运用自如、融通无碍的弹性。”①释法比修法更有利于法治，这越来越成为法学界的共识，在实践中香港特别行政区基本法也正是通过全国人大常委会的解释和终审法院的解释而逐步完善。

然而，如何解释法律，特别是如何准确、恰当地解释基本法，这又是一个难题，因为基本法的解释不仅涉及基本法解释程序的不完善规定，更涉及中央与特别行政区的关系。在通过解释的途径和方式来完善基本法本身的解释程序的问题上，也许在实践中全国人大常委会以及特别行政区终审法院都要自我约束、自我克制，都要遵循法律解释的基本规则，都要严格遵守基本法的基本规定和基本原则，特别是“一国两制”的总方针以及既维护国家主权又保障特别行政区高度自治的基本精神。②

由此看来，认真对待基本法，认真对待基本法的解释，认真对待基本法的解释程序，认真对待基本法解释程序条款的解释，这不仅是现阶段有关基本法解释部门以及法学研究者的任务，而且也是今后相当长一段时期内有关基本法解释部门以及法学研究者的重要职责。

---

① 沈宗灵：《论法律解释》，载《中国法学》1999年第6期。

② 正如一位学者所指出的：“维护国家主权与保障特别行政区高度自治权相结合是中央与特别行政区关系的精髓。只有在思想认识上树立了这一原则观念，才能在碰到涉及特别行政区与中央关系的实际问题时，抓住要领，把握好政策、法律界限。”参见许崇德主编：《港澳基本法教程》，中国人民大学出版社1994年版，第92页。

对香港基本法第158条不确定性的法理解构

邹平学*

一、为什么需要对香港基本法第158条的不确定性进行法理解构

在规则意义上使用和研究法律，既需要关注其确定性，也要重视其不确定性。法律的确定性意味着法律的稳定性与可预测性，这是法治的基本要求，但是现实社会中的法律始终存在着不确定性。法律不确定性的出现有其语言符号、哲学、逻辑以及立法者、司法者主客观上的原因。比如在法律文本上表现出模糊性、滞后性，在逻辑上表现出不完备、不和谐和不一致，司法者对法律的理解不一致等。以此观点来观照香港基本法第158条，研究该条的不确定性，有着重要的学术和实践价值。

香港基本法第158条是设立基本法解释机制的核心条款。该条设计了一个鲜明体现"一国两制"特色的法律解释体制，它是一种介乎大陆法和普通法之间的、妥协后的法律解释体制，是一种在不同制度中求同存异的折衷妥协。佳日思教授在《〈基本法〉诉讼：管辖、解释和程序》一文中指出："第

* 法学博士，深圳大学法学院教授，法学院副院长，深圳大学港澳基本法研究中心常务副主任，中山大学港澳珠江三角洲研究中心研究员。本文系作者主持的教育部人文社会科学重点研究基地中山大学港澳珠江三角洲研究中心2007年度重大项目"香港基本法实践问题研究"（批准号：07JJD820179）的阶段性成果，本项研究也得到了作者主持的广东省哲学社会科学"十一五"规划2007年度一般项目"香港基本法解释机制及其实践问题研究"（课题批准号：07G04）的资助。本文在成文及修订过程中，曾得到陈弘毅教授、张荣顺同志的指教，特致谢忱！本文的观点和论证上的错漏概由作者负责。

158 条的安排是不同宪法制度的原则之间妥协的产物，中国的宪法制度授予立法机关解释权，而普通法却把解释权授予法院。”[①]客观地说，第 158 条的产生十分不易，在起草时就充满分歧和争议，[②]最后达成的妥协充满了政治和法律智慧，是一个在当时各方所能接受的最理想的条款，因为它“充分照顾了香港实行普通法法律解释制度的实际情况，同时又与中国的法律解释制度相一致，是‘两制’与‘一国’相结合的典范，是合情合理也合宪的”[③]。“表现了高度原则性和灵活性的结合，既……坚持了国家统一和主权；又维护了香港特别行政区的高度自治。”[④]不过，总结本条款的种种优良价值和深远意义不是本文的主旨，批判也许更有现实意义。因为，学术研究需要批判精神，法律评论的民主化应当是立法民主化的题中应有之义，而且根据法治原则，对法条的批评本身并不意味着不遵守法条，批评的目的只是为法律的未来完善提供意见和参考。由于香港基本法是一部宪制性文件，邓小平同志就说过，“基本法不宜太细”，[⑤]原则性、概括性是基本法不可避免的特点。这也客观地使得第 158 条的条款文义和逻辑结构存在着种种不确定性，引起了众多争议。因此，有必要对基本法第 158 条的文义缺漏和逻辑不足进行深入探究，分析研判这个条款到底给我们留下了哪些不确定的因素，我们或许从中可以更准确地理解释法实践出现诸多争议的症结所在，更好地提出一些完善释法机制的对策和建议。

初看基本法第 158 条，首先，它肯定了人民代表大会体制下全国人大常委会的法律解释权作为一种绝对权力（第 1 款）。紧接着，它又分两次赋予香港法院以基本法解释权（第 2 款、第 3 款），并规定了香港法院解释基本法时终审法院有向全国人大常委会提交解释请求的义务和程序条件。然而，百密一疏，

---

① 佳日思、陈文敏、傅华伶主编：《居港权引发的宪法争论》，香港大学出版社 2000 年版，第 35 页。

② 有关基本法解释权在起草过程中的争论，可参见李昌道、龚晓航：《基本法透视》，中华书局 1990 年版，第 72～76 页；亦可参见黄江天：《香港基本法的法律解释研究》，三联书店（香港）有限公司 2004 年版，第五章第一节，第 117～122 页。

③ 王振民：《中央与特别行政区关系——一种法治结构的解析》，清华大学出版社 2002 年版，第 157 页。

④ 肖蔚云：《论香港基本法》，北京大学出版社 2003 年版，第 513 页。

⑤ 《邓小平文选》第 3 卷，人民出版社 1993 年版，第 220 页。

不知是出于立法技术方面的失误，还是立法者用意善良，第158条偏偏没有提供若终审法院在应该提交请求而未提交时的补救应急措施。这就在实践中引发了全国人大常委会与香港终审法院之间的释法权冲突。而且实践中全国人大常委会释法事例很少，而香港法院释法很多，不同释法主体的释法方法存在明显的区别，“由全国人大常委会解释基本法的那部分的解释很大程度上遵循了中国法律的传统，而那些属于香港特别行政区自治的部分则由香港终审法院根据普通法传统解释”①。但问题是，回归后基本法成为香港特区法律规范中的根本性规范，是普通法得以延续的法律基础，香港法院仅以普通法的方式来解释基本法绝非毋庸置疑，尤其是以普通法的所谓原则、惯例和学说来挑战基本法、曲解基本法所带来的问题远比其所解决的问题要多。② 由此产生的争议也相当多，有学者就认为：“有关香港基本法解释权的所有争议均源于基本法的混合特性。……由于基本法第158条‘是两种法律制度妥协的产物’，它是导致基本法解释混乱和冲突的根源。总体上说，第158条蕴含着一种有待巩固确立的宪法秩序。”③甚至有学者认为：“第158条所潜藏的制度分裂症，使解释方面的其他问题变得更加严重，并成为产生混乱和冲突的根源。”④故此，要理解和解决基本法解释机制产生的种种争议，我们需要追根溯源，全面且审慎地解读第158条这个核心条款，解析其种种不确定性，在此基础上，全面归纳总结和评述人们理解基本法第158条产生的种种争议性问题，并提出自己的学术意见。

---

① Priscilla Leung, *The Hong Kong Basic Law: Hybrid of Common Law and Chinese Law*, LexisNexis Hong Kong, 2006, pp. 46～47.

② 吴邦国委员长在2006年的“两会”期间会见港区人大代表时表示：香港特区的行政、立法和司法，一定要按照体现‘一国两制’方针的基本法办事，维护基本法权威，不能抵触和违反基本法，尤其不能反对全国人大常委会释法，不能以普通法注解基本法，因为“中国并不是英国”。参见薄扶林：《吴邦国强调勿以普通法注解基本法》，原载《镜报月刊》2006.4.(345)，6－7，转引自人大复印资料《海外法学》2006年第8期。关于以普通法评判基本法、改造基本法的法理错误，请参见董立坤：《论香港的普通法》，载《港澳研究》2005年创刊号。

③ 朱国斌：《香港基本法第158条与立法解释》，载《法学研究》2008年第2期。

④ 佳日思、陈文敏、傅华伶主编：《居港权引发的宪法争论》，香港大学出版社2000年版，第38页。

爱因斯坦说过："最难理解的事情就是，为什么我们都要理解？"[①]在某种意义上，这句话非常适用于如何理解（解释）香港基本法第158条。按照传统解释学的观点，无论是执法者（司法者）还是一般读者都通过阅读法律文本以求发现和理解立法者的立法意图，在这里，寻找立法意图是理解法律的首要目的。毫无疑问，理解法律的首要目的绝对不是舍弃立法意图来重新诠释法律文本，而是在力图了解立法者的真实意图的情况下实现法律文本的意义。所以，理解法律首先就是理解立法者的意图、忠实于文本的原意。但即便如此，笔者也不认为，在理解法律文本的过程中立法者之外的人始终是消极被动的，他们并非只能在立法者的阴影下进行活动。因为，法律文本的原始意义确实是立法者赋予它的，但立法者一旦完成了立法行为，完成了灌注其意图的行为，法律文本就脱离了立法者，具有独立的地位，就必须接受他者的解构。我们理解法律文本的另一个目的乃在于寻求可能远离立法者那个时代的当下意义。哲学家奥多·马克瓦德告诉我们："解释学是一门学问，即从文本中得出其中没有的东西。问题在于，既然有了文本，还要解释干什么？"[②]但笔者要说，如果理解法律文本只是为了复制法律文本的原始意义，那么还要理解干什么？法律文本的意义不是已经在那里了吗？可惜，法律文本所赖以存在的语言符号和表达形式总是带有模糊性和不确定性，所以，法律文本的意义并非仅仅来自立法者对文本的灌注和创制，它不可避免地也来自司法者、执法者、守法者乃至学者民众对文本的解释。由此，对法律文本的解释意味着在理解中可能重新创造出了一个文本。解释由理解原意的初始目的而延伸出了解构甚至建构的意义。我们在理解法律文本时既要寻求立法者的意图，又要把自己的见识贯穿其中，在这个过程中，你必须不断把自己的见解与文本相印证，又以此来改善自己的认识，甚至在这种认识中寻找立法者的可能局限性，发掘立法者在字里行间遗留下来的疏漏，并考察疏漏对条文整体意义所带来的可能冲击和破坏。

笔者充分注意到，众多海内外学者已经对第158条的文本规范和逻辑结

① 莱斯利·郝维兹：《科学家箴言录》，海南出版社2002年版，第4页。转引自孔祥俊：《法律解释方法与判解研究》，人民法院出版社2004年版，第27页。

② 转引自孔祥俊：《法律解释方法与判解研究》，人民法院出版社2004年版，第26页。

构存在的可能缺漏和不确定性作出了有价值的研究。[①] 有关的研究结论和论证视角对进一步研讨该问题具有借鉴和参考价值。同时应当看到,针对该条业已发现的一些缺漏和不足,如何解决还存在分歧和争议,因此,全面且系统地研析第158条某些文义上的不确定性或者逻辑上的潜在缺陷,并评析不同的主张和观点很有裨益。

二、对基本法第158条文义、逻辑上不确定性的法理解构

第158条第1款规定:"本法的解释权属于全国人民代表大会常务委员会。"

本款的含义十分明确,没有什么重大争议性的问题。本款唯一需要探究的是,全国人大常委会的这一解释权是否具有全面性(是否有限制)或者是否可以主动行使?应当说,本款及后续的其他条款都未对全国人大常委会的解释权设定限制,全国人大常委会解释基本法并不以任何机构或个人建议它解释为前提,也不以是否进入法院司法程序为前提。这一点香港终审法院也是明确承认的。在吴嘉玲案之后的刘港榕诉入境处处长一案中,终审法院的判决就指出,全国人大常委会的解释权并不限于在诉讼中提请解释的情况。判决指出:全国人大常委会有一般权力解释基本法。这权力源自《中华人民共和国宪法》第67条第4款。在该条例下全国人大常委会有权解释中华人民共和国的法律,包括属于国家法律的基本法。这权力亦包含在基本法第158条第1款里。第158条第1款所赋予解释权的形式是全面且无限制的。它不受第158条第2款及第3款所约束或限制,亦不限于解释免除条款。[②] 终审法院在2001年7月20日庄丰源案的判决中亦认为:人大常委会根据第158条第1款诠释基本法的权力扩展至基本法中的所有条款,而且并非只限制于第158

---

① 例如前引黄江天书第五章第九节对此有较为详细的讨论,参见黄江天:《香港基本法的法律解释研究》,三联书店(香港)有限公司2004年版,第138~144页。

② 参见[1999]3HKLRD778。

条第3款所指的范围以外的条款。① 香港知名法律界人士对此亦有共识。佳日思教授指出人大常委会拥有诉讼以外的一般解释权。②《律政司司长梁爱诗在立法会内务委员会会议上的致辞》一文也指出:“根据《基本法》,即使香港终审法院没有提请,人大常委会仍然可以解释《基本法》。它可以对《基本法》中任何条款作出解释。”③如果我们检视基本法起草过程中的数个文本草案,可以发现,前后的文本草案对于香港法院解释基本法的权限范围是反复修改的,但是同样可以发现“基本法的解释权属于全国人民代表大会常务委员会”这一内容始终作为第1款没有变化。起草委员们为什么对于这样的规定均无异议?根本原因在于根据中国宪法,全国人大常委会是解释宪法和法律的最高国家权力机关的常设机关,是主权者,拥有宪法和法律的解释权。规定基本法的解释权属于全国人大常委会,具有主权宣誓的意义,意味着香港特区是中国的一部分。由此可见,全国人大常委会对整部基本法的所有条文均有解释权,这是毫无疑问的,也是符合立法原意的。

应当说,全国人大常委会对基本法的解释权具有全面性已无可置疑。剩下的疑问是它可否主动行使这种解释权?全国人大常委会是最高国家权力机关的常设机关,它对香港基本法的解释权既是基本法规定的,也是宪法赋予的,是一种主权者的权力,在一般情形下,全国人大常委会有权自行启动解释权,这是它作为国家最高权力机关的常设机关的宪制地位所决定的。这种立法解释的主动性和司法解释的被动性存在明显的分野。关于这一点,需要细究的是,自回归以来,全国人大常委会三次解释香港基本法都不是根据香港基本法第158条第3款的规定经终审法院提请而启动的,香港的一些舆论似乎认为全国人大常委会对基本法的解释权是被动的,只要香港的法院不提请释法,全国人大常委会就不能释法,并因此质疑居港权案件中特首提请释法的程序正当性问题。必须指出,所谓全国人大常委会不能在司法机关介入前主动对基本法进行解释的认识是不对的。的确,就特定范围和事项来说,即在香港基本法第158条第3款规定的事项和情形下全

---

① 参见[2001]4HKCFAR211。

② 佳日思、陈文敏、傅华伶主编:《居港权引发的宪法争论》,香港大学出版社2000年版,第51~52页。

③ 佳日思、陈文敏、傅华伶主编:《居港权引发的宪法争论》,香港大学出版社2000年版,第336页。

国人大常委会的解释似乎具有启动上的“被动性”，这里的“被动性”仅仅只能理解为该条款情况下的解释是在终审法院提请之后才启动，而且它丝毫不影响全国人大常委会解释权启动的主动性这个特点。就全国人大常委会的职权行使特点来说，适当的角度应当是从宪法对全国人大常委会的定位及全国人大常委会的宪制权力、宪制责任来理解，用是“主动”还是“被动”来理解并不恰当。如果一定要从这个角度看，笔者认为，全国人大常委会行使其法定职权无所谓“主动”或“被动”。从宏观上说，全国人大常委会依据宪法和法律行使权力都具有主动性，比如它可以“主动”立法，也可以“主动”释法，还可以“主动”监督，以履行它的宪制责任。但从微观上说，从它的工作程序上说，在一定意义上它的职权行使也是“被动”的，因为它以集体的方式行使权力，其实现方式必须通过开会(召开常委会会议)，不经过开会审议、讨论和表决，无法作出任何决定。而开会议决的议案(如法律案、法律解释案、决定案、决议案及人事任免案等)都是由法定的有权主体提出，没有主体提出议案，在程序上它就不可能作出决定，所以，就具体的议决事项来看，它的职权行使也可以说是“被动”的。但即便如此，根据全国人大常委会的《议事规则》，委员长会议、全国人大各专门委员会、常委会组成人员 10 名以上联名以及国务院等，可以提出属于全国人大常委会职权范围内的议案，前述这些提案主体除国务院外，它们在性质上仍然是隶属于全国人大常委会的主体，如果是这些主体提出议案并被列入常委会会议议程，全国人大常委会就此作出决定或决议，我们很难确切地断言这是“被动”的。所以笔者认为，即使存在所谓“被动”，也只是在一定意义上是“被动”的，但这种“被动”和司法机关的“被动”仍然不同，司法机关遵循“不告不理”原则，没有司法机关范围之外的检控机关或原告的起诉，它不能主动审理。总之，从宏观上说，无论是西方三权分立的体制还是中国的民主集中体制，立法机关、行政机关行使职权都具有主动性，而只有司法机关行使职权才是被动的。①

① 参见邹平学:《全国人大常委会解释法律与解释〈基本法〉的若干问题研究》，载《香港回归十周年基本法回顾与前瞻研讨会论文集 2007》，一国两制研究中心主编，2008 年 6 月，第 115～116 页。

第158条第2款规定："全国人民代表大会常务委员会授权香港特别行政区法院在审理案件时对本法关于香港特别行政区自治范围内的条款自行解释。"

第158条第3款规定："香港特别行政区法院在审理案件时对本法的其他条款也可解释。但如香港特别行政区法院在审理案件时需要对本法关于中央人民政府管理的事务或中央和香港特别行政区关系的条款进行解释，而该条款的解释又影响到案件的判决，在对该案件作出不可上诉的终局判决前，应由香港特别行政区终审法院请全国人民代表大会常务委员会对有关条款作出解释。如全国人民代表大会常务委员会作出解释，香港特别行政区法院在引用该条款时，应以全国人民代表大会常务委员会的解释为准。但在此以前作出的判决不受影响。"

上述两款存在较多的不确定性问题，伴随的分歧和争议也比较多。需要逐一分析研判。

1. 既然授权特区法院自行解释基本法自治范围内的条款，全国人大常委会是否可以收回授权？

在对基本法草案征询意见时，针对解释权条款就有意见认为，全国人大常委会应正式下放权力或授权给特别行政区，使特别行政区全权解释基本法中有关内部事务的条款。有种意见认为："这权力的下放应该是'没有还回性'的，就是一经下放，人大常委会便不能再收回此权力。"①香港大律师吴霭仪认为，第158条第2款的"授权"条款"这是全国人大在'一国两制'原则及《宪法》三十一条之下规定人大常委会的授权，不是人大常委会所能随时收回的"②。根据授权理论，授权者当然有权收回授予出去的权力，就法理而言，全国人大常委会可以授权香港法院解释基本法，当然也可以收回该项权力。不存在所谓"没有还回性"的问题。但必须注意的是，全国人大常委会本身并不能自行采取收回措施，而是必须获得全国人大的同意，这是因为：(1)基本法是全国人

① 《中华人民共和国香港特别行政区基本法（草案）征求意见稿咨询报告(2)》，1988年10月，第42页。

② 吴霭仪：《终院首次面对人大释法后果》，载佳日思、陈文敏、傅华伶主编：《居港权引发的宪法争论》，香港大学出版社2000年版，第224页。

大制定的，修改权也属于全国人大。在基本法中规定全国人大常委会授权香港特区法院解释基本法有关条款，除非全国人大修改基本法，否则，全国人大常委会不可能自行收回解释权。(2)全国人大常委会保留了基本法的全面和最终解释权(第1款、第3款有关以全国人大常委会解释为准的规定)，如果香港特区法院解释错误，全国人大常委会可以作出正确的解释予以纠正。如果非要讨论收回解释权问题，按照目前基本法的安排，也只能是全国人大通过修改基本法的方式进行。因此，从法理而言，由全国人大常委会收回授权问题可以说是不存在的，也是没有必要的。是否收回授权，只能由全国人大决定并采取修改基本法的形式才能实现，就目前来说，也是完全不必要的。①

2. 既然明确规定全国人大常委会授权特区法院在审理案件时自行解释基本法关于特区自治范围内的条款，在此情况下全国人大常委会是否还继续保留对特区自治范围内条款的解释权?

这个问题实质上就是如何认识全国人大常委会和特区法院的解释权范围问题。结合第158条第3款的规定，我们发现，香港法律界和学界一直有人主张，尽管全国人大常委会拥有基本法的解释权，但已经授权特区法院进行解释，自己不应再行使解释权。只有涉及基本法中关于中央管理的事务或中央与特区关系的条款，而且经终审法院提请解释时，全国人大常委会才有权解释。早在对基本法草案征询意见时，就有意见认为:“人大常委会进行自我约制，不对基本法中纯粹涉及特别行政区内部事务的条款作解释。”“应在特别行政区法庭要求解释的情况下，才对基本法作出解释。”②这是试图限制全国人大常委会的解释权范围。也有个别内地学者认为既然已经授权特区法院解释基本法关于特区自治范围内的条款，全国人大常委会就不宜再行使对这些条款的解释权。王磊教授认为“全国人大常委会授予香港法院解释的范围，全国人大常委会还是否保留对授出事项事务的解释权?笔者认为，授权主体一旦作出授权，授权事项应当属于被授权主体，也即对授权主体产生限制作用，除

① 本条款的法理实际上与基本法第2条有逻辑关联，第2条规定:全国人民代表大会授权香港特别行政区依照本法的规定实行高度自治，享有行政管理权、立法权、独立的司法权和终审权。

② 《中华人民共和国香港特别行政区基本法(草案)征求意见稿咨询报告(5)》，1988年10月，第468页。

非全国人大修改基本法以收回授权事项归全国人大常委会"[1]。在实践中全国人大常委会也确实没有对这类条款进行过解释，对此需要在法理上予以澄清。

笔者注意到，陈弘毅教授有不同的看法，他认为："第158条设立的解释权分工体系是，自治条款由香港自行解释，中港关系条款最终由人大常委会解释。当然，第158条并没有排除、取消或者否定人大常委会就自治条款行使解释权。"[2]胡锦光教授对此有类似的主张，他认为："全国人大常委会即使是在授权香港法院解释基本法的情况下，仍然享有对基本法的解释权；全国人大常委会对基本法关于自治条款在诉讼中具有最终的解释权。全国人大常委会对基本法的解释是最高的和最终的，即使香港法院在诉讼中对基本法行使了解释权，但全国人大常委会仍然可以通过解释推翻香港法院的解释。"[3]肖永平教授也认为："没有理由认为全国人大常委会不能解释已经授权香港特别行政区解释的条款，因为它并没有排他性的授权（'自行'只是意味着香港法院不必征询人大常委会的意见）。"[4]不过陈教授、胡教授和肖教授对其理据均未展开论证。

笔者赞成陈教授、胡教授和肖教授的观点，同时认为，解决这一问题需要从授权的性质和一般原理出发。授权意味着权力持有者将权力或部分权力授予原本无此权力的机构或组织行使，获得授权的机构或组织从此可以行使该项权力，但是授权者始终应当保留自身原有的权力并保留着对授权行为的撤销、收回、变动以及监督被授权者行使所授予权力的权能，如果权力授予出去就意味着授权者不再享有该权力，那么，授权者又如何保持对授权行为的撤销、收回、变动以及监督被授权者行使所授予权力的运行的权能呢？我们观察中外的立法授权，可以发现，立法授权的结果并未改变立法权最终控制在立法机关手中的事实，而且立法机关始终保持对授权立法的监督和控制。[5] 比如

---

① 王磊：《论人大释法与香港司法释法的关系——纪念香港基本法实施十周年》，载《法学家》2007年第3期。

② 陈弘毅：《法理学的世界》，中国政法大学出版社2003年版，第413页。

③ 胡锦光：《关于香港法院的司法审查权》，载《法学家》2007年第3期。

④ 肖永平：《评香港终审法院关于港人在内地所生子女居留权的判决》，载《法学杂志》1999年第3期。

⑤ 关于各国授权立法的监督机制，可参见邓世豹：《授权立法的法理思考》，中国人民公安大学出版社2002年版，第172～181页。

在一些国家，经授权立法的法令在生效前需要议会通过确认性决议，否则不能生效。① 香港的附属立法就是一种委任立法(授权立法)。“附属立法”，是香港立法局授权有关行政机关或社会团体制定的辅助性法律，属于委任立法性质。这部分法律数量很多，在香港回归前，有的是由港督会同行政局通过，有的是由市政局或有关公司制定，经港督批准。② 这种附属立法的做法，回归后香港特别行政区仍然保留，如根据香港基本法第 62 条第 5 项的规定，香港特别行政区政府有权行使“拟定并提出法案、议案、附属法规”的职权，也就是行政机关负责草拟提出附属法规。根据香港基本法第 48 条有关行政长官职权的规定，附属法规由行政长官制定和公布。从法理分析，这种委任立法绝对不是肆意妄为和独享权力，而是受到严格控制，因为根据普通法的传统，一是香港特区行政长官(及其领导下的政府)制定附属法规的内容不能超越立法会制定的条例所指定的立法范围，否则有关附属法规属于越权和无效。二是附属法规的地位低于条例，如果附属法规和有关的条例相抵触，附属法规无效。法院对此亦有权在审理具体案件时审查附属法规的合法性和有效性。可见，香港特区的附属法规性质即为实施立法会通过的法律而制定的法律实施细则，这说明，它有严格的附属性，“皮之不存，毛将焉附”，立法会没有制定法律，行政长官和政府便不能主动制定附属法规。这意味着，行政机关制定附属立法之前，立法会就制定有相关条例，那么，行政机关获得制定附属立法的权力并开始行使之后，立法会依然保有修改、废除相关条例的权力，一旦条例修改或废除，附属立法肯定也应当随之修改或废除。在中国内地，根据《立法法》第 56 条第 3 款的规定，应当由全国人大及其常委会制定法律的事项，国务院可以根据全国人大及其常委会的授权先制定行政法规，但全国人大及其常委会依然享有在立法条件成熟时制定相关法律的权力。《立法法》第 65 条还规定经济特区所在地的省、市人大及其常委会根据全国人大的授权决定，可以制定法规。根据《立法法》第 89 条，行政法规(包括经授权制定的行政法规)和经济特区制定的法规均应履行备案程序。毫无疑问，备案意味着受理备案机关有权审查和撤销有关法规。

---

① 戴维·M. 沃克:《牛津法律大辞典》，李双元等译，法律出版社 2003 年版，第 315 页。

② 参见王巧珑主编:《香港基本法辞典》，新香港年鉴有限公司 2001 年版，第 80 页。

理解基本法第158条的解释权授权问题，还必须注意不能以一般概括特殊。基本法有许多条款授权特区自行制定各种制度和政策，这种权力一经授出，中央尽管从法理上没有丧失权力，但依据法治原则，不行使为香港特区制定这些方面的制度或政策的权力，除非修改基本法。但解释权的规定不同。第158条第1款首先讲基本法的解释权属于全国人大常委会，按照这一规定，全国人大常委会就拥有基本法的全面且最终的解释权。如果全国人大常委会不再行使基本法自治范围内条款的解释权，那么，就没有必要作出第1款规定。解读第158条第2款、第3款时，要十分注意“审理案件时”、“影响案件的判决”、“终局判决前”等用语，这些都说明授权是有条件的，也说明基本法有关的解释权授权具有特殊性质。

综上所述，授权的法理逻辑绝对不是通过授权使自己丧失了权力，而是通过授权更有利于实现权力所有者的运行权力目的。首先，授权不是分权，分权意味着权力一旦分割出去，原来的权力享有者便不再享有分割出去的权力；其次，授权也不是权力的让渡或让与，不是把自己的权力让渡出去，使得自己丧失该权力；最后，授权者始终拥有改变授权和监督被授权者的权力，包括撤销授权、修改授权、监督授权的权能。回到本文的问题，可以得出结论：全国人大常委会授予香港法院解释基本法的权力，其后果其实是产生了全国人大常委会与香港法院共享解释权的现实，而不是导致香港法院独享解释权的后果。可以肯定地说，全国人大常委会授权特区法院在审理案件时自行解释基本法关于特区自治范围内的条款的同时，仍然继续保留对特区自治范围内条款的解释权。基本法在第158条前两款的解释权分配上，使得全国人大常委会的解释权具有全面性和最终性，第一款意味着全国人大常委会对所有的基本法条款都具有解释权，第二款则为其是否主动、全面地解释它留下伸缩的空间，也即对香港法院自行解释的条款，它虽不会在某法院正在审理案件的时候有针对性地、主动地去解释它，但它却有备而不用的解释权，即一旦发现其解释不符合基本法，可以行使该权力。

需要进一步探究的是，我们在法理上肯定了全国人大常委会继续保留对特区自治范围内条款的解释权，但实际上它是否一定会行使或者经常地行使这个权力呢？在讨论基本法（草案）时就有意见建议“人大常委会可用自我约制的方法，不解释纯粹涉及特别行政区内部事务的条款，或把解释此类条款的权力下放或授权给特别行政区法院解释”①。应把“人大常委会应自我约制”“这种‘自律’的‘指导原则’在基本法中明文规定”②。香港学者宋小庄博士认为:“为了尊重香港特区的独立司法权,可以设想全国人大常委会对基本法关于香港特区自治范围内的条款不会轻易地作出解释,也不会轻易地作出与香港法院的解释不同的解释。”③笔者同意宋博士的观点,全国人大常委会这方面的解释权在通常情形下和很大程度上可以是备而不用的权力,因而也不会影响特区的独立司法权和终审权,不影响特区的高度自治。与此同时,“高度自治”的前提是国家政治体制的和谐和领土的完整。特区所享有的权力的性质、范围和程度与中央的权力是相对的,是在承认中央的权力的基础上的自治。

也许,正常的解释实践模式是,对特区自治范围内的条款的解释权行使可以分为一般性的解释权行使和最终性的解释权行使,前者属于香港法院,而后者属于全国人大常委会。为了更好地体现“一国两制”原则在解释实践中的指导作用,全国人大常委会与香港法院有必要达成这样的共识和默契:在诉讼中后者承认、尊重前者解释权的权威性和最终性,而前者则不轻易主动行使对基本法中有关自治范围内的条款的解释权,以使香港法院的权威得到应有的尊重。如果全国人大常委会在进入诉讼中对特区自治范围内的条款过于频繁且主动地行使解释权,可能会造成解释的重复,冲击香港独立司法权和终审权,不利于特区的高度自治和“一国两制”的顺利实践。但即便如此,我们也不能排除在特殊情形下,全国人大常委会将运用这一权力解释特区自治范围内的条款。对此,任何人都不要存有不切实际的幻想。正确认识这一问题,有必要回顾邓小平关于高度自治与中央必要干预问题的精辟阐述。邓小平说,中央确定是不干预特别行政区的具体事务,也不需要干预。但是,“切不要以为香港的事情全由香港人来管,中央一点都不管,就万事大吉了。这是不行的,这种想法不实际。”“如果中央把什么权力都放弃了,就可能会出现一些混乱,损

① 《中华人民共和国香港特别行政区基本法(草案)征求意见稿咨询报告(2)》,1988年10月,第41页。

② 《中华人民共和国香港特别行政区基本法(草案)征求意见稿咨询报告(2)》,1988年10月,第42页。

③ 宋小庄:《论“一国两制”下中央和香港特区的关系》,中国人民大学出版社2003年版,第205页。

害香港的利益。所以，保持中央的某些权力，对香港有利无害。”①中央对香港实行必要的干预是有明确的原则的。一是香港出现损害香港根本利益、危害国家根本利益的事，北京是要过问的；二是“如果发生动乱，中央政府就要加以干预”②；三是“一九九七年后香港有人骂中国共产党，骂中国，我们还是允许他骂，但是如果变成行动，要把香港变成一个在‘民主’的幌子下反对大陆的基地，怎么办？那就非干预不行”③。邓小平还讲，总有一些事情是要中央出头解决的。总之，不能笼统地担心和反对干预。要看这些干预是有利于香港人的利益、有利于香港繁荣稳定，还是损害香港人的利益、损害香港繁荣稳定。④这些论述深刻揭示了“高度自治”和中央保留某些权力及必要时进行干预的内涵，这两者之间是有机统一的关系。从这个认识出发，不难得出全国人大常委会应当继续保留对特区自治范围内条款的解释权的结论。

从政治管治的理论角度看，中央政府有权干预香港的事务，但一般不会干预，在需要干预的情况下，也必须遵循法治原则；只有在香港政府（包括行政、立法和司法）不能处理或无法处理某些事务时，中央政府才有干预的可能性。也即，就自治范围内条款的解释来说，香港法院的角色是主要的、经常性的，但全国人大常委会解释者的角色地位是最终性的，当香港法院的解释超出高度自治的应有范围时，全国人大常委会的最终解释权就必须发挥作用。⑤ 在这种情况下，就显示出中央的决定性权力。

从法律解释的逻辑角度视之，全国人大常委会授权特区法院在审理案件时自行解释基本法关于特区自治范围内的条款本身绝对不意味着全国人大常委会就放弃了对有关条款的解释权。我们从该条本身也推导不出这样的含

---

① 《邓小平文选》，人民出版社 1993 年版，第 221 页。

② 《邓小平文选》，人民出版社 1993 年版，第 74 页。

③ 《邓小平文选》，人民出版社 1993 年版，第 221 页。

④ 《邓小平文选》，人民出版社 1993 年版，第 73 页。

⑤ 有学者认为：“有人推论，港府享有高度自治权，而个人权利和自由纯粹是香港的内政，故香港法庭对基本法的这一部分有最终的解释权。这个问题并非如此简单，以言论自由为例，如果中央政府认为某些言论危及了国家安全（国防）或影响了外交（在美国的司法判例中不难发现这类案件），香港法庭是否还有最终的解释权？”参见张辰龙：《“一国两制”与香港的宪政民主》，载《太平洋学报》1998 年第 4 期。尽管这个学者担心香港的言论自由会因此受到压制，但他的这一认识恰好说明，全国人大常委会对自治范围内的条款理应保有最终解释权。

义。例如，根据基本法第18条第3款之规定："全国人民代表大会常务委员会在征询其所属的香港特别行政区基本法委员会和香港特别行政区政府的意见后，可对列于本法附件三的法律作出增减，任何列入附件三的法律，限于有关国防、外交和其他按本法规定不属于香港特别行政区自治范围的法律。"全国人大常委会在作出增减列入附件三的法律的决定时，如果遇到较大争议，必须对列入附件三的法律是否"限于有关国防、外交和其他按本法规定不属于香港特别行政区自治范围的法律"作出必要解释，势必对何谓"自治范围"作出解释。在此种情形下，全国人大常委会解释"自治范围"内的条款，与是否授权香港特区法院在审理案件时自行解释基本法关于特区自治范围内的条款的情形没有任何关系。此外，笔者注意到，在基本法实施中，还存在一些争议，并没有得到全国人大常委会或香港法院的解释。如立法会有无权力对行政长官和主要官员提出不信任动议和罢免？立法会议员可否对立法会议事规则规定的政府专属立法提案权提出修正案？立法会议员反对基本法第23条立法，是否属于违背拥护基本法的誓言？如果没有诉诸法院，法院不会作出解释。如果没有重大必要和提请，全国人大常委会也不会作出解释。但我们很难排除在某种情形下启动解释权的可能性。

3. 谁有权判断哪些条款属于"本法关于香港特别行政区自治范围内的条款"？授权特区法院自行解释这些条款，是否意味着特区法院可以自行判断本法条款的属性范围？如果不能自行判断，那么是否只有全国人大常委会来判断？如果只有后者可以判断，是否意味着进入法院审理程序后需要另外的程序来提请全国人大常委会判断？

笔者认为对上述问题，根据前面有关争议性问题的分析结论，不难得出合理的答案。由于全国人大常委会授权香港法院解释相关条款，实际上全国人大常委会一般情况下不直接行使解释权，事实上迄今也无这方面的解释实践，显然，香港法院对此应当有权"自行"判断哪些属于自治范围内的条款并作出解释，这是没有问题的，而且作为普通法地区，解释法律是法院司法审判的必经环节，故由法院"自行"判断条款的范围属性比较合理。从回归后香港法院的审判实践来看，各级法院对涉及基本法自治范围内条款的解释在很多案件中均有体现，其解释权得到了很好的维护和保障。现在进一步的问题是，假设特区法院的判断不符合基本法的规定，或者全国人大常委会认为它的判断错误，有无救济渠道呢？笔者认为救济渠道恰好存在于全国人大常委会依然继续享有对授权法院解释的那部分条款的解释权。只要存在必要性，比如导致影响特区安定的严重后果、影响特区政府的有效管治，或者影响中央对特区行使的权力，全国人大常委会完全可以“该出手时就出手”。

4. 第158条第3款是否也是一个授权性条款？

如果把第158条第2款、第3款结合起来研读，可以发现第2款明确有“全国人大常委会授权”的字眼，而第3款则没有这样的字眼。这似乎给人一个错觉，即香港法院在审理案件时解释自治范围内条款的权力来自全国人大常委会的授权，而法院在审理案件时对基本法其他条款的解释权不是来自全国人大常委会的授权。这种理解是错误的。笔者认为第3款仍然是一个授权条款，只是附加了一些限制性条件。如果说第2款是就基本法自治范围内条款授权法院自行进行解释的话，第3款则是授权香港法院解释“自治范围外的条款”，只是由于后者涉及解释中央管理的事务或中央与特区关系的条款，涉及中央的权益，加之香港特区有终审权，终局判决对基本法条款的解释将随判决的生效而成为判例，为避免特区法院的解释与全国人大常委会的解释不一致，影响到中央政府行使的权力或中央与特区关系，影响到基本法在全国的统一实施，所以必须根据“一国两制”的原则和维护中央的权威给予一定的条件限制。

第3款也是一个类似第2款的授权条款，理据有五：

一是我国是单一制，香港特区是中国领土上的特别行政区，它的权力来源于中央，不存在什么固有权力和剩余权力的问题。

二是香港基本法第158条第1款规定基本法解释权属于全国人大常委会，这就明确排除了它属于香港法院。

三是第2款、第3款所规定的香港法院可以解释的基本法条款恰好是“自治范围内条款”和“其他条款”，合起来意味着所有的基本法条款香港法院都可以解释。但是，如果香港法院自行解释“自治范围内条款”的权限来自全国人大常委会的授权，凭什么说香港法院可以解释“其他条款”的权限不是来自全国人大常委会的授权？如果不是来自解释权唯一归属主体的授权，你说它来自何方？从立法技术的角度分析，对于一个被授权的解释主体，难道可以将一部分条款的解释权规定为来自授权，而另一部分条款的解释权却不是来自授权？这样理解不是很荒谬吗？

四是根据香港基本法第2条“全国人民代表大会授权香港特别行政区依

照本法的规定实行高度自治，享有行政管理权、立法权、独立的司法权和终审权”的规定，香港特区的独立的司法权和终审权都是来自中央的授权，难道司法权和终审权所包含的法律解释权反而不是来自授权？这个道理说得通吗？

五是一项权力如果不是固有的，那么只能是被授权的，舍此没有其他权力来源。既然香港特区的高度自治权都是来自中央的授权，既然第158条明确规定基本法解释权属于全国人大常委会，那么香港法院获得的解释权只能是来自全国人大常委会的授权。虽然第3款条文里没有“授权”的明文表达，但法律规范的内在逻辑完全可以推导出这个结论，而不是相反的结论。①

笔者的上述理解其实也符合香港终审法院的有关判词。1999年2月26日香港终审法院在“澄清”性判词中表明：“特区法院的司法管辖权来自《基本法》。《基本法》第158(1)条说明《基本法》的解释权属于人大常委会。法院在审理案件时，所行使解释《基本法》的权力来自人大常委会根据第158(2)及158(3)条的授权。我等在1999年1月29日的判词中说过：法院执行和解释《基本法》的权力来自《基本法》并受《基本法》的条文(包括上述条文)所约束。”②终审法院1999年12月3日在刘港榕案的判决中亦表明：第158条第2款给予特区法院的权力来自人大常委会的一般解释权力。第158条第3款将这权力延展，但借免除条款须作司法转介来限制法院的权力。③

基于前述分析，可以得出进一步的结论：香港法院因授权获得的基本法解释权是不能与全国人大常委会固有的解释权相提并论的。根据授权理论，授权解释和授权主体的固有解释相比是从属性解释，其特点是：(1)授权解释从属于授权机关；(2)授权解释严格受到授权条款的限制；(3)授权解释的内容从属于固有解释，法律效力地位低于固有解释。迄今为止人大常委会释法的实践也验证了这一结论。

此外，根据第2款和第3款，还有值得注意的一点是，香港法院解释基本法都有一个前提条件——“在审理案件时”。有关的授权仅仅是审理案件时的

---

① 从立法技术的角度看，似乎可以认为香港基本法第158条第3款的文字表达是存在一定的不足的，如果有机会修改的话，本款第一句话可以改为“全国人民代表大会常务委员会授权香港特别行政区法院在审理案件时对本法的其他条款也可以解释”。

② 转引自佳日思、陈文敏、傅华伶主编：《居港权引发的宪法争论》，香港大学出版社2000年版，第93页。

③ 参见[1999]2HKCFAR300。

授权，这里在明确审理案件的时空条件的同时，也指出了在“非审理案件时”法院无权解释基本法。在不需要审理案件的情形下谁来解释呢？显然要回到第1款，是全国人大常委会。

5. 是否需要明确列举“本法关于香港特别行政区自治范围内的条款”、“本法关于特区自治范围之外的条款”、“本法关于中央人民政府管理的事务或中央和香港特别行政区关系的条款”？

这些疑问在起草基本法时就曾引起议论，比如，有意见认为“‘中央人民政府管理的事务’包含范围太广，不宜在条文中出现”①。“应将其范围确定下来，并列入附件内。”②还有意见建议“主张把基本法的条款清楚地分成两类：一类关于国防、外交和属于中央与特别行政区的事务，另一类则纯粹涉及特别行政区的内部事务”；“至于如何把基本法的条款分成两类，有建议在基本法中明文规定人大常委会与特别行政区法院分别负责解释的两类条款。亦有建议最高的决定权可在人大常委会手里，基本法委员会可提供意见”。③ 当然，有关的意见并未被接受，从而使得最后通过的基本法文本没有明确如何判断条款“特性”的标准，留下了“悬念”和解读的巨大空间，这可能也为实践中释法权的冲突埋下了伏笔。在“庄丰源案”中④，诉讼各方对基本法第24条的特性就存在不同的理解，代表庄丰源的资深大律师李志喜认为第24条第2款第1项定明了享有居留权的永久性居民的其中一个类别，故她认为该项条款属于特区自治范围内的条款而非“范围之外的条款”。代表政府的资深大律师霍兆刚则认为，决定某项条款是否属于“范围之外的条款”的验证标准在于：“实施该项《基本法》有关条款会否对中央人民政府管理的事务或中央和特区的关系产

---

① 《中华人民共和国香港特别行政区基本法（草案）征求意见稿咨询报告(5)》，1988年10月，第467页。

② 《中华人民共和国香港特别行政区基本法（草案）征求意见稿咨询报告(5)》，1988年10月，第469页。

③ 《中华人民共和国香港特别行政区基本法（草案）征求意见稿咨询报告(2)》，1988年10月，第41页。

④ 2000年，终审法院受理了庄丰源诉入境事务处处长一案。在本案中，双方的争议是偷渡入境者或非法逾期居留者在港所生子女是否具有居港权？对此，根据《入境条例》的规定是不具有居留权，而庄丰源一方主张《入境条例》的相关规定违反基本法，因为基本法第24条第2款第1项规定香港永久性居民包括“在香港出生的中国公民”，该条款未限制父母的身份。见[2001]2HKLRD533。

生实质(意指实在而非重大)影响。”他在该案事实基础上认定第 24 条第 2 款第 1 项属于“范围之外的条款”而非“特区自治范围之内的条款”,但终审法院未支持霍大律师提出的验证标准,而是以“类别条件”和“有需要条件”来作为判断标准,认为根据香港特区基本法第 158 条的规定,在判定某一条款是否为“范围之外的条款”时,应考虑该条款的特性,即“该条款是否具有涉及中央人民政府管理的事务或中央和特别行政区关系的特性”,而不可能“以事实来决定实施某条款所产生的实质影响,借此作为验证该条款是否属‘范围之外的条款’的标准”。① 这种分歧本身就说明,主张明确划定条款范围或确定条款“特性”的验证标准的观点具有一定的合理性。

但为什么基本法没有明确这类条款的范围或明确判断条款“特性”的验证标准呢？笔者对此的基本看法是,从立法者的主观愿望来说,划定条款的范围问题或明确所谓验证标准“非不为也,实不能也!”从立法技术的角度看,做到这一点相当困难。

首先,基本法是一部宪制性的文件,条文在尽可能明确的同时,也肯定带有原则性、概括性的特点,不可能特别细化。

其次,条款涉及的事项有的特性很清楚,比如国防、外交等事务的条款,属于中央政府管理的事务,特区居民中的中国公民依法参加国家事务的管理的条款属于中央和特区关系的条款,这些比较容易判断属于“特区自治范围外的条款”。但有的事项涉及的条款既可以解释为中央事务,也可以解释为属于地方性质,由于涉及内地与香港两地,就不容易判断,因为涉及的利益各方会从法理(两种法律传统和解释技术不同)、政治立场和价值取向上(两制的存在使

---

① 参见本案的中文判决书:香港终审法院民事上诉 2000 年第 26 号(2001 年 7 月)。其实基本法第 158 条第 3 款规定的意思,显然不是禁止香港法院解释“中央人民政府管理的事务或中央和香港特别行政区关系”的条款,而是当需要解释中央人民政府管理的事务或中央和香港特别行政区关系的条款,且有关解释将影响到案件的判决结果时,要求香港终审法院提请全国人大常委会作出解释。所以,笔者认为,即使终审法院判词中确定的“类别条件”和“有需要条件”有一定的道理,我们也不能排除以是否产生实质影响作为判断标准之一的合理性。在下文的分析中笔者也指出,由于基本法不少条款本身无法明晰地界定出条款性质类别,所谓的“类别条件”在一定的情形下将无法加以运用。我们在判定诉讼中的哪些基本法解释问题需要提请全国人大常委会时,不妨以该解释所附属的案件判决是否真正影响到中央政府管辖的事务或者影响到中央与特区的关系来判断。如果有实质性的影响,就应当提请全国人大常委会作出解释。

得差异很大）提出自己的看法，肯定是众说纷纭，莫衷一是。例如香港的对外商务既可以解释为属于香港的事务，也可以被理解为属于国与国之间的外交关系。朱国斌教授就认为“基本法的很多条款既包含了自治范围的事务，又涉及中央人民政府管理的事务，并不能绝对地区分”①。例如，如果仔细研读基本法的条文，可以发现，第二章规定“中央和香港特别行政区的关系”，但规定中央和香港特别行政区的关系的条款并非只限于该章，而是散见于其他各章。有意思的是，我们发现，第二章的条款并非全部属于中央人民政府管理的事务或中央和香港特别行政区关系的条款，有的条款比如第16条就明显具有自治范围内的属性，但“依照本法的规定”一语似乎又打上了“中央与特区关系”的烙印。② 类似的还有第17条、第19条，这两条第1款明显规定的是自治范围内的条款，但紧接着的其余各款又规定了中央与特区的关系。③ 在其他各章很多条文中也可以发现这个特点。为什么基本法一些表面上赋予自治权的条款却逻辑地隐含了中央与特区关系的实质？一个可能的合理解释就是，既然自治权来源于中央的授权，自治权就不能违背和挑战授权者的意志与利益，因此不存在什么纯粹的、背离中央与特区宪制关系实质的自治，也不存在什么纯

---

① 朱国斌：《香港基本法第158条与立法解释》，载《法学研究》2008年第2期。

② 第16条规定：“香港特别行政区享有行政管理权，依照本法的有关规定自行处理香港特别行政区的行政事务。”

③ 第17条规定：香港特别行政区享有立法权。

香港特别行政区的立法机关制定的法律须报全国人民代表大会常务委员会备案。备案不影响该法律的生效。

全国人民代表大会常务委员会在征询其所属的香港特别行政区基本法委员会后，如认为香港特别行政区立法机关制定的任何法律不符合本法关于中央管理的事务及中央和香港特别行政区的关系的条款，可将有关法律发回，但不作修改。经全国人民代表大会常务委员会发回的法律立即失效。该法律的失效，除香港特别行政区的法律另有规定外，无溯及力。

第19条规定：香港特别行政区享有独立的司法权和终审权。

香港特别行政区法院除继续保持香港原有法律制度和原则对法院审判权所作的限制外，对香港特别行政区所有的案件均有审判权。

香港特别行政区法院对国防、外交等国家行为无管辖权。香港特别行政区法院在审理案件中遇有涉及国防、外交等国家行为的事实问题，应取得行政长官就该等问题发出的证明文件，上述文件对法院有约束力。行政长官在发出证明文件前，须取得中央人民政府的证明书。

粹的、背离中央与特区关系实质的自治条款。

总的来看，基本法中带有不确定特性的条款不在少数，起草基本法时就面临很多问题的争论，其中各种分歧的争论之多、协调之难和困难之大在我国的立法史上都是罕见的。如果起草时欲把有关条款范围的问题划定清楚，恐怕今天这部法律草案还在争论之中，无法出台。黄江天博士也认为"实际上，基本法中的条款并不能绝对地分为自治范围内的条款和中央人民政府管理的事务或中央和香港特别行政区关系的条款，即使是规定自治范围内的条款，也可能涉及中央和特别行政区关系的内容"①。所以，把相关问题留待时间和释法实践去解决，可能是明智的做法。

再次，即使是原先纯粹属于特区自治范围内的条款，随着情势变更和时过境迁，难保条款性质会发生变异，解释的结论也可能发生变化。从比较宪法的角度看，美国联邦最高法院在解释宪法时，根据对"必要与适当条款"、"管理州际贸易条款"等的扩大解释，联邦权限随着形势发展而不断扩大，适应美国的发展。美国最高法院在对同一宪法条文的解释中，不同时代的法官也有前后截然不同的解释结论。所以，以发展的眼光看，过于明确地划定条款范围可能会"作茧自缚"，尤其是一些本身就难以划定范围的条款，一旦划定反而不利于法律的顺利实施。

因此，笔者认为基本法在这个问题上留下的不确定性完全可以理解，我们不应苛责立法者。因为任何立法规范在表达确定性的同时，都会明示或隐含了一些不确定性，这是语言符号本身无法解决的问题。法律语言学告诉我们：规则具有"模糊性边缘"的倾向，这使得规则适用于边缘案件时变得不确定，哈特称之为规则（和语言）的"开放结构"。② 怀特(J. B. White)曾指出："法律不是'命令'的集合而是文本的集合，对文本的解读跨越了原则上不能完全预见的环境。"③

剩下的问题是，既然没有明确划定有关条款的范围和明确判断条款特性

---

① 黄江天：《香港基本法的法律解释研究》，三联书店（香港）有限公司2004年版，第140页。

② 参见布赖恩·比克斯著：《法律、语言与法律的确定性》，邱昭继译，法律出版社2007年版，第8页。

③ 转引自布赖恩·比克斯著：《法律、语言与法律的确定性》，邱昭继译，法律出版社2007年版，第196页。

的标准，但释法实践必须面对这个问题，也就是，在立法时因为立法技术、立法智慧或立法艺术方面的原因，使得这个问题悬而未决，那么在法律实施时，这个问题就不可能回避了。内地就有学者主张采取列举的方式将基本法中涉及中央政府管理的事务、中央与香港特区关系的条款在解释时加以明确。[①] 居留权案暴露的问题是，“在确立解释体制时有一个隐含的问题没有被考虑到，即有权决定某一条款的内容是否属于‘中央与特别行政区关系’的主体是哪一个机构。之所以没有提到这一点，可能是在法律制定时，立法者事先假设终审法院的法官们与全国人大常委会对于该问题的理解必然是一致而无分歧的。事实证明并非如此，终审法院认为基本法第 24 条规定的是香港特区自治范围内的事务，而全国人大常委会后来的解释却表明它认为这个条文对‘永久性居民’的界定涉及中央和地方的关系”[②]。不过，这似乎不是问题的关键，立法者是否有如上述的假设其实并不重要，因为从第 158 条的内在逻辑来看，“明确划定有关条款的范围和明确判断条款特性的标准”问题本身就是一个留待需要“解释”的问题，因此，逻辑的、合理的必然结论是，谁有权并且实际上作出解释，谁就应当来“解释”上述问题；谁有最终的解释权，谁就应当来行使这个权力，如果它认为有必要的话。不过，在吴嘉玲案的判决中，香港特区终审法院认为当有关条款符合“类别条件”和“有需要条件”时，终审法院才有责任将有关条款提交全国人大常委会解释。“类别条件”即相关条款是“范围之外的条款”，“有需要条件”即该条款有被解释的必要并将影响案件的判决。终审法院的法官同时宣称：“我等认为在审理案件时，唯独终审法院才可决定某条款是否已符合上述两项条件；也只有终审法院，而非全国人民代表大会，才可决定该条款是否已符合‘类别条件’……我等强调提交人大常委会解释的是某些特

---

① 该学者认为，可以对基本法的各章予以粗略划分，再寻求以具体条文的例外排除和纳入的方式予以确认。他认为，以下各章大致可以认定属于中央政府管理的事务、中央与香港特区关系的条款：第一章总则、第二章中央和特区关系、第七章对外事务、第八章本法的解释和修改、第九章附则、附件一、附件二、附件三。这些规范总共包括 34 个条文及 3 个附件。对各章具体的条文还应采取排除与纳入的具体分析。未予明确的即属于特区自治范围内的条款。参见张剑平：《香港特别行政区终审权的宪法学思辨》，载《湖南工业大学学报》2008 年第 1 期。

② 湛中乐、陈聪：《论香港的司法审查制度——香港“居港权”案件透视》，载《比较法研究》2001 年第 3 期。

定的‘范围之外的条款’而非一般性的解释。”判词中认为只有终审法院才有权判断条款性质，这是专断和错误的论点。法理上全国人大常委会也有权作出判断，而且是最终的判断。笔者认为，香港终审法院的这一判断本身也不符合普通法解释法律不得完全违背立法者的原意的规则。这里我们可以检视基本法起草过程中的权威资料以作佐证。基本法的定稿虽然没有对这个问题作出明确规定，但基本法起草委员会对这个问题给予了高度重视。检视基本法起草委员会关于解释制度的四份草稿，可以发现委员们对这一问题的争论非常激烈。直到 1987 年 12 月第六次全体会议委员们才形成基本统一的意见“本法中第三、四、五、六、十各章的所有条款皆为香港特别行政区自治范围内的条款。其他各章条文是否属于香港特别行政区自治范围内可由香港特别行政区法院或全国人民代表大会常务委员会决定。全国人民代表大会常务委员会在作出决定前将先征询香港特别行政区基本法委员会的意见。全国人民代表大会常务委员会的决定为最后的决定”。这段文字是作为《中华人民共和国香港特别行政区基本法（草案）征求意见稿》第 169 条（关于基本法的解释）的说明载于起草文件汇编之中，从中我们可以发现起草委员们的一个共识，即认为判断条款性质的最终权力属于全国人民代表大会常委会。这段说明之所以最终没有写入基本法最终稿，是因为有些委员提出既然有关解释权安排的第 1 款规定基本法的最终解释权均在全国人大常委会手里，那么对自治外条款性质判断的最终权力当然属于全国人大常委会，无须重复规定。

总之，对于香港终审法院出现的个别不当的解释，可以以平和心态视之。对于全国人大常委会来说，关键在于是否敢于和善于运用最终的解释权。

6. 如果香港法院在应当提请全国人大常委会解释的情形下而不履行提请程序如何解决？

这个问题是前一个问题的延续。第 158 条第 3 款规定了应当提请解释的两项条件和一项程序：(1)“需要对基本法关于中央人民政府管理的事务或中央和香港特别行政区关系的条款进行解释时”（范围条件）；(2)对前述条款的解释会影响到案件的判决（有需要条件）；(3)在对该案件作出不可上诉的终局判决前，应由香港特区终审法院请全国人大常委会对有关条款作出解释（提请解释前置程序）。并明确了如全国人大常委会作出解释，香港特区法院在引用该条款时，应以全国人大常委会的解释为准（人大解释拘束力条件），可惜的是，这个条款缺乏逻辑自洽性，没有促使终审法院提请释法的强制性程序。既然前述的范围条件和有需要条件实际上都由审理案件的法院解释，如此一来，是否提请的主动权完全掌控在法官手中，只要法官根据自己的解释认为没有满足这两项条件，就无须提请全国人大常委会解释。居港权系列案件引发的释法冲突证明了这一点。①

还有一点必须看到，香港终审法院提请全国人大常委会释法的满足条件十分苛刻，也即只有当“类别条件”（涉及中央管理事务或中央和香港特别行政区关系）、“有需要条件”（对有关条款的理解会影响到案件的判决）以及“案件即将被作出不可上诉的终局判决”这三个条件同时满足的时候，香港终审法院才需要在终局判决前提请全国人大常委会解释法律。而是否满足这三个条件又完全是由香港法院尤其是终审法院加以判断的，可以说，终审法院凭第158条第3款能完全自主地决定是否将某一特定条款提请全国人大常委会解释。这个条款的设计本意可能是想尽可能地降低全国人大常委会解释基本法的几率，以保持香港社会对香港司法机关独立的司法权和终审权的信心，维持特区的高度自治，但客观上也使得在出现应当提请全国人大常委会解释时，终审法院规避自己的提请义务的情形难以避免。

第158条第3款设定了中央和香港在释法上的合作机制。第158条规定的这种机制要求香港法院尤其是终审法院与全国人大常委会在各自保持司法权和解释权的同时，通过合作求得一种直接和互补的方案，其目标是保证基本法在“一国”范围内以两制协同合作方式得以实施。该款之所以规定当案件涉及中央管理的事务和中央与特区关系的条款时，终审法院要在终局判决作出前提请全国人大常委会解释，有两个原因：一是维护中央的权力，二是维护香港独立的司法权和终审权。按照基本法有关香港独立司法权和终审权的规定，香港法院一旦作出终局判决，就要执行法院的判决。如果这个判决侵犯了中央的权力，还能执行吗？事实上执行得了吗？答案是否定的。因此，要维护香港特区的独立的司法权和终审权，就要避免出现这种情况。怎么避免？就是不能在涉及中央管理事务或中央与特区关系条款问题上作出错误解释。

很可惜，基本法的这一合作释法的机制设计，在迄今为止的实践中没有实质性地展开，至少和香港法院没有形成这样的合作实践。三次全国人大常委

① 参见吴嘉玲案判决书[1999]1HKLRD731；庄丰源案，终审法院民事上诉2000年第26号(2001年7月)，英文判决书见[2001]4HKCFAR211。

会释法都不是由终审法院提请而启动，法院对基本法三分之一条款作了解释，但无一次请求全国人大常委会解释基本法，哪怕审理案件中的当事人要求，法院也没有接纳。陈弘毅教授曾描绘过第158条的理想实施情况："形成一个宪法惯例，人大常委会自我约束，不就自治条款行使解释权，而终审法院也实行自我约束，不自行解释中港关系条款，而忠实地实施第158条第3款的规定，把这种条款提请人大常委会进行解释。"①可以说，全国人大常委会的自我约束做得可圈可点，而法院的自我约束仍有可议之处。这说明，有关条文的立法原意的确存在一相情愿或者理想化的成分。有内地学者为此辩解道，在普通法传统上的法院而言，它们既习惯于普通法院可以有违宪审查权的观念，则当然很难主动报请一个更高的机关为自己解释法律。② 当然，还有普通法下只承认司法释法否认立法解释的观念、担心全国人大常委会释法损害香港法治的心态以及强烈的司法独立的理念，也是导致法院不愿意提请全国人大解释的重要影响因素。可见，基本法文本背后的两制法律文化、法律观念、法律传统的差异影响和引起的释法冲突是十分复杂而深远的。这也告诉我们，事物的逻辑不等于逻辑的事物。③ 法律文本上规定的东西未必一定是现实的东西，应然的东西未必一定是存在的、实然的东西。正如科学研究所揭示的，"应当的东西要过渡到存在的东西，就产生出关于应当东西的新观念"④。

如何解决这个问题呢？笔者的回答和前一个问题的解答一样。而且笔者认为，对香港法院出现的可能"恣意"释法无须过于担忧，因为毕竟是个案，目前显现出来的实例尚不多见。更何况任何秩序具有自发形成的特点。我们看到，全国人大常委会释法实践表明，在居港权系列案中，当终审法院应当提请释法而未提请时，是特区行政长官代表特区政府提请国务院报请全国人大常委会启动释法程序，这种政治法律先例一旦形成，当然起到了弥补终审法院怠于履行提请义务的机制缺漏的作用，亦可视为特区内部行政对司法裁量权的一种必要制约。退一万步说，如果特区政府亦不采取类似步骤，那么中央人民

---

① 陈弘毅：《法理学的世界》，中国政法大学出版社2003年版，第413页。

② 参见范忠信：《"基本法"模式下的中央与特区司法关系》，载《法商研究》2000年第5期。

③ 参阅马克思：《政治经济学的形而上学》，载《马克思恩格斯选集》第1卷，人民出版社1972年版，第104～116页。

④ 科诺瓦洛娃著：《道德与认识》，中国社会科学出版社1983年版，第39页。

政府还可以报请全国人大常委会释法，全国人大常委会自身也有足够的法理依据和程序便利来启动必要的主动释法。平衡的合作机制绝非一相情愿地寄希望于对方的良好举动，自身依法用好用足权力也十分重要，权力合作机制正是在双方的博弈中形成的。所以，这个问题的理想解决可能需要随着释法实践的增加而逐步明确，法理的探讨是必要的，但终究有纸上谈兵的局限，而释法实践的延伸、惯例的形成、判例的积累都将有助于解决这个问题，伴此而来的对对方法律文化的尊重和理解、心态上的包容和协调、合作机制的形成都有利于这个问题的解决，因此，时间和各方的努力是最好的药方。

7. 在全国人大常委会已经作出解释的情况下，如果香港终审法院在其后的判决中仍然规避履行该解释的义务时，如何解决？

从第 158 条设计的解释法理来看，如果特区法院在案件审理中仍然规避人大已经作出的解释，自行进行错误解释的话，全国人大常委会是可以重新进行解释的。在实践中，这类问题的最佳解决办法就是全国人大常委会再次对终审法院的有关错误解释重新作出解释（当然，终审法院在后来新的案件中作出正确的解释以推翻以前的错误解释也是不错的选择，但短期内看不出这样的可能性），以推翻终审法院有关解释的判例效力（但不改变对案件当事人的效力），但基于种种主客观因素的考量，全国人大常委会启动释法非常审慎。鉴于该问题十分复杂和敏感，目前尚未有一个合适的解决方案。这从庄丰源案终审判决后全国人大常委会的取态可见一斑。

8. 如何理解“该条款的解释又影响到案件的判决”？

这一段表述在释法实践中未引发争议，因为案件当事人双方争诉的理据必定会反映在对基本法条款的不同理解中，而支持哪一方的理解肯定会影响判决的结果，也即影响到案件的判决。这一点似乎尚未有质疑。此不赘述。

9. 如何理解“不可上诉的终局判决前”的含义？

在第 158 条第 3 款的理解问题上，还有一个不为人注意的问题，即如何理解“不可上诉的终局判决前”这句话？“不可上诉的终局判决”的含义至少包含两种可能的理解。一是在司法体制内根据审级管辖的规定不能再上诉的终局裁决，原则上终审法院以下的法院判决的案件都是可以上诉到终审法院的。因此，这里的“不可上诉的终局判决”就是“终审法院的裁决”。二是从程序上、法理上不可能再上诉的终局裁判，即当事人选择不上诉，超过上诉期限使得管辖法院的判决发生法律效力。不过，本条款的立法原意似乎是指终审法院的判决，因为它的判决是不可上诉的。也就是，终审法院的判决就是终局裁判，就是不可上诉的，但是，根据香港的三审终审制，非终审法院的裁判如果生效的话，也是不可能再上诉的，因而也是终局性的。如回归初期的马维騉案就是上诉庭作出终局判决。这里只规定了不可上诉的终局判决，意味着案件在终审法院审理时，终审法院在符合条件时有义务提请解释，但未规定假设不是终审法院审理的案件情形，比如高等法院原诉庭或者上诉庭审理的案件，假设无人上诉，超过上诉期判决便将产生法律效力，也具有终局效力，也会形成对下级法院判例上的拘束力。在香港，所有层级的法院法官都可能在审理案件中需要解释基本法，也不能绝对地说不会遇到解释中央与特区关系或中央管理的事务的条款的机会。[①] 那么在终审法院以下的法院可能作出“终局判决”前，终审法院如何履行提请义务呢？因为司法独立意味着任何法院对外在的机构包括自己的上级法院也是独立的，假设高等法院原诉庭或者上诉庭，甚至区域法院审理的案件在诉讼程序中无任何一方抗诉或者上诉，判决将产生法律效力，也是类似于终审判决，假设出现了第 158 条第 3 款规定的需要解释的情形时，这时候终审法院如何提请呢？是不是下级法院要终止审理，提请上级的终审法院呢？[②] 比如，早在回归初期的马维騉案，[③]该案没有上诉到终审法院，终局判决为上诉庭的判决。但就上诉庭的判决来看，确实存在应当由终审法院提请全国人大常委会解释基本法的问题，但不知因程序缺失问题还是其他原因，终审法院没有这么做，可能当时人们过于关注和满意于实体判决的结果，对该案审理过程中未提请全国人大常委会解释的程序缺漏反而忽视了。

或许，起草者曾经意识到了基本法第 158 条第 3 款本身的文义含义包含终审法院以下的法院审理案件时出现需要解释中央与特区关系或中央管理的事务的条款的可能性，因为该款法律规范的“但书”之后使用的是“香港特别行政区法院”而不是“香港特别行政区终审法院”，但起草者似乎存在一个错觉，

---

① 比如黄生荣诉法律援助署一案，就涉及解释基本法的情形，当然不是中央和香港特别行政区关系条款，但本案在高等法院上诉庭即告终审。参见 HCA1554/2007、CACV363/2007 判决书。

② 实际上，基本法也没有规定受诉法院在遇到需要解释的情形时，是应当上报终审法院还是直接提请全国人大常委会。按照第 158 条的规定，合理的理解似乎应当上报终审法院。

③ 马维騉案英文判决书见[1997]HKLRD761(1997 年 7 月)。

即任何案件都会上诉至终审法院寻求最终的解决，所以，在终审法院受理上诉案件并作出“不可上诉的终局判决前”，终审法院有提请全国人大常委会解释的义务。因此，不会存在在终审法院以下的法院可能作出“终局判决”前需要终审法院提请解释的可能性。但显然，这种分析并不确切，因为在基本法（草案）征求意见时，也有人认为“只有终审庭对案件所作出的判决才算‘终局判决’。但按照现时的制度，并非每件案件均有机会提交终审庭审理”。“另有意见认为，当一件案件上达到某一层次的法院，而根据法例或先例，无法再上诉时（例如：由于案件所涉及的款项所限，该案件最终只可上诉至高等法院），该法院对该案件的判决便算是‘终局判决’”。① 这个意见便多少反映了对此种情形下的解释权提请解释程序某些不足的担忧。不能推测说，起草者当时没有看到这个意见。因为草案征求意见的咨询报告肯定是起草委员会借重的参考资料。那么，可能的解释就是，起草者意识到了这种情况，但基本法解释条款只打算对终审法院审理案件时的解释中央与特区关系或中央管理的事务的条款附加条件和义务，因为它的终局判决具有在全港司法系统适用的判例效力，其影响是全局性的，而且在全国人大常委会出面解释改变其效力之前或终审法院在同类案件再作出不同的解释之前均保持其最终性效力。而它的下级法院即使出现类似情形，要么案件影响面不会很大，形成的判例拘束力小，要么案件影响力大，而一方将上诉至更高级的法院直至终审法院，故不必过于担心这种情形的负面作用。目前实践中尚未出现类似案例，但我们也无法肯定说不会出现类似的案件。也许出现类似的案件后我们可以更清楚地探析这个问题。②

---

① 《中华人民共和国香港特别行政区基本法（草案）征求意见稿咨询报告（2）》，1988年10月，第38页。

② 尽管笔者手头上没有更多的资料予以佐证，但笔者认为还是可以得出合理的解释，即基本法第158条用“终局判决”而不用“终审判决”就是看到以上情况。严格来讲，特区高等法院如果可能作出终局判决，而该判决涉及中央管理的事务或中央与特区关系条款的解释，就应当设定一个机制将问题提请终审法院，由终审法院提请全国人大常委会解释。但现实没有这样的机制。但问题不大，因为所有重大法律问题，都可以上诉到终审法院，即使是民事案件，特区政府律政司也可以介入，提出上诉。如果将来出现了问题，可能需要再想办法。

第 158 条第 4 款规定:"全国人民代表大会常务委员会在对本法进行解释前,征询其所属的香港特别行政区基本法委员会的意见。"

本款争议性不多,主要的意见集中在应当进一步发挥基本法委员会的功能,完善其组织和议事程序等方面,但仍有一些问题值得研讨。

从内地的角度看,设立基本法委员会的初衷乃在于在考虑到中央在处理与香港特区关系时,往往会涉及一些比较复杂、重要的法律或其他问题,需要有一个机构对这些问题进行研究、提出意见供中央参考。① 香港法律界人士则认为,"在某种程度上,基本法委员会的建立旨在克服或减少交汇带来的困难"。"是沟通两种法律制度的机构"。② 在起草基本法过程中,如何确定基本法委员会的性质、地位和任务曾有过一些不同的看法,有的人主张它的性质和职权应类似于欧洲一些国家的宪法委员会,并具有仲裁的实权,可以裁判中央与特区的关系。也有的人主张它应当是全国人大之下的专门委员会。还有人主张,在基本法委员会就有关问题提出结论性意见后,全国人大常委会必须接受其意见,不能更改。③ 由于这些主张或不符合"一国两制"的原则,或不符合中国的宪政体制,因而均未被接受。而且香港基本法也没有专门的条款规定基本法委员会的性质、地位、组成,只有第 17 条、第 18 条、第 158 条和第 159 条四个条文提到了基本法委员会的有关职能。1990 年 4 月 4 日第七届全国人民代表大会第三次会议通过的《全国人民代表大会关于批准香港特别行政区基本法起草委员会关于设立全国人民代表大会常务委员会香港特别行政区基本法委员会的建议的决定》则专门规定了基本法委员会的名称、隶属关系(性质、地位)、任务和组成等问题。

尽管有关决定明确了基本法委员会是全国人大常委会下属的工作委员会,有关决定和基本法的相关条款规定了基本法委员会的职能,1997 年 7 月 1 日香港基本法生效实施之日起,香港基本法委员会成立,并拟定了自己的工作

---

① 王巧珑主编:《香港基本法辞典》,新香港年鉴有限公司 2001 年版,第 105 页。

② 佳日思、陈文敏、傅华伶主编:《居港权引发的宪法争论》,香港大学出版社 2000 年版,第 13、52 页。

③ 分别参见李昌道、龚晓航:《基本法透视》,中华书局 1990 年版,第 104~107 页;王巧珑主编:《香港基本法辞典》,新香港年鉴有限公司 2001 年版,第 105 页。

细则和工作制度，开始了正常的工作，[①]尽管基本法委员会的工作规则已经公开，但可能是香港人士不阅读内地法律文件的原因，以致有香港法律界人士认为“基本法委员会行使其职能的程序规则尚未制定”[②]。这说明，基本法委员会的工作还不够活跃，或者说比较低调，人们对它的作用发挥存在很大的想象空间。有学者认为：“基本法委员会实际上是中央与特别行政区之间的桥梁，亦可发挥缓冲作用，假如基本法委员会结构完善、运作成功，对于‘一国两制’的实现，将起关键作用。”“要使这个委员会能顺利和有效运作，对其性质、组成、权限、运作等问题，都必须进行研究和探讨。”[③]“基本法委员会中，香港人士占一半，肯定能够充分反映香港的实际情况和意见，对全国人大常委会行使基本法的解释权是会有帮助的。”[④]亦有个别香港法律学者对其工作表现表示疑虑和不满，佳日思教授曾撰文指责基本法委员会的成员在居港权案件中高调批评香港法院包括终审法院的判决的行为使得“他们向人大常委会提供独立意见的公正性和资格备受质疑。……在目前来看，基本法委员会未能发挥（或未能获许发挥）两种法律制度的桥梁作用以及协助它们之间的交汇”。[⑤]其实，这些看法与人们对其性质和作用的认识存在分歧有关。按照内地学者的观点，从有关决定来看，基本法委员会的性质是全国人大常委会的一个工作机构，而不是一个权力机构，它不能代行全国人大常委会的权力，只能就有关问题向全国人大常委会提供意见、建议，供它采纳。它是全国人大常委会就处理特别行政区问题而特设的专门性咨询机构。[⑥]这样的性质定位，使得“香港基本法委员会能够起到一定的作用，但非常有限。10 年或 20 年以后，它也没

---

① 王振民：《中央与特别行政区关系——一种法治结构的解析》，清华大学出版社 2002 年版，第 231 页。

② 佳日思、陈文敏、傅华伶主编：《居港权引发的宪法争论》，香港大学出版社 2000 年版，第 13 页。

③ 李昌道、龚晓航：《基本法透视》，中华书局 1990 年版，第 101、104 页。

④ 王叔文主编：《香港特别行政区基本法导论》，中国民主法制出版社、中共中央党校出版社 2006 年第 3 版，第 128 页。

⑤ 佳日思、陈文敏、傅华伶主编：《居港权引发的宪法争论》，香港大学出版社 2000 年版，第 13 页。

⑥ 王振民：《中央与特别行政区关系——一种法治结构的解析》，清华大学出版社 2002 年版，第 230 页。

有办法发挥作用”①。但一些香港法律学者(其实在基本法草案咨询意见阶段,香港持这种意见的比较多)似乎更愿意它具备一个准司法机构的性质,主张“有必要建立规则,承认其准司法作用,限制他们对那些他们可能要向人大常委会提供咨询问题公开表态”②。这样的期待与目前的体制并不符合,所以有中国学者认为:“如果这样,这将引起一场中国宪法和特别行政区《基本法》的‘革命性’变化。”③另有内地学者建议“在全国人大常委会下面设立一个特别的协调委员会,当香港法院和全国人大常委会对《基本法》的有关规定有不同解释时,该委员会有权进行协调,并按照多数人的意见,以委员会的名义发表咨询意见,这样可以使大多数分歧不至于演变为本案(指居港权案)这样的两难境地”④。笔者以为,与其设立这样的协调委员会,不如提升现有的基本法委员会的功能,完善其议事程序,进一步发挥其作用更加现实。

总之,基于基本法委员会适时加强了实体化的现实,在研究如何完善基本法解释机制这一问题时,确实有必要总结 13 年来基本法委员会的工作经验,进一步探讨完善该委员会的运作机制和功能发挥的问题。

三、结语

通过对第 158 条的法理解构,可以看到,立法上的文本制度一旦进入实施运行阶段,往往会出现立法者始料未及的情形。这是因为,任何纸面上的法律制度都不可避免地包括理想的成分,因为它是人设计出来的。由于人类理性的有限性和社会实践的复杂多变性,人们无论考虑得多么周密,总是会百密一疏。更何况制度一旦设计出来投入运行后总是不可避免地落后于社会实践的

① 肖永平:《评香港终审法院关于港人在内地所生子女居留权的判决》,载《法学杂志》1999 年第 3 期。

② 佳日思、陈文敏、傅华伶主编:《居港权引发的宪法争论》,香港大学出版社 2000 年版,第 52 页。

③ 王振民:《中央与特别行政区关系——一种法治结构的解析》,清华大学出版社 2002 年版,第 231~232 页。

④ 肖永平:《评香港终审法院关于港人在内地所生子女居留权的判决》,载《法学杂志》1999 年第 3 期。

发展。此外,制度的设计者和制度的参与运行者往往是分离的,更何况还有好多的制度参与者,但制度的设计者往往只有一个。这样一来,制度运行的机制将呈现十分复杂的态势,即使是最高明的制度设计者以及最优秀的学者也无法完全精确地预测和描述出制度运行过程的所有结果和各种状况。基本法的解释机制就是如此,其充满挑战的释法实践正验证了如下的箴言——“秩序不是人们从外部向社会施加的压力,秩序是在社会内部建立的平衡”。①

综上所述,可以得出如下12个结论:

1. 全国人大常委会对基本法的解释权具有全面性,它对整部基本法的所有条文均有解释权。

2. 全国人大常委会有权自行启动对基本法的解释,这是它作为国家最高权力机关的常设机关的宪制地位所决定的。这种立法解释的主动性和香港法院的司法解释的被动性存在明显的不同。当然,在特定提请程序的情形下,全国人大常委会释法的启动也具有一定意义上的被动性。

3. 全国人大常委会授权特区法院自行解释基本法自治范围内的条款,就法理而言,全国人大常委会可以收回这一授权。但全国人大常委会本身并不能自行采取收回措施,而是必须获得全国人大的同意并采取修改基本法的形式才能实现,当然,就目前来说,所谓收回授权完全不必要。

4. 全国人大常委会授权特区法院在审理案件时自行解释基本法关于特区自治范围内的条款,并不意味着全国人大常委会就放弃了对有关条款的解释权,全国人大常委会仍然有权对特区自治范围内条款行使解释权。基本法在第158条前两款的解释权分配上,使得全国人大常委会的解释权具有全面性和最终性,第一款意味着全国人大常委会对所有的基本法条款都具有解释权,第二款则为其是否主动、全面地解释它留下回旋余地,也即对香港法院自行解释的条款,它虽不会因为某法院正在审理案件的时候有针对性地、主动地去解释它,但它却有备而不用的解释权,即一旦发现其解释不符合基本法,可以行使该权力。

5. 尽管法理上应当肯定全国人大常委会继续保留对特区自治范围内条

---

① 摘自奥特加·伽塞特:《是米拉波,还是政治家》。转引自[英]弗·雷德里希·奥古斯特·哈耶克:《自由宪章》,杨玉生、冯兴元、陈茅等译,中国社会科学出版社1999年版,第210页。

款的解释权，但实际上全国人大常委会并非一定要行使或者经常地行使这个权力。为了更好地体现“一国两制”原则在解释实践中的指导作用，全国人大常委会与香港法院有必要达成这样的共识和默契：在诉讼中后者承认、尊重前者解释权的权威性和最终性，而前者则不轻易主动行使对基本法中有关自治范围内的条款的解释权，以使香港法院的权威得到应有的尊重。就自治范围内条款的解释来说，全国人大常委会不宜轻易地对它进行解释，香港法院的解释角色应是主要的、经常性的，但必须承认全国人大常委会解释者的角色地位是最终性的。当香港法院的解释超出高度自治的应有范围时，全国人大常委会的最终解释权就必须发挥作用。在这种情况下，就显示出中央的决定性权力。

6. 基本法授权香港特区法院自行解释“本法关于香港特别行政区自治范围内的条款”，意味着香港特区法院也就有权自行判断哪些条款属于“本法关于香港特别行政区自治范围内的条款”。如果特区法院的判断不符合基本法的规定，或者全国人大常委会认为它的判断错误，救济渠道恰好存在于全国人大常委会依然继续享有对授权法院解释的那部分条款的解释权。

7. 第158条第3款和第2款一样，都属于授权性条款。因为香港特区的独立的司法权和终审权都是来自中央的授权，故司法权和终审权所包含的法律解释权也应当来自授权。对此，香港终审法院的有关判词亦给予了确认。

8. 基本法没有明确列举“本法关于香港特别行政区自治范围内的条款”、“本法关于特区自治范围之外的条款”、“本法关于中央人民政府管理的事务或中央和香港特别行政区关系的条款”，这是基本法作为宪制性文件的原则性和概括性所决定的，同时也是因为，除非性质十分清楚的事项，否则不少基本法所规定的条款涉及的事项难以明确区分其性质，基本法中的不少条款并不能绝对地分为自治范围内的条款和中央人民政府管理的事务或中央和香港特别行政区关系的条款，即使是规定自治范围内的条款，也可能涉及中央和特别行政区关系的内容。即使是原先纯粹属于特区自治范围内的条款，随着情势变更和时过境迁，难保条款性质会发生变异，解释的结论也可能发生变化。这从外国宪法和比较宪法的角度看，并非鲜见。

9. 明确划定有关条款的范围和明确判断条款特性的标准问题本身就是一个需要“解释”的问题，就释法实践而言，谁有权并且实际上对基本法作出解释，谁就应当来“解释”上述问题；谁享有最终的解释权，谁就应当来行使这个权力，如果它认为有必要的话。由此，对于香港终审法院出现的个别不当解释，可以以平和的心态视之，对于全国人大常委会来说，关键在于是否敢于和善于运用最终的解释权。

10. 全国人大常委会释法实践表明，理想的结果是实践第158条第3款设定的中央和香港两地在释法上的合作机制，只要双方对对方的法律文化给予应有的尊重和理解，释法心态具有包容、协调和合作精神，随着"一国两制"实践的继续推进，相信未来会形成释法上的良性合作机制。

11. 第158条第3款中"不可上诉的终局判决前"这句话的含义至少包含两种可能的理解。一是在司法体制内根据审级管辖的规定不能再上诉的终局裁决，原则上终审法院以下的法院判决的案件都是可以上诉到终审法院的。因此，这里的"不可上诉的终局判决"就是"终审法院的裁决"。二是从程序上、法理上不可能再上诉的终局裁判，即当事人选择不上诉，超过上诉期限使得管辖法院的判决发生法律效力。但本款的立法原意似乎是指终审法院的判决，因为它的判决是不可上诉的。也即终审法院的判决就是终局裁判，就是不可上诉的，但是，根据香港的三审终审制，非终审法院的裁判如果生效的话，也是不可能再上诉的，因而也是终局性的。不过，基本法解释条款只打算对终审法院审理案件时解释中央与特区关系或中央管理的事务的条款附加条件和义务，因为它的终局判决具有在全港司法系统适用的判例效力，其影响是全局性的，而且在全国人大常委会出面解释改变其效力之前或终审法院在同类案件再作出不同的解释之前均保持其最终性效力。

12. 香港基本法委员会是全国人大常委会就处理特别行政区问题而特设的专门性咨询机构、工作机构。根据基本法委员会适时加强了实体化的现实，在研究如何完善基本法解释机制这一问题时，确实有必要总结13年来基本法委员会的工作经验，进一步探讨完善该委员会的运作机制和功能发挥的问题。

《澳门基本法》解释问题研究

胡锦光　朱世海*

《澳门基本法》与《香港基本法》一样，都是全国人大制定的宪法性法律，被视为特别行政区的"小宪法"。《香港基本法》在 1990 年由七届全国人大三次会议通过，《澳门基本法》在 1993 年由八届全国人大一次会议通过。因时间上存在先后并且港澳都是特别行政区等因素，《澳门基本法》的很多内容是照搬《香港基本法》的内容。其中关于基本法的解释问题，《澳门基本法》的规定与《香港基本法》完全相同，《澳门基本法》第 143 条只是把《香港基本法》第 158 条中的"香港"换成了"澳门"而已。法律解释，尤其是宪法解释①的一大功能是统一功能，即维持法制的统一。② 法律制度的移植必须考虑本土法制传统的特点，否则会因水土不服而导致危害。《澳门基本法》解释的制度完全移植香港的做法，而没有考虑本土法律传统与香港存在巨大差异，很可能造成澳门法制秩序的紊乱。故此，需要对《澳门基本法》的有关条文作出修改，根据澳门

---

* 胡锦光，法学博士，中国人民大学法学院副院长，博士生导师。

朱世海，法学博士，中央社会主义学院副教授。

① 就目前学界对宪法解释概念的解释，基于宪法解释内容的不同，此概念应有狭义和广义之分。狭义的宪法解释就是解释权主体对宪法条文的说明，而广义的宪法解释不仅包括解释权主体对宪法条文的说明，还包括对法律、法规合宪性的判断及处理。广义的解释其实包括狭义宪法解释和违宪审查。狭义宪法解释和违宪审查也是密切相联系、难以分开的，违宪审查权和宪法解释权融为一体，由同一机关进行。美国学者 KeithE. Whittington 认为"司法审查的目的就是解释宪法"(见 KeithE. Whittington:《宪法解释:文本含义原初意图与司法审查》，杜强强等译，中国人民大学出版社 2006 年版，第 2 页)。国外很多国家的宪法只规定违宪审查制度，没有规定宪法解释制度，可能是基于行使违宪审查权的机关一定有宪法解释权的事实。本文中的宪法解释是广义上的宪法解释。

② 韩大元、林来梵、郑贤君:《宪法学专题研究》，中国人民大学出版社 2008 年版，第 208 页。

的实际情况重新设计《澳门基本法》的解释等问题。

一、澳门属于大陆法系地区，回归以前法院无权对宪法性法律进行解释

澳门自古是中国的领土，1845 年葡萄牙女王利用鸦片战争后的形势颁布法令宣布澳门为“自由港”，1849 年葡萄牙又强行驱逐清政府在澳门的官吏和海关人员，1887 年葡国迫使清政府与其签订了《和好通商条约》等不平等条约，使葡萄牙对澳门的殖民统治合法化。从 19 世纪中叶起，葡萄牙逐步把本国法律、为其他殖民地制定的法律推行于澳门。1976 年葡萄牙颁布新宪法，并于同年制定了《澳门组织章程》。《澳门组织章程》赋予澳门总督、立法会立法权，这是一种双重立法体制。从此以后，澳门总督、立法会在葡国宪法和《澳门组织章程》规定的范围内，制定了相当数量的本地法律。在渊源上，澳门法律呈多元化特征，包括《葡萄牙共和国宪法》等葡萄牙的法律、《澳门组织章程》等葡萄牙专门为澳门制定的法律、《税务法》等葡萄牙为海外殖民地制定的法律、《公民权利和政治权利国际条约》等葡萄牙参加并延伸到澳门的国际条约，以及澳门立法会制定的法律和总督制定的法令及规范性批示。① 澳门实施的法律以葡萄牙的法律为主，本地法律很少，也没有形成自己的法律体系。在法系上，澳门承袭了葡萄牙的传统，属大陆法系地区，法律基本上是成文法，都由立法机关按立法程序，以条文形式制定并公布实施。

澳门属于大陆法系地区，大陆法系国家（地区）一般设立专门机构负责宪法解释工作。奥地利最早是在 1920 年建立宪法法院，承担违宪审查的职责。奥地利的宪法法院是由凯尔森建议建立起来的。凯尔森反对三权分立的学说，认为国家的基本职能不是立法、行政和司法三者，而只有创立法律和适用法律。他认为应由一个特殊机关（宪法法院）对法律的合宪性进行审查。二战末期，“对大部分欧洲人而言，法律已丧失其作为维护个人权利之大宪章的资格。而在法实证主义下，法律不仅逐渐变成只用以宣示国家权威之物，而且，在独裁制度下动辄不免堕落成仅用以抑压个人权利之手段。由于此种有违议

① 邓伟平：《论澳门法律的特征》，载《中山大学学报》1999 年第 6 期。

会立法之本旨之思想史之变迁，使民众深感：与其信任经由法律保护权利，毋宁有请示保护权利避免法律侵害之必要性。因而，审查法律合宪性之理念，乃逐渐被广泛接受”①。基于欧洲出现对议会权力进行控制的要求，欧洲大陆很多国家也效仿奥地利建立起自己的宪法法院。葡萄牙在 1982 年宪法改革中确立了以宪法法院为中心的集中式违宪审查制度。根据《葡萄牙共和国宪法》第 213 条第 1 款的规定，宪法法院有权依照第 276 条及其以后各条之规定裁定违宪与违法。② 葡萄牙宪法法院能够对议会通过的法案、政府的法规以及国际条约，各自治区的行政性法令或其他行政区的地方法规的合宪性或合法性进行审查。与欧洲其他国家不同，葡萄牙的违宪审查模式是混合式的。因受美国违宪审查模式的影响，1911 年葡萄牙第一共和国宪法确立普通法院行使附带性违宪审查权，并一直延续下来。但在坚持议会至上的情况下，葡萄牙普通法院的法官如英国的韦立斯法官一样，相信“我们坐在这里，是作为议会的仆人，而不是它的上诉机构”③。因此，普通法院难以胜任违宪审查的职责，个案附带性违宪审查案例极少。为与具体个案附带性违宪审查相衔接，葡萄牙宪法第 280 条还规定法院的一些判决可以上诉到宪法法院。④

在澳门回归前实施的法律中，《澳门组织章程》规定澳门政权机关的权力划分及政权机关与葡萄牙国家机关的关系等内容，是宪法性法律，在澳门具有“小宪法”的地位。根据《澳门组织章程》第 11 条第 1 款 e 项，总督有权“提请澳门宪法法院审议立法会发出的任何规定有否违宪或违法”⑤。《澳门组织章

---

① 李鸿禧：《违宪审查论》，台北元照出版有限公司 1999 年版，第 97 页。

② 胡建淼主编：《世界宪法法院制度研究》，浙江大学出版社 2007 年版，第 752 页。

③ 何海波：《没有宪法的违宪审查——英国的故事》，载《中国社会科学》2005 年第 2 期。

④ 第一，以宪法为理由拒绝执行任何规定的判决；第二，适用在诉讼期间已经提出是违宪的规定作出的判决；第三，以违反自治区法规或共和国普通法为理由拒绝执行行政区文件的任一正式规定的判决；第四，以违反某一自治区法规为理由拒绝执行某一主权机关发布的文件的任一正式规定的判决；第五，适用在诉讼期间已经提出是违宪的规定，并以第 1 项或第 2 项所指的理由作出的判决。

总督或政务司在任职期间为民事或刑事诉讼的被告时，只能在里斯本法区提起诉讼，但该诉讼非属澳门而属另一法院管辖时，则不在此限。

⑤ 《澳门组织章程》，http://legismac.informac.gov.mo，下载日期：2009 年 4 月 10 日。本文关于《澳门组织章程》的资料都来源于此。

程》第 30 条第 1 款 a 项规定立法会“监视在当地对宪法规则、本章程规则及法律的遵守、并提请宪法法院审议总督发出的任何规定有否违宪或违法”。第 40 条第 3 款规定，如总督不同意颁布立法会制定的法规是基于有关法规与宪法规则、澳门组织章程规则，或与共和国主权机关发出且是当地本身管理机关不得违反的规定有抵触，但有关法规已被确认时，则应将之送交宪法法院，以便审定有否违宪或违法。在殖民地时期，澳门司法体系一直依附于葡萄牙共和国司法体系，未享有完全和专属的审判权。直到 1999 年 3 月 20 日，根据葡萄牙共和国颁布的第 118-A/99 号总统令，澳门法院自 1999 年 6 月 1 日起获授予完全及专属之审判权，但总统令也规定这不影响《澳门组织章程》第 11 条第 1 款 e 项、第 20 条第 3 款①、第 30 条第 1 款 a 项及第 40 条第 3 款之规定。由此可见，澳门在回归以前澳门本地制定的法律、法令等法律规范的合宪性问题是由葡萄牙的宪法法院裁决，澳门的法院无权过问，澳门法院更无权解释《葡萄牙宪法》和《澳门组织章程》等宪法性法律。

二、目前《澳门基本法》赋予法院基本法解释权，很可能引起澳门法制秩序的紊乱

1987 年 4 月 13 日中葡签署《关于澳门问题的联合声明》之后，澳门进入过渡时期。澳门政府面临的一项重要工作是法律的本地化，需要把澳门实施的各种法律最终过渡为特区的法律，建立澳门自身的法律体系。1988 年，澳门政府设立了法律改革办公室，该机构在政府和立法会的领导下，着手从事这方面的工作，1991 年改组为立法事务办公室，对法律条文本地化进行研究、策划及草拟法案。1999 年 12 月 20 日澳门回归后，根据“一国两制”方针政策，澳门的法律制度基本不变，全国性法律（除极少部分外）不在澳门适用，澳门特别行政区已形成一个相对独立的法律体系。根据中葡《关于澳门问题的联合声明》附件一《中华人民共和国政府对澳门的基本政策的具体说明》第 3 条第 4 款以及《澳门基本法》第 18 条第 1 款的规定，这一法律体系由《澳门基本

① 总督或政务司在任职期间为民事或刑事诉讼的被告时，只能在里斯本法区提起诉讼，但该诉讼非属澳门而属另一法院管辖时，则不在此限。

法》、澳门原有法律①和澳门特别行政区制定的法律构成。澳门特别行政区法律基本上是成文法，没有判例法，极具大陆法系的特色。

关于《澳门基本法》解释问题，《澳门基本法》第 143 条规定："本法的解释权属于全国人民代表大会常务委员会。全国人民代表大会常务委员会授权澳门特别行政区法院在审理案件时对本法关于澳门特别行政区自治范围内的条款自行解释。澳门特别行政区法院在审理案件时对本法的其他条款也可解释。但如澳门特别行政区法院在审理案件时需要对本法关于中央人民政府管理的事务或中央和澳门特别行政区关系的条款进行解释，而该条款的解释又影响到案件的判决，在对该案件作出不可上诉的终局判决前，应由澳门特别行政区终审法院提请全国人民代表大会常务委员会对有关条款作出解释。如全国人民代表大会常务委员会作出解释，澳门特别行政区法院在引用该条款时，应以全国人民代表大会常务委员会的解释为准。但在此以前作出的判决不受影响。"②这直接照搬《香港基本法》第 158 条，只是把《香港基本法》第 158 条中的"香港"换成了"澳门"而已。香港、澳门都是特别行政区，《澳门基本法》在特别行政区与中央关系、自治权等共性问题上当然可以借鉴《香港基本法》的有关内容，但在关于基本法解释这个不完全是共性问题上，不考虑自己的法制传统，有关内容照搬照抄香港的做法，显然欠妥。香港过去是英国的殖民地，其法律体系以判例法为主，属于普通法系。英国是标榜议会至上的国家，议会地位优越于行政与司法部门。因此，司法机关无权解释宪法、审查立法合宪性，更无权宣布某项立法违宪。③ 在回归前，香港的法院也没有解释《英皇制诰》等宪法性法律的权力。《香港基本法》在坚持全国人大常委会拥有对基本法解释权的前提下赋予香港法院在审理案件中解释基本法的权力，是基于"一国两制"、"高度自治"的原则，同时这与香港法律的普通法系传统也是能够衔接的。虽然香港各级法院都有权在审判中对基本法作出解释，但当事人如果不服判决可以向高等法院上诉，最后可以上诉到终审法院，终审法院对基本法

---

① 指由澳门立法会和此前由总督制定的法律、法令、行政法规和其他规范性文件。

② 《中华人民共和国澳门特别行政区基本法》，www.hmo.gov.cn，下载日期：2009 年 4 月 18 日。

③ 英国也有司法审查制，它是指高等法院（王座法庭）审查行政行为、法令和下级法院的判决，可以受理因违法侵权而造成的宪法诉讼案件，并发出包括属于王权令状的人身保护状、调卷令、执行令、禁止令，以及不属于王权令状的（人身保护）宣告性判决。

的解释成为最终的解释（就自治范围内案件而言，非自治范围内案件还得提请全国人大常委会解释，并以全国人大常委会的解释为准）。因实行判例法的缘故，香港终审法院对基本法的解释对高等法院、各区法院和专门法院以后的审判工作都具有约束力。这样可以保持法制秩序的统一。正如肖蔚云先生所说，香港法院"奉行判例法，法院的判决对后审的案件有强制的约束力，因而法院的解释在任何意义上都有'造法'的性质，所形成的规范可要求全体社会成员遵循"①。而澳门属于大陆法系，在法律解释特别是在宪法解释方面与普通法系国家、地区存在重大差别。按照中华人民共和国宪法第67条第4项的规定，解释法律是全国人民代表大会常务委员会的职权。《澳门基本法》第143条第1款规定，基本法的解释权属于全国人大常委会，是完全符合宪法的。第143条第2款、第3款规定，全国人民代表大会常务委员会授权澳门特别行政区所有法院在审理案件时都可以解释基本法，这很可能引起澳门特别行政区的法制秩序的紊乱。因为大陆法系没有遵循判例原则，法院对基本法的解释，仅对具体案件在审理上有拘束力，不具有普遍的拘束力，不能约束其他类似案件的审判。在各级法院都有解释基本法权力的情况下，各级法院对基本法同一条文的解释难以一致，就是同一法院在不同时期内对基本法的同一条文的解释也可能不一致。由此导致，对同样的行为，法院基于对基本法条文的不同解释作出的裁判很可能是不同的，甚至是矛盾的，这必然造成法制秩序的紊乱。

三、对《澳门基本法》进行适当修改，在终审法院设立大法官委员会②承担解释基本法等工作

因为《澳门基本法》中关于基本法解释的规定不符合澳门大陆法系的法制特点，所以很可能引起澳门法制秩序的紊乱。在法院是否有权审查或拒绝适用违反基本法的行政法规的问题上，近年来澳门就出现纷争案例。2006年澳

① 肖蔚云主编：《一国两制与澳门特别行政区基本法》，北京大学出版社1993年版，第248页。

② 关于大法官委员会的人员构成，可借鉴中国台湾地区司法院大法官会议的做法。

门特区法院作出了 4 个判决[①]，这 4 个案例的一个共性在于宣布行政长官制定的行政法规违反了基本法。而终审法院 2007 年 7 月 18 日第 28/2006 号案件的判决，撤销了中级法院第 223/2005 号案件的判决。终审法院与中级法院、行政法院的裁判出现较大差异，主要在于在各法院是否有权审查或拒绝适用违反基本法的行政法规的问题上出现分歧。这些都涉及基本法解释等一些重大问题。为消除纷争，避免法制秩序的混乱，基于《澳门基本法》已经赋予澳门法院一定限度的基本法解释权，可考虑在终审法院内成立大法官会议专门承担解释基本法等工作。澳门属于大陆法系地区，其基本法解释等问题的制度设计，应对欧洲大陆的经验有更多借鉴。大法官委员会的职权应有以下几方面：

第一，大法官委员会负责解释基本法。大法官委员会负责对基本法进行解释，但若遇到非自治范围内事项得提请全国人大常委会作出解释，并以全国人大常委会的解释为准。澳门终审法院大法官委员会解释基本法并不采取积极主动的行动，即在法院审理具体案件的过程中遇到对基本法有疑义的问题，并经过有关法院的提请才进行解释。法院在审理案件中遇到有关基本法问题可以直接向大法官委员会提请解释。由终审法院的大法官委员会解释基本法，不是继续沿用澳门所有法院都可以解释基本法的做法，这是为了避免各种相互矛盾解释的出现，有利于澳门法制秩序的统一。

第二，大法官委员会对行政法规进行抽象审查。澳门法律的抽象审查问题由全国人大常委会进行，是一种事前审查。《澳门基本法》第 17 条规定，澳门特别行政区的立法机关制定的法律须报全国人民代表大会常务委员会备案。澳门行政长官制定行政法规如何进行抽象审查，基本法没有规定。如果澳门法院对于依法律规定发布的法规命令拒绝适用，行政长官对此持有异议之时，可以向大法官委员会提出审查请求。这是对德国做法的借鉴，德国联邦政府或者州政府认为法院或行政机关等拒不适用某项法规命令是不当的，同时涉及该项法规命令的效力问题，也可以向联邦宪法法院提起对法规命令审

① 其中中级法院作出的有 3 个，它们分别是：2006 年 4 月 27 日第 223/2005 号案件判决、2006 年 7 月 20 日第 280/2005 号案件判决和 2006 年 11 月 9 日第 48/2006 号判决。行政法院作出的有 1 个，即 2006 年 10 月 9 日第 38/05-EF 号判决。参见王磊：《澳门基本法在司法适用中的若干问题》，载《广东社会科学》2008 年第 5 期。

查的申请。德国宪法法院的审查对象仅限于法规的效力问题，并不裁判诉讼当事人的权利与义务。澳门终审法院不但审查行政法规的合“宪”性（这里的宪法指《澳门基本法》，下同），还要审查行政法规的合法性。[①] 澳门并不是判例法地区，被法院宣布为违反基本法、法律并被拒绝适用的行政法规的效力仍然是不明确的，法院仅仅是不适用，还是宣布无效？还是宣布撤销？还是具有判例的效力？[②] 在此问题上可以借鉴奥地利、德国等欧陆国家的做法，奥地利《关于宪法法院的联邦法》第 58 条规定，“当某行政法规被判违法，判决应指出该法规是全部违法还是仅仅是某些特殊的规定违法”[③]。为保持澳门法制的统一，同时基于奥地利、德国等大陆法系国家都有具有判例法性质的宪法判例，澳门大法官委员会的裁决也应具有判例法的性质，对法院等所有主体都具有约束力。就大陆法系而言，在一些国家、地区，判例已成为正式的法律渊源。“原属大陆法系的日本早在明治时期，即已接受德、法等国的影响，建立起大陆法系的判例制度。二战后，又接受了美国法的影响，判例的法律地位和制作技术较战前有了提高。”[④]日本虽然属于大陆法系国家并由普通法院解释宪法，但因有判例制度，避免了法制秩序的紊乱。

第三，大法官委员会对行政长官制定的行政法规进行具体审查。现在澳门各级法院都有权审查行政法规的合“宪”性、合法性，这种审查是在涉及具体的法律、行政法规适用或具体的诉讼案件时，就行政法规是否与法律、基本法相抵触的问题，进行审查的程序。在澳门回归以前，总督制定的法令与立法会制定的法律没有上下位阶之分，根据《澳门组织章程》第 30 条第 1 款 a 项，总督发出的任何规定有否违宪或违法是由立法会提请葡萄牙宪法法院审议的，法院无权对此发表意见。如葡萄牙宪法第 207 条、《澳门组织章程》第 41 条第

---

① 行政法规与法律的位阶问题，基本法虽然没有直接规定，但基本法第 50 条第 2 项规定，澳门特别行政区行政长官负责执行本法和依照本法适用于澳门特别行政区的其他法律；第 65 条要求，澳门特别行政区政府必须遵守法律，执行立法会通过并已生效的法律；第 67 条规定澳门特别行政区立法会是澳门特别行政区的立法机关。从基本法的以上内容中可以看出：立法会是澳门唯一立法机关，改变了回归前的立法“双轨制”。行政法规是行政长官为执行法律而制定的，行政法规是法律的下位法，不得与法律相抵触。

② 王磊：《澳门基本法在司法适用中的若干问题》，载《广东社会科学》2008 年第 5 期。

③ 胡建淼主编：《世界宪法法院制度研究》，浙江大学出版社 2007 年版，第 60 页。

④ 赵正群：《行政判例研究》，载《法学研究》2003 年第 1 期。

1款均规定，法院在审判案件时，不得适用与宪法及《澳门组织章程》的规范或原则相抵触的法律规范。“也就是说，任何澳门法院在审判案件过程中，可以审查所适用的规范是否符合宪法或《澳门组织章程》，但无权对其作出违宪性或违法性宣告。”[①]回归后，法院在司法实践中多次宣布行政长官颁发的行政法规违法，可能是基于法院有基本法解释权而获得的对澳门立法会制定法律的解释权。澳门各级法院都能宣布行政长官颁发的行政法规违法，无疑会削弱行政主导制的合法性，对行政长官依法施政产生冲击。我们设计大法官委员会专门负责解释基本法等工作，大法官委员会在很大程度上行使“宪法法院”的职权，完全可以承担行政法规与法律冲突、行政法规是否符合《澳门基本法》等问题的裁决。这是具体的法律法规审查，具体的法律法规审查“是指法院在审理具体案件的程序中，如果认为其适用的某项法律或法规可能违反上一级法律规范，这样就对该项法律或法规的效力产生疑义。在这种状况下，必须停止该案的诉讼程序，而将案件移送到具有审查法律法规管辖权的宪法法院，对应当适用的法律或法规的效力进行具体的审查”[②]。对行政长官制定的行政法规的合“宪”性、合法性审查，只能由高层次的终审法院大法官委员会进行。这既防止澳门居民基本权利受到公权力侵害，又体现对行政主导制的尊重，也有利于政府加强对澳门经济社会事务的有效管理。

此外，大法官委员会受理澳门居民个人的宪法诉愿。任何澳门居民因主张其基本权利遭受公权力之侵害，且已用尽其他所有的法律救济方法，可以向澳门大法官委员会提起宪法诉愿。相关具体制度设计可参考、借鉴德国等大陆法系国家宪法诉愿的做法。

---

① 李毅：《澳门原有法律的审查机制》，载《法学杂志》1999年第4期。

② 刘兆兴：《德国联邦宪法法院的抽象审查权》，载《外国法译评》1997年第2期。

“三权分立”抑或“行政主导”*
——论香港特别行政区政体的特征

胡锦光　朱世海**

关于香港特区政体的特征一直有两种争论不休的意见，一种意见认为香港特区政体是行政主导制，否认三权分立制①；另一种意见认为香港特区政体是三权分立制，否认行政主导制②。对此问题展开研究，全面阐释香港特区政体的特征，不但能够消除纷争、增进共识，而且能够对香港的政制发展提供重要参考。

一、香港特区政体属于三权分立体制范畴

三权分立作为关于政体的一种学说、思想或理论，关于其内涵有不同的观点。我国学界主流观点认为它包含两个层次：一是国家权力由三个不同

---

* 本文为国家社科基金项目“香港的政党演进与政治发展研究”(08BZZ017)的阶段性成果。

** 胡锦光，中国人民大学法学院副院长，博士生导师。朱世海，中央社会主义学院副教授。

① 如肖蔚云指出“香港特别行政区的政治体制是‘一国两制’下的新的政治体制，是历史上没有先例的，它不是从别处抄来的、搬来的，它不是内地实行的人民代表大会制，也不是美国式的‘三权分立’制，也不是香港原有的总督制，而是一种新的以行政为主导的政治体制，也就是行政长官制”。见肖蔚云：《香港基本法》，北京大学出版社 2003 年版，第 829 页。

② 如香港学者陈祖为认为“《基本法》的设计，是一个三权分立的制度，而不是有的人士所认为的行政主导的制度”。见《中国评论》2007 年 7 月号，第 1 页。www.chinareviewnews.com，下载日期：2008 年 9 月 12 日。

的机关掌握，二是三个不同机关相互制衡。[①] 也有学者对此提出异议，认为三权分立只是分权，不包含制衡，提出“三权分立”与“制衡”是两项原则，而不是同一项原则。[②] 笔者认为“分权”与“制衡”最初是两项不同的政体设计原则，分权思想最早可追溯到古希腊，制衡思想最早可追溯到古罗马，[③]是孟德斯鸠把两者统一起来，创立现代意义上的三权分立学说。孟德斯鸠强调分权，“当立法权和行政权集中在同一个人或同一机关之手，自由便不复存在了”，“如果司法权不同立法权和行政权分立，自由也就不存在了”。[④]孟德斯鸠的分权思想仍然是阶级分权，他认为“如果同一个人或是重要人物、贵族或平民组成的同一个机关行使这三种权力，即制定法律权、执行公共决议权和裁判私人犯罪或争讼权，则一切都完了”[⑤]。孟德斯鸠确信“一切有权力的人都容易滥用权力”，因此“要防止滥用权力，就必须以权力约束权力”[⑥]。但孟德斯鸠坚持“立法权不应有箝制行政权的权利”[⑦]。对三权分立有重大发展的是美国联邦党人，他们认为“防止把某些权力逐渐集中于同一部门的最可靠办法，就是给予各部门的主管人防止其他部门侵犯的必要法定手段和个人的主动”[⑧]。联邦党人所说的权力分立并非是三者的绝对

---

① 如《辞海》对三权分立的解释，“立法、行政、司法三种国家权力分别由不同职能的国家机关行使、相互制约和平衡的学说和制度”。见《辞海》，上海辞书出版社 1999 年版，第 55 页。《北京大学法学百科全书》对三权分立的解释为，“资产阶级关于国家政治制度和国家机关相互关系的基本理论原则，即国家立法、行政和司法三种权力分别由议会、内阁(或总统)和法院三个不同的机关掌握，各自独立行使又相互制约、相互平衡的制度”。见《北京大学法学百科全书》(宪法学行政法学卷)，北京大学出版社 1999 年版，第 393 页。

② 参见张定河：《制衡与三权分立是否是同一项原则辨析》，载《世界历史》2005 年第 5 期。

③ 古希腊的亚里士多德曾提出政府机能包括议事、行政和审判三要素论，这包含分权意蕴。古罗马的波里比阿通过对古罗马政体的考察，提出了国家权力由元老院、执政官和公民会议三机关之间做适当的分配，还赋予每个机关制约另外两个机关的权力。

④ [法]孟德斯鸠：《论法的精神》(上册)，商务印书馆 1997 年版，第 153 页。

⑤ [法]孟德斯鸠：《论法的精神》(上册)，商务印书馆 1997 年版，第 153 页。

⑥ [法]孟德斯鸠：《论法的精神》(上册)，商务印书馆 1997 年版，第 154 页。

⑦ [法]孟德斯鸠：《论法的精神》(上册)，商务印书馆 1997 年版，第 162 页。

⑧ [美]汉密尔顿等：《联邦党人文集》，程逢如等译，商务印书馆 1980 年版，第 264 页。

隔离，为了达到权力的制约与平衡（checks and balances），恰恰需要各个权力部门的“局部混合”，“这种局部混合，在某些情况下，不但并非不当，而且对于各权力部门之间的互相制约甚至还是必要的”①。总之，现代意义上的三权分立有两个要求，其一是分权，其二是制衡。分权是前提，制衡是目的（这是分权的直接目的，间接目的是保护自由），两者不是割裂的，而是密不可分的，统一于三权分立之中。

人们通常把依照三权分立原则所构建的政体称为三权分立体制，以区别于以民主集中制为原则建立起来的议行合一体制。②“三权分立的体制并不意味着三权一定要完全独立，体制内的行政、立法和司法三部分，只要能独立行使一定的权力，三者之间的一些互动机制，如否决权和推翻否决权，并不影响三权分立这一基本性质。”③在司法独立（中立）的情况下，三权之间的制衡主要体现为行政权与立法权的制衡。香港虽然实行资本主义制度，但它不是一个国家，也不是独立的政治实体，而是中国管辖的特别行政区，香港特区的行政长官及主要官员皆由中央任命。因此在严格意义上，香港的政体模式不能与世界上国家或独立政治实体的政体模式相提并论。但撇开此因素，我们仍然可研究香港特区的政体模式，通过分析其行政、立法、司法之间的关系（主要是前两者之间的关系），来探究其政体特征。

之所以说香港特区政体属于三权分立体制范畴，是因为这种政体符合三权分立的分权、制衡两项要求。香港特区的管治权来源于中央政府的授予，根据香港基本法第四章“政治体制”的有关规定，香港特区的管治权分为行政、立法和司法三个方面，此三权分别由行政长官为首的政府、立法会和

---

① [美]汉密尔顿等：《联邦党人文集》，程逢如等译，商务印书馆 1980 年版，第 337 页。

② 很多学者把巴黎公社、苏联的苏维埃和中国的人民代表大会称为议行合一体制。其实只有巴黎公社实行的是议行合一，这种体制诞生于革命时期的城市共和国，而且只存在了 72 天。苏联的苏维埃和中国的人民代表大会都不是议行合一体制，立法权、行政权和司法权分别由不同的机关行使，权力的行使存在分立，而不是合一。此处仅为了表述的方便，而使用议行合一概念。

③ 邵善波：《基本法下行政与立法关系》，载中央人民政府驻香港特别行政区联络办公室编：《关于“一国两制”和香港问题的理论文集》，第 214 页。

法院行使。在司法独立(中立)的情况下①,行政与立法之间相互制衡。一方面,行政能够制约立法。根据基本法第48条第3项的规定,行政长官签署立法会通过的法案,公布法律。立法会通过的法案必须经行政长官签署、公布,方能生效。根据基本法第49条的规定,行政长官对立法机关通过的法律有相对否决权。根据香港基本法第50条的规定,在两种情况下行政长官可以解散立法会。另一方面,立法也能够制约行政。根据基本法第64条的规定,特区政府向立法会负责,执行立法会通过并已生效的法律,定期向立法会作施政报告,答复立法会议员的质询,征税和公共开支须经立法会批准。根据基本法第73条第9项的规定,立法会可以弹劾行政长官。其实在制定香港基本法的讨论中,"委员们同意应原则上采用'三权分立'的模式,使行政机关和立法机关既互相制衡又互相配合"②。由此可见,香港基本法起草委员会政治体制专题小组关于香港特区政体设计模式就是三权分立,香港基本法第四章"政治体制"的内容也鲜明体现了三权分立的特点。但"三权分立"一词最后没有在基本法草案说明中出现,中国大陆有些知名宪法学学者否认香港特区政体属于三权分立体制,这可能与领导人的意见有关。邓小平在1987年4月会见基本法起草委员会委员时明确指出:"香港的制度不能完全西化,不能照搬西方的一套。香港现在就不是实行英国的制度、美国的制度,这样也过了一个半世纪了。现在如果完全照搬,比如搞

① 行政权与司法权之间也有一定的制约。一方面,行政长官有权依照法定程序任免各级法院法官。《基本法》第88条规定,香港行政长官根据当地法官和法律界及其他方面知名人士组成的独立委员会推荐,任命香港特别行政区法院的法官。法官在无力履行职责或行为不检的情况下,行政长官可依照法定程序予以免职。终审法院法官和高等法院的首席法官的任免,除依照上述程序以外,还须由行政长官征得立法会同意,并报全国人大常委会备案。另一方面,在立法会弹劾行政长官时,由终审法院首席法官任调查委员会的主席。这是借鉴美国的做法。此外,虽然《基本法》没有赋予法院对包括行政长官在内的政府行为的司法审查权,但在司法实践中法院能够对包括行政长官在内的政府行为拥有违反《基本法》的审查权。立法权与司法权之间也有一定的制约。一方面,终审法院法官和高等法院的首席法官的任免,须由行政长官征得立法会同意。另一方面,终审法院拥有解释基本法的权力,在司法实践中法院能够对立法会立法拥有违反《基本法》的审查权。

② 《中华人民共和国香港特别行政区基本法起草委员会第三次全体会议文件汇编》,1986年,第35~36页。

三权分立，搞英美的议会制度，并以此来判断是否民主，恐怕不适宜。”①他在1988年6月会见“九十年代的中国与世界”国际会议全体与会记者时又指出：西方的三权分立，互相制衡以防止专权的制度不是合适的选择，故此不在特区实施。②

二、香港特区政体具有鲜明的行政主导特征

这里的行政主导是指以行政长官为首的政府的权力相对于立法会的权力处于优势地位，主要体现在：其一，行政长官地位显要。行政长官具有双重身份，他既是香港特区的首长，对外代表特区；又是特区政府的首长，领导特区政府。这说明他的法律地位比立法机关要高。他不仅是政府的负责人，还是整个特区的首长。其二，行政在立法中处于主动地位。特区政府拟订并提出法案、议案，由行政长官向立法会提出，政府拥有的立法创议权是行政主导的一大体现；政府提出的法案、议案应当优先列入立法会议程，体现了行政优先；立法会议员不能提出涉及公共开支、政治体制及政府运作的法案、议案，这方面的法案、议案只能由政府提出；立法会通过的法案须经行政长官签署、公布，方能生效，行政长官有权拒绝签署法案，发回立法会重议，甚至在一定条件下可以解散立法会；香港基本法附件二还为立法会规定了一个独特的投票机制，该机制有利于政府提出法案的通过。③ 其三，香港基本法对立法会及其议员权

---

① 《邓小平文选》(第3卷)，人民出版社1993年版，第220页。

② 《邓小平文选》(第3卷)，人民出版社1993年版，第267页。

③ 附件二第二部分第2款规定，政府提出的法案要求获得出席会议的全体议员的简单多数票通过，而由立法会成员个人提出的法案包括对政府法案的修改则需要功能团体选举产生的议员和分区直接选举、选举委员会选举产生的议员两部分出席会议议员分别以简单多数票通过。在单独表决制下，政府提出的法案明显比个人提出的法案更容易通过。而对于一项个人提出的法案，即使得到大多数人的投票支持，也可能通不过。显然，单独表决制更有助于保证政府法案的通过。实际上，香港回归后仅有极少数个人提出的法案能在立法会中获得足够的支持。因为一项个人提出的法案想要在这样的制度下获得立法会的支持，是非常困难的。学者注意到，这一安排也很容易阻止反政府法案的通过。

力的行使作出严格规定。这些受限的权力有：提出动议权①、提案权②、质询权③和弹劾权④。

正确理解香港特区政体的行政主导特征，要注意理解好两个方面的关系：

一方面，要正确理解行政主导制中行政权与立法权、司法权之间的关系。香港特区政体的行政主导制是在司法独立（中立）的情况下，以行政长官为首，政府的权力相对立法会的权力处于优势地位，并不是行政长官的权力高于立法权和司法权。在论述香港特区的行政主导制时，有学者认为，香港实行的是"行政长官的权力高于行政、立法、司法三机关之上的行政主导体制"⑤。这是对香港行政主导制的误解。行政长官的法律地位明显高于行政机关、立法机关和司法机关是不争的事实，但不能因此说其权力高于立法机关和司法机关。理由有：其一，行政长官、立法机关和司法机关这三机关的权力之间没有产生与被产生的关系，而且三种权力是不同性质的权力，不具有可比性。其二，行政长官的权力、立法会的权力都是来自中央的授予，两种权力在位阶上没有高低之分。如果行政长官的权力是高于立法机关，那么 2005 年立法会不通过政府提出的政改方案时，行政长官就可以命令立法会通过，事实上行政长官没有这样的权力，立法会也没有贯彻落实行政长官意旨的义务。正如王叔文先生所言，香港特区"行政机关与立法机关是两个相互独立的部门，在它们之间不

---

① 根据香港基本法第 48 条第 10 项，行政长官有权批准向立法会提出的有关财政收入或支出的动议。

② 根据香港基本法第 74 条，凡涉及政府政策的法律草案，立法会议员在提出前必须得到行政长官的书面同意。

③ 根据香港基本法第 48 条第 11 项，行政长官决定政府官员或其他负责政府公务的人员是否向立法会或其属下的委员会作证和提供证据。

④ 根据香港基本法第 73 条第 9 项，立法会可以弹劾行政长官。但立法会只能提出弹劾案报中央政府批准，行政长官最终能否被弹劾掉由中央政府决定。此外，立法会弹劾对象仅限于行政长官，不包括政府主要官员。根据 2002 年确立的高官问责制，各司司长及所有的决策局局长成为问责官员，从而增强了行政长官对政府的领导力度，也提高了依法施政的效率。

⑤ 姚秀云：《香港行政主导体制的发展与变化》，载《学习时报》2007 年 6 月 25 日。

是谁压倒谁的问题，也不存在谁凌驾于谁之上的问题”①。其三，行政长官的权力也不高于司法机关的权力。香港实行司法独立，司法活动不受任何机关、团体及个人的干涉，就是在港英时期总督也不能控制司法。根据香港特别行政区基本法第 88 条，行政长官可以任命法官。根据香港基本法第 89 条，行政长官可以免去法官职务。但这些制度设计，很多恰好是借鉴了三权分立最典型的美国的做法，而且法官的任命和免职主要是分别取决于由当地法官和法律界及其他方面知名人士组成的独立委员会的推荐和由当地法官组成的审议庭的建议。② 如果行政长官的权力高于司法机关的权力，那么在针对如香港无证儿童案等涉及中央与特别行政区之间关系的重大案件，行政长官就可以对终审法院的审判进行“个案监督”，就不需要通过国务院请求全国人大常委会释法来解决。

另一方面，要正确理解香港特区的行政主导与港英时期行政主导的关系。考虑到香港政制的历史传统，同时为提高管制效率，并便于中央对香港特区领导，香港特区政制的设计很大程度上还保留了港英时期行政主导的特点，但这种行政主导制不是行政长官主导一切的体制，就是在港英时期总督也不能主导一切。有学者认为，港英时期“行政和立法两局就是为总督服务的咨询机构，并无实际的权力……由此产生以总督为核心的行政系统主导一切的统治模式”③。“在英国统治时期……无独立的立法权、司法权。”④关于港英时期立法局有没有权力以及司法是否独立，是不是总督为核心的行政系统主导一切，我们也有不同的看法。自 20 世纪 80 年代初开始，港英当局玩弄“非殖民化”伎俩，在香港推行代议制民主，立法局逐步引进间接、直接选举机制，并扩大立法局的权力。到 1995 年，立法局取消委任议席，全部议员由直选或变相直选

---

① 王叔文：《香港特别行政区基本法导论》，中共中央党校出版社 1990 年版，第 177 页。王叔文先生在此处还指出：“把未来香港特别行政区的政治体制解释为‘行政主导’或‘立法主导’都是不科学的。《基本法》规定的政治体制，一个基本的原则就是行政立法之间互相制衡，互相配合。”在王叔文先生看来，“行政主导”或“立法主导”意味着一方压倒另一方，一方凌驾于另一方之上。

② 根据香港基本法第 90 条，终审法院的法官和高等首席法官的任命或免职还须由行政长官征得立法会同意，并报全国人大常委会备案。

③ 姚秀云：《香港行政主导体制的发展与变化》，载《学习时报》2007 年 6 月 25 日。

④ 姚秀云：《香港行政主导体制的发展与变化》，载《学习时报》2007 年 6 月 25 日。

产生,立法局与行政局彻底分开。通过这些举措,立法局逐步摆脱行政局的控制,植根于香港社会,立法局的权力也得以极大幅度地扩展,成为制衡行政局的独立组织。“因此,如果笼统地说港英时期的立法局是总督立法的咨询机构,没有任何权力,就没有尊重历史事实,不免有失偏颇。”[①]在港英时期,司法就是独立的,总督不能控制司法。港英时期,司法系统的头头按察司由总督遵照英皇经国务大臣颁发的训令委任。其他法官,总督委任前必须听取具有独立性质的、以首席按察司任主席的司法人员叙用委员会的意见。委任后,法官的罢免程序很严谨,甚至用宪法性文件保障法官独立。[②] 由此可见,在港英时期的总督也不能主导一切。现在的行政长官行使权力受到更多的牵制,行政长官施政遇到很多挑战,行政主导举步维艰。

三、三权分立与行政主导高度统一于香港特区政体

三权分立是相对于民主集中而言,行政主导是相对于立法主导而言,两者是从不同角度对政体进行描述。因此,同一国家(地区)的政体,可能既属于三权分立制,又属于行政主导制。在目前资本主义国家中,根据行政机关的产生方式、行政机关与立法机关在政体中的地位及相互关系不同,可将其政体主要分为三大类型:议会制(如日本)、总统制(如美国)和半总统半议会制(如法国、俄罗斯)。虽然日、美、法、俄等国家的政权组织形式各异,但其设计政权组织形式的理论基础无疑都是三权分立(英国的议会制是最早的三权分立体制,但它是长期政治斗争的产物,不是通过制宪确立的)。可见,三权分立不限于为特定的政体发生关系,它既可以与议会制结合,也可以与总统制结合,还可以与半总统半议会制(有学者称之为半总统制或超强总统制)结合。由于上述各

① 朱世海:《香港立法机关研究》,中央编译出版社 2007 年修订版,第 3 页。

② 《英皇制诰》规定,地方及最高法院的法官只有在以下三种情况下才可免职:第一,到了法定退休年龄(即最高法院 65 岁,地方法院 60 岁);第二,法官自行辞职;第三,疾病或无力履行职责或行为不检,由港督任命审议庭调查后免职。建议免职后,港督还须呈交英国枢密院考虑,得到枢密院同意后,港督行使对法官的免职权。确保司法独立的另一项制度保障是,法官享有司法豁免权。法官在审判时,如有所疏忽,作出越权判决,也不用承担因此而引起的民事法律责任。

国是根据自己的国情对各种权力（主要是行政权与立法权）的关系进行了不同的调整，从而使三权分立体现了鲜明的国别特色，并形成不同的权力分立体制。在议会制下，立法权处于优势地位（虽然这种优势已逐步削弱），故议会制是立法主导制。而在总统制和超强总统制下，行政权处于优势地位，故总统制和超强总统制是行政主导制。三权分立与行政主导（或立法主导）是从不同角度对一国家（地区）政体特征的描述，两者的关系不是水火不容的，而是不可割裂的，并可高度统一于同一国家（地区）政体之中。如前所述，日本的政体就兼具三权分立与立法主导的特征，而美国的政体就兼具三权分立与行政主导的特征。

三权分立与行政主导（或立法主导）可以统一于同一国家（地区）政体之中，但它们不是处于同一层面的事物，比较而言，三权分立更为根本，前者是后者的基础。因为三权分立首先强调权力的来源和配置问题，其次才强调各权力之间的关系（制衡）问题。而行政主导（或立法主导）主要是强调行政权（或立法权）相对立法权（或行政权）处于优势地位，其实是探讨行政权与立法权关系问题，是在三权分立探讨问题基础上就行政权与立法权谁处于优势地位展开的进一步追问。由此可见，日本的政体就是三权分立基础上的立法主导制，而美国的政体就是三权分立基础上的行政主导制。

就香港特区情况而言，如前所述，香港特区政体既属于三权分立体制范畴，又具有鲜明的行政主导特点。三权分立、行政主导不是“不共戴天”的关系，对两者的关系应有深入的认识。一方面，我们不能因为香港特区行政权相对立法权处于优势地位而否定其属于三权分立政体范畴。其实，即使是以三权分立为政体设计原则的国家，其立法、行政和司法三权也并非处于平衡状态，平衡只是理想追求，现实很难实现。就是实行三权分立最典型的美国，总统的权力也相对国会的权力、联邦法院的权力处于优势地位，甚至还出现集行政权、立法权和司法权于一身的独立管制机构①。另一方面，我们也不能因为

---

① 在19世纪末，为了解决工业迅速发展而引起的一系列社会经济问题，美国建立了独立管制机构，它集行政权、准立法权和准司法权于一身。有学者认为独立管制机构的出现否定了美国立宪之基的三权分立理论。其实，独立管制机构的裁决不是最终的，不服从裁判者可以到法院起诉，独立管制机构所享有的混合权力也是受到制约的。独立管制机构的出现，只是标志着美国依法行政形成自己的特殊模式，并没有违反宪法的三权分立原则。

香港特区政体属于三权分立体制，而否定其行政主导的特点。总之，对于香港特区政体，无论是认为香港特区政体是行政主导制而否认三权分立制，还是认为香港特区政体是三权分立制而否认行政主导制都是犯了盲人摸象的错误。三权分立、行政主导是从不同角度对香港特区政体特征的描述，两者不是同一层面的事物，也不是割裂的关系，比较而言，三权分立更为基本，是行政主导的基础。如果全面概括香港特区政体的特征，应是三权分立基础上的行政主导制。香港特区政体中的三权分立不是美国总统制的分权模式，而是类似现今俄罗斯超强总统制的分权模式。还特别需要指出的是，香港作为中华人民共和国的一个省级行政区域，其实行的是“主权在中央”前提下的三权分立体制，而俄罗斯等国作为独立主权国家，其实行的是“主权在民”前提下的三权分立体制。

“普选”目标下香港行政主导体制的发展分析*

姚秀兰**

在现代政治学和宪法学中，政治体制主要是指立法机关、行政机关和司法机关等国家机构之间的职能和权限的划分问题。其中行政机关与立法机关的相互关系是其核心。如依据行政与立法的相互关系来分类，世界各国和地区的政治体制大致可分为两类，即行政主导型的总统制和立法主导型的议会制。① 香港回归前，原有的政治体制实行的是“港督会同行政局”的“行政主导”机制，其优点就是行政效率高。这是公众认可的，也是香港的发展证明了的。故，为保持香港的稳定和行政效率，香港基本法起草委员会委员们在设计香港特别行政区（以下简称香港特区）的政治体制时，吸收了香港原政治体制中行之有效的部分，体现了“行政主导”的精神，同时，又赋予其新的内容、新的特点，强调行政与立法之间的制衡，充分体现了“一国两制”的精神。但随着香港特区普选的推进，民主政治的发展，这一新的机制受到很大挑战，行政与立法常常发生摩擦，如何理顺二者关系成为特区政府面临的重大课题。

一、“普选”目标下的行政主导体制

“普选”是香港政制发展的最终目标。《基本法》第 45 条第 2 款规定：“行

---

* 本文系作者承担的教育部人文社会科学重点研究基地重大投标项目“香港基本法实践问题研究”（项目批准号 07JJD820179，主持人：深圳大学邹平学教授）的子项目“香港特区的政制发展问题研究”之阶段性成果。

** 法学博士，深圳大学法学院教授，中山大学港澳珠江三角洲研究中心研究员，深圳大学港澳基本法研究中心研究员。

① 刘曼容：《行政主导乃香港基本法之立法原意》，载《理论前沿》2007 年第 4 期。

政长官的产生根据香港特别行政区的实际情况和循序渐进的原则而规定，最终达至由一个有广泛代表性的提名委员会按民主程序提名后普选产生的目标。"第68条第2款也规定："立法会的产生办法根据香港特别行政区的实际情况和循序渐进的原则而规定，最终达至全部议员由普选产生的目标。"①为顺利实现这一目标，基本法在设计香港特区的政治体制时，条文中没有"行政主导"的明确文字。但学界和官方普遍认为，基于香港的历史、现状与发展，在"一国两制"方针的指导下，基本法确立了香港特区"行政主导"的政治体制。其基本特征是：行政长官在政权体系中占据着显著位置，主导特区的政治生活。行政长官既是特别行政区的首长，代表特别行政区；又是特别行政区政府的首长，领导特别行政区政府。行政与立法既相互制约，又相互配合，司法独立。这一模式既不同于港英时期的港督集权式的行政主导，也有别于议会政治下的三权分立，是集二者之长的综合体。②

与分权相比，它重在"配合"。③ 如部分立法会议员兼任行政会议成员；政府官员列席立法会会议，并代表政府发言；尤其是在第一届和第二届立法会中，部分议员由选举行政长官的同一选举委员会选举产生，从制度上保障行政与立法的沟通与合作。在行政与立法制衡关系上，行政权处于优势地位。如前指出，《基本法》首先总体上确立了行政长官在香港政治生活中的主导地位，规定行政长官是香港特区及特区政府的首长，既代表特别行政区，又领导特区政府。其次，行政参与立法程序；在各项议题的设定上，行政权优先，政府提出的议案优先列入议程；凡涉及公共开支、政治体制及政府运作的法案、议案只能由政府提出，立法会议员不能提出；立法会议员提出涉及政府政策的法案、议案，在提出前必须得到行政长官的书面同意；行政长官在任内依职权可解散立法会，以及否决立法会通过的法案等。

---

① 全国人大常委会亦于2007年12月作出决定，香港可以在2017年普选行政长官，2020年普选立法会。

② 内地著名学者肖蔚云教授、许崇德教授、王振民教授，香港学者陈弘毅教授、陈文敏教授等，以及香港特区政府发布的《政制发展二号报告》等，均认同特区政治体制是"行政主导"体制。且大都同意特区政治体制的"行政主导"并非全盘继承原来港英时期的行政主导体制，而是吸收了一部分，有所改革和发展。见邹平学：《香港管治体制探析——以高度自治权为视角》，载《公法评论》第5卷。

③ 参见肖蔚云：《香港基本法讲座》，中央广播电视大学出版社1996年版，第147页。

与港督“集权式行政主导”相比，它又强调行政与立法的相互制约。如立法会可迫使行政长官辞职；对有严重违法或渎职行为的行政长官可提出弹劾案；征税和公共开支须经立法会批准，以及对政府的工作提出质询、行政机关向立法会负责等。与此同时，特区司法独立，终审法院享有终审权。

可见，制约与配合是一个事物的两个方面，配合是主要的，制约是次要的。强调配合的主要性，有利于减少摩擦，避免内耗和力量的抵消，从而提高效率，确保香港特区的稳定、繁荣和顺利发展。①

在“普选”目标下，为使行政主导体制有广泛的民意基础，保障其畅行，香港基本法规定，行政长官由来自工商、金融、专业界、劳工、宗教等不同界别的专业人士按一定比例组成的选举委员会提名选举产生；立法会议席也逐渐从由功能团体选举的议席、选举委员会选举的议席和分区直选议席按一定比例构成，而过渡到分区直选议席和功能界别议席各半的格局；其议案表决程序也区分政府提出的法案和议员个人提出的议案采用不同的计票方式。这种规定，一方面保证了香港各阶层、各界别都能参与政治，既照顾了市民的利益，也照顾到工商、专业界的要求，体现了“均衡参与”原则。另一方面又防止了立法会过度政治化对政府施政产生掣肘，体现了行政的主导性，同时也保障了行政主导的民意基础。②

二、“普选”目标下行政主导体制面临的困境和挑战

行政主导是现代社会发展趋势。当前世界上运作比较成功的政治体制都呈现出行政主导性特点。这既是社会客观性要求，也是行政权力的性质所决定的。香港是一个高度开放的自由港和国际贸易、金融中心，其政治、经济、社会的复杂性，需要一个较强势的政府，也需要政府整合社会各阶层力量，保障各阶层利益。

---

① 黄江天：《香港特别行政区政制下的行政立法关系》，载肖蔚云主编：《香港基本法的成功实践》，北京大学出版社 2000 年版，第 47 页。

② 张定淮主编：《面向二〇〇七年的香港政治发展》，大公报出版有限公司 2007 年版，第 58 页。

但实践中，特区行政主导体制陷入窘境，没有达到基本法立法原意的“行政主导，行政与立法相互配合”的预期。相反，行政与立法之间摩擦不断，出现配合不足、制衡有余、行政权力弱化的局面。如 1999 年提高路边泊车收费案的否决、2003 年“23 条立法”的搁置、2005 年政改方案的否决等等。[①] 这表明，在“普选”目标下，香港特区行政、立法关系发生了质的变化，不同于港英时期的行政、立法关系，主要表现在：

第一，从行政长官和立法会议员的产生路径上，二者发生了质的变化。港英时期，立法局议员有相当部分是港督委任的，自然要向港督负责，同时港督也是行政、立法两局当然主席，立法机关无疑从属于以港督为核心的行政机关。而现阶段香港特区，曾与行政长官产生路径一致的选举委员会选举产生的议席已消失，只剩下直选和功能界别的议席。[②] 同时，行政长官不再兼任立法会主席。因此，来自直选和功能界别的议员，必然会为自己所代表的选民和界别的利益而不当然支持政府的决策，立法会与港英时期的立法局有了结构性不同，立法与行政开始了真正的制衡。

第二，在基本法框架下，行政与立法存在“结构性紧张关系”。[③] 虽然基本法强调香港特区的行政、立法重在“配合”，但基本法在制度上仅设置了通过行政会议中委任有限的几名立法会议员和部分选举委员会产生的议席来协调行政与立法间的关系，作用十分有限。并且，这种“配合”随着选举委员会议席的消失，以及主要问责官员进入行政会议后，行政会议中立法会议员和社会人士相对减少，而大打折扣。

与此同时，民主政治的核心是“政党政治”。虽然基本法条文中只有“政治性组织或团体”的表述，而无“政党”字眼，同时行政长官及行政机关也不得有

① 1999 年特区政府提出将路边泊车收费从每 15 分钟 2 元增加到 4 元的议案，未过法定半数议员支持，被否决；2003 年“23 条立法”，因自由党表示反对，政府在立法会中无法获得过半数的支持票，被迫撤回提案；2005 年特区政府提出的 2007/08 年行政长官和立法会产生办法的政改方案，未获得立法会法定的 2/3 多数赞成而被否决。

② 自 2004 年第三届立法会始，选举委员会选举产生的议席就消失了，功能界别议席和分区直选议席各占 30 席。

③ 张定淮主编：《面向二〇〇七年的香港政治发展》，大公报出版有限公司 2007 年版，第 53 页。

政党背景,[①]但在"普选"目标下,基本法关于立法会选举产生的安排,为"政党政治"的发展奠定了制度空间,造就了行政和立法在"政党政治"上的二分局面。[②] 这就意味着无政党支撑的政府施政必然会受到来自已政党化了的立法会的掣肘。

另外,随着特区终审法院的设立,特区不仅拥有司法终审权,司法独立,并且,特区法院获得自行解释基本法自治范围内事务条款的权力,司法权大大加强,对行政也产生了不少压力,如1999年居港权案就是一明证。

总体来说,香港基本法既包含了行政主导的政治设计理念,也蕴涵了制约行政,甚至消减行政主导的因素。[③] 这种消减因素在普选条件下会更加凸显。因为,基本法规定,行政长官的普选是"由一个有广泛代表性的提名委员会按民主程序提名后"的普选;立法会的普选是"全部议员由普选产生"。这意味着,行政长官依然保持非政党背景,而立法会却随着议席的全部直选,更加政治化,行政与立法"政党政治"的二分局面将加剧;同时,随着立法会议席的全部直选,功能组别议席取消,立法会议案表决的分组计票机制也将自动消失,立法会对政府制衡的作用将更加强大,行政主导的运作将更加困难。

在共识民主未达成,立法会过度政治化及与行政冲突日益激烈的情形下,要做到施政效率高,保障社会各阶层利益并非易事。各政党为拉选票极易以福利为条件进行博弈,最终影响到各阶层利益。恰如曾荫权先生在2005年6月补选行政长官期间的竞选演说里指出的:"我们不缺百年大计,只欠有效的执行;我们不缺宏大远景,只欠惠民政绩。"[④]

因此,如何理顺行政与立法关系,提高施政效率,进而确实保障社会各阶

---

① 《香港法例》第569章、《行政长官选举条例》第31条规定,胜出的候选人(行政长官)必须声明他不是政党的成员。

② 自20世纪80年代开始,香港各种政治团体纷纷涌现,逐渐出现了不少议政党体、参政党体、压力集团甚至以"政党"自居的政党组织,这些所谓的"政党"的功能角色凭借立法局和市政局、区议会的民选议席增加而显得日益重要。回归后不少政治性组织或团体通过竞选进入立法机关,分享政治权力,而且议员具有政治性组织或团体背景或身份者越来越多,独立人士的议员越来越少。见邹平学:《香港管治体制探析——以高度自治权为视角》,载《公法评论》第5卷。

③ 邹平学:《香港管治体制探析——以高度自治权为角度》,载《公法评论》第5卷。

④ 转引自"一国两制"研究课题组:《构想、现实与充实:论进一步落实"一国两制"的要义》,载《港澳研究》2005年11月创刊号。

层利益是香港政制发展中亟待解决的一个关键问题。

三、“普选”目标下行政主导体制应对思考

行政主导已是当代政制发展态势，尤其是面临目前全球的金融危机，各国首脑峰会的频密举行，无一不体现行政在处理瞬息万变的事务及应对危机中的积极性、主动性和有效性。因此，要强化行政主导，提高施政效率，就必须进一步发展“共识政治”①，理顺行政与立法关系。笔者以为，在贯彻“一国两制”方针下，可考虑以下方面：

一是对“普选”价值的重新审视。“普及和平等”是世人普遍认可的选举的基本价值，但达成这一价值的方式、路径，世界各国皆因各自历史、国情、文化等因素而各不相同。有直选，也有间接选举，抑或两种方式混合。普选并不必然等同直选。每个民族都可依各自的民情发展出适合本民族的选举制度。香港也可依本地情形发展出自己的选举制度。基本法规定的“双普选”并不必然是全部的直选。基于此，行政长官或可采取间接选举方式，如依然由选举委员会选举产生，但扩大选举委员会规模，以增加行政长官的“认受性”；或对立法会架构适当调整，如参考实行两院制模式；或实行单院制，但扩大立法会议席，保留功能组别议席。分区直选议席和功能组别议席依然各半，但功能组别议席向各功能组别中下层人士适当开放，扩大功能组别议席的民意基础，淡化功能组别只为特定阶层设立的负面形象；或每个选民投两票，一票给分区直选，一票给功能组别。②

二是对政治生态和政党政治的重新认识。民主政治的核心表现就是政党政治。香港政党自 20 世纪 80 年代始发展至今，已逐渐成形，粗具规模，形成

---

① “共识政治”通常是指具有不同意识形态色彩的各类政党在制定和实施政策方面的“趋同现象”。这种现象在西方两党制国家表现突出。香港特区行政长官曾荫权先生在《2005 至 06 年施政报告》中提出，求同存异，建立共识，使香港政制可以向前发展。在《2008 至 09 年施政报告》中，曾荫权再次表示，政府面临新的挑战，要建立更广泛的社会共识，形成包容共济的政治环境。资料来源：http://www.gov.hk。

② 张定淮主编：《面向二〇〇七年的香港政治发展》，大公报出版有限公司 2007 年版，第 58 页。

了以民建联、自由党、民主党为核心的三大政党团体。香港也从商业社会发展为政治社会，市民也由“经济人”转变为“政治人”。面对这一现实，一方面政府应以积极的姿态面对，不能采取简单的抑制手段，而应因势利导，积极引导、规范政党发展，促成政党文化的成熟，并且吸收一些政党人士参与政府施政，提高政府对政党的“认受性”。如政府对三司十一局的重组就获得了民建联、自由党、民主党三大政党的支持。另一方面，香港各政党或团体也应认同香港是一国之中的地方行政区域的法律地位，不能突破“一国”的底线，其政党政治应以“一国”为依归。在这个根基上，各政党求同存异，逐步形成民主共识，进而维持香港稳定与繁荣，保障社会各阶层利益。

三是对政府管治能力的提升。提高政府的决策水准、管治效能，是增强政府社会认受性的重要方面，也是提高政府管治威信、强化行政主导的重要条件。特区政府一直致力于政府管治能力的提高，打造强势政府。从董建华“政治委任制”的推行，到曾荫权“政治委任制”的扩大，以及各种咨询组织，这些举措既架构管治的民意基础，也吸纳了社会精英，为有意参政的政党和政党人士提供了出路，同时也培养了政治人才。尤其是“政治委任制”的扩大，虽然饱受争议，但从中可以看出，特区政府的政治团队已日渐完备，初步形成了以行政长官为核心的“部长制”。这不仅能令政府的施政能力提高，也扩大了政府与立法沟通的渠道，有利于行政、立法关系的加强。① 同时亦是为 2017 年普选行政长官而铺路，以便行政长官——尤其是日后经普选产生的行政长官——有充足的空间提名及委任一个包括主要官员及其副手的班子，建构一个稳健、高效政府。②

应该说，政府不是万能的，但“一个小而强的高效能政府，面对充满风险挑战的外界环境，在关键的环节决策果断，做到透明而有效的支援”，③是民众的期望。在“普选”目标下，香港行政主导体制得以有效运行的政治环境发生了巨大变化，市民政治意识高涨。特区政府只有让决策过程更加透明，建立更广泛的社会共识，使各方人士都能参与香港的治理，共担权责，形成包容共济的政治环境，才能在更高层次上真正地实现“港人治港”，提高行政主导型政制的

① 马楠：《港府政治委任制——为普选铺路》，载《凤凰周刊》2008 年 7 月 28 日。

② 马楠：《港府政治委任制——为普选铺路》，载《凤凰周刊》2008 年 7 月 28 日。

③ 曾荫权：《2006 至 07 年施政报告.》，http://www.gov.hk。

质量。

随着2008年新一届立法会产生，立法会议席的重新分配，[①]及已更新的行政会议，特区政府与新一届立法会创建新的和谐局面的可能系数加大。行政长官曾荫权在《2008年至09年施政报告》中也表达了同样的信心与期望，期待行政机关与新一届立法会能够创建更加和谐的关系，共同面对未来各项挑战。[②]

① 在这届立法会中，以爱国爱港力量为主的“建制派”取得至少31席。其中，属于“建制派”阵营中的连同以工联会名义参选的民建联共取13席，成为新一届立法会中的最大党。泛民主派赢得了23席，保住了在立法会中的否决权，但比上届少了3席，其与政府的“议价”能力有所下降，且其在选民中的支持率已从60%降至50%。标榜商界参政的自由党在分区直选中落败，而主打草根基层利益，提倡增加福利保障的泛民主派社民连(社会民主连线)，却以高票获得3席。参见《香港立法会选举结果揭晓》，载《参考消息》2008年9月9日第8版。

② 在《2008至09年施政报告》中，曾荫权表示要推动行政与立法之间多层次及全方位的沟通，由行政长官到司局级官员、副局长及政治助理不同层次，与议员沟通对话，尽早吸纳议员对施政的建议，实现行政与立法间的忠诚合作。资料来源：http://www.gov.hk。事实上，新一届立法会运行近一年来，在共同应对金融危机及甲型H1N1流感中，政府反应积极，与立法会没有出现太大争拗；就近日反对党派就普选行政长官和立法会所提出的选举方案，特区政府也是积极回应，并指出在第四季度特区政府就2012年行政长官和立法会产生办法会咨询公众和立法会的意见，欢迎社会各界和不同党派提出意见。这些均表明特区立法与行政的关系正朝良性的方向发展。参见《特区政府官员回应有关普选模式的建议》，中国新闻网，下载日期：2009年9月7日。

澳门特区政治体制实践问题之探析

蒋朝阳*

行政与立法关系是特区政治体制实践的主要内容。澳门基本法中有关行政与立法关系的规定有三个层次，第一个层次是两者相互制约，第二个层次是两者相互配合，第三个层次是行政主导。其中，行政主导是核心，配合是重点，制约是基础。

一、基本法中行政与立法关系之规定一

按照澳门基本法第 2 条的规定，全国人大授权澳门特区依照基本法的规定实行高度自治，享有行政管理权、立法权、独立的司法权和终审权。其中，行政管理权由行政长官及其领导的特区政府行使，立法权由立法会行使，独立的司法权由特区司法机关行使，终审权由特区终审法院行使。行政长官与立法会均分别适用不同的产生办法。在行政与立法的关系上，澳门基本法首先确立了行政与立法相互制约的关系，既包括立法对行政的制约，同时也包括行政对立法的制约。不能只强调立法对行政的制约，也不能片面追求行政对立法的制约，必须看到两个方面之间的互相制约。

在基本法中，立法对行政的制约体现在：一是关于澳门特区立法机关的性质和地位的规定，确立了特区法律体系统一、依法行政的原则。例如，基本法第 11 条规定，澳门特别行政区的任何法律、法令、行政法规和其他规范性文件均不得同基本法相抵触。这一条文确立了澳门特区法律体系统一原则。但是，法律、法令、行政法规和其他规范性文件的效力等级如何看待，尤其是法律

* 澳门大学法学院助理教授，法学博士。

与行政法规的位阶，需要结合基本法的其他条文来进行分析。基本法第17条规定“澳门特别行政区享有立法权”，澳门特区立法机关制定法律，第67条更明确规定：“澳门特别行政区立法会是澳门特别行政区的立法机关”，第71条第1项规定立法会享有“依照本法规定和法定程序制定、修改、暂停实施和废除法律”的职权。按照基本法第65条关于澳门特区政府“必须遵守法律”、“执行立法会通过并已生效的法律”的规定，基本法第50条第5项规定行政长官制定的行政法规，是政府守法、“执行立法会通过并已生效的法律”、行使行政管理权的一种形式，自然不得与立法会制定并通过的法律相抵触，其效力等级当然要低于法律。二是关于澳门特区立法会职权的规定，体现了立法对行政的制约。澳门基本法第71条规定了澳门特区立法会八个方面的职权，除立法权外，还有对行政的广泛的监督权，包括财政监督权、对政府施政方针的监督、公共利益问题的辩论、对行政长官的弹劾权以及立法会的听证权；基本法第54条还赋予立法会有使行政长官辞职的权力。此外，基本法第51条赋予了立法会对行政长官发回重议的法案以不少于全体议员2/3多数再次通过的权力，行政长官要么必须在30日内签署公布，要么必须解散立法会；第52条赋予了立法会拒绝通过政府提出的财政预算案或行政长官认为关系到澳门特别行政区整体利益的法案的权力。另外，第77条第2款规定的“立法会议事规则由立法会自行制定”也体现了立法机关的活动独立于行政的特点。三是行政机关对立法会负责。基本法第65条规定：“澳门特别行政区政府必须遵守法律，对澳门特别行政区立法会负责：执行立法会通过并已生效的法律；定期向立法会作施政报告；答复立法会议员的质询。”其中，施政报告在基本法第71条中具体规定为“听取行政长官的施政报告并进行辩论”，质询在第76条也具体规定为立法会议员依照法定程序对政府的工作提出质询的权力。四是对议员权力的规定，也体现了立法对行政的制约。如第75条规定议员的议案提出权、第76条规定的质询权等。由于立法会主席也是议员，只不过是经过议员互选产生，所以，基本法关于立法会主席的职权的特别规定也在某种程度上体现了立法对行政的制约。例如，第74条第4项规定的“在休会期间可召开特别会议”的权力、第5项规定的“召开紧急会议”的权力，这些体现了立法机关的运作相对独立、不受行政干预的特点。

与此同时，基本法确立了行政对立法的制约。在行政长官和特区政府职权方面的某些规定，体现了行政对立法的制约。针对立法会立法权的行使，基本法赋予行政长官法案签署权、公布权，例如基本法第50条第3项规定，行政长官签署立法会通过的法案，公布法律；签署立法会通过的财政预算案。第78条规定“立法会通过的法案，须经行政长官签署、公布，方能生效”，同时，第51条规定行政长官有将立法会通过的法案发回重议的权力，第52条第1项规定行政长官有拒绝签署立法会再次通过的法案的权力。针对立法会立法权和监督权的行使，基本法第52条赋予行政长官解散立法会的权力，第50条第15项规定根据国家和澳门特别行政区的安全或重大公共利益的需要，行政长官决定政府官员或其他负责政府公务的人员是否向立法会或其所属的委员会作证和提供证据。就法案、议案的提出，基本法第64条第4项规定特区政府编制并提出财政预算、决算；第5项规定特区政府提出法案、议案。第75条规定了政府专属议案的范围，即“涉及公共收支、政治体制或政府运作”的议案，由特区政府提出，对议员提出的凡涉及政府政策的议案，在提出前必须得到行政长官的书面同意。第50条第14项规定行政长官批准向立法会提出有关财政收入或支出的动议。第74条第2项规定，应行政长官的要求立法会要将政府提出的议案优先列入议程。就议员的产生和组成，除直接选举和间接选举的议员外，基本法第50条第5项规定行政长官有权委任部分立法会议员。此外，第74条第5项规定，立法会应行政长官的要求召开紧急会议。另外，第144条行政长官对基本法修改议案同意的规定，附件一、附件二行政长官对行政长官、立法会产生办法修改同意的规定等，也体现了行政对立法的制约。

从上述基本法的规定来看，行政与立法的制约是双向的：既有立法对行政的制约，也有行政对立法的制约；同时，行政与立法的制约也是相互的：有行政对立法的主导，也有立法对行政的制约；此外，行政与立法的相互制约也大体是平衡的：就行政管理权①与立法权的关系来看，行政服从立法，行政管理权有多大，立法的制约和监督的范围也就有多大。

二、基本法中行政与立法关系之规定二

除行政与立法互相制约外，基本法还构建了行政与立法互相配合且重在

① 行政管理权与行政权的范围不同，前者范围要小于行政权。

配合的机制。从政府施政来看,行政长官事先通过行政会协调行政与立法的关系,同时,在立法会审议,通过议案、法案的机制上,着重行政与立法的配合。例如,基本法规定政府议案优先列入议程,基本法规定的议案、法案通过程序也保证了政府施政容易得到立法会的配合。按照基本法第 77 条、第 144 条和附件一、附件二的规定,立法会举行会议的法定人数为不少于全体议员的1/2,立法会的法案、议案由全体议员过半数通过,基本法修改议案、行政长官和立法会产生办法要经全体议员 2/3 多数通过。第三、四届立法会直接选举的议员 12 人、间接选举的议员 10 人、行政长官委任的议员 7 人,按政府提出的法案、议案过半数通过,需要 15 名议员赞成,否决至少需要 15 个议席;如按 2/3 多数通过,需要 20 名议员赞成,否决至少需要 10 个议席。而在澳门立法会中,功能界议席分配一直是传统爱国社团和工商界占优势,政府施政容易得到立法会的配合。从基本法规定的行政与立法的配合来看,既有立法对行政的配合,例如在审议和通过政府提出的议案、法案方面的配合,以及应行政长官的要求召开紧急会议配合政府施政,也有行政对立法的配合,例如行政长官通过行政会事先协调行政与立法的关系的机制。此外,基本法第 52 条第 2 项规定的实质,是要求行政长官就财政预算案和关系特区整体利益的法案的通过,与立法会协商取得一致意见,也表明了行政与立法的互相配合。

制约不是目的,配合才是重点。行政与立法为什么需要配合且重在配合呢? 一方面,这是澳门基本法规定的政治体制的必然要求。基本法规定的政治体制不是三权分立制,不是只讲行政与立法的制约,否则会使行政与立法之间陷于僵局或者无休止的争论之中。所以在澳门特区的政治体制中,制约与配合是不可缺少的。这是澳门特区政治体制不同于三权分立制的重要区别。此外,基本法规定的政治体制也不是内阁制,行政长官不是由立法机关产生的,基本法规定行政要对立法负责,不意味着行政长官与立法会之间是上下级关系、谁领导谁的关系,而是两者要互相配合,使工作协调,有利于澳门特别行政区的工作和稳定。另一方面,充分考虑澳门特别行政区高度自治的实际情况,保证特区的政治体制能够正常运作。澳门特别行政区享有高度的自治权,对属于特区自治范围的事务,中央政府不会干预。如果行政与立法之间不能很好地配合,对于某些事务的处理,长时间争论不止,形成僵局,会严重影响特区政治体制的运作。而这些事务既然属于特区自治范围,应由特区解决,中央不能下达命令解决,这就需要设计一项制度加强行政与立法之间的联系与配合，使二者之间能经常沟通情况、交换意见、消除分歧、达到一致，使特区的政治体制能够正常运作。

三、基本法中行政与立法关系之规定三

从基本法规定来看，行政与立法相互制约、相互配合的目的在于维护行政主导的政治体制的顺利运行，促使政府依法施政，维护特区的整体利益。

行政主导是基本法的立法原意，体现为行政长官主导，而不是行政部门主导。2007 年 6 月 6 日在纪念中华人民共和国香港特别行政区基本法实施十周年座谈会上，全国人大常委会委员长吴邦国在《深入实施香港特别行政区基本法，把“一国两制”伟大实践推向前进》的讲话中对行政主导作了精辟的阐述。他说：“香港特别行政区政治体制的最大特点是行政主导。在基本法起草过程中，有人提出香港特别行政区政治体制要搞‘三权分立’。1987 年 4 月，邓小平同志会见基本法起草委员会委员时明确指出：‘香港的制度也不能完全西化，不能照搬西方的一套。香港现在就不是实行英国的制度、美国的制度，这样也过了一个半世纪了。现在如果完全照搬，比如搞‘三权分立’，搞英美的议会制度，并以此来判断是否民主，恐怕不适宜。’根据邓小平同志这一重要思想，基本法从香港特别行政区的法律地位和实际情况出发，确立了以行政为主导的政治体制，其中最重要的就是行政长官在特别行政区政权机构的设置和运作中处于主导地位。”①2004 年 12 月 19 日，全国人大常委会副秘书长乔晓阳在出席澳门特别行政区基本法推广协会举办的“‘一国两制’——澳门特区成功发展的保障”专题座谈会上发表讲话时指出，澳门特别行政区的政治体制，是一种既不同于内地的人民代表大会制度，又不同于原来的总督制，也不是西方的三权分立，而是一种参照了香港基本法又有澳门自身特点的行政主导型体制。所谓行政主导，实质就是行政长官主导。② 从吴邦国委员长的讲

---

① 吴邦国：《深入实施香港特别行政区基本法，把“一国两制”伟大实践推向前进》，人民网，下载日期：2007 年 6 月 7 日。

② 《乔晓阳谈澳门特区政治体制三特点及与香港的异同》，http://www.fmcoprc.gov.hk/chn/yglz/zyjh/t175445.htm，下载日期：2004 年 12 月 19 日。

话和乔晓阳副秘书长的论述来看，所谓行政主导，即在基本法所规范的特别行政区立法、行政、司法机关三者关系的政治体制中，不是立法主导，也不是司法主导，而是以行政为主导，其中最重要的就是行政长官在特别行政区政权机构的设置和运作中处于主导地位。按照肖蔚云教授的说法，它是指在特别行政区的政治体制中，行政长官的法律地位要高，行政长官的职权广泛而且要大，在政治体制中有较大的决策权，行政长官在特别行政区的政治生活中起主要作用。① 概而言之，行政长官是特别行政区的首长，其地位高于行政机关、立法机关和司法机关，负责执行基本法，对中央负责；行政长官又是特别行政区行政机关的首长，统领行政系统的运行，对特别行政区负责。因此，行政主导，其实质就是行政长官主导。当然，行政主导不仅仅体现为基本法规定的权力，而且也意味着行政长官对中央以及特别行政区的责任重大。

行政主导保持了原有政治体制的某些优点，符合一国两制，体现高度自治，有利于特区的繁荣稳定，同时也是适应中央对特区有效行使权力的本质需要。国务院港澳办副主任陈佐洱于 2004 年 3 月 12 日在北京举行的基本法座谈会上曾指出："特区政治体制必须以行政为主导，除了这种制度是经实践证明行之有效外，最重要的是，只有行政主导的政治体制，才能做到基本法规定的行政长官对中央负责。无论是立法主导还是三权分立的制度，都无法做到这一点。"这是因为，基本法关于中央对特区行政长官与主要官员的实质任命权，特区行政长官对中央人民政府负责、执行中央政府就有关事务发出的指令等规定内容只有在行政主导体制下才有实现的可能。② 正是因为如此，基本法将有关特区整体利益的判断权赋予行政长官。如第 51 条、第 52 条第 2 项、第 54 条第 3 项、第 118 条中均有"整体利益"的提法，有"行政长官认为"的规定。

在行政与立法相互制约、相互配合的关系中，行政长官起主导作用。同时，行政主导也建立在行政与立法相互制约、相互配合的基础之上。行政主导，同时行政机关对立法机关负责，这就表明立法对行政的制约与行政主导并

① 肖蔚云：《略论实施澳门特别行政区基本法的主要经验》，载《依法治澳与特区发展》，澳门特别行政区法务局、澳门基本法推广协会等 2004 年 5 月出版，第 18 页；肖蔚云：《论香港基本法》，北京大学出版社 2003 年版，第 829 页。

② 邹平学：《香港特区管治体制及其管治效能的若干思考》，载《港澳研究》2007 年夏季号，第 115 页。

不矛盾。在起草《澳门基本法》的过程中，当时有的意见认为行政长官不能享有太大的权力。对此，基本法起草委员会政治体制专题小组曾经讨论过一个原则性意见，即行政长官要有实权，但又要受到监督和制约，没有任何制约和监督的权力，不利于或将损害特区的工作和经济发展。① 为此，澳门基本法规定了行政与立法相互制约的条款，从制度上架构了立法对行政的制约和监督机制，以保障行政主导的顺利实施。十年来的实践表明，迫切需要完善立法对行政的制约，加强立法对行政的监督。但与此同时，要防止一种倾向，不能滑向"立法主导"。制约不是为制约而制约，而是为了配合政府依法施政，维护特区的整体利益。从这个意义上讲，制约也是一种配合。应该看到，基本法中有关质询、就公共利益的辩论的规定，其目的主要是对政府在执行立法会通过的法律、执行政府施政方针政策过程中的行为进行监督，及时纠正偏差，以保证法律和方针政策的正确执行。因此，质询不是问责，听证不是政治调查，不是提出"不信任"，更不是"倒阁"；监督不是削弱行政长官和特区政府的威信，更不是干预和抵制政府依法施政。当然，质询虽然不是直接追究责任，但质询会对质询对象引发政治层面的效果，随着公民社会的日益成熟，质询的频率会越来越高，范围会越来越广，影响也会越来越强。这样才能督促政府加强自身的监管和监督，严格履行基本法规定的对立法会负责的职责，改进对议员质询、辩论的答复工作，杜绝拖延推诿、避重就轻等不良作风。

四、十年来行政与立法相互制约、相互配合的实践符合基本法的规定

十年来，澳门特区行政与立法相互制约的实践总的来看是严格遵循基本法的上述框架设置的。特区立法会的立法权得到行政的支持，立法会通过的法律及时由行政长官签署和公布，并得到政府的遵守和执行，议员的提案权得到了政府的尊重，立法会的监督权得到了行政积极的应对。例如，尽管基本法对议员的立法提案权规定了限制，但十年来，由立法会议员提出的10多个法案，涉及未成年人保护、打击传销、个人数据保护、遏止对游客的欺诈等若干重

① 肖蔚云：《论澳门基本法》，北京大学出版社2003年版，第78页。

大问题，大多数均获得通过，成为特区法律体系的重要组成部分。填补了特区现行法律体系中的空白，改进了特区现行法律体系中的不足或滞后，在不同程度上响应了社会的诉求。① 即使有些事项暂不适宜由议员提出法案，立法会也已将研究的结果转交特区政府跟进，并敦促政府尽快提交相关法案。同时，立法会通过了第13/2009号法律《关于订定内部规范的法律制度》，初步具体解决了法律与行政法规之间的位阶问题，并基本解决了以法律或者行政法规修改原有法律中法令的问题。此外，从履行监督职能的具体情况来看，立法会议员参与监督工作的质量和数量均得到了明显提升。议员参与施政方针或公共问题的辩论，提出口头和书面质询或者是议员议程前发言，②接待公众服务以及处理市民请愿，均体现立法会监督工作的逐步加强，增强了立法机关与政府之间的政治互动与对话，起到了传达和反映民意、促进政府行为公开与透明的作用。③ 此外，政府的权力也得到了立法会的尊重和配合。例如，十年来，立法会通过的法律有141部，其中大部分属于政府提出的法案。对政府在短期内提交大量的法案，或者在立法会期结束前的一段时间提交的法案，或者在法律必须出台前的很短时间内匆忙提交的法案，虽然对立法会的工作安排和承受能力产生了影响，但立法会仍在超负荷运转的状态下完成了审议。

十年来，行政与立法的相互配合总的来看是顺畅的。无论是对于政府法案的审议工作，还是对政府施政方针以及重大政策的制定与完善，对政府财政预算案的审议通过，对政府的日常工作进行监督等方面，立法会均全力配合政府施政。④ 在立法方面，立法会审议通过了回归初期特区一系列必备法律，对政府在非常时期所提出的紧急法案，诸如非典时期的税务优惠及豁免措施、现金分享计划等均优先列入议程，而对于政府所提出的非紧急性法案，立法会也

---

① 曹其真：《立法会主席十年工作情况的总结报告》，第6～7页。澳门特区立法会网站：http://www.al.gov.mo/download/Balanco-c.pdf。

② 截至2009年上半年，第一立法届第一立法会期至第三立法届第三立法会期，议员所提质询分别为38、89、171、130、143、140、286、340、363个，议员议程前发言分别为76、78、127、133、161、143、227、202、239次。转引自刘德学：《论行政主导体制下立法会的监督制约职能》，载《"一国两制"研究》，澳门理工学院一国两制研究中心编，第82页。

③ 曹其真：《立法会主席十年工作情况的总结报告》，澳门特区立法会网站：http://www.al.gov.mo/download/Balanco-c.pdf

④ 曹其真：《立法会主席十年工作情况的总结报告》，澳门特区立法会网站：http://www.al.gov.mo/download/Balanco-c.pdf，第12页。

会在保障质量的前提下及时通过。① 特别是为履行基本法第23条赋予特区的宪制责任,在澳门社会各界的赞同和支持下,通过行政与立法的相互配合,澳门特区顺利完成了《维护国家安全法》制定工作。从2008年10月22日至11月30日,特区政府就"国安法草案"向社会进行公开咨询,行政长官亲率相关施政领域的司长先后出席了6场介绍及咨询会,举办了19场座谈会、讲解会和咨询会,深入地向社会各界解释"国安法草案"条文、回答疑问,听取社会各界的意见和建议,共派发咨询文本12036份,公众从网上下载的咨询文本共1970份,专题网页的点击率为6594次。政府在报纸、电视、电台刊登和播出广告583次,在电台和电视台播出5个专题节目,收到的意见共784份。② 根据咨询意见,特区政府对草案作了修订,并于2008年12月19日提交立法会在全体会议上作引介,2009年1月5日获得立法会全体会议一般性通过;之后,立法会第二常设委员会作细则性审议,共举行了9次会议,并于2009年2月17日提交了意见书,认为法案具备提交立法会全体会议细则性审议和表决的要件,2009年2月25日立法会全体会议通过细则性讨论和表决,③顺利完成了《维护国家安全法》的制定。此外,十年来立法会在审议政府提出的议案和法案的过程中所提出的合理意见和建议,经过立法与行政的反复沟通、协调,也基本上得到了政府的采纳。这也体现了一种配合。

五、未来行政与立法关系实践之发展

十年来行政与立法相互制约的实践对基本法的实践提出了新的思考,其中,主要的问题是立法对公共财政的监督问题、立法对土地及公共工程批给的

① 曹其真:《立法会主席十年工作情况的总结报告》,第6~7页。澳门特区立法会网站:http://www.al.gov.mo/download/Balanco-c.pdf,第12页。

② 澳门特区政府:《〈维护国家安全法〉(草案)咨询总结报告》,http://www.safp.gov.mo/download/basiclaw23/summary/RelatorioFinal-16Dez08Tc.pdf,下载日期:2008年12月。

③ 参看第二常设委员会(澳门特区第三届立法会):《第1/Ⅲ/2009号意见书》,立法会网站:http://www.al.gov.mo/lei/leis/2009/02—2009/cn.htm,下载日期:2009年2月17日。

监督问题以及议员的立法提案权、议员质询的效力问题。[①] 上述问题，涉及基本法构建的行政与立法互相制约的机制在实际运作中的平衡问题，也涉及特区法律与基本法有关规定实施的配套问题。在行政与立法相互制约的实际运作中，既要有行政对立法的主导，又必须强调立法对行政的制约；同时，任何一方对另一方的制约又必须在基本法赋予的职责权限范围内进行，不得逾越基本法规定的职责权限。例如，关于立法对公共财政的监督问题，基本法第 71 条第 2 项规定，立法会审核、通过政府提出的财政预算案；审议政府提出的预算执行情况报告；第 3 项规定，立法会根据政府提案决定税收，批准由政府承担的债务。如果立法会未通过政府提出的财政预算案，行政长官可按上一财政年度的开支标准批准临时短期拨款。[②] 第 50 条第 14 项规定，行政长官"批准向立法会提出有关财政收入或支出的动议"。从基本法的上述规定可以看出，政府的预算、税收、借贷均须经立法会批准才能执行。这里明确了两个问题：一是对政府提出的财政预算案，立法会进行审核，有权通过，也有权拒绝通过；二是对政府提出的预算执行情况报告，立法会有权进行审议，但无须立法会通过。基本法中所写的"财政预算案"指的是什么？从当时的立法原意来看，是针对原澳门组织章程第 30 条规定的情况所做的改变，扩大了特区立法会财政监督权。原澳门立法会只是"核准行政当局按照总督为着翌年而作的建议"、"订定编制与执行预算应遵守的原则和标准"，然后政府在此基础上编制总预算，而不再需立法会批准。而基本法规定立法会通过的不是制定财政预算的原则和标准，而是具体地通过[③]一个预算，这就改变了原澳门政府的财政预算实际上不经立法会审核批准的做法。至于预算案通过后，政府在执行过程中能否修正，如何修正，是否再需要提交立法会审核、通过，基本法没有规定。这就需要特区完善配套法律来解决。

十年来行政与立法互相配合的实践对基本法的实践也提出了新的考量。例如，如何发挥行政会协调行政与立法关系机制的功能，如何在基本法的框架下建立与完善行政与立法相互配合的工作沟通机制，也是需要研究和探讨的

---

① 曹其真：《立法会主席十年工作情况的总结报告》，澳门特区立法会网站：http://www.al.gov.mo/download/Balanco-c.pdf。

② 《澳门基本法》第 53 条。

③ 肖蔚云：《一国两制与澳门特别行政区基本法》，北京大学出版社 1993 年版，第 212 页。

问题。行政会是基本法设置的协调行政与立法关系、加强行政与立法配合的重要机制。基本法第 56 条规定，行政会是协助行政长官决策的机构。第 58 条规定，行政会由行政长官主持。行政会的会议每月至少举行一次。第 57 条规定，行政会的委员由行政长官从政府主要官员、立法会议员和社会人士中委任，其任免由行政长官决定。行政会委员的任期与委任他的行政长官的任期相同。这就使行政长官在决定问题时，既能听到来自行政机关和立法会之间相同的意见，也能听到来自它们之间不同的意见，这便于行政与立法之间互相沟通情况，便于行政长官对不同意见进行磋商和协调，使行政与立法之间达到相互配合的目的。同时，基本法第 58 条规定，行政长官在作出重要决策、向立法会提交法案、制定行政法规和解散立法会前，征询行政会的意见，但人事任免、纪律制裁和紧急情况下采取的措施除外。行政长官如不采纳行政会多数委员的意见，应将具体理由记录在案。基本法的规定表明，特别行政区重大的决策和事务，都要先经过行政与立法的协调，以达到相互配合。此外，行政会中还有社会人士。他们既非政府官员，又非立法会议员，不但使行政长官在决定问题时能听到社会人士的意见，而且社会人士可以协调行政与立法之间的分歧意见，促进行政与立法之间的相互配合。有种观点认为，由于行政会委员对行政会讨论的内容负有保密义务，身兼行政会委员的立法会议员无法起到行政与立法的沟通作用。① 从实际情况来看，议员兼任行政会委员的情况大致是：第一届立法会（1999—2001）中有 3 名议员兼行政会委员，第二届立法会（2001—2005）中有 4 名，第三届立法会（2005—2009）中有 3 名。在第四届立法会（2009—2013）中，目前第三届行政会委员尚未委任，故仍为第二届行政会，因贺一诚辞去第二届行政会委员，尚有 3 名议员兼任第二届行政会委员。上述情况分别占第一届立法会全部议员（27 名）数量的 11%、第二届立法会全部议员（27 名）的约 15%、第三届立法会议员（29 名）的 10%。历届立法会中，身兼行政会委员的议员数量维持在 3～4 名，这与第三届立法会过半数通过需要 10 名议员、2/3 多数通过需要 20 名议员相比，身兼行政会委员的议员在立法会中不可能形成多数力量，而政府法案能在立法会上容易获得通过，是立法会中爱国爱澳和传统工商界议员占绝大多数支持政府施政的结果。因此，不

① 曹其真：《立法会主席十年工作情况的总结报告》，澳门特区立法会网站：http://www.al.gov.mo/download/Balanco-c.pdf。

宜轻易改变基本法规定的架构。当然，如何进一步发挥身兼行政会委员的议员的职能和作用，以及如何完善行政会的机制作用，可以在今后的实践中逐步研究和探讨。至于行政与立法之间的工作沟通协调机制，例如在双语立法①、法律改革和法制建设的规划、立法工作的具体安排、重大政策的制定与执行等方面，行政与立法之间事先进行解释、沟通、通报，也是十分必要的。

应该看到，立法会行使立法权，完善特区法律，是促使政府依法行政的重要法律基础，也是在根本上立法对行政制约的一种体现。有种观点认为，立法会只是消极被动地等待政府提出相关的法案，处于"等米下锅"的状态，为此，提出要对基本法规定的议员立法提案权的限制作某种程度的突破。在香港曾有人提出，取消香港基本法第 74 条对议员议案提出权的限制。② 这种观点，似乎突破了基本法所构建的行政与立法相互制约的平衡机制，势必削弱行政主导。其实，基本法第 71 条第 1 项规定立法会享有"依照本法规定和法定程序制定、修改、暂停实施和废除法律"的职权，这就意味着特区立法机关在特区法律体系的立、改、废等方面担负重要的职能，需要立法会加强这方面的研究、审议工作。在立法创议提案权方面，尽管基本法第 75 条规定了政府专属议案的范围，但是，基本法也规定了议员有权提出涉及政府政策的议案，只不过基本法规定了一个事先必须得到行政长官书面同意的程序。这就表明，如果议员提出的涉及政府政策的议案属于特区权限范围、有利于特区整体利益和长远利益，并为特区发展所必需，且有实际可行性，是有可能得到行政长官的书面同意的。这也正是行政与立法相互配合的体现。至于议员对立法的修改提案权，基本法没有明确规定，但总的来看，还是要严格遵循基本法第 75 条的规定。

要继续巩固和完善行政主导体制。例如，在香港曾有人认为，由立法会通过对政府或问责官员"不信任"案，政府或相关官员要自动辞职，并依此建立问

---

① 需要说明的是，关于中葡文双语立法文本效力问题，应该按照 1993 年 7 月 2 日全国人大常委会《关于澳门特别行政区基本法葡萄牙文本的决定》的精神来解释。《决定》指出，基本法葡文本为正式葡文本，与中文本同样使用，葡文本中的用语的含义如果与中文本有出入的，以中文本为准。

② 李永达：2006 年 1 月 13 日提交的有关政制发展意见书，见香港特区立法会政制事务委员会行政机关与立法机关关系委员会，香港特区立法会 CB(2)900/06－07(01)号文件附录三，2007 年 1 月。

责制。应该看到，基本法规定的特区政治体制是行政主导，不是司法主导，更不是立法主导；不是原来的总督制，也不是三权分立制，更不是议会内阁制。官员需要问责，但不是由立法机关来问责，其本质上属于行政问责的范围。如果由立法主导问责，不仅干预了行政长官的权力，也影响到中央对特区主要官员的实质任命权，势必削弱行政主导，并可能导致立法主导。

行政主导与澳门民主治理模式

朱孔武*

我国系单一制国家，香港和澳门特别行政区的高度自治是我国宪政体制的重要一环。一方面，两个特别行政区政府在自治权限范围内，各自推动发展各项事业，促成地方政府的良性竞争，逐渐塑造出各具特色的都市新风貌，增加居民的参与活力；另一方面，由于地方高度自治、行政长官和立法会面对选举压力、居民权利意识高涨、政治团体参与程度逐渐提高等因素，促使特区政府必须致力于治理能力的提升，以符合本地对于施政质量不断提高的要求。回归以来，澳门特区政府从机制调整、体制革新、职能理顺、架构重组、文化塑造等方面进行的渐进式的行政改革，认真探索实践"一国两制"的澳门模式，治理能力不断提高，澳门特别行政区的民主治理新模式俨然成型。① 然而，澳门特区政府面临的治理问题经纬万端，无论面对何种层次的治理课题、实行何种治理结构因应，政府体制均扮演重要的角色。澳门特区的政治体制是中央主导设计，以"一国两制"、"澳人治澳"、高度自治的基本方针为基础，以《中华人民共和国澳门特别行政区基本法》(以下简称澳门基本法)为载体。因此，探讨澳门行政主导的政府体制与澳门治理新模式的关系即具有重要的意义。

---

* 广东省人文社科重点研究基地广东商学院法治与经济发展研究所副所长，法学博士，教授。

① 参见杨允中:《"一国两制"在澳门的成功实践》，载《澳门研究》第25期(2004年12月)。

一、地方治理的思考框架与澳门治理革新的议题

（一）地方治理的思考框架

20 世纪 70 年代末以来，出现了全球性的地方政府改革，希望将地方政府加以现代化。这一波革新浪潮肇始于英国、新西兰、澳大利亚、美国、加拿大等西方发达国家，而后逐渐扩散到世界各地。其中较为著名的改革有英国的“下一步行动计划”、以“竞争求质量”和“公民宪章”，美国的“重塑政府”、“国家绩效评估”，以及新西兰和澳大利亚的改革。① 1989 年世界银行的报告乃被公认是最早使用“治理危机”一词，而使“治理”的概念从学术界跨越至实务领域受到广泛讨论，进而成为 90 年代政治学、经济学、社会学和管理学共同拓展的新领域。地方治理社会或公民社会的建构，俨然已成为横跨实务与学术领域的主流议题：一方面它是许多国家行政改革的重要命题，另一方面，传统的以民族国家政府为核心的政体，受到外部全球化与区域整合的浪潮和内部“不可治理”危机的持续冲击，建构超越民族国家主权政府架构的治理机制受到关注。

然而，“治理”在严谨学科定位上仍是一个模糊未明或多元定义的概念。以“新公共管理”或是“新管理主义”为代表，绩效测量、管理，成为地方政府重要的治理课题。它是一种地方的民主控制与组织式社会的民主化，显现了地方居民自我统治和公共参与的结合，使得现代过于分化与多元的社会，经由国家或政府所搭建的政策商议与公共行动网络，重建政府在公共事务上的导航与整合角色；促成各层级政府决策过程的透明，资源的增加，责任、能力的增强，建立各类公共事务的决策、管理及公共行动网络，开启政治、行政及民主深化发展的新思维。这也是民主发展有赖建构一个自由且活泼的公民社会的道理。② 简言之，治理就是期望重新界定政府角色与功能发展方向，通过公民社

---

① 俞可平：《中国公民社会的兴起及其对治理的意义》，载《中国公民社会的兴起与治理的变迁》，社会科学文献出版社 2004 年版。

② Linz, J., & Stepan, A. (1996). *Problem of democratic transition and consolidation: Southern Europe, South America, and post-communist Europe*. Baltimore, MA: The Johns Hopkins University Press, pp. 24～30.

会的运作，实现良好的社会治理。其思考框架包括思考方式和具体操作方法两个层面。

在思考方式层面，所谓地方治理是指在全国性政策与地方性事物的厘定和执行中，其涉及的决策主体已不再仅局限于中央与地方政府两者间单纯的互动关系，还涵盖了来自中央与地方以外的公、私组织和公共团体等互动所形成的一种复杂的网络关系。① 政府和社会的界限日益模糊，政府机关、准政府部门、私部门、公共性团体及社区等，都涉及、影响公共政策的制定和公共服务的提供；地方治理在此部分的操作意涵主要指明确表达其所涵盖的，不同因素间的关系。治理概念强调过程，更强调推动与协调同步，“善治的本质就在于它是政府与公民对公共生活的合作管理，是政治国家与公民社会的一种新颖关系，是两者的最佳状态”②。

在操作方式层面，地方治理的操作意涵主要指作为解决实际问题的标准或工具，甚至成为国际组织期望各国政府实现的重要指标。例如 OECD 将治理视为地方政府达成公共课责及参与民主两大目标的手段。其在 2001 年一份研究各会员国推动“伙伴关系”的研究成果报告中主张③：通过整合不同团体或个人而形成伙伴，成为地方政府发挥良好治理功能，进而成为实现公共课责与参与民主目标的重要途径。而评定地方政府是否符合良好治理的标准主要包括下列三项：(1)各项施政是否制订具体计划，执行方式和资源配置等问题是否主动提供民众参与决定的机会？(2)设定各项施政目标及其优先次序时，民众是否有参与影响的机会？(3)各项运作结果是否能基于“综效”(synergy)观点，考虑各种可能产生效益的途径，并尽量满足不同民间团体的需求？上述 3 项内容原本都是地方政府运作过程中所需要考虑的问题，但是经由治理观点整合后，则转变为一个整体策略途径与行动准则。

---

① Rhodes，R. A. W. (1997). *Understanding governance: Policy networks, governance, reflexivity and accountability*. Buckingham: Open University Press, pp. 7～11.

② 俞可平：《治理与善治》，社会科学文献出版社 2000 年版，第 11 页。

③ OECD(2001)，Local Governance and Partnerships: A Summary of the Findings of the OECD Study on Local Partner-ship, Local Economic and Employment Development (LEED) Program of OECD(http://www.oecd.org).

(二)澳门治理革新的议题

回归十年来,提升特区政府的管治能力与行政改革已成为澳门特区政府的重要议题。在全球化时代,澳门特区的公共行政改革,无论是被动抑或是主动,必然受到了这一波公共行政革新浪潮的影响。自回归以来,澳门特区政府在历年的施政报告中都把公共行政与公共服务改革作为施政的重点之一,采取各种措施,革新政府部门的官僚文化,提升公共服务的质量,提高社会公众的满意度。

从改革的动机来看,当代西方发达国家的政府改革是以财政危机、管理危机和信任危机为内在动机。澳门特区的公共行政改革具有独特的背景,与西方发达国家的政府改革动机存有较大的差异。(1)在经济财政方面,回归之前,澳门经济连续四年实质负增长,而回归之后,在中央政府的大力支持下,澳门经济不仅走出了低谷,而且实现了多年快速增长。在2002年博彩业开放竞争,以及2003年“自由行”(开放内地部分城市居民赴港澳“个人游”)政策实施之后,澳门经济快速发展,本地生产总值增长率从2002年以来均为两位数,政府财政收入大幅增加。2008年澳门本地生产总值(GDP)1718.7亿澳门元,人均本地生产总值为313091澳门元(约39036美元)。按人均GDP计,澳门2008年已超越新加坡、文莱、日本,成为亚洲最富有的地区之一,全球则排名第20位。因此,从回归之后经济财政状况来看,澳门特区政府的公共行政改革并不具有财政方面的压力,而且财政上的逐渐宽裕在一定程度上缓解了改革的迫切性。(2)在信任政府方面,根据香港大学民意研究计划2002年和2003年两次调查结果,澳门民众对特区政府施政报告的满意度分别为54%和50%,对特区政府表现的满意度分别为64%和72%,信任特区政府的比率分别为81%和78%。① 这表明,回归之初,澳门民众对于特区政府的信任度和满意度都比较高。② 由此可见,财政问题和信任问题都不构成特区政府在回

---

① 香港大学民意研究计划:“港澳比较调查显示:澳门市民比香港市民支持政府”,http://hkupop.hku.hk,下载日期:2004年2月4日。

② 此处重点讨论的是回归初期的情况。近两年来,由于经济社会的急剧转型,民生问题凸显,以及“欧文龙案”的影响,澳门民众对特区政府的满意度下降。根据香港大学民意研究计划的调查,2007年初澳门民众对特区政府满意度为53%。参见香港大学民意研究计划:“2007年5月4日新闻公报”,http://hkupop.hku.hk。

归之后立即开展公共行政改革的动机因素。

从实际情况来观察，管理问题和回归效应是澳门回归后公共行政改革的主要动机。澳门的公共行政制度沿袭于20世纪70年代后期至80年代基本形成的行政法律制度，比较落后，权力过分集中于上层官员手中。政府结构存在的问题包括架构过度庞大，分工不尽合理，职能重叠且缺乏统筹协调，影响效率，缺乏有效的监察机制。在回归之前，尤其是澳门进入后过渡期以后，澳葡政府的"夕阳"心态十分明显，官僚主义盛行，对于不少涉及社会民生的问题的处理缺乏主动性，有些问题更采取推诿方式对待，效率低下。由于政权更迭因素，回归之前澳葡政府权威严重流失，公务员纪律松弛。①

澳门的地方治理问题主要包括：(1)地方选举的投票率低。(2)青壮年参选意愿低落。在特区政府的可持续发展策略研究中心主导下，由港澳学者组成澳门居民综合生活素质研究小组在2008年的研究结果显示，澳门市民对社会和政治参与并不积极，偏重于社会福利权利而相对轻视政治权利，偏重守法的义务而相对轻视参与社会服务的义务。(3)家族和社团利益凌驾于公共利益之上的可能性。(4)社团的人脉网络被少数人垄断。(5)政府决策的透明度与课责性仍不足。(6)地方经济发展过度依赖中央。澳门在2004年的经济成长率超过3成，主要是靠博彩业和大陆旅客增加所致，至于未来要加强泛珠三角区域合作及拓展国际市场，澳门也都必须和大陆保持密切关系。

二、澳门行政主导政府体制与地方治理能力的关系

一个社会治理模式的主要内容包括一系列制度安排，其中政制发展最为关键。澳门基本法确定了澳门特区实行以行政为主导的政制体制，既优先考虑了澳门政府体制的稳定高效，又充分兼顾了民主政治在澳门的发展，从而为澳门的繁荣稳定提供了宪制保障。这一政治体制不是想当然设计出来的，它不仅需要考虑如何落实"澳人治澳"的问题，还要考虑在特别行政区以何种体制运作才能贯彻落实"一国两制"和基本法，保证中央政府能够有效行使主权。

① 可参见《快要忍无可忍了》，载《华侨报》2002年2月8日。该文描述了回归前澳葡政府某部门的纪律松弛情况。

（一）行政主导：澳门地方治理良好运行的保障

澳门特别行政区，虽然不可否认，实行的是延续葡萄牙殖民地时期的资本主义制度，行政主导体制也正是吸取了葡澳政府的成功管制经验，然而，澳门特别行政区的政治体制并非由“民主”的一般法理和原则推论而来，而是中国政府根据“一国两制”、“澳人治澳”、高度自治原则量身定做的，因此凡涉及澳门政治体制的任何事项，皆没有直接引用“民主政治”的一般原理或者香港政制的余地，必须以澳门基本法的法理和解释为准据。澳门基本法于 1993 年 3 月 31 日由第八届全国人大第一次会议通过，并于 1999 年 12 月 20 日生效，从中央和澳门特别行政区的关系、居民的基本权利和义务、政治体制、经济文化和社会事务、对外事务等方面对回归后的澳门社会进行了整体设计，确立了澳门法治的基本框架，构成了澳门民主政治发展的依据和标准。

根据澳门基本法的规定，澳门特区政治体制的一项基本原则就是行政主导。所谓行政主导，就是在政治体制中的行政、立法、司法三机构的关系上，既做到互相独立，互相制约，互相配合，又要保障行政权主导政治体制的运作。行政主导的主要特点是以行政长官为核心。基本法第 45 条规定：“行政长官是特别行政区的首长，代表特别行政区，对中央人民政府和澳门特别行政区负责。”基本法第 62 条规定：“行政长官是特别行政区政府的首长。”所以，行政长官的地位决定了他既是特区的最高代表，又掌握实际的权力，包括行政管理权，能够在政治体制中发挥主导和支配的作用。特别行政区成立以来的实践证明，以行政长官为核心的行政主导保障了澳门的稳定和发展。这一政治体制不是想当然设计出来的，它不仅需要考虑如何落实“澳人治澳”的问题，还要考虑在特别行政区以何种体制运作才能贯彻落实“一国两制”和基本法，保证中央政府能够有效行使主权。而且，不仅要符合澳门特区是直辖于中央政府的一个地方行政区域之法律地位，还要维持澳门政治体制有效运作的成分。

澳门基本法确定了澳门特区实行以行政为主导的政治体制，既优先考虑了澳门政府体制的稳定高效，又充分兼顾了民主政治在澳门的发展，从而为澳门的繁荣稳定提供了宪制性保障。基本法设计的“行政主导”不同于葡澳时期。它尊重澳门的历史，吸收了澳门原有制度中的一些有效方面，增加了民主政治的要素，与葡澳总督制下的“行政主导”制度有本质区别。具体区别如下：（1）以行政长官制取代殖民地时期的总督制，延续稳定高效的治理能力。但是,行政长官已经不是澳门回归前的总督,行政长官的法律地位已经发生了根本性的变化。总督是葡萄牙在澳门进行殖民统治的代表,总督由葡萄牙总统委派,直接对总统负责。而行政长官不是中央人民政府派驻在澳门特别行政区的代表,行政长官在澳门不能代表中央人民政府。行政长官在澳门当地通过选举或协商产生,由中央人民政府任命。行政长官是"澳人治澳"最具体的体现。(2)充分尊重澳门居民的民主权利。(3)增加了行政与立法之间互相配合、互相制衡的要素。葡萄牙对澳门的殖民统治是通过总督进行的。因此,这就需要总督的权力越多越好,所以,总督在葡澳殖民政治体制中占据绝对地位,总督不仅掌握行政权,而且还行使立法权。总督有权制定与立法会法律具有同等效力的法令,而且在经立法会许可或当解散立法会时,更享有全部立法权。总督独揽行政大权,采取高度集权的方式领导整个行政部门,在当时,虽然有几名政务司协助总督推行公共政策,管理行政事务,但是,这些政务司的职权范围及权限大小皆由总督决定。正是因为行政长官的地位发生了根本性变化,所以,澳门基本法取消了行政长官有权制定法令的权力,行政长官不再行使立法权,而代之以制定行政法规,行政法规的效力低于立法会通过的法律。

(二)澳门治理革新的内容和存在的问题

如前所述,管理问题和回归效应是澳门回归后公共行政改革的主要动机。按照澳门基本法第8条,澳门原有法律基本予以保留的规定,澳门公共行政法律制度除同基本法"相抵触或经澳门特别行政区的立法机关或其他有关机关依照法定程序作出修改者外",也保留至今。澳门回归以来,随着社会急速发展,部分规定已不能适应公共行政和法律改革的深化推进,亦难以响应公务人员的普遍诉求。澳门回归以来,行政改革已成为澳门特区政府的重要议题。

何厚铧先生在《2007年财政年度施政报告》中指出:在确保公平合理的前提下,必须勇于解除各种观念和制度的束缚,参考国际社会的先进经验,大刀阔斧地减省政府部门内部运作和前线服务中,那些牺牲效率浪费资源成为官僚主义和不规则行为的温床,毫无建设性的行政程序,并在此基础上,陆续实现大幅度的部门合并和功能重组。此段论述概括了回归后特区政府改革的主题与策略。就改革主题而言,特区政府改革具有两大主题:一是内部运作和前线服务中的程序再造,一是架构优化和职能重组。前者是当代公共行政革新浪潮的核心,后者则揭示了澳门特区公共行政改革中特有的问题,即职能重叠问题,或者说“政出多门、各自为政”问题。①

横向比较,澳门特区政府采取的公共行政改革措施与近30年来流行的公共行政革新浪潮具有许多相似之处。特区政府在成立之初即推行“服务承诺”计划、“咨询、建议及投诉机制”、市民满意度评估计划、ISO国际质量管理认证、“一站式”服务模式、行政程序简化和公共服务电子化等改革措施,加强绩效管理。特区政府的这些改革措施具有比较强烈的管理主义色彩,试图借用私营部门管理中卓有成效又为其他地区政府改革广泛采取的管理技术和方法,对前线公共服务效率与质量的提升起到了非常大的促进作用。

然而,澳门特区的公共行政改革所面临的问题不仅仅有管理机制、服务模式方面的问题,而且涉及深层次的结构性的职能重叠问题。这是澳门特区公共行政改革与其他国家或地区公共行政改革的一个重要区别。从澳门特区公共行政改革的主题与策略来观察,现有的改革措施主要局限于管理机制和服务模式的再造,目的在于通过管理主义和市场化的改革来提升公共服务的效率和质量,而较少触及结构性的职能重叠问题。尽管自特区政府成立以来,关于职能重叠的讨论不绝于耳,并且进行了民政总署的职能重叠研究,特区政府行政法务范畴施政方针亦屡屡提及民政总署职能改革问题,而且2005年至今不断提出进行“职能再造”,但是由于职能重组的复杂性和艰巨性,职能改革的实质成果到目前仍较为有限。特区政府于2007年提出《澳门特别行政区2007至2009年度公共行政改革路线图》,务求透过改革计划,使行政能力更好地适应澳门快速发展的经济与社会形势,精简目前烦琐的政府架构,并促使行政效率有明显的提高。从路线图的内容来看,这次改革将是全面且系统的,它将从政府内部、公共政策的制定、执行能力以及结构等方面进行改革。②

三、参与式民主:行政主导体制的发展方向

以地方治理的方式加以思考,地方民主的质量即成为一个备受关切的议

① 澳门行政暨公职局:《澳门特别行政区2007—2009年度公共行政改革路线图》,澳门:澳门行政暨公职局2007年,第Ⅲ页。

② 澳门行政暨公职局:《澳门特别行政区2007—2009年度公共行政改革路线图》,澳门:澳门行政暨公职局,2007年。

题。民主政治的理想是全民参与。新当选的候任行政长官提出“构建协商民主”的理念，表示要继续加强政府与公众、与立法会的双向沟通和良性互动，提高公众参与的程度。

(一)完善代议制度，强化立法监督

澳门基本法对澳门政府推进民主政治建设与探索民主治理的权力与空间。体现为：(1)附件一和附件二规定 2009 年以后的行政长官和立法会的产生办法可以进行修改。(2)第 66 条规定“澳门特别行政区行政机关可根据需要设立咨询组织”；第 95 条规定：“澳门特别行政区可设立非政权性的市政机构。市政机构受政府委托为居民提供文化、康乐、环境卫生等方面的服务，并就有关上述事务向澳门特别行政区政府提供咨询意见。”

特区政府认为，澳门首要任务是提高选举质素，巩固民主成果——规范选举行为，完善选举制度，加强打击贿选，保证选举的公开、公正、公平和廉洁，为今后循序渐进发展民主打好基础。澳门既有的选举实践已然暴露出部分问题，如比较突出的贿选问题，仅 2005 年的立法会选举，举报贿选的案件便达 423 宗。贿选案件作为一种现象的表征并非孤立存在，其背后牵涉选举质素、反腐机制与力度等多重问题，它甚至成为衡量现代国家能力强弱的重要指标之一。贿选已严重挑战了澳门选举制度的公正性以及民主与法治的绩效。为了推动民主政制健康发展，目前的主要任务是要提高选举质素，巩固民主成果。特区政府于 2008 年 2 月 27 日公布了题为“努力提高选举质素，稳健推进民主发展”的修改《选民登记法》、《行政长官选举法》、《立法会选举法》咨询文件，透过“便民”与“强化体制”两个方式来保障选举质素，引起居民的广泛关注与参与。在未来的一段时期内，短则三五年，长则十几二十年，健全、完善现在的选举制度，是澳门民主政治建设的主要任务。

立法机关作为民意代表机关，对政府公共政策充分反映各方面诉求和利益方面担负重要角色。立法会的性质和地位已经由澳门基本法第 67 条“澳门特别行政区立法会是澳门特别行政区的立法机关”所明确规定行政主导并不是行政独大，并不是指行政不需要立法会的监督。澳门基本法设置的政治体制是一种行政主导的政治体制，同时也是一种“行政与立法互相制约又互相配合”的政治体制。在行政主导政治体制的运行过程中，立法会不能为迎合“行政主导”而只讲行政与立法的互相配合，而不讲行政与立法的互相制约。立法

会应当既要讲权力的互相配合，也要讲权力的互相制约，只有在权力的互相制约与互相配合的运行过程中，行政主导的政治体制才能发挥积极健康的作用。

（二）发展参与民主，扩大政府施政的民意基础

公民与公民组织各种形式的多元参与既是地方治理的特质之一，也是地方治理社会建构的重要意涵。地方政府在强化行政课责与提高治理能力的同时，均须强化民主治理的基础，如此才能使个别公民、小区和其他民间力量有机会在治理过程中发挥影响力。澳门政府可持续发展策略研究中心于2008年进行的“社会与公共事务参与”专题调研结果反映，西方选举的民主政制并未成为澳门居民的主流价值，反而有较多居民认为民主政府就是肯咨询民意的政府。调查也反映，近半数居民感到政府设分区市民服务中心可以反映民情。[①] 对此，何厚铧先生在《2008财政年度施政报告》中也明确提出将“推动公众参与，培育公民社会”作为特区政府的五个方针之一，强调保障市民大众的对公共政策的知情权和参与权，公共政策要充分体现大众的利益，增强施政的透明度，活跃民间组织，政府首先承担应有责任，建设一个体现“理性开放、多元包容、共同价值、崇尚法治、民主参与、自尊自强、合作信任、相互监督、责任承担”等基本理念的公民社会。

澳门人口不多，大小社团成百上千，号称社团社会或社团政治。澳门的社团大都有较强的组织系统，并经常代表民意，反映诉求，不管是过去还是现在，成为为居民争权、维权、引领居民参与社会和监督政府依法施政的主要力量，并在澳门的社会、政治功能中举足轻重，扮演重要角色。有学者认为，澳门以界别团体为核心开展的政制建设就是一种典型的代表政治，“与西方经典的代议制民主的实现机制不同，在政党缺位的情况下，作为连接国家与生活、政府与民间的组织桥梁和利益表达、整合的组织中介被社团历史性地承担了”[②]。但又不可否认，现时澳门的不少社团的运作模式、功能存在很大问题。如社团数目虽然繁多，但居民参与社团率偏低，就是一个很好的例证。由于不少社团的成立是冲着立法会间接选举而来，有些社团成立后也不按成立时的宗旨、任

① 《居民政治冷感惟认同民主适澳》，载《澳门日报》2009年2月11日。

② 江珊珊：《回归后的澳门社会治理模式——有关政治体制代表性的研究》，载《澳门研究》第40期（2007年6月）。

务和目标开展工作。甚至有的社团自成立后根本就没有开展过任何的工作，未提供过任何服务。澳门一些大的社团在引领澳门建立公民社会中发挥了很大的作用，但始终没能在培植公民社会中扮演主要角色。对于澳门特区来说，在澳门基本法及其基本政治原则基础上，充分发掘澳门潜在的制度资源及其精神价值，综合运用法律、经济、行政等多种手段，引导与调节现有社团结构，创设不同层次的组织载体与社会协商对话制度体系，按照理性设计原则分步骤地推进社会合作主义治理模式在澳门的实现。①

① 娄胜华：《社会合作主义与澳门治理模式的选择》，载《澳门理工学报》2006 年第 4 期。

澳门行政法规若干争议性问题辨析

荣曙*

澳门基本法第50条对澳门特区行政长官的职权作了全面的规定，根据该条规定，澳门特区行政长官享有一项不同于香港特区行政长官的重要职权：即他有权制定行政法规并颁布执行。澳门基本法中涉及“行政法规”的条文有5条——第8条、第11条、第50条第5项、第58条及第64条第5项，这些条文涉及原有法律制度基本不变、现有法律体系不得抵触基本法、行政长官职权、行政法规制定前须征询行政会的意见以及政府草拟行政法规的职权等。但是，这些条文中的“行政法规”的定义并非完全相同，由此也引发了一系列关于澳门“行政法规”的概念、分类、调整范围与法律效力的争议性问题，对基本法的顺利实施以及澳门特区政府的法治化管理带来不利影响。鉴于此，本文拟对此作出辨析，并提出个人的学术见解。

一、澳门行政法规的含义、性质和制定主体的辨析

行政法规在澳门基本法中有三种含义，第一种含义是澳门基本法第50条第5项、第58条及第64条第5项中涉及的，由政府草拟、行政长官经征询行政会意见后制定并颁布执行的规范性法律文件。第二种含义是由第8条②所规定的，澳门在回归之前的原有“行政法规”。但是在回归之前澳门法律体系

* 深圳大学2008级宪法学行政法学硕士研究生。

② 《中华人民共和国澳门基本法》第8条规定：澳门原有的法律、法令、行政法规和其他规范性文件，除同本法相抵触或经澳门特别行政区的立法机关或其他有关机关依照法定程序作出修改者外，予以保留。依据大陆法系的制定法习惯，在这项条文里列出的各种法律文件的顺序可以看作是位阶上的排序，行政法规效力低于法律与法令，高于其他规范性文件。

内并不存在行政法规一说，综合澳门回归前各项法律文件的效力和司法实践来看，第8条谈到的行政法规应当是指澳门总督依其职权发布的训令（Portaria）和批示（Despacho）；澳门基本法第11条第2款规定："澳门特别行政区的任何法律、法令、行政法规和其他规范性文件均不得同本法相抵触。"这里的行政法规则是第三种含义——一个集合名词，[①]而非一个特定概念，它既包括回归之前总督发布的训令和批示，也包括回归之后由行政长官制定并颁布执行的行政法规，还包括行政长官和主要行政官员依其行政职权作出的"对外规范性批示"，其实际包含了所有的行政规范性文件。所以，综上而言，澳门基本法中规定的行政法规时而采用回归前的含义，时而采用回归后的概念，这在一定程度上造成了行政法规内涵不一以及对它的混乱使用。

我国内地的行政法规归属于行政立法，从动态上说，行政立法是行政机关依法定权限并按法定程序制定和发布行政法规和规章的活动。从静态角度讲，行政立法则是指特定国家行政机关依法定程序制定出的行政法规和规章。根据我国《宪法》第89条、《国务院组织法》第10条、《地方组织法》第60条以及《立法法》第71条和第73条的规定，只有国务院才有权制定行政法规，部委、省、自治区、直辖市和较大的市的政府只能制定与其权限和职责相符的行政规章。行政法规是指国务院根据宪法和法律，按照法定程序制定的法律规范。[②] 依我国内地法律体系框架以及对行政法规的适用习惯来理解，严格意义上的澳门行政法规应是上段叙述行政法规的第一种含义，也就是澳门行政长官制定并颁布执行的具有普遍性、抽象性的规范性文件。而其他诸如总督训令和批示，行政长官与主要官员制定的对外规范性批示，都类属于内地法律体系中行政立法的范畴，或可称其为行政性法规[③]，因而在实践中不宜将其视

---

① 何志远：《论澳门特别行政区行政法规与法令的关系》，载《法域纵横》第10期。

② 许元宪、吴东镐：《论国务院制定行政法规的宪法根据》，载《法学家》2005年第3期。

③ 因此建议使用"行政性法规"的概念指代广义的行政法规，即基本法第8条和第11条所指的行政法规，用"行政法规"指代行政长官制定的行政法规，即基本法第50条第5项、第58条和第64条第5项所规定的行政法规。"行政性法规"不仅包括了回归前澳门总督制定的训令和批示，也包括回归后行政长官制定的行政法规、对外规范性批示和主要官员的对外规范性批示等。行政长官经征询行政会意见而制定的行政法规是"行政性法规"其中的一种表现形式。参见王禹：《再辨析行政法规概念》，载王禹：《授权与自治》，濠江法律学社2008年版，第186～188页。

为行政法规,只有政府机关草拟、行政长官制定并经征询行政会意见后颁布执行的法律规范才应是符合澳门基本法立法原意的行政法规。

就澳门的情况而言,分析行政法规的特征可将行政法规的性质加以明晰。首先,行政法规是行政长官依照法律程序制定出的具有普遍性、抽象性的规范性法律文件,不包括对外规范性批示和回归之前的总督训令与批示,以及立法会制定的作为行政立法依据的法律。其次,行政法规的制定主体仅限于行政长官,不是回归前的总督,也不是回归后特区政府的主要官员。再次,行政法规的制定遵循较为严格的法律程序,按照澳门基本法的要求,必须是由行政机关草拟,行政长官征询行政会的意见之后方可制定、颁布,这种程序既具有行政程序的特征,如不采取严格的会议表决和少数服从多数原则,注重灵活和效率;又具有立法程序的特征,比如一般要通过行政会的讨论,说明理由与先例,制定过程中应听取澳门各界咨询机构的建议等民主程序。德国行政法学家毛雷尔认为"法规命令是作为行政机关颁布的法律规范,位于立法和行政的交界地带,既是法律的执行(传统的行政权范围——笔者注),又是立法"。[①] 行政法规的这些特征,决定了其性质的二元性:既属于(本质上)行政行为,又属于一种立法行为——准立法或者是从属性立法。[②]

关于行政法规的制定主体,有一个易引发争议的问题:行政法规由政府草拟,再由行政长官制定并颁布,那么行政长官是以何种身份来制定行政法规并颁布执行?是以政府首长的身份还是以地区首长的身份?澳门基本法第50条规定了行政长官的职权,由于行政长官具有澳门特别行政区的政府首长和地区首长的双重地位,这些职权亦应当分为作为政府首长的职权和作为地区首长的职权。尽管在大致上可将行政长官的职权分解成这两种职权,但事实上,还有一些职权交错运用,很难断定这是地区首长的职权,还是政府首长的职权。譬如行政长官提名并报请中央人民政府任命政府主要官员、任免行政会委员等职权,就既可以认为是地区首长的职权,也可以认为是作为政府

---

① [德]哈特穆特·毛雷尔著:《行政法学总论》,高家伟译,法律出版社2000年版,第58~59页。

② 行政法规是一种立法行为,更大程度上是一种从属性立法,或者说是一种广义上的立法,因为从狭义上来看,行政长官是没有立法权的,行政立法权从属于立法机关的立法权,行政法规从属于法律。也有论者从制定主体上将其作为立规章权。

首长的职权。[①] 那么,制定行政法规并颁布执行的行政长官究竟是作为政府首长的职权还是作为地区首长的职权?抑或是以双重身份行使的职权?有论者提出,制定行政法规是特首权的产物[②],虽然其文并未对特首权作进一步阐述,但究其权能和实质,其所谓的特首权应被理解为地区首长所拥有的职权。

但是,如果认为地区首长拥有行政法规的制定权,那么地区首长作为澳门特别行政区的首长代表的是澳门特别行政区,对中央政府和澳门特区负责,无须对立法会负责,其制定的行政法规的效力就不应低于立法会制定的法律,如同回归之前的总督制定的法令。一方面,依照澳门基本法第 50 条第 3 项、第 52 条第 1 项的规定,地区首长有拒绝签署立法会通过的法案的权力;另一方面,澳门基本法没有对行政法规进行监督的条款,这也就意味着行政法规的地位不仅不低于法律,也不受基本法的监督,因为基本法并未对行政法规作出任何限制。这样的推论会使行政长官在特区享有至高无上的法律地位,不仅不符合澳门基本法的立法原意与政制架构,不符合回归后单轨制的立法体制[③],更破坏了现代社会通行的法治与制衡原则。所以,行政法规应是行政长官以政府首长的身份制定,而不是以特区首长(地区首长)的身份制定,内容上体现出的亦是行政机关行使行政权的特征。

---

① 王禹:《再论行政法规的法律地位》,濠江法律学社 2008 年版,第 152～155 页。

② “可以得悉澳门特别行政区自治范围内的立法权仅属立法会独有,行政长官相信应没有立法权,故行政法规应不是立法权的产物。”“行政法规的名字里虽有行政二字,但很可能并不是行政权的产物”,“行政法规是否行政权的产物,着实需要打上一个问号”,“但行政长官没有立法权不足以证明行政法规一定就是行政权产物”,“行政法规是行政长官以特区首长的身份制定的,是‘特首权’的产物”。见郑锦耀:《论行政法规的性质、位阶和违宪审查权——兼响应王禹教授的观点》,载《澳门研究》第 40 期。

③ 在回归之后,作为澳门特别行政区宪制性文件的《澳门基本法》第 67 条规定:“澳门特别行政区立法会是澳门特别行政区的立法机关。”即只有立法会才享有立法权,行政长官不再拥有立法权,这有别于回归前所奉行的立法制度——《澳门组织章程》第 5 条规定总督与立法会共同行使立法职能。《澳门基本法》除第 67 条外没有其他关于立法权属的规定,则明显地排除了行政长官享有立法权限的可能性,也显示澳门的立法体制在回归之后依照《澳门基本法》奉行的是单轨制。

二、澳门行政法规的分类及有关争议

(一)行政法规的分类

在澳门特别行政区，行政法规从不同的角度，依不同的划分根据，大致可以进行如下分类：

1. 学理上的分类

(1)依职权制定的行政法规和依授权制定的行政法规

根据行政法规制定权的取得方式，行政法规可以分为依职权制定的行政法规和依授权制定的行政法规。依职权制定的行政法规，是指行政长官根据澳门基本法所赋予的职权制定的行政法规。依授权制定的行政法规，是指立法会将某些本属于立法会行使的立法权授予或者委托行政长官行使，行政长官根据授权内容制定的行政法规。

(2)执行性行政法规和创制性行政法规

根据行政法规所起到的功能，行政法规可以分为执行性行政法规和创制性行政法规。执行性行政法规，是指行政长官为了执行或实现法律或原有法令的规定而制定的行政法规。执行性行政法规可以依职权也可以依授权而进行，但不得任意增加或减少所要执行的法律的内容。创制性行政法规，是指行政长官为了填补法律或法令的空白，或者为变通法律或法令规定以实现行政职能，依据基本法授予的行政管理职权制定的行政法规。其中，为了填补法律的空白而制定的创制性行政法规，即在还没有相应法律或法令规定的前提下，行政长官运用基本法赋予的职权所制定的行政法规，称为自主性行政法规或独立性行政法规；为了补充法律或法令的规定而制定的创制性行政法规，称为补充性行政法规。

2. 规范上的分类

澳门《关于订立内部规范的法律制度》(澳门第 13/2009 号法律)，即俗称的“立法法”，将行政法规分为独立性行政法规和补充性行政法规。该法规定澳门特区的法律、独立性行政法规、补充性行政法规及其他内部规范性文件须在符合《基本法》的前提下方为有效。法律优于其他所有的内部规范性文件。

独立性行政法规只能对法律没有规范的事宜设定初始性的规范，但独立性行政法规不得就法律所载的条文作出具有对外效力的解释、填补、变更、暂停实施或废除性的规定。补充性行政法规则是为执行法律而订定所必需的具体措施。可以看出澳门特别行政区大体采纳的是第二种学理分类。

(二)行政法规分类引发的争议

上述分类引发了对制定行政法规的权力来源的争议。如前所述，依职权制定的行政法规，是指行政长官不依法律的授权而按照基本法赋予的职权制定的行政法规。从这一概念的逻辑结构来看，这种行政法规以基本法赋予的职权为其唯一的存在根据，独立于法律之外，甚至可以推理出这种行政法规可与法律平起平坐。尤其是创制性行政法规中不依法律的授权而按照基本法赋予的职权制定的、填补法律空白或者变通法律个别规定以实现行政职能的独立性行政法规，似乎更是进一步论证了上述逻辑推理。而这却明显违反了基本法所确立的单轨制的立法体制：立法会是唯一的立法机关，立法会制定的法律的效力高于行政长官制定的行政法规的效力。那么为什么上述分类会出现这样的悖论？行政长官是否必须有法律作为直接依据才能制定行政法规？独立性行政法规是否有存在的可能性和必要性？

澳门终审法院虽然认为在葡萄牙现行宪法理论下行政法规必须要有法律依据，但其认为澳门应当和内地一样，即行政法规不一定要有法律作依据，同时认为在澳门特别行政区存在独立性行政法规的可能性和必要性。终审法院第28/2006号案裁决书①第91、100、101、107页指出："对澳门地区法律制度而言，否定存在该类独立行政法规的观点的主要理据是不成立的。""而在澳门的法律制度中，行政长官没有立法权，因此他可以制定独立行政法规，即使没有任何法律——除《基本法》外——具体地为此给与授权，也是完全合理的。""因此，行政法规需要一项预先法律给予授权是没有法律依据的。"但根据依法行政原则，行政不仅不可违背法律，而且须有法律规定作为前提。② 澳门基本

---

① 澳门终审法院在2007年宣判的第28/2006号案对行政法规的有关问题作出了裁决，这个判决也澄清了数年来澳门行政法规备受争议的一些问题，对进一步认识行政法规的法律地位具有指引作用。但是这个裁决并没有解决行政法规争议的所有问题。

② 但城仲模在《行政法之基础理论》中也认为这并非意味着一切行政作用必全部从属于法律，基本权利之限制则非以法律制定不可。

法没有列举出法律和行政法规在具体内容上的分工，而且澳门基本法也并未明文规定行政长官可以制定超越法律之外的独立性行政法规，那么行政法规就不应有创设权利义务的内容，否则就违反了权力法定原则，对于公权力而言法无明文规定不可为。

其实出现这种争论的根本原因在于对行政法规的基本法根据理解不一，因此，有必要重新认识制定行政法规的基本法根据，需要对此作出合乎法治原则和澳门法律体系完整性的解释，这就涉及必须先弄清楚行政法规的调整范围，即行政法规的权限和范围究竟有多大。

三、澳门行政法规的调整范围问题

行政法规的调整范围主要受三个因素[①]的影响：其一，法律优先原则的限制，其意为行政应受现行法律的约束，不得采取任何违反法律的措施。“优先原则无限制和无条件地适用于一切行政领域……这是源自有效法律的约束力。德国基本法第 20 条第三款规定，立法权受宪法的限制，执行权和司法权受法律和权利的限制。”[②]优先原则只是（消极地）禁止违反现行法律，保留原则则是（积极地）要求行政活动有法律依据。其二，法律保留原则的限制，即行政法规不能涉足法律的专属立法领域。德国行政法学者毛雷尔指出：“在重要的，议会保留的事务范围之内，不允许授权行政机关通过法规命令立法，作了

① 行政立法的调整范围主要受法律保留原则、立法机关授权的范围与方式和行政立法机关与司法机关对授权法解释的限制这三个因素的限制。参见姜明安：《行政法与行政诉讼法》，北京大学出版社、高等教育出版社 2005 年第 2 版，第 49 页。尽管这是我国内地对于行政立法调整范围的论述，但由于大陆法系法理基源的一致性以及基本法的制定背景，对澳门行政法规调整范围的阐述也有足够的借鉴作用。姜明安教授所述的三个因素，法律保留原则与立法机关的授权有内在一致性，因为法律保留原则本就是指行政机关只有在取得法律授权的情况下才能实施相应行为。参见［德］哈特穆特·毛雷尔著：《行政法学总论》，高家伟译，法律出版社 2000 年版，第 104 页。所以笔者认为影响行政法规调整范围的三个因素应是法律优先原则的限制、法律保留原则的限制和司法机关的限制。

② ［德］哈特穆特·毛雷尔著：《行政法学总论》，高家伟译，法律出版社 2000 年版，第 103 页。

这种授权的法律违反宪法并且无效。”[①]澳门终审法院第28/2006号案裁决书亦肯定了法律保留原则，明确指出有些事项行政长官是不能制定为行政法规的，比如澳门特别行政区以法律保护私有财产权，澳门居民享有的权利和自由，应由法律规定的犯罪和刑罚处罚等。而对非法律专属事项，哪些可由行政法规调整，哪些仍只能由法律调整，则主要取决于立法机关的授权方式和范围。对于授权内容和范围，法院可能仅依据法律条文的明确规定予以界定，也可能根据法律的目的、原则和精神界定，不同的界定方式对于法院的司法审查力度的强弱也是不同的。

关于我国内地行政立法的调整范围，《中华人民共和国立法法》作了较为全面、完整和系统的规定。该法第8条规定了全国人大和全国人大常委会的专属立法领域。第9条规定了授权立法有两个条件：还没有制定为法律的需要全国人大及其常委会授权，不属于法律保留的事项。这里可得出的结论是：自主立法须以授权为前提。《立法法》第56条专门规定了国务院的立法权限，但国务院制定行政法规的活动显然不是自主性立法活动，尽管国务院制定了大量的行政法规而并没有法律在先。因为这些行政法规都是在全国人大或全国人大常委会授权的前提下制定的，[②]这两次授权也正是第56条第3款所说的授权立法的情况。立法机关的授权是行政法规在没有法律的情况下获得生命的唯一途径。[③]

澳门政府曾于2007年8月向立法会提交《关于法律和行政法规的规定》，以解决法律和行政法规的各自调整范围的问题。但这份法案的内容只有六项，内容空洞，其关于立法权限的规定，只有权力的分配，没有权力的制约，对

---

① [德]哈特穆特·毛雷尔著：《行政法学总论》，高家伟译，法律出版社2000年版，第336页。

② 全国人大及其常委会分别对国务院各进行过一次授权，即《全国人民代表大会常务委员会关于授权国务院改革工商税制发布有关税收条例草案试行的决定》（1984年9月18日第六届全国人民代表大会常务委员会第七次会议通过），《全国人民代表大会关于授权国务院在经济体制改革和对外开放方面可以制定暂行的规定或者条例的决定》（1985年4月10日第六届全国人民代表大会第三次会议通过）。

③ 王磊：《〈澳门基本法〉在司法适用中的若干问题》，载《广东社会科学》2008年第5期。

存在已久的行政权力割据现象并未加以适当控制，[①]而且部分条文之间也存在不少矛盾之处。

《关于法律和行政法规的规定》修改后变更为《关于订立内部规范的法律制度》，已于2009年8月15日生效。该法的核心之处首先在于明确列出18项事项，这18项事项是属立法会制定法律的专属范围，另外第19项则是一个立法会权限的兜底条款。这表明澳门立法会有权就澳门特别行政区的自治范围的任何事宜设立、变更、废除法律。其次规范了什么情况下才可用独立性行政法规，独立性行政法规的适用范围大多限于政府组织、政策执行等行政内部事务，对外事项如行政罚款限额，都作了较为周全的限度规定。行政法规可以规定其他不涉及法律专项的事务。但该法似乎混淆了立法会权限列举条款与法律保留条款的功能，将立法会权限罗列在法律保留条款中，似乎要穷尽立法会立法权限，那这也会造成实务中的行政被动与无能。[②] 所以为了确保独立性行政法规的合法性，也为了保持政府的运作效率，澳门可借鉴内地《立法法》中的做法，通过立法会授权或委托，无论是概括式还是列举式的授权，让行政长官在授权或委托范围内得以制定行政法规，灵活应对瞬息万变的社会现实，保持行政主导体制的活力和创新机制，使整个特区管治的民主发展、法治进程与保持强势的政治权威、管治效率之间形成平衡和谐的互动机制。[③]

四、澳门行政法规的法律效力问题

关于这个问题，主要涉及三个方面：首先，行政法规拥有什么样的法律效力，它对公众和行政机关有何拘束力，对法院有何适应力；其次，行政法规的法律效力有无前提条件，如果有的话，应有什么前提条件；最后，行政法规的法律效力位阶如何，它在整个澳门法律体系中居于什么位置以及与回归之前的原

① 余荔：《只有权力分配而没有权力制约制作马虎内容空洞〈立法法〉方向大谬》，载澳门《讯报》2007年8月10日。

② 李燕萍：《〈关于订立内部规范的法律制度〉的立法反思》，载《"一国两制"研究》第1期。

③ 参阅邹平学：《澳门特区管治体制和管治效能的若干问题初探》，载杨允中、饶戈平主编：《澳门基本法的正确理解与实施》，澳门基本法推广协会2008年版。

有法律、训令和批示之间是何关系，这就牵涉到了法律与行政法规对原有法令修改权归属的争论。

围绕上述三个方面，应当根据基本法的规定并参照澳门行政法规运作层面的实际来给予解答。行政法规的法律效力大致体现在三个方面：第一，由于回归后的澳门奉行的是单轨制的立法体制，行政长官制定的行政法规类似于香港特别行政区政府制定的从属性立法，在法律体系中的位阶低于立法会制定的法律。第二，行政法规对行政相对人具有拘束力，行政相对人必须履行行政法规为之确定的义务①；行政法规对行政机关也具有拘束力，行政机关实施行政行为以及政府主要官员依职权作出对外规范性批示，都必须遵循行政法规；行政法规对法院审判，特别是行政审判具有适应力，法院裁判行政案件应适用行政法规。第三，行政法规的法律效力是以符合授权法、不越权、不违反上位阶法、不违反行政立法程序为前提的。② 行政长官的行政管理权来自澳门基本法的规定以及立法会的授权，基本法第 50 条规定了行政长官的广泛职权，另外在法律并未作出规定而应该及时予以规范的事项，行政长官可以根据立法会的授权或委托制定行政法规填补规制的空白，等到时机成熟则可由立法会制定法律，这也是仿效内地行政法规的做法，但如果行政法规对司法机关的组织、职权和运作作出规定，则该行政法规因越权而无效，因其超出了基本法和法律的授权范围，行使了本不属于行政长官的权力。权力法定原则与越权无效原则一直是相互联系的，美国行政法学者施瓦茨曾指出："行政规章并不是法律，规章最多只不过是法律的产物。但是，规章一旦颁布就具有法律效力……当然这有个前提，它们不能越权，必须符合合理的标准，必须依照适当的程序制定。"③应当注意的是，行政法规的积极性和行政权威不能以牺牲法制的统一和尊严为代价，法律规范的社会适应性只能通过相应的程序来修改和完善。我国内地《立法法》关于"适用和备案"一章的规定，目的则在于加强法制的统一性，《行政法规制定程序条例》规范了行政法规制定与修改、废止程序，这也是为保障行政法规的合法性和公平性。

---

① 具有法律效力的行政法规应是行政长官根据职权或者授权所制定的，并严格遵循依法行政原则。

② 姜明安：《行政法与行政诉讼法》，北京大学出版社、高等教育出版社 2005 年第 2 版，第 52 页。

③ [美]伯纳德·施瓦茨著：《行政法》，徐炳译，群众出版社 1986 年版，第 145 页。

以成文法为主的大陆法系国家，各种法律规范都被冠以不同的名称以区分其性质，且它们之间是按一定的等级排列的，这种法律规范的等级关系称为“法律位阶”。在回归后澳门的法律体系中，行政法规的法律效力位阶是比较明确的。澳门特别行政区第3/1999号法律(《法规的公布与格式法》)第3条规定：“下列法规须公布于《公报》第一组，否则不产生法律效力：(一)法律；(二)行政法规；(三)立法会决议；(四)行政命令及行政长官对外规范性批示；(五)澳门特别行政区主要官员对外规范性批示。”在该法中，法律、行政法规、行政命令及行政长官对外规范性批示和主要官员对外规范性批示的排序则标示出了各自在法律体系中的等级。在澳门回归之前，澳门通行的法律规范有：适用于澳门地区的葡萄牙宪法规范、一般国际法及法源条约、作为澳门宪法性法律的《澳门组织章程》与效力高于澳门地区所制定法律的葡萄牙法律、澳门立法会法律与总督法令、形式为训令的行政规章、形式为批示的行政规章及地方自治团体、行政公益法人与被特许实体所发出的行政规章。这些法律规范也是按照效力的高低排序的。根据《澳门基本法》第8条的规定，澳门原有法律除同基本法相抵触或经澳门特别行政区的立法机关或其他有关机关依照法定程序作出修改者外，予以保留。所以以前由澳门总督制定的法令就纳入澳门特别行政区的法律体系之中，同时澳门回归后法令作为澳门特别行政区的一种法律渊源已被基本法取消，即立法会与行政长官都不能以法令的形式来行使立法权或行政立法权。而澳门原有法令的修改权归属的争论就随之而生：被保留的澳门原有法令根据现实情况需要修改，是由立法会以法律修改，还是由行政长官通过行政法规来修改？对此问题基本法并未作规定。依据回归之后澳门基本法采用的立法单轨体制，立法会吸收了以前与总督共享的立法权，成为澳门特区唯一的立法机关。按照法律延续原则和法律安定性的要求，回归之前法令规定的内容，在回归后理应由立法会以法律的形式加以规定。法令的废改权在本质上属于立法权，被保留的法令当然也应全部由立法会予以废改，所以立法会有权以法律的形式对原有法令进行废改是无可置疑的。引起争议的问题是：在立法会拥有对法令的废改权的同时，行政法规能否废改法令？

赞成用行政法规修改法令的观点主要有如下几项：

首先，行政长官虽不是澳门总督在政治上的继承者，但在某种意义上却可以被视为是澳门总督在法律上的继承者。[①]《回归法》(澳门特别行政区第1/1999号法律)附件四规定:"任何总督、澳督名称应解释为澳门特别行政区行政长官。"那么原来由澳督行使的法令废改权现在由行政长官来行使也未尝不可。而且基于整个法律体系基础的宪制性变更及其他因素,在一定范围内用行政法规修改或废止法令也未尝不可。并且由于《澳门基本法》已经取代《澳门组织章程》,已构成新的宪制基础,可以对修改法令采取"双轨制"。

其次,按照基本法第50条对行政长官职权的规定,澳门总督以法令规范的事项中的许多内容可以用行政法规加以规定,而不必然属于法律保留事项。所以对于这样的法令,以行政法规来予以废改法令也符合现代宪政体制对立法事项的分工。或者在澳门"立法法"中划分法律和行政法规的各自范围后,可以将法令进行分类,如果其事项是属于行政长官制定独立性行政法规范畴的,就可以用行政法规修改法令,不能由行政法规独立规定的部分就由法律废改。[②] 这种观点支持行政长官可以用行政法规修改部分法令而不是所有法令,实际上仍是赞成用行政法规修改法令。

但是,凡支持直接用行政法规修改原有法令的意见都带有过多政治考量,或过于注重公务效率,却忽视了法律位阶理论和对行政权的制衡。《基本法》规定行政长官可以制定行政法规,而行政法规的效力在法律之下,《关于订立内部规范的法律制度》亦重申了这一点。如果由效力级次低于法律的行政法规来修改曾经与法律具有同等效力的法令,不仅与基本法确立的一元立法体制不相协调,且有悖法理,有行政长官染指立法权之嫌。相比香港的行政主导体制,澳门的行政长官享有更多的行政管理职权,其所受的立法会制衡和新闻媒体的监督力度也不及香港的行政长官。如果原有法令的废改权(无论是整体还是部分)再由行政长官行使,澳门特区政治体制内含的"制约与平衡"的核心精神就会受到破坏,法院对有关行政行为的司法审查也无从展开,公民及社会组织的权利保障就会面临来自行政威权的威胁。所以行政法规不宜直接修改原有法令。既要遵守宪政原则,又要保证行政权的积极性和首创精神,一种可行的做法是行政长官可与立法会协商,得到有法令修改权的立法会的授权

① 刘太刚:《有关澳门基本法的几个问题及澳门法制实践所作的解答》,载《环球法律评论》2004年第1期。

② 郑锦耀:《难解的法律追溯问题与"宪政炸弹"》,载《澳门日报》2007年9月5日。

与配合，这样既符合法理，也维护了法制统一，同时这也是“行政与立法互相制约，又互相配合，且重在配合”基本精神的应有之义。①

五、澳门行政法规的监督问题

对行政立法的监督一般有三种途径：一是行政审查或者政治审查，即由相应行政立法机关的上级行政机关审查和作出裁决；二是立法机关审查；三是司法审查。② 首先，就澳门特区的政治制度来说，行政法规的制定者是行政长官，在特区自治范围内已没有上级行政机关。尽管中央政府有权对澳门行政长官的行为进行审查，但出于澳门高度自治的考量，这种审查权更似一种备而不用的监督权。其次，澳门立法会是否享有行政法规的监督权？《澳门基本法》第71条并未规定立法会对行政法规拥有修改和废止权，但法律的位阶高于行政法规，依据法学原理，法律虽不能修改行政法规，但可以废止行政法规，我国内地《立法法》就有相类似的规定。澳门终审法院第28/2006号案裁决书第98页也认为，“立法会无权追认行政法规，但似乎可以废止行政法规，不可以直接修改行政法规，因为《基本法》没有赋予其行政职权。但其废止行政法规后，可将先前由行政法规规定之事项由法律作出规定。”这是裁决书所明确承认的法律优越原则所必然得出的论断。③ 只是立法会虽有权在废止行政法规后制定法律，但澳门立法会的制度建设功能不足，立法会议员的提案权受到《澳门基本法》第75条的限制，涉及公共开支、政治体制或政府运作的议案都须事先得到行政长官的许可。而且在立法会议员的组成中，行政长官委任的议员和间接选举的议员人数超过直选议员。这些情况都限制了立法会对行政法规的监督作用。

那么司法机关是否有权依据基本法和法律审查行政法规？《澳门基本法》

① 王禹：《关于终审法院第28/2006号案的一点评论意见》，濠江法律学社2008年版，第178～185页。

② 姜明安：《行政法与行政诉讼法》，北京大学出版社、高等教育出版社2005年第2版，第53页。

③ 王禹：《关于终审法院第28/2006号案的一点评论意见》，濠江法律学社2008年版，第178～185页。

也没有明确赋予法院此项权力，只有第 19 条第 2 款对法院的审判权作出一项限制："澳门特别行政区法院除继续保持澳门原有法律制度和原则对法院审判权所作的限制外，对澳门特别行政区所有的案件均有审判权。"澳门原有的法律制度属于葡萄牙的法律制度，葡萄牙《行政程序法》中关于不可废止的行政行为中并没有具有普遍性、反复适用性与抽象性的行政行为。① 另根据回归前《澳门行政诉讼法典》第 88 条的规定，澳门法院拥有对行政行为的司法审查权，只是这种司法审查权不可由法院主动提起，对当事人提起违宪诉讼的权利作出了限制，但并未限制对行政法规违反法律的审查权。而回归后澳门的法院更获得了对基本法的解释权，其独立、完整的法区属性得以大为增强，2006 年澳门中级法院和行政法院的 4 个判决以及 2007 年 7 月 18 日终审法院判决也都肯定澳门特区法院享有司法审查权或违宪审查权，这也是澳门特区法院在司法审判中得出的共识。

另外有论者提出："澳门法院及其作出的判决都只在是否有权审查或拒绝适用违反基本法的行政法规的问题上做出回答。由于澳门并不是判例法地区，被法院宣布为违反基本法并被拒绝适用的行政法规的效力仍不明确，法院仅仅是不适用？还是宣布无效？还是宣布撤销？还是具有判例的效力？"②这也是司法机关在个案审理中对行政法规审查的后续问题，《基本法》未作出相应规定，《关于订立内部规范的法律制度》也未明确这些问题。在其他国家司法审查的实践中，"法院对抽象行政行为的合法性甚至合宪性都要作出裁决，不合法或不合宪者将被法院宣布为无效。如在法国，利害关系人认为条例违法，可在条例公布后两个月内向行政法院提起越权之诉，请求撤销不合法的条例。也可以在行政法院对具体行政行为的审查中，主张行政机关适用的条例无效。"③澳门终审法院认为法院既可以认定行政法规中的某一项具体规范违法，也可以认为一项法规中的所有规范均因沾有非法性瑕疵而认定整个法规是非法的，所以澳门法院对行政法规可以认定其违法从而拒绝适用。那么是否可以作出撤销判决或宣告无效判决？澳门《行政诉讼法典》第 88 条第 1 款

---

① 郭殊：《葡萄牙行政行为法律制度之评介》，载《广西政法管理干部学院学报》2006 年第 1 期。

② 王磊：《〈澳门基本法〉在司法适用中的若干问题》，载《广东社会科学》2008 年第 5 期。

③ 赵宝庆：《行政行为的司法审查》，中国社科院博士论文，2002 年，第 93 页。

规定："对规范提出争议是旨在宣告载于行政法规之规范违法，而该宣告具普遍约束力。"第 89 条第 1 款规定："宣告一项规范违法，自该规范开始生效时起产生效力。"所以，澳门法院能作出宣告无效判决，并可追溯到该规范生效之时，但法院并不能撤销违法的行政法规。至于法院的判决是否有判例法的效力，因为澳门地区并不属普通法系，判决不具有判例的效力应是无疑的，但基于"对待相同事项，应作出相同处理"的原则，其他法院在审理类似案件时都会引起足够注意。况且法院宣告行政法规无效后，行政长官和特区政府应会作出检讨和修正，立法会也会进行调查和讨论，司法机关不会也不应代替行政机关作具体决定，现代法治国家都设定司法审查权是一种有限审查权，因为司法权是判断权而不是管理权，不该期望司法权越俎代庖对公共事务和社会事务作出全面、合理的具体决定，法律与行政法规所规范的社会关系和调整的具体方式仍要由其各自的制定主体更正或作出改变。

香港特区普选的若干问题

宋小庄*

前　言

《香港基本法》第45条、第68条规定了香港特区行政长官和立法会全部议员最终实现"由普选产生的目标"。根据2007年12月29日全国人大常委会的决定,2017年行政长官可以由普选产生,在行政长官由普选产生之后,立法会的全部议员可以由普选产生。该决定明确了香港民主进程的"时间表",香港可以按照基本法以及全国人大常委会的释法和决定,循序渐进迈向普选。值得注意的是,2005年12月,特区政府提出的五号报告书《2007年行政长官及2008年立法会产生办法建议方案》被25名泛民主派议员否决,香港的民主进程一度原地踏步。目前香港特区对普选的含义、程序、条件、主体,行政长官的提名机制,立法会普选可能方案、分组表决机制,行政长官是否应有政党(党)背景,普选与管治能力以及中途站不成功怎么办等若干问题尚未有充分认识,但泛民主派却要本届政府拿出应由下一届乃至下两届政府提出的普选路线图和具体方案,并以否决2012年政改方案、"五区公投"和集体总辞要挟,香港的民主进程可能二度原地踏步。本文就香港有关普选的若干问题作出分析,希望可以通过理性而客观的讨论和辩论,澄清疑问,达成共识,减少内耗,避免将来发生二度和三度原地踏步。

* 香港学者,北京大学宪法学博士。

一、普选的含义

普选，英文本香港基本法译为“universal suffrage”，是普及选举权（投票权）（或普及选权）的简称，严格来说并不包含平等选举权。从字面解释来看，“普及而平等”是指“universal and equal”，构成两个并列的概念，不能互相替代，也不能互相包含。专指“普及选权”的普选不应该也不可能包含“平等选权”，反之亦然。平等选权也是要实现的目标，但未必要与普及选权同步实现。

普及选权（普选）包含平等选权的主张，在香港基本法中是找不到依据的。1976 年英国将《公民权利和政治权利国际公约》（以下简称《公约》）引申至香港时作出了保留，其中保留了不实施《公约》第 25 条 b 项的权利。[①] 香港特区成立后，根据 1996 年 6 月中央政府致联合国秘书长的照会以及基本法第 39 条的规定，保留条款在香港特区继续有效，也就是说，《公约》第 25 条 b 项在香港继续不适用。然而，2007 年 7 月，香港《政制发展绿皮书》第 2.24 段却指出：“普选的概念应包括‘普及’和‘平等’选举的原则。”[②]既然保留了《公约》第 25 条 b 项，就不必适用，但绿皮书却要适用不必适用的平等选权，不必要地增加了功能选举实现普选的难度。这种知难而上的态度虽然应当肯定，但却是不明智的。把普及选权与平等选权分开处理，反而有利于落实普选。

世界发达民主的国家和地区并没有实现上述绿皮书确认的“平等选权”的原则。美国众议院按人口比例分配席位，但无论各州人口多寡，参议院只分配 2 个席位给各州，不符合平等选权的标准；美国正副总统的选举，选举人票有法律效力，赢家通吃，普选票没有法律效力，也是如此。英国上议院还有世袭和委任的议员；英国首相由执政党议员（保守党）或党员（工党）选举产生，既不普及，又不平等。德国参议院由各州政府任免的州政府成员组成，也都不体现

---

① 《公民权利和政治权利国际公约》第 25 条 b 项规定：凡属公民“在真正的定期的选举中选举和被选举，这种选举应是普遍的和平等的并以无记名投票方式进行，以保证选举人的意志的自由表达。”详见饶戈平：《论〈公民权利和政治权利国际公约〉第 25 条 b 项不具有在香港适用的法律效力》，载《港澳研究》2007 年秋季号，第 1～14 页。

② 《香港政制发展绿皮书》，2007 年 7 月，第 13 页。

平等选权的原则。[①] 连世界发达民主国家在政府要员和议会两方面都未实现双普选,更不用说是双双普及而平等的选举权了。内地全国人大代表的名额,城市和农村有不同的人口比例,也不符合平等选权的原则。因此,对"普选"的概念应当采用香港基本法及该法第 39 条所确认的上述《公约》适用于香港的部分,而不能像绿皮书那样,说是根据基本法,而实际上却采用《公约》被保留的部分。与世界发达民主国家和地区相比,香港的民主历程尚短,更没有理由自设镣铐,试图建立超越世界发达民主国家的民主标准。生活在 21 世纪的港人没有必要向春秋时期的宋襄公学习。

从选举方式来看,普选可能是直选,也可能是间选,普选未必都是直选,直选也未必都是普选。换句话说,普选可以有直接选举和间接选举两种方式。美国从 1812 年普遍实行投票选举,到 1965 年取消各州对选民的文字测验才实现了普选,但美国的正副总统至今还是由选举人团间接选举产生;英国在 1688 年"光荣革命"之后制定《权利法案》,国家主权属于下议院,但当时的直选制度却不普及也不平等,选民资格在相当一段时期内受到性别、财产、教育程度等条件的限制。现在英国下议院既直选又普选了,但上议院还没有。

在我国,"普选"一词最早出现于《共同纲领》第 13 条。我国早在 1954 年就实现了普选,1953 年《选举法》规定乡、镇、市辖区和不设区的市人民代表由直选产生,省、县和社区的市人大代表由间接选举产生,1979 年《选举法》把直选范围扩大到县、自治县。[②] 该普选是通过多层间接选举实现的。香港不少人以为中国内地迄今尚无普选,就是误普选为直选之故。

目前,香港尚未实现普选,但不少人却把普选狭义地理解为直选。从基本法的规定来看,普选未必是直选。"普选"一词出现于基本法第 45 条、第 68 条,"分区直选"出现于附件二。如"普选"等同于"直选"或"分区直选",则以保障法律条文的一致性和严谨性的起草技术而言,同一个意思不能用不同的名词来表达。如用不同的名词表达相同的意思,除非另作具体说明或有相反的证据,否则只能被认为表达不同的含义。此外,英文本基本法将"普选"译为

---

① 参阅宋小庄:《"普选"涵义影响政制发展方向》,载香港《镜报月刊》2007 年 9 月号。

② 尹世洪、朱开杨:《人民代表大会制度发展史》,江西人民出版社 2002 年版,第 102、216 页。

"universal suffrage","分区直选"译为"direct election by geographical constituencies",也说明普选是一种普及的选举权利。"suffrage"的直译就是投票权,而"分区直选"则是一种选举方式,两者虽都与选举有关,但不能混为一谈。①

二、普选的程序

根据香港基本法附件一第 7 条、附件二第 3 条的规定,2004 年 4 月 6 日全国人大常委会的相关解释,2007 年 12 月 29 日全国人大常委会的决定,行政长官和立法会全部议员的普选要经过五个程序:

一是在有关普选前的适当时候,由行政长官向全国人大常委会提出报告;

二是全国人大常委会对是否需要修改香港基本法的两个附件的产生办法作出决定;

三是特区政府向立法会提出修改行政长官和立法会产生办法的法案,并经立法会全体议员三分之二多数通过;

四是行政长官同意经立法会通过的修改行政长官和立法会产生办法的法案;

五是行政长官将有关法案报全国人大常委会,由全国人大常委会批准或者备案。②

全国人大常委会之所以根据香港基本法两个附件的规定制定这样的普选程序,可能的理由是:(1)普选是香港基本法最终要实现的目标,不是本届全国人大常委会所能决定的事项,不能越俎代庖,不能越权代后来的全国人大常委会行事。(2)香港有不了解、不顾及普选条件(见下节)却要求尽快实现普选的诉求。(3)香港市民需要认识普选应当具备的条件,特区政府需要做大量的、有效的工作,但有关工作自 2004 年政制发展检讨以来尚未开始。(4)在普选条件不具备的情况下实现普选,将可能使特别行政区出现与中央政府和地方

① 宋小庄:《普选是直选吗?》,载香港《镜报月刊》2006 年 7 月号。

② 基本法附件一第 7 条规定行政长官产生办法的修改要报全国人大常委会批准,而附件二第 3 条规定立法会选举办法的修改只需报请全国人大常委会备案。但只有经批准或备案才算完成立法程序,始能生效,才能进行本地条例的相应修改工作。

政府对抗的地方议会，甚至出现与中央政府对抗的地方政府，而使“一国两制”受挫。在四难之中，目前规定的程序是在众多限制条件下最好的符合“一国两制”和香港基本法的程序。

然而，从 2009 年 8 月起，香港特区泛民主派不顾及上述难得的也为广大市民接受的程序发动新一轮的攻势：一是针对全国人大常委会的决定，要求提前在 2012 年实现双普选；二是针对行政长官在 2007 年 3 月竞选中提出在任期内解决普选问题的承诺，要求在 2012 年前确定双普选方案，否则就以否决 2012 年政改方案、“五区公投”和“集体辞职”等要挟。① 对于改变全国人大常委会的决定提前实现普选，泛民主派也知道不太可能，只是作为一种对决博弈的策略。对于提前提出双普选方案，泛民主派却知道还有些市场，有操作的可行性。

行政长官在竞选连任时是否作出过承诺有不同的解读，如泛民主派的解读错误，行政长官应予澄清，以正视听。连本届全国人大常委会都不能为未来的全国人大常委会代劳，本任行政长官当然也不可能替下一任乃至下两任行政长官行事，否则就是越权了。对此，行政长官只要阐明有关程序，向公众解释，不难化解泛民主派的攻势，将香港的政制发展纳入全国人大常委会设定的轨道。

三、普选的条件

世界各国、各地发展民主实现普选往往经过一个漫长的历史过程，不能一蹴而就。只有具备了一定的社会条件，民主才能健康发展。人类实现普选的历史很短，只有 60 多年。各国、各地既有普选成功的经验，也有失败的教训。普选在西欧、北欧和北美可以说是成功的，但在亚洲、非洲和拉美却未必如此。其成败优劣，与执政者在普选条件是否具备时落实普选有关。

一般认为，完备法律、法治社会、教育普及、廉洁政府、温和忠实的中产阶级、通信先进、经济发达，就可以实现普选了。② 这种理解是不完整的，可能是捡了芝麻，丢了西瓜。经济发达状况与普选就没有必然的联系，像法、德、英等

---

① 参见 2009 年 8、9、10 月份香港各大报纸、杂志。

② 陈健民、蔡子强：《民主的小故事与大道理》，上书局出版 2008 年版，第 14 页；《香港政制发展绿皮书》第 39～40 页也反映了这种意见。

西欧国家和中国、印度等亚洲国家，在经济发展水平较低时就已经实现了普选，经济发展不是实现普选的必要条件。美国早在1812年已普遍实行投票选举，1913年参议院也由间选改为直选，但到1965年美国国会取消各州对选民的文字测验才算实现了普选，可见教育水平高低亦非实现普选的必要条件。其余条件，大体类此。

香港作为“一国两制”下中国的一个地方行政区域，实现普选要结合内地和香港的实际情况，总结外国、外地的经验教训。简而言之，香港实现普选至少要具备以下必要条件：

1. 国家认同状况。国家认同是一国国民对国家这一政治共同体产生的归属感，这种归属感是一个多层面的、多方面的，具有可变性的、可塑性的心理状态。美国长期以来歧视黑人和印第安人。各州黑人奴隶只能按3/5计算人口，未课税的印第安人还不计在内。在南北战争期间，林肯总统解放黑奴，激发美国黑人对联邦国家的认同感，随即按法定程序普及其选举权，又经历了大概100年，联邦政府认为其国民包括没有文化的国民的国家认同感足够了，才于1965年实现普选。台湾地区在20世纪90年代初，“一个中国”的国家认同感还是较高的，当时还设有“国统会”，制定“国统”纲领。1993年李登辉推动入联、“修宪”，引发认同混乱、省籍冲突、族群撕裂，却在1996年普选“总统”，导致2000年“台独”政党执政。直到2008年，经历不少曲折才拨乱矫枉。上述例子提供了正反两面的经验教训。对于主权完整、国家统一的民族国家来说，国家认同通常不成问题，但香港长期与大陆疏离，受港英殖民统治，香港市民的国家认同感是影响普选的大问题。香港回归祖国后，广大市民的国家认同感在上升之中，但据中大亚太所民调，2009年认同自己是香港人和中国的香港人的有57%；认同自己是中国人和香港的中国人的有43%，少于半数，而认同自己是香港的中国人的只有13.3%，①虽比回归时高，但仍然偏低。

2. 政治生态状况。按照比例代表制的选举制度设计，香港应当从政党林立走向多党制才对，但因中英后过渡期争拗、基本法第23条立法受挫、2005年泛民主派捆绑否决政改方案等诸多因素，香港政党却形成了建制派和泛民主派两大阵营对垒的局面。为了简化论述，本文把政治生态狭义理解为两大阵营的得票比率。回归以后历届立法会分区直选呈现所谓“六四定律”：建制

---

① 参阅香港中大亚太研究所网站：www.cuhk.edu.hk/hkiaps/.

派大约获得40%的选票，泛民主派获得60%的选票，投票率越高，越有利于泛民主派。这样，香港特区的政党政治由多党制趋向成为变相的两党制。泰国笃信佛教，民性平和，但在普选之后，城乡对立却日益严重，红衫军、黄衫军不断爆发冲突，政府频繁更替，国无宁日。美国在政党政治成熟时才实现普选，现在的共和党、民主党政纲相近，并不截然敌对。香港的政治生态如不改善，在实现普选后恐步泰国后尘，难走美国之路。

3. 贫富差距状况。虽然香港没有绝对贫困，但却存在相对贫困、在职贫穷等问题，贫富差距还在不断扩大。贫富悬殊是香港的一个重大社会问题，2006年，香港的基尼系数高达0.533，远超国际公认的警戒状态。在发达国家和地区中是最差的。这对人均GDP3万美元的香港是莫大的讽刺。受美国金融海啸影响，香港在2009年9月的失业率达到5.3%，贫困人口雪上加霜。据香港媒体报导，2009年9月份香港贫困人口达124万，创十年新高。① 西欧人深谙孔子“不患寡而患不均，不患贫而患不安”(《论语·季氏》)之妙，法国1946年普选，德国1947年普选，英国1948年普选，都是在战后重建、国家穷白、贫富相近的情况下实现的。印度和非洲一些国家在贫富悬殊时实现普选，留下隐患。目前，香港特区贫富悬殊极为严重，如在情况得不到改善的情况下普选，将添烦添乱添折腾。

4. 政党法制化状况。目前香港地方性政党的法制化程度较低，大部分政党依《公司条例》以无股本担保有限公司的名义注册，香港虽有《社团条例》，该条例也有基本法第23条有关“禁止外国的政治性组织或团体在香港特区进行政治活动，禁止香港特区的政治性组织或团体与外国的政治性组织或团体建立联系”的规定，却管不到按《公司条例》注册的政党。香港回归12年，基本法第23条的规定尚未得到落实，香港还有违宪政党存在，它们又是香港选举活动的推手。鉴于回归前的隐患未能消除，很难想象，香港可以在地方性政党未实现法制化之前顺利实现普选。

香港特区在实现普选之前，上述四个问题应当得到合理而妥善的解决，否则实现普选有可能出现类似泰国、台湾等普选不成功的国家和地区的问题。在一个主权国家出现这样的问题，非国家之福；在一个地区出现这样的问题，非中央之福。

---

① 参见2009年9月28日香港各大报纸新闻版的报导。

四、享有普选权的主体

享有普及选举权的主体本应是本国成年公民，公民是指具有本国国籍的人，世界绝大多数国家和地区无不如此，只有极少数国家和地区将该选举权扩大到有居留权的外国公民。在“一国两制”下，香港特区根据基本法第26条[①]的规定已普及永久性居民（包括其中的外国公民）的选举权，但尚未普及在此居住的本国公民（非永久性居民）的选举权。此外，还有部分中国公民因国家需要来港工作的也因未能享有居留权而丧失选举权，成为“双失人士”。

给香港中国公民普及的选举权并非不符合“港人治港”方针政策。“港人治港”不指行使选举权的普通港人，而指被选举、被委任担任要职的当地政要。换句话说，“港人治港”指被选举权，不指选举权。根据各国的宪法实践，选举权和被选举权虽同属政治权利，但却可以区别对待，其资格要求也可以不同。香港基本法对被选举治港的港人的资格要求远高于一般只行使选举权的普通港人。在香港特区，不能因为对治港的港人有永久性居民资格的限制，也要求投票者都要符合治港港人的资格要求。再换句话说，给香港中国公民普及的选举权也可以符合“港人治港”方针政策。

不给香港中国公民普及的选举权不利于国民教育。目前，香港的选举制度允许在香港通常居住7年以上并以香港为永久居住地的外籍人士享有选举权，这种情况在世界各国是罕见的优惠。在“一国两制”下，以外籍人士需要居住7年的限制条件来要求本国公民，却可能被认为是政治歧视。在这种歧视政策下，不利于宪法规定的、国家领导人倡导的国民教育的推行。要求不享有（被歧视）政治权利（选举权）的公民报效国家是道义上的混乱（放弃道德高地）、政治上的失策（放弃选战票源）和法理上的颠倒（放弃宪法的效力）。

不给香港中国公民普及的选举权不符合世界各国做法。世界各国可以禁止外国公民享有选举权，也可以对外国公民的选举权作较长居住期限的限制。

---

① 香港基本法第26条规定：“香港特别行政区永久性居民依法享有选举权和被选举权。”本条不能理解为禁止未取得永久性居民资格的中国公民享有选举权，只应当理解为对原有选举权利的确认。

但世界上200多个国家，大多数对本国公民行使选举权不作居住期限限制，少数国家有居住期限规定，通常只是一个月、三个月、六个月或一年不等。美国大多数州规定选民居住年限为六个月或一年，少数州为两年；英国为三个月，法国为六个月。这是选民登记的需要，不是选举权利的剥夺。香港特区要求本地居民连续住满七年才有资格投票，可以说是世界之最，可以列入吉尼斯世界纪录大全。

不给香港中国公民普及的选举权不符合香港基本法及其确认的国际人权公约。基本法要求最终实现的普选目标应被理解为包括香港特区中国公民的普及选举权，才能与《公约》第25条所说“凡属公民”的选举权相一致，否则就会出现矛盾。基本法虽然没有像第26条那样明确给予中国公民选举权，但也没有限制中国公民(非永久性居民)的选举权，为何香港特区要限制呢？基本法也没有规定囚犯有选举权，香港特区为何又要授予呢？

不给香港中国公民普及的选举权似是受到了《香港人权法案条例》的影响。1990年香港基本法颁布后，港英当局在1991年以贯彻落实基本法第39条为名，制定了《香港人权法案条例》，赋予该条例凌驾于其他条例的法律地位，试图架空基本法及日后全国人大常委会的解释权。该条例瞒天过海地将《公约》第25条“凡属公民”改为“永久性居民”(此非英国所保留的b项)，试图将永久剥夺部分中国公民选举权的行为合法化。虽然全国人大常委会在1997年2月23日根据基本法第160条的规定，对《香港人权法案条例》的凌驾性条款作出了处理，加以废除，但对于“凡属公民”的移花接木，全国人大常委会当时并没有一并作出处理，全国人大常委会可能认为，日后需要时可以根据循序渐进和符合香港实际情况的原则，在实现普选时由港府自行处理。①港英当局既然能够在《香港人权法案条例》中将上述《公约》第25条“凡属公民”改为“永久性公民”，特区政府为何不能恢复原貌或兼而有之加以包容(改为“凡属公民和永久性公民”)呢？

根据宪法学和政治学的原理，香港在分区直选中不给非永久性居民中的中国公民选举权，也不能被视为已经实现了普选，给2017年和2020年双普选后的香港留下不很光彩的尾巴。在20世纪80年代初期，香港华人在港居住了3年，就可以在区议会选举(当时立法局无选举)中投票，现在反而不能，可

① 宋小庄：《应当给香港全部中国公民选举权》，载香港《镜报月刊》2006年9月号。

谓是香港民主的一种倒退。这是否要归咎于香港基本法呢？看来不能。基本法规定永久性居民享有选举权，但没有规定只有永久性居民才能享有选举权，也没有规定非永久性居民中的中国公民不能享有选举权。这是否又要涉及香港基本法的修改呢？看来不涉及。只要对基本法第39条提到的《公约》第25条"凡属公民"作出适当的理解或将基本法第68条第2款的"全部议员"理解为包括分区直选议员在内就可以了。很难想象，全国人大常委会会作出歧视本国公民的解释。香港只有在分区直选和功能选举中都能够普及永久性居民和中国公民的选举权，才能符合普世的民主标准。

五、普选时行政长官的提名

普选时行政长官候选人的提名程序是香港争论已久的问题，存在三种误区：

一是以为应当由政党提名。在实行政党政治的国家或地区，一般由政党提名候选人竞选总统或总理，如在美国，在党内竞选成功的候选人才有资格获得本党提名竞选总统，英国在众议院取得多数席位的政党才能提名首相候选人，日本也是如此，香港有些人便以为行政长官也要由政党提名。

二是以为普选前后行政长官的提名程序是一样的。香港基本法附件一规定，普选前行政长官的提名门槛为选举机构人数的八分之一即100名选举委员，有些人便以为普选后的行政长官提名也应当按照提名机构人数的八分之一来设计。

三是泛民主派在召开的所谓武林大会上就行政长官普选时的提名形成的所谓共识，要求降低门槛为：(1)提名委员会人数增至1200人，任何界别的50名提名委员就可以提名一位行政长官候选人，门槛为二十四分之一；(2)只要取得10万名合资格选民的提名，也可以成为行政长官候选人。[①]

香港特区现有的法律不允许政党提名行政长官，八分之一的提名门槛和

---

① 《泛民商选举办法达共识　倡50选委或10万选民提名可竞逐特首》，载《香港成报》2009年9月8日A06新闻版，其他报纸也有广泛报道。

泛民主派的两个提名方案要在普选时适用也缺乏法理依据。根据《中华人民共和国香港特别行政区第一任行政长官人选的产生办法》第4条、第6条的规定，第一任行政长官以个人身份接受推举委员的提名；根据基本法附件一第4条的规定，第二、三任行政长官由不少于100名的选举委员联合提名行政长官候选人。但仅适用于普选前的情况。

其实，对普选时行政长官的提名，香港基本法在20年前已设计好了提名机制。基本法第45条第2款规定："行政长官的产生办法根据香港特区的实际情况和循序渐进的原则，最终达致由一个有广泛代表性的提名委员会按民主程序提名后普选产生的目标。"又据2007年12月29日全国人大常委会的决定，提名委员会按现行选举委员会的产生办法组成。由此看来，普选后的行政长官候选人将由具有广泛代表性的提名委员会按民主程序提名产生。

根据2007年12月29日全国人大常委会的决定，普选时提名委员会按照现行选举委员会即2006年第二届选举委员会①的办法组成。普选时提名委员会的组成并不涉及选民基础的扩大，如提名机制发生扩大选民基础的问题，则提名委员会也就变成了变相普选，行政长官的普选就变成了提名委员会普选后的再普选，世界上没有这样的双重直选加普选的先例。②

民主的本意就是少数服从多数，据此，"按民主程序提名"只能被理解为：

1. 绝对多数提名制。假如一位提名委员不限提名一人，可以提名多人，在理论上可以产生无数的候选人，将无法顺利提名并选举行政长官，要按民主程序淘汰，以获提名委员会过半数票较为适当。如第一轮无人获得，可择第一轮中获较高票数的若干人重新提名，直到有一名或多名候选人由提名委员会按民主程序提名。在这种情况下，就不必设候选人的名额。

2. 相对多数提名制。假如候选人有名额限制，提名委员就不能提名多人，而只能提名一人。设有两名候选人，则其门槛至少是1/3多数，否则在理论上就可能出现三名候选人，与原设计有矛盾。设有三名候选人，则其门槛至少是1/4多数，否则也会有问题，依此类推。③ 到底应设若干人，香港基本法

---

① 产生1997年第一届行政长官的委员会为推举委员会，选举产生2002年第二届行政长官的是第一届选举委员会，选举产生2007年第三届行政长官的是第二届选举委员会。

② 宋小庄：《对人大决定深层次涵义的认识》，载《香港文汇报》2008年1月2日。

③ 宋小庄：《20年前已设计的提名机制》，载《香港文汇报》2009年9月16日。

未言明，有讨论的空间，但不宜过多。

六、立法会普选的可能方案

根据宪法、香港基本法及其确认的《公约》以及循序渐进、符合实际情况和均衡参与的原则，普选权的主体可扩大到全部本国公民，如可将基本法第 68 条第 2 款所说的“全部立法会议员”理解为包括分区直选议员，则立法会的普选应优先落实分区直选的普选，然后再落实功能选举的普选。普选本来是指落实本国公民的选举权，而香港目前只普及了永久性居民的选举权，在港居住未满 7 年的中国公民却未享有选举权。立法会分区直选的普选应先普及以下人士的选举权：(1)已在香港定居，但未取得永久性居民资格的中国公民；(2)已在香港工作和学习，但未取得永久性居民资格的中国公民；(3)曾在香港连续居住满 7 年，本可取得但未取得永久性居民资格、可能在也可能不在香港居住的中国公民。

就功能界别的普选而言，这不仅涉及选民基础的扩大，还涉及选举方法的改变。有三种可能的普选方案：

1. 以分区直选取代功能选举。此方案比较简单，但香港是一个高度多元化的社会，各个阶层、各个界别在社会中的作用并不相等，如取消功能选举，全部议员由分区直选产生，有些界别的利益可能得不到保障，恐有违“均衡参与”原则，不利于“资本主义经济的发展”。不论以比例代表制还是多议席单票制或单议席单票制来代替，都可能不符合全国人大常委会 2004 年 4 月 26 日的决定。

2. 以区议会间选取代功能选举。由区议会选举立法会议员，其弊端与以分区直选取代功能选举相类，还涉及基本法第 97 条“非政权性”的解释。

3. 保留功能选举。为了满足将来普选的要求，要处理好三个问题：一是一人多票问题，二是团体票（公司票）变个人票问题，三是功能界别的划分适当反映各界别在 GDP 的比重问题。如能做到，保留功能选举无碍最终普选。①

对于一人多票问题，解决的办法只有一人一票或一人两票两种。所谓一人一票，就是每位选民只能在分区直选或功能选举中投一票。所谓一人两票，

---

① 宋小庄：《保留功能选举无碍最终普选》，载《香港文汇报》2006 年 5 月 24 日。

就是每位选民可以在分区直选和功能选举中各投一票。由于功能选举是一种职业代表制(professional representation,functional representation,vocational representation),没有工作人士可能只有地区选民资格而没有功能选民资格,仍会造成有人有两票,但有人只有一票的现象,不如一人一票为好。

对于团体票(公司票)变个人票问题,有一步到位和两步到位的办法。所谓一步到位,就是直接改为会员票(职工票)。所谓两步到位,就是先改为理事票(董事票),再改为会员票(职工票)。根据目前的选举安排,28 个功能界别中,只有 10 个界别是个人票。其余 18 个界别中,有 10 个界别只有团体票(公司票),8 个界别既有团体票(公司票),又有个人票。在只有个人票的界别中,又有直接和间接选举产生的区别。关键的问题在于何时到位,鉴于香港目前的政治生态状况,留待将来该政治生态有所改善才改变为宜,否则就等于放手让泛民主派控制立法会;鉴于情况复杂,利益有别,任何调整均将触发重大的社会争议,目前特区政府的管治威望较低,不宜轻举妄动;鉴于全国人大常委会决定在行政长官实现普选后才实现立法会全部议席的普选,这意味着要由经普选产生的、强势的、威望较高的行政长官处理功能选举的普选问题,无疑也考虑到作出调整的难度。

对于功能界别的划分问题,涉及如何使各界别的划分符合 GDP 的比重以及使各界别的选民分布较为均匀两个问题。由于 GDP 不同成分的发展是不确定的,各界别的就业人数是变化的,如何掌握其发展变化趋势,以符合均衡参与的原则,需要下大力气。特区政府现就应下工夫进行统计分析,提出展望数据,供普选产生的行政长官参考决定相应的调整方案。

七、分组表决机制

香港基本法附件二规定:“立法会议员个人提出的议案、法案和对政府法案的修正案均须分别经功能团体选举产生的议员和分区直接选举、选举委员会选举产生的议员两部分出席议员各过半数通过。”分组表决机制是当年由基本法港方起草委员罗德承提出的“一会两局”被否定后转变而成的。由于 2004 年第三届立法会已经没有选举委员会选举产生的议员,而分区直选议员已占全部议员的半数,因此,分组表决现指分区直选议员和功能选举议员两组分组表决。

香港的行政主导体制是回归前证明行之有效的、香港基本法有具体规定的体制。政府提出的议案、法案不受分组点票的限制，这是对行政主导体制的制度保障。港英时期，香港通过行政吸纳政治精英的方式反映民意，立法局（会）引入选举制度后，功能选举有利于保障工商界、专业界和其他界别的利益。随着直选议席的扩大，基本法分组表决机制的设计一方面可以继续保障工商界和专业界的利益，实现均衡参与，另一方面又可以实现直选议员和功能议员彼此制衡，有利于行政主导。

在实现普选后，分组表决机制的存废将取决于功能选举存废情况。如在实现普选后废除功能选举，则分组表决机制可能也就失去了赖以存在的基础；如功能选举在普选中得到保留，则分组表决机制仍可发挥其作用。

综观世界，发达国家的议会以实行两院制为主，香港特区实行一院制，香港的“一会两组”制及其分组表决机制以一院制的方法达到两院制的目的，是对两院制的改进和创新，是未来两院制议会改革的方向。如在普选情况下废除了分组表决机制，全部议员由普选产生，立法会大多数议员表达的将是中下层人士的意见，上层人士和一些界别的声音将被淹没，可能出现多数损害少数的现象。“均衡参与”、“有利于资本主义的发展”的原则必将成为一句空话。如政府提出的议案、法案将不再具有比议员提出的议案、法案更优越的地位，行政主导将被弱化，不利于香港政府管治、经济发展、社会和谐、民心安定和政制稳定。两害相权取其轻，两利相权取其重，权衡利弊，分组表决机制不宜废除。在实现普选后，仍有必要保留某种形式的分组表决机制。

八、行政长官的政党背景

在香港行政主导的政治体制中，行政长官的政党身份限制备受争议。在香港回归前夕，内地筹委参与制定行政长官选举办法时，就规定行政长官不能隶属政党，有政党身份的人士必须辞去政党身份才可参选。[①] 香港回归后，在

① 钟士元：《香港回归历程——钟士元回忆录》，中文大学出版社 2001 年版，第 170 页。

历次行政长官换届选举和一次补选中，行政长官候选人的政党身份都受到不同程度的限制。

1996年10月5日全国人大香港特区筹备委员会通过的《中华人民共和国香港特别行政区第一任行政长官人选的产生办法》第4条规定：有意参选第一任行政长官的人应以个人身份接受提名。具有政党或政治团体身份的人在表明参选意愿前必须退出政党或政治团体。

2001年《行政长官选举条例》（香港法例第569章）对第二任行政长官的政党身份亦作了规定。该条例第31条规定胜出的候选人须表明他不是政党的成员，具体内容如下：根据第28条获宣布在选举中当选的人，须在该项宣布作出后的7个工作日内公开作出一项法定声明，表明他不是任何政党的成员；以及向选举主任提交一份书面承诺，表明他如获任命为行政长官，则在他担任行政长官的任期内：他不会成为任何政党的成员或他不会作出具有使他受到任何政党的党纪约束的效果的任何作为。① 2006年《行政长官选举条例》对候选人的政党身份也有类似的规定。

香港回归后各届行政长官从禁止有政党背景者参选向当选后退党的转变，并不意味着行政长官的政党资格限制在放松，也不意味着普选时行政长官可以有政党身份。在实现普选时，行政长官仍不宜有政党身份，理由如下：

1. 香港政党尚未法制化，有违宪政党存在。香港多数政党或政治性组织多在《公司条例》以“无股本担保有限公司”的形式注册，目前缺乏一部完整的《政党条例》的规范和管理。有些政党的政纲不合法，有违宪、违法成分。在这种情况下，行政长官的普选不宜引入政党人士参选。

2. 政党纪律与行政长官的效忠对象，有可能发生冲突。行政长官有双重身份，既要对特区负责又要对中央负责，而政党只代表地方一部分而不是社会各阶层的利益。为了避免行政长官效忠对象有错位情况发生，普选时行政长官也不宜有政党背景。

3. 有外部势力介入香港政党活动，有违基本法第23条的规定。香港媒体时有报道外部势力在香港这一开放大都会进行政治活动的消息，香港的不少政党也与外部势力建立了某种联系，甚至得到外部势力的支持。如有政党

① 香港法例第569章《行政长官选举条例》第31条。

背景的行政长官也与外部势力建立了联系，“一国两制”可能受挫。

4. 行政长官有政党背景也未必获得更多的票。有一种意见认为，香港目前施政受挫、管治能力下滑的主要原因是行政长官没有政党支持，在立法会得不到票，难以维持行政主导，所以普选时行政长官要有政党身份。这种观点不符合实际情况，香港回归以来，中央一再强调建制派要支持行政长官和特区政府依法施政。回归以来各届立法会有过半数议员属于建制派，不发生立法会无票的问题。

在政党尚未法制化，存在违宪、违法政党，又有外部势力介入香港政党活动的情况下进行普选，行政长官不宜有政党身份，以免发生角色错位。不仅行政长官要受到限制，各主要官员、进一步政治委任制下的官员也不宜有政党背景，以免与行政长官出现效忠障碍，不利于管治。只要行政长官和特区政府的施政符合香港的公共利益，有较高的立法水平，建制派议员没有理由不支持。这比强调行政长官政党背景更为明智。

九、普选与管治能力

香港回归以来的 12 年，特区政府的行政主导在弱化、施政屡屡受挫、管治能力在下降、处理危机慢半拍。基本法第 23 条立法受挫、2005 年政改方案被泛民主派捆绑否决、王见秋事件和维港巨星汇等事件，暴露出一个弱势政府的迹象。2008 年中推出进一步政治委任制度后，香港又出现梁展文下海、外佣税、生果金、雷曼迷债、香港游客留滞曼谷机场、公务员减薪等事件，也是如此。香港还有政府弱势时办大事的怪现象，2003 年沙士时推出第 23 条立法；第 23 条立法受挫，翌年初就推动政改；2005 年政改被否决，又启动普选路线图时间表讨论，皆类此。但政府缺乏在变动和发展中解决问题的能力，常是旧案未了，新弊又来。自 2004 年政府推动政制发展以来今已 5 年，有关问题不减反增，也是如此。

立法、司法的两面夹击是特区政府管治能力下降的另一个原因。根据基本法的政治体制设计，行政和立法机关互相配合、互相制衡而又以行政为主导，司法独立。在香港回归后，司法机关不断介入政治，制衡政府，行使了本地条例的违宪审查权，司法扩权已是一个不争的事实。立法机关和行政机关的关系也出现紧张,泛民主派凭借在立法会中的三分之一强的议席故意非难政府,“政府坚持的我都反对,政府反对的我都坚持”的反对派心态使政府施政颇为吃力,行政和立法的沟通很难进行。立法会在回归后似有扩权的迹象,频繁运用立法会特权条例介入商业领域、私人领域。[①] 政府官员视处理行政、立法关系为畏途。

处此之际,有人寄希望于普选。然而,普选能否提高政府的管治能力,答案却是否定的。行政长官和立法会通过全港选民投票来选举产生,只能增加行政长官和立法会的认受性,对管治能力的提高或改善并不是必然的,而选民的选择未必就是正确的。世界各国的法官多不由选举产生,也证明普选并非万应灵丹。认为普选能够提高管治能力的观点,其实是要在香港发展政党政治,要求行政长官有政党身份获得立法会政党支持,在选战中选拔治港人才。果如是,行政长官更难在立法会获得过半数支持,香港目前没有任何政党能取得过半数议席,连三分之一都没有,现也没有任何政党获得超过三分之一选票。不比目前由建制派支持行政长官和特区政府依法施政更为有利。而选战人才往往党同伐异,更不利于贤人政治的出现。

高水平的管治能力是一个政府保障经济发展、社会团结、民生安定的决定性因素。要提高管治能力,政府就要善用人才,赏罚分明;就要决策恰当,顾及民意;就要上下一心,减少内耗;就要胸怀远大,审时度势;就要居安思危,随机应变;就要放下身段,体察民情;就要虚怀若谷,博采众议;就要熟悉宪政,效忠国家;就要认识国情,配合国政。危机处理最能考验一个政府的管治能力。危机总是突如其来、防不胜防的,危机一旦出现,政府就要快速评估形势,掌握准确信息,果断作出处理,切忌怠慢。政府施政的失误是影响管治能力的重大因素,避免不必要的失误,就会提高政府在市民心中的认受性和权威性。泛民主派为反对而反对的思维影响了与政府的沟通,政府对任何议案、法案或泛民主派的批评要有应对准备。政府还要理顺与立法会的关系,争取更多立法会议员的支持。但关键的问题还是心态问题,因为政府的大多数失误属于“低级”错误,而低级错误通常与能力无关,与心态有关。对管治问题要对症下药,普选并非解决管治能力(或贤人政治)的灵丹妙药。

---

① 朱孔武:《论香港立法会的调查权》,载《港澳研究》2009 年夏季号总第 14 期。

十、中途站不成功怎么办

香港特区迈向双普选终点之路并不平坦，泛民主派执意尽早落实普选或普选方案，双普选的"中途站"方案未必在社会上达成共识，任何未必有利于泛民主派控制立法会和政府的法案都可能被泛民主派议员否决。任何需过半数通过的法案都有通不过的可能，香港基本法两个附件的修正案要求立法会三分之二多数通过，不通过的可能性更大。2009 年 4 月英国外相访港时自诩，英国工党 1997 年执政后在 21 世纪初就成功改造英国上议院的世袭制度，以为香港没有理由不成功，这只是激将法。英国工党自 20 世纪初就要改造上议院，前后用了 100 多年，不是三五年。对香港政制发展的困难，全国人大常委会不是没有预见的。2004 年 4 月 6 日全国人大常委会的释法早就作了如果不作修改，仍适用原产生办法的决定；2007 年 12 月 29 日全国人大常委会的决定又重申，如果未能依照法定程序作出修改，继续适用上一任的产生办法的规定。

政制发展中途站受挫会不会影响全国人大常委会制定双普选时间表？应该不会，最高国家权力机关常设机关的决定不可能这样就给泛民主派搞黄了。即使 2012 年行政长官的政改方案没有通过，2017 年仍有可能实现行政长官普选；即使 2012 年、2016 年立法会的政改方案没有在立法会通过，但如 2017 年实现了行政长官普选，2020 年仍可以实现立法会普选。根据全国人大常委会 2007 年 12 月 29 日的决定，行政长官的普选先于立法会，在行政长官未实现普选前，立法会就不能先实现普选。但能否实现，现在无人敢写包单。

世界各国的普选大都经历了漫长的岁月，英、美等西方资本主义国家花了一两百年的时间才实现普选。香港在回归前不可能实现普选，指望港英当局给中国公民不受限制的选举权无异是缘木求鱼。香港在回归后 20 年就可以实现普选，已经属于"加速"乃至"超速"推进了。① 香港的普选之路应以香港基本法以及全国人大常委会的解释和决定为指针，在形成共识的基础上推进，

① 宋小庄：《全国人大常委会有关香港政制发展决定的认识》，载《中国法律》2008 年 4 月号。

普选也就水到渠成了。但如香港对普选前政改方案、对2017年和2020年有关普选的若干问题仍未取得共识,也只能顺其自然,原地踏步,切忌揠苗助长,强扭的瓜不甜。早吃未熟之苦果,不如晚尝后熟之甜果。

结　语

2004年4月26日全国人大常委会的决定指出:“有关香港特区行政长官和立法会产生办法的任何修改,都应当遵循与香港社会、经济、政治的发展相协调,有利于社会各阶层、各界别、各方面的均衡参与,有利于行政主导体制的有效运行,有利于维持香港长期繁荣稳定等原则。”上述原则也完全适用于双普选的情况。目前行政长官和特区政府应当依其职权优先解决2012年的政改方案,并努力使香港各界逐步形成对普选若干问题的共识,成就普选的条件。果如此,必如2007年12月29日全国人大常委会的决定所说:“香港特区的民主制度一定能够不断向前发展,并按照香港基本法和本决定的规定,实现行政长官和立法会全部议员由普选产生的目标。”但如无法形成正确的共识,也不应当牺牲“一国两制”的根本利益和原则去寻求或迁就其他所谓的共识或民意。

落实均衡参与，维护香港稳定繁荣的制度保障
——香港立法会功能组别的地位与作用

邓世豹*

一、立法会功能组别体现香港政治中均衡参与原则

均衡参与原则是多元化社会政治发展的基本原则，是实现社会各阶层、各个界别平等政治参与国家政治生活的基本体现，是保障各个阶层、各个界别利益的基本要求。现代代议制度是民主政治的核心，代议制度基本功能在于实现社会利益整合，平衡社会不同利益主体的利益需求。民主政治的发展要求代议机构必须由社会各界均衡参与，要求不同利益群体都有代表参与。议会选举中不管采取何种选举制度和代表制度，如果某部分利益团体被排除在代表制度之外，排除在代议机构之外，其利益就缺乏政治保障，这种代表制就是不完善的。多元化的社会的民主发展，必须做到不同的声音需要被聆听，不同的立场需要被尊重，不同的意见需要被保障，不同的利益需要被代表。政治权利分配必须平衡不同阶层、不同界别的利益。代议机构的安排必须保证各个界别的均衡参与。

均衡参与原则是全国人大常委会根据基本法确定香港政制发展的基本原则之一。香港基本法第 45 条规定："香港特别行政区行政长官在当地通过选举或协商产生，由中央人民政府任命"；"行政长官的产生办法根据香港特别行政区的实际情况和循序渐进的原则而规定，最终达至由一个有广泛代表性的提名委员会按民主程序提名后普选产生的目标"。香港基本法第 68 条规定："香港特别行政区立法会由选举产生"；"立法会的产生办法根据香港特别行政

* 广东商学院法学院教授，法学院院长，法学博士。

区的实际情况和循序渐进的原则而规定，最终达至全部议员由普选产生的目标”。香港基本法第45条和第68条的规定、香港基本法附件一和附件二对行政长官的具体产生办法和立法会的具体产生办法的规定，都确立和体现了香港政制发展必须根据香港的实际情况、循序渐进和均衡参与的原则。全国人大常委会根据基本法规定在2004年作出的关于香港政制发展的决定就指出，有关香港特区行政长官和立法会产生办法的任何改变，都应遵循与香港社会、经济、政治的发展相协调，有利于社会各阶层、各界别、各方面的均衡参与的原则。

均衡参与也是香港政制发展的现实要求。香港是一个多元化的国际经济城市，各阶层、各界别、各方面都处于社会结构的相应的位置上，都有各自的切身利益，怎样才能使香港社会各阶层、各界别、各方面的利益得到体现，每个人、每个阶层、每个界别都应该拥有在立法会中表达自己声音的权利。立法会需要平衡多方面不同的利益，引入各界的代表议事，保证立法会议决更有广泛代表性。“香港政制说到底就是一种平衡的政制。一旦均衡参与的政制局面被打破，某些阶层的利益会受到根本性的损害，这就必然影响到香港的社会稳定和经济发展。”①

香港特别行政区立法会是香港特区的立法机关，是香港的民意机关。立法会制定的法律和政策必须反映香港利益，反映全香港人民的意志，其前提是在香港立法会必须有公众的代表权和社会各个阶层、界别的代表权，保证公共利益必须能够充分表达，不同群体的利益能够充分反映。这就需要立法会中有代表不同群体、不同界别利益的议员，立法会议员的选举设计必须保证各个界别、各个群体参与其中。当前立法会选举中体现各界别均衡参与的制度设计是一半议员由地区直选产生，另一半议员由功能界别间接选举产生。功能界别选举方面，28个功能界别代表社会上具规模和对社会发展相当重要的界别。除了劳工界功能界别选出3名议员外，其他每个功能界别均选出1名议员。在香港特区立法会地区直选议员高度集中在法律、教育、社工和传媒4个界别，如果否定功能组别选举，那么其他界别在立法会的代表权就得不到保障，香港社会各界均衡参与原则就会落空。功能组别设立反映香港多元化社会现实的要求，符合基本法规定的香港政制发展均衡参与原则。

---

① 杨孙西：《留功能组别利稳定繁荣》，载《文汇报》2008年3月12日。

二、香港立法会功能组别选举体现选举制度中职业代表制

香港立法会功能组别选举是基于现代选举制度中的职业代表制理论。现代选举制度中职业代表制是与地域选举制相对应的。代议机构代表是从社会中某个职业或行业中选举出来，代表行业利益参与政治生活的。

职业代表制理论形成于19世纪后期。① 人类进入工业化社会以来，不再单纯以分子化的个体形式存在，“不复以关于同一血系，或同一地域为人类结合的根本原因，而将以从事于同一职业为其结合的根本原因”②，各种职业团体是社会重要组成部分。反映这种职业团体兴起的社会形态的选举制度设计就是职业代表制。“如果我们想达到实现整个政治代表制的理想境界，如果我们想在国会保证国家生活的所有社会力量的代表制，那必须在与各种党派数目成比例的个体选出的议会之外，再设置一个由职业团体选出来的议会。”③“只有在代表制主体里勾画出国民的所有组成部分即一些个体和团体时，我们才能保证国民意志的代表制。…… 一个国会只有包含了组成它的两个因素：个体因素和集体因素时才能成为一个代表。”④

在选举民主制中，职业代表制有其积极意义，能够比较好地解决代议制中代表责任、代表与选民关系以及如何发挥议员的功能等系列问题，议会中“各代表所代表何种选民？这些选区是按照什么原则形成的？这些原则确定代表制的基础”⑤。职业代表制中“代表系由某种行业或职业中一定数目的人所选出。这样，选区的构成成分就会非常一致，代表也可起作用，因为选区是以选民的生产任务或作用划分的。”“专业性代表制，其最大好处是为代表提供了明确的责任界限。一方面，他确切知道他是由谁选出的，他必须代表谁的利益；另一方面，他的选区因构成成分一致能轻易无误地判断他是否做好代表他们

① 王世杰、钱端升著：《比较宪法》，中国政法大学出版社1997年版，第143页。
② 王世杰、钱端升著：《比较宪法》，中国政法大学出版社1997年版，第144页。
③ [法]莱昂·狄骥著：《宪法学教程》，王文利等译，辽海出版社1999年版，第148页。
④ [法]莱昂·狄骥著：《宪法学教程》，王文利等译，辽海出版社1999年版，第148页。
⑤ [美]科恩：《论民主》，聂崇信等译，商务印书馆2004年版，第85页。

共同利益的工作。”①当然职业代表制也存在问题，即代表的活动必然专注自己专业性选民的利益而忽视整个社会的利益。比较而言，与职业代表制相对应的地域代表制，其代表是由某一共同生活的社区选举产生，选区内“选民结构就非常不一致，代表不易发挥作用，因为公民的特殊利益及其生产任务与他所在的选区都毫无关系。”②地域代表制优点在于代表注重社会整体利益的需要，“褊狭情绪会大大减少。同时，成分庞杂的选区可大大减少这种可能性，即值得注意的少数在执政的多数中毫无代表权；因为任何有效的联盟必然要包括每一种主要利益的维护者，少数受多数压制的危险也从而减少”。但是，地域代表制中代表与选民之间的责任界限是很不清楚的，“代表很难知道成分庞杂的选区中，谁投他的票，为什么投他的票，因此，也难以知道如何为支持他的选民具体服务。在纷乱中，可能甚至必然会有某些群体得不到足够的关心与维护”③。

职业代表制使得议会制度与现代社会组织形态相适应，也使得议会吸纳专门人才，“议会的议员，往往不是一种富有专门知识或经验的人才，而为一种缺乏专长的政客。从事专门事业的人才，或因为其不愿于本身的事业以外，更向一般民众为普通的政治活动；或因其缺乏向普通民众为这种活动的余暇；其能当选议员者，绝无可能。可是现代的立法职务，确又日趋复杂艰难之境；议会之中，如果长此缺乏专门人才，则议会制度的衰落属无可挽救。”④因此，“凡职业团体的组织已达相当程度的国家，职业代表制之相当采用，殆已不易避免；唯有采取的形式则彼此不必尽同”⑤。反映职业代表制，实现社会各个阶层、界别参与政治的制度设计可以是两院制，也有一院制实施不同选举形式。职业代表制与地域代表制各自反映议会中不同的民意基础。理论上，职业代表制与地域代表制代表两种极端，各有其优缺点，“没有一种解决办法十全十美、合乎理想的。民主社会必须设计出最适合它自己情况的办法”⑥。

香港特区立法会作为一院制立法机构，实行地区直选和功能组别选举反映香港社会实际状况，是适合香港政制发展的制度设计。

---

① [美]科恩：《论民主》，聂崇信等译，商务印书馆 2004 年版，第 86 页。

② [美]科恩：《论民主》，聂崇信等译，商务印书馆 2004 年版，第 86 页。

③ [美]科恩：《论民主》，聂崇信等译，商务印书馆 2004 年版，第 87 页。

④ 王世杰、钱端升著：《比较宪法》，中国政法大学出版社 1997 年版，第 145 页。

⑤ 王世杰、钱端升著：《比较宪法》，中国政法大学出版社 1997 年版，第 151 页。

⑥ [美]科恩：《论民主》，聂崇信等译，商务印书馆 2004 年版，第 85 页。

三、立法会功能组别存在具有深厚的社会基础

立法会功能组别选举不仅反映香港政制发展中的均衡参与原则，具有民主选举理论支持，而且在香港特区具有广泛的民意基础。

首先，立法局中功能界别议员及其选举反映香港独特的政制发展。早在香港回归之前港英当局统治下，功能组别已经产生。港英当局在委任立法局议员时代，其委任议员的原则是务求不同界别、阶层和专业都有代表人物于立法局当中。1985 年香港立法局举行有史以来首次选举后，共有 11 名官方议员（包括 4 名当然议员），以及 46 名非官方议员，其中 22 人由总督委任，12 人由功能组别选出。1988 年立法局增设两名由功能组别选出的议员，以取代两个委任议席。1991 年立法局中有 39 名选任议员，其中有 21 人由功能组别选出，另外 18 人则由全港各地方选区以直接选举方式选出。1995 年在英国统治下之最后一届立法局 60 名议员全部由选举产生，其中 30 名由功能组别选举产生，20 名由地方选区选举产生，10 名由选举委员会选举产生。香港回归之后，基于基本法保障香港原有资本主义制度不变的立法原意，功能组别保留下来。1998 年香港特别行政区第一届立法会选举于 1998 年 5 月 24 日举行。《基本法》规定，第一届立法会由 60 人组成，其中分区直接选举产生议员 20 人，选举委员会选举产生议员 10 人，功能团体选举产生议员 30 人。立法会主席由立法会议员互选产生。第一届立法会的任期自 1998 年 7 月 1 日起，为期两年。2000 年香港特别行政区第二届立法会选举于 2000 年 9 月 10 日举行。《基本法》规定，第二届立法会由 60 人组成，其中分区直接选举产生议员 24 人，选举委员会选举产生议员 6 人，功能团体选举产生议员 30 人。立法会的任期为期四年。第二届自 2000 年 10 月 1 日开始。2004 年香港特别行政区第三届立法会有 60 名立法会议员，其中分区直接选举产生议员 30 人及功能团体选举产生议员 30 人。2008 年香港特别行政区第四届立法会选举于 2008 年 9 月 7 日举行。现有 60 名立法会议员，其中分区直接选举产生议员 30 人及功能团体选举产生议员 30 人。立法会功能组别在香港具有独特发展历史。香港立法会功能组别存在与发展具有深厚的社会基础。

其次，立法会功能组别反映香港多元化社会平等参与的要求。香港是一

个高度发展的城市化社会，公众的职业认同高于区域认同。香港是个高度发展的城市社会，各个地区之间发展差别不大，在香港基于地区不平衡和特殊区域利益需求支持地域选举的需求并不强烈，而且选区划分与行政区域划分没有直接联系。相反，香港是个基于职业差异形成多元化的社会，职业差异、职业共同体认同非常高。“尤其是香港地小人多，地区或地域界限和利益并不明显，住在同一大厦内老死不相往来的选民不乏其人，不论是立法会选举的大选区，还是区议会选举的小选区，皆没有地方行政区域的划分，不像世界各国有省、市、县、区之区别。香港选区之划分只是为了寻求选民人数的大致平衡。相对于这种地域代表制而言，香港的职业代表制所代表的界别大多十分明显，泾渭分明，各界别的界限和利益往往也很不相同。”①就拿地域代表制而言，2008 年香港立法会第四届议员选举中，地方选区选举在全港分为 5 个地方选区，分别为香港岛、九龙西、九龙东、新界西及新界东，每个选区选出指定数目的立法会议员，每区获分配的议席乃按区内人口计算。

香港立法会功能组别与地区直选代表制度并用，既保证香港居民拥有平等选举权，也保证香港社会各个界别平等参与，保障各个界别在立法会中的代表权。

再次，香港立法会功能组别获得市民的认可。自 1985 年立法会功能组别开始运作以来，在香港政制发展中发挥积极作用。2007 年，与行政长官报告一起发表的《政制发展绿皮书公众咨询报告》根据政府过去收到的意见，列出了立法会实行普选时处理功能界别的三种方案：第一种，地区议席取代功能界别议席；第二种，保留功能界别议席，但改变选举模式；第三种，增加区议会议员互选产生的立法会议席数量。针对三种不同方案进行民意调查，结果是：香港大学民意研究计划调查的结果为三个支持率依次是 23%，34%和 28%；《明报》调查的结果依次是 33%，39%和 28%；《南华早报》/ TNS 调查的结果是 23%，30%和 23%。调查结果表明，大多数市民选择保留功能界别、改变选举模式，反映功能界别选举在社会上有多数民意的支持。

最后，功能组别有利于维持香港政制稳定。香港立法会是实行一院制立法机关，议员选举组织方式应当避免单一化。不同选举方式产生议员保证议员结构的多样化，既可以实现立法会的广泛代表性，也有利于立法会中不同利益主体制约，防止立法会内部由于议员的高度同质化带来立法冲动。基本法

---

① 宋小庄：《普选并不排斥职业代表制》，载《文汇报》2007 年 8 月 29 日。

就立法会投票表决规定，要进行分组投票，以充分反映香港社会各界的意志，同时也要求立法会在通过法案和议案时，不能进行任意作为或者任性。如果立法会议员完全由普选产生，则必然取消现在的这种分组投票的机制。在这种情况下，如果立法会中有一派占据多数甚至绝大多数，则可能会出现以多数欺负少数的现象。

香港作为一个高度国际化的城市社会，区域狭小，资讯发达，信息高度流动，这种背景下，政治议题很容易受到少数政客操纵，激起民众热情，造成公众决定的情绪化。职业化代表制有利于排除立法会中少数政客操纵政治议题，维护行政主导的体制，减少社会震荡，维持社会稳定。

四、立法会功能组别有利于维护香港的繁荣稳定

繁荣稳定是包括香港居民在内的全国人民的共同诉求。繁荣稳定也是中央政府对香港特区的一贯的政策出发点和落脚点。香港是资本主义社会，需要高度重视工商界的声音，功能团体能够兼顾社会各阶层利益特别是工商界和专业界的利益。保护包括工商界在内香港各界的利益，必须保证各界均衡参与政治生活，保证其立法机关机构中的代表权。“一个社会中权利的分配决定了报酬的分配。某个公民或某个群体拥有多大的政治权利，决定其能在多大程度上实现自身的利益。换言之，一个利益均衡的社会必然是建立在权利均衡基础之上的。政治权利的平等分配是政治利益及其他利益平等分配的前提。从这个意义上说，政治权利是实现政治利益从而也是实现其他利益的基础。因而，谋求政治权利成为实现利益最根本的途径。”①

正如乔晓阳主任指出的“要保持原有的资本主义制度，必然要求香港的政治体制必须能够兼顾各阶层、各界别、各方面的利益，既包括劳工阶层的利益，也包括工商界的利益，做到均衡参选。这里我要特别讲一下工商界的利益。可以说，没有工商界就没有香港的资本主义；不能保持工商界的均衡参选，就不能保持香港原有的资本主义制度。纵观当今世界的各个资本主义社会可以

---

① 李森：《当代中国利益集团利益表达行为的特征及趋势》，载《理论前沿》2008 年第 20 期。

发现,其实均衡参与是所有成熟的资本主义社会的制度设计中都必须努力保障的一项基本原则,只是不同的社会,均衡参与的方式和途径有所不同罢了。比如,有的是通过两院制中的上院或参院,有的是通过能代表各种不同阶层、不同界别、不同方面的政党等方式和途径来实现均衡参与。”①

香港工商界人士和专业人士,长期对政治淡漠,也长期依赖委任制度,远远未组织起来,如果激进地推行一人一票,他们处于分散状态,缺乏信心参政参选,或不适应这种政治机制;一些对管理现代化商业城市有能力、有经验、有学识的人士,尚不习惯抛下业务去搞街头政治,不习惯到基层拉选票,也难以适应参选。2008 年第四届立法会选举中,代表工商界参政的自由党在地区直选中全部落败,其立法会的议席全部由功能团体选举产生,恰好说明工商界对功能团体的间接选举仍然有很强的依赖性。“如果在既没有两院制又没有能够代表他们界别的政党来保证均衡参与的情况下,就贸然取消功能团体选举制度,势必使均衡参与原则得不到体现,使赖以支撑资本主义的这部分人的利益、意见和要求得不到应有反映,那原有的资本主义制度又如何来保持呢?工商界的利益如果失去宪制上的保护,最终也不利于香港经济的发展,如此,也就脱离了基本法保障香港原有的资本主义制度不变的立法原意。”②

香港特区的繁荣稳定需要香港各界人士的共同努力,在政制设计中要保障各界的利益。由于香港区域狭小,工商业发展中行业分散,人数规模不大,没有形成较大规模的利益链条,不可能产生具有广泛群众基础的政党,其政治参与依赖功能组别选举制度。保证工商界人士和专业人士参与权利,保障香港持久的稳定繁荣,需要在发展地域选举基础上,保留功能组别选举。

五、立法会功能组别与基本法确定的普选原则并不直接冲突

立法会功能组别选举之所以引起社会关注,是因为人们对功能组别选举

① 乔晓阳:《以求真务实的精神探求香港政制发展的正确之路》,2004 年 4 月 26 日在香港特区政府和中央政府驻港联络办联合主办的香港各界人士座谈会上的发言。

② 乔晓阳:《以求真务实的精神探求香港政制发展的正确之路》,2004 年 04 月 26 日在香港特区政府和中央政府驻港联络办联合主办的香港各界人士座谈会上的发言。

与普选原则是否协调产生不同认识。主张取消立法会功能组别选举的人士认为，功能组别选举违反普选原则，是与普选原则对立的。更有甚者以国际人权公约规定的普选原则来否定功能组别选举。

一些主张取消功能组别选举的人士，以《公民权利和政治权利国际公约》为依据，认为功能组别的存在违反了《公约》第25条第2款规定的"普及和平等"原则。这种认识不符合法治要求，缺少法理支持，因为公约该条款不是香港法律组成部分，在香港特区并不执行。1976年《公民权利和政治权利国际公约》被引入香港时，英国对第25条第2款作出了保留。英国政府与中国政府于1984年签署联合声明，作为附件一的《中华人民共和国政府对香港的基本方针政策的具体说明》第13条指出："《公民权利和政治权利国际公约》和《经济、社会与文化权利国际公约》适用于香港的规定将继续有效。"这里的要点是，"适用于香港"的规定将继续有效，这显然也包括英国对第25条第2款的保留规定。这样的规定最后写入《基本法》。1990年通过的《基本法》第39条同样规定：《公约》适用于香港的有关规定继续有效，但必须通过香港的立法予以实施。《公约》规定的"普及和平等"的原则并不适用于香港。

香港特区的普选是基于基本法的规定。《基本法》规定，香港特别行政区立法机关"最终达至全部议员由普选产生的目标"。基本法已表明香港可以达至普选，香港特区的普选是基于基本法，并不是基于有关公约。

香港落实普选是基于基本法，而《基本法》在第45条和第68条使用的是"普选"而不是"普及和平等"。普选就是立法会议员的选举遵循选举的普遍性原则，也就是指符合法定条件的香港居民，无论其性别、年龄、种族、信仰、社会状况，都有选举权利，也就是"人人有票"。"于年龄、国籍、无精神病与未受刑事处分条件而外，不另设其他资格，则可称之为普及选权制。"① 历史上，选举普遍性原则的实现经过了漫长过程，早期选举中，种族、财产、教育、性别都是限制选举普及的资格条件。在19世纪中期，英国有以男性普选权为主要诉求的宪章运动，提倡无论男性的种族、阶级如何，男性都有参政选举的权利。但对于女性普选权或投票权、选举权等等则在19世纪末和20世纪初才被重视。西方国家直到20世纪中叶才废除性别上的限制，最终实现普选。

理解普选的含义，应当将选举的普遍性原则与平等原则区分开来。选举

① 王世杰、钱端升著：《比较宪法》，中国政法大学出版社1997年版，第137页。

平等原则是指有选举权的选民在一次选举中“一人一票，每票等值”。绝对的选举权平等原则是人们追求的理想，早期的复数投票制被废弃，“一人一票”得以实现，但是“每票等值”在任何选举制度中都未得到真正实现，一方面是技术原因，地域选举制中议员名额的分配与选区选民数量并不完全相等，造成选票不等值，另一方面是理念的差异，如考虑少数民族、社会各阶层在议会中的代表权，每个议席所包含选票数存在差异而导致选票不等值。选举的普遍性与平等性是选举制度中的两个不同原则，普选并不包含平等原则。

立法会的普选是由《基本法》规定的，《基本法》只规定普选，没有明确要求实行“一人一票，每票等值”的选举。由于选举平等原则是反映投票人平等选举权，还不包括社会各个阶层、各个界别在立法会中的平等代表权。单纯立足于投票人平等选举权的选举平等性原则不能保证社会各种利益平等代表权。世界各国选举制度中并没有实现选举权绝对平等。香港政制发展中的均衡参与原则不单单追求投票人的平等参与，还要求社会各个界别、各个阶层的平等参与，做到实质上的平等。普选基础上的选举民主不单单是数人头数，还要关注利益的代表性，要求反映各个界别的利益。多元化社会中的民主发展既需要各个个体公民平等参与，也要求社会各个界别的平等参与。这是根据香港的特定情况，实现均衡参与原则作出决定的。保留功能组别选举符合《基本法》的普选规定，基于普选要求，立法会功能组别选举有进一步完善的要求。

论普通法对香港基本法适用的影响

李树忠*

《香港特别行政区基本法》（下称基本法）规定，香港回归后实行的各项制度和政策均以基本法的规定为依据。基本法还具体规定了特别行政区的政治架构、居民的基本权利和义务等内容。根据这些规定，基本法可以被称为特区的“宪制性法律”，从而改变了香港回归前的不成文宪法体制。同时，由于香港在回归前受英国管治，英国将其本国的普通法移植到香港，从而形成了归属普通法系的香港法制。根据基本法，特区成立之后包括普通法在内的香港原有法律基本保持不变。这样，普通法与基本法在香港特区共生，二者将不可避免地相互作用与影响。一方面，基本法为特区确立了新的宪制框架，普通法将在此新的宪制框架下被适用，基本法将影响着普通法理念与规则体系的调整与发展；另一方面，基本法作为全国性法律的一部分，主要在普通法环境下实施，普通法不仅是作为一种规则体系影响着基本法的实施，更重要的是其作为一种法律思维模式对基本法的实施产生影响。本文以香港回归后的司法实践为基础，探讨普通法对基本法适用的影响。

一、普通法的含义及基本精神

基本法作为全国性法律，与全国人大制定的其他法律最大的区别在于其主要在实行普通法体制的香港特区实施。实施10多年来，基本法在香港所遇到的最大挑战正是来自普通法传统的影响。在探讨普通法对基本法适用的影响之前，有必要对普通法的含义及精神作一个概览式的梳理。

---

* 中国政法大学教授，教务处处长，校长助理。

普通法(common law)一词在不同的语境下具有不同的含义。[①] 在一般意义上,普通法是指法院通过"遵循先例"的司法原则,在判例的基础上发展起来的、具备司法连贯性特征并在一定司法共同体内普遍适用的各种理念、原则、规则和技术的总称,即"判例法"(case law)。从其产生过程看,普通法起源于13世纪前后从英国皇家法院产生出来的通行全国的判例法。1066年诺曼征服后,英王威廉一世及其后的几位国王为了统一英格兰不同地方施行的习惯法而在全国各地建立了皇家法院,并通过判例形成了统一的全国性法律制度。由于这一法系被认为是源于"王国的普通习俗",所以它被冠以"普通法"(common law)的名字。事实上,最早它之所以被称为普通法,是因为它代替了英国当时各地的习俗而通行全国。后来,随着英国的殖民征服和殖民扩张,英国经济制度、法律制度和文化传统呈现了世界性的影响,作为英国殖民地的北美、澳大利亚、南非、南亚、东南亚和其他一些英语国家和地区中也植入并传承这一普通法体系,从而使普通法系成为与大陆法系相提并论的世界两大法系之一,获得了世界性的影响。据统计,当今世界约有1/3的人口生活在其法律制度属于普通法系或深受普通法系影响的国家或地区。

由于普通法是不成文法,内容涉及各个部门法领域,其规则体系很难完整地概括出来。但是,这些形式分散的法律规则并非杂乱无章,而是以其中蕴涵着的丰富的法治理念和精神为纽带的统一体。所以,普通法不仅仅作为一种法律规则体系而著称,更重要的是,普通法是一种独特的法律思维,蕴涵着独特的法治理念。普通法的精神大致包括以下几个方面:

(一)法官造法和遵循先例

梅利曼教授在比较大陆法系与普通法的差异性时指出:"普通法是由法官

① 普通法一般有以下几种含义:第一,当与成文法相对应时,普通法是指"判例法"或"不成文法",这是普通法一词在本文中的含义。第二,当与地方性法律相对应时,普通法是指通用于整个英国的法律,本文不涉及普通法的这种含义。第三,当与衡平法相对应时,普通法是指一种特殊类型的判例法,即下文提及的狭义的"普通法"。第四,当与大陆法系相对应时,普通法是指以英格兰普通法为基础的英美法系,在本文中称为普通法系,以区别文章所指的普通法的含义。参见薛波主编:《元照英美法词典》,法律出版社2003年版,第261页。

创造和建立起来的。”[①]这表明，法官在普通法发展中发挥了决定性的作用，具有不可替代的地位。在英国，早期的法官由国王身边受重用的大臣担任，判例在很大程度上体现了国王的意志。但随着司法实践的发展，法官逐渐演变为一个相对独立的职业群体，具有独立的地位、精湛的学识和很高的社会公信力，是法律职业群体中出类拔萃之士，这些精通法理又具有丰富经验的法官们通过一个个经典的判例，赋予普通法以丰富的内涵和顽强的生命力。所以，普通法的产生与英国特殊的法官职业群体有密切关系。与其说普通法“为创造一个不成文的法律体系和一个以口头形式做出判决并加以记录的才华卓越、德高望重的司法界奠定了基础”，[②]不如说才华横溢的法官在司法实践活动中造就了普通法的理念、原则、规则和技术，使普通法富有活力且坚忍不拔，战胜了教会争夺司法权、成文法运动等危机，成为世界性的法律。[③]

作为“法官创造的法”，普通法是由法官们根据过往判例不断发展而成的法律（判例法）。在普通法系内，判例法是基本的法律渊源，而成文法是次于判例法的渊源，不被看作是法的正常表现形式，而被视为普通法体系的“外来部分”。作为普通法中基本的法律渊源，这些由法官创造的判例，对下级法院在以后类似案件的判决中有拘束力，此所谓遵循先例原则。可以看出，遵循先例原则是司法经验主义的反映，表明诉讼将依照从过去的司法经验中归纳出的原则来裁判，糅合了确定性与进化力的双重功效。这是一种致力于经验的理性原则，体现出经验将为行为的标准和判决的原则提供基础。

当然，现实生活世界中很少有两个案件的情况是完全相同的，这就要求法官不能原封不动地照搬现存的法律规则，而应从既往的判决中提炼出一般性的规则和原则用以解决新的纠纷。在这些先例中，法官确认某些“规则”可以作为现实问题的解决方法，同时也考察这些“规则”如何在先例的相应情况下被限制、扩大或修正，然后从这些规则当中抽出“原则”和“准则”，再运用这些原则和准则对面前的案件推导出试验性的解决办法；然后针对相似案件的背

---

① [美]约翰·亨利·梅利曼著：《大陆法系》，顾培东等译，法律出版社2004年版，第34页。

② [美]格伦顿等著：《比较法律传统》，米健等译，中国政法大学出版社1993年版，第93页。

③ [美]罗斯科·庞德著：《普通法的精神》，唐前宏等译，法律出版社2001年版，第3页。

景检验他的解决办法是否合适，并最终作出判决。

普通法的生命就是“遵循先例”，普通法就是在“遵循先例”的基础上发展变化的，遵循先例并发展先例是普通法的生命力和适应性的基本保障。但遵循先例并不代表着普通法法官们因循守旧。事实上，普通法自13世纪起源，适应了不同历史时代，至今仍在世界范围内产生重要影响，这表明它具有强大的生命力和适应性。普通法的法官们是从既往的生活中提炼出一般原则，在判例中上升为法律原则，形成对以后相似情形的约束力，但当社会生活的基础发生变化时，新的习惯又得以产生，这些变化又逐渐反映在判例中，又产生新的普通法规则。因此，普通法是从实践到理论再返回指导实践的法律体系。实际生活改变了，来自生活的理论自然也就变了，从而形成新的实践规则。这就是普通法自身适应新情况进行自我更新的内在机制。

总体而言，普通法作为一种判例法体系，它是由判例中抽象出的原则组成的，而没有具体的法律条文；它涉及法律体系各部分，而不是一个具体的部门法；它还是一种审判制度，遵循正当法律程序、陪审制等基本的程序理念。最重要的是，普通法是一个开放的体系，是在渐进、缓慢变革中适应社会经济环境、解决争端、维护社会秩序的法律体系。

(二)法律至上

法律至上原则是伴随着英国中世纪世俗与宗教司法管辖权的分野观念以及世俗权力对宗教事务范畴的完全无涉而产生的，是英国封建社会历史上的司法权与王权斗争胜利的直接成果。1215年英国的《自由大宪章》确立了“王在法下”的观念。布拉克顿曾言：“国王本人不应该受制于任何人，但他却应受制于上帝和法，因为法造就了国王。因此，就让国王将法所赐予他的东西——统治的权力——再归还给法，因为在由意志而不是由法行使统治的地方没有国王。”[①]随着资产阶级革命的胜利，国王的权力转移到议会以及议会中的多数派手中，但是，“普通法对待国王、议会和多数派是一视同仁的，它只在法律所确认的范围之内遵从以上三者的意志，但他们要接受这样的警示：你们只能依据上帝和法律来统治这个世界！一旦宪法对权力进行了限制或者对其行使

① [美]爱德华·考文著：《美国宪法的“高级法”背景》，三联书店1996年版，第21页。

规定了一定程序,那么普通法院将拒绝执行超越这些限制的任何行为。”①可以看出,英国历史的演变并没有使法律至上的传统得以改变,权力受制于法的精神并没有废弃,法律至上原则成为普通法传统的基石,并且适用范围更加广大,成为限制一切统治权力而又不依赖于现实的法律存在的最明确的原则。

个人主义是法律至上原则的精神。普通法存在的目的就是保护个体的利益,使之免受国家和社会强权的违法侵害。国家存在的目的是保护个人利益,法律的功用就是保护人民不受国家强权的压迫和剥夺。法律规则及法律机构必须以理性为尺度,任何事务都不能凌驾于法律和理性之上。

(三)司法独立和司法审查

为维护法律至上的原则,司法独立和司法审查就成为普通法的保障性制度。在权力和法律的关系上,法律至上原则要求权力必须服从于法。而司法独立和司法审查是法律至上原则的制度保障。

司法独立是司法公正的基本保证。这一原则要求司法机关在依法裁判时,不受任何外来的干涉与施压。在中世纪,司法独立原则要求国王不得干预司法裁判。随着历史的发展,西方国家三权分立的宪政体制确立以后,司法独立防范的是行政机关和立法机关对司法权的不当干涉。为了保证这一原则的实现,法官终身制、法官高薪制等相关制度被确立。

独立的司法权力与法律至上原则为司法审查制度提供了理论基础。柯克在“博纳姆医生案”中写道:“在很多情况下,普通法会审查议会的法令,有时会裁定这些法令完全无效,因为当一项议会的法令有悖于共同权利和理性或自相矛盾,或不能实施时,普通法将其予以审查并裁定该法令无效。”②当成文宪法确立之前,司法审查的对象是国王的制定法,审查的依据是普通法。普通法对国王制定法的优位效力体现的是法律对权力的优位效力。

由于英国的不成文宪法体制,英国并没有形成违宪审查意义上的司法审查制度。美国宪法接受了法律至上学说,并通过判例形成了违宪审查意义上的司法审查制度,但其基础无疑是普通法传统。有学者指出,正是在对英国殖民地的法律、特许令状制度、成文宪法以及人权宣言等的遵循、反思等,把美国

---

① [美]罗斯科·庞德著:《普通法的精神》,法律出版社 2001 年版,第 44 页。

② [美]爱德华·考文著:《美国宪法的“高级法”背景》,三联书店 1996 年版,第 45 页。

引向了法律至上的境界,并在这里让柯克以人权和理性约束议会的理想得以实现。[①] 美国人接受了普通法的法律至上学说,制定了成文的联邦宪法,在此基础上形成司法审查制度就顺理成章了。马歇尔在马伯里诉麦迪逊案的判决中指出:“立法机关的权力是限定的和有限制的……假如这些限制随时有可能被所限制者超越,假如这些限制没有约束所限制的人,假如所禁止的行为和允许的行为同样被遵守,则有限政府和无限权力之间的区别就消失了……要么宪法制约任何与之相抵触的立法机关制定的法律,要么立法机关可以以普通法律改变宪法……在这两种选择之间没有中间道路。宪法要么是优先的至高无上的法律,不得以普通立法改变;要么与普通立法法案处于相同的地位,像其他法律一样,立法机关可以随意加以修改。”这指出了司法审查制度建立的普通法基础。而要保证这一点,就必须赋予法院司法审查权。所以,司法审查制度虽然在美国宪法中没有规定,但自最高法院通过判例确立这一制度后,其正当性一直没有受到太多的挑战。而其他普通法国家和地区也基本基于自己的普通法传统确立了司法审查制度。

二、普通法传统是基本法意义上违宪审查权的基础和依据

庞德认为,普通法主要是一种司法与法学思维的模式,一种解决法律问题的方法,而非许多一成不变的具体规定,制定法的出现并不会损害普通法的精神,而普通法所体现的精神仍旧可以作为这个时代社会制度的价值基础。这一观点完全适用于香港普通法和基本法的关系。由于普通法在香港获得了高度社会认同,它成为一种主导香港法律制度发展的根本性的、传统的力量,基本法在这一新环境下实施,必然会受到普通法的重大影响,这主要表现在法官们将普通法的理念、原则、规则和技术贯彻到基本法的适用过程当中去。笔者认为,从香港基本法的司法实践来看,普通法对基本法适用的影响主要表现在两个方面:一是普通法的司法审查传统对特区法院违宪审查权的影响;二是普

① [美]罗斯科·庞德著:《普通法的精神》,唐前宏等译,法律出版社 2001 年版,第 52 页。

通法法律解释传统对基本法解释制度的影响。下文将从基本法在特区法院司法适用的角度从上述两个方面分析普通法对基本法的影响。

违宪审查在普通法国家一般被称为“司法审查”，指法院在审判中依据宪法对有关立法行为和行政行为进行合宪性裁决的审查，或者指依据上位法审查下位法是否合法而作出裁决的行为。原初意义上的司法审查是与英国普通法相伴生的一个概念和制度，仅指司法机关根据法律审查行政行为的合法性。但在美国，联邦最高法院通过马伯里诉麦迪逊案将司法审查的意义扩张到宪法层面，即根据宪法审查法律及行政行为的合宪性，即违宪审查。违宪审查使宪法不再是空中楼阁，而是扎根于现实生活的最高的法。

基本法是特区的宪制性法律。基本法第 11 条第 2 款规定：“香港特别行政区立法机关制定的任何法律，均不得同本法相抵触。”由此引申出来的一个问题是：谁有权审查特区立法是否与基本法相抵触？这就是所谓的特区“违宪审查权”问题。

我们先看何谓香港法院的“违宪审查权”。有香港学者认为，香港法院的违宪审查权是“指特别行政区法院就特别行政区立法机关的立法的审查权，如裁定特别行政区立法是否因与基本法相抵触而无效”①。所以，这里的违宪审查与一般意义上的违宪审查含义并不完全等同，亦即此“宪”是指基本法，而非我国的宪法。那么，香港法院有无违宪审查权呢？在普通法系，司法审查或曰违宪审查（都是指法院对立法机关的立法行为进行合宪性审查）是其传统。在英国资产阶级革命以前，著名法学家科克就曾说过，当议会的法律违背普遍正义和理性的时候，普通法将高于议会法案，法院可判这样的法律归于无效。而在美国，司法审查也是通过 1803 年的马伯里诉麦迪逊案确立起来的。但在英国，司法审查的传统并没有延续下来，原因在于其通过资产阶级革命，形成了“议会至上”（Supremacy of Parliament）的宪政体制，再加上其不成文宪法体制，任何由英王会同议会制定的法律，法院必须忠实执行而不能质疑其合宪性。1990 年制定的基本法保留了香港法院原有的审判权和管辖权，也保留了香港的普通法，又赋予香港特别行政区法院对基本法的解释权（虽然这种解释权是有限的），并规定特区立法机关制定的任何法律都不得同基本法相抵触。

① 陈弘毅：《论香港特别行政区的违宪审查权》，载《中外法学》1998 年第 5 期。

据此，有学者认为，香港回归后特别行政区法院应享有违宪审查权。[①] 而香港回归以前法院是否有违宪审查的权力又成为很多学者论述回归后特区法院是否有违宪审查权的一个重要依据。

香港回归以前，英国专门为香港制定了《英王制诰》和《王室训令》，作为在香港实施的宪法性法律。香港法院在1991年以前并没有审查香港立法机关的法律是否与这两个宪法性文件相抵触而无效的权力。但有学者主张，实践中没有相关的案例，"并不表示法院在法理上没有违宪审查权"。[②] 所以，不能据此认为香港回归后法院也不应有违宪审查权。况且，在1991年后，香港立法局制定了《香港人权法案条例》，香港法院可以根据该条例审查香港立法机关的立法，如发现其有侵犯人权的情形可宣布其无效。根据该条例，形成了一系列判例。但有学者指出，由于中国政府在香港回归前已指出，《香港人权法案条例》因抵触基本法而在香港回归后不予保留，所以由此产生的判例亦应不予保留。[③]

我们认为，香港回归以前法院是否有违宪审查权事实上并不重要。因为这个问题本身就是一个见仁见智的问题。由于观察视角的不同，学者间的结论也就出现了分歧。不论香港在英国管制时代其法院是否有违宪审查权，普通法传统要求法院必须对法律进行解释并在相互冲突的法律规范体系中决定具体的适用规则。基本法明确了在香港保留普通法，这就给香港法院违宪审查权提供了足够的法理依据。至于有学者所主张的基本法已为特区立法机关制定的法律是否抵触基本法设置了保障或者说审查机制，因而无须法院进行违宪审查的论点是没有说服力的。[④] 美国总统可以对国会制定的法律行使否决权，国会也可以自行修改自己制定的法律，但美国法院照样确立了司法审查权。所以，问题的实质并不是香港法院是否有必要行使违宪审查的权力，而是法院在司法过程中无法回避的一项司法活动。

当然，肯定特区法院享有违宪审查权并不等于承认其可以对全国人大及

---

① 陈欣新：《香港与中央的"违宪审查"协调》，载《法学研究》2000年第4期。

② 陈弘毅：《论香港特别行政区的违宪审查权》，载《中外法学》1998年第5期。

③ 傅思明：《基本法的实施对香港法制走向的两大影响》，载肖蔚云主编：《论〈基本法〉的三年实践》，法律出版社2001年版，第20页。

④ 傅思明：《基本法的实施对香港法制走向的两大影响》，载肖蔚云主编：《论〈基本法〉的三年实践》，法律出版社2001年版，第20页。

其常委会的行为进行审查以决定其是否符合基本法。在我国学者以往的论述中，并没有明确区分这两种违宪审查权，即对香港立法会制定的法律进行审查和对全国人大及其常委会的行为进行审查。在中国的宪政体制下，全国人大作为国家的最高权力机关，全国人大常委会作为其常设机关，它们的地位是不容挑战的。如果允许特别行政区法院对其决定提出挑战，则从根本上违背我国的宪政体制。所以，我们关于此问题的基本观点是：香港特别行政区法院可以审查香港立法机关制定的法律是否符合基本法，但不可审查全国人民代表大会及其常务委员会的立法是否与基本法相符。

支持特区法院有权审查全国人大及其常委会立法行为的另一个理由是：基本法第 11 条明确了基本法是特别行政区具有最高效力的法律，这一规定对全国人民代表大会及其常务委员会亦有效力。所以特区法院应有权对全国人大及其常委会低于基本法效力的法律或决定进行审查。① 这种观点是没有说服力的。基本法虽然规定，香港特别行政区实行的制度和政策以基本法的规定为依据，但不能由此得出全国人大或其常委会其他有关香港特区立法的效力比基本法低的结论。

经历由吴嘉玲案引发的释法风波之后，香港的司法审查制度又回到了回归后第一个宪制性案例所确立的轨道上运行，亦即特区法院可审查特区立法会制定的法律是否与基本法相一致，而不可审查全国人大及其常委会的立法。违宪审查对象之争的结果充分表明：尽管基本法可以在普通法制度中融入香港法律体系，但这一实施路径不能背离“一国两制”所确立的国家主权。在“一国两制”所构建的法律格局中，基本法不是宪法，其效力等同于一般法律，香港法院无权依照基本法审查全国性法律的效力。香港法院适用普通法时必须遵循这一基本的法律效力等级体系，不能挑战全国人大及其常委会的权威、损害国家主权。

不过，这种建立在尊重国家主权基础上的对司法审查对象的限制并不妨碍回归后香港普通法司法审查制度的生命力。自香港回归后，中央从未明确否定香港法院在维护国家主权的前提下行使违宪审查权。基本法也得到了司法审查这一制度的呵护，获得有效的实施。居港权系列案件引发的冲突没有让基本法和司法审查分崩离析，而是让二者找到更为恰当的契合点。

---

① 陈欣新：《香港与中央的“违宪审查”协调》，载《法学研究》2000 年第 4 期。

基本法虽然没有规定违宪审查制度，但由于其是在普通法环境中实施的，普通法的司法审查制度为其注入了活力，保证基本法在特区的宪制性法律地位。与此同时，基本法作为特区的最高法，也为普通法中的司法审查传统确立了支点，使这一传统转化为具有可操作性的违宪审查制度，而不再是单纯的司法理念。法官在国旗区旗案中对违宪审查权的充分运用说明：虽然由全国人民代表大会制定的基本法带有内地法律的特点，但是，在具有普通法传统的特别行政区中，基本法这一新事物不仅没有遏制香港法院的司法审查权，而且为其提供了理据支持和广阔的适用空间。基本法赋予香港特别行政区法院终审权，这意味着特区法院既不像回归前受制于英国枢密院，也无须像内地地方法院受最高人民法院的监督，从而拓展了司法审查的权限和空间。与此同时，司法审查制度使基本法在香港普通法传统中得到实施，赋予了基本法强大的生命力和高度的权威性。

三、普通法对基本法解释的影响

法律的解释权对法律的实施具有决定性意义。正如美国联邦最高法院的一位法官所言："我们都生活在宪法之下，但宪法含义为何，是由我们决定的。"基本法第158条规定的基本法解释制度，可谓内地立法解释制度和特区司法解释制度的嫁接，两者既有区分又有关联。由于全国人大常委会并非经常性行使自己的基本法解释权，这就使得基本法的具体实施在很大程度上依赖于特区法院的解释。

（一）普通法的法律解释方法

香港作为普通法地区，法官们是以普通法的法律解释方法来解释基本法的。所以，法官们选择哪些方法，如何选择法律解释方法，对于基本法的实施都具有重要影响。概括而言，普通法主要采用以下法律解释方法：

（1）文义解释规则（Literal Rule）

在普通法中，文义解释是法律解释规则中最基本、最重要的一项。它要求按照法律规定的字面意义进行解释，取其最自然、明显、正常和常用的含义，而无须顾及该含义所产生的结果是否公平或合理；如果制定法的词语本身是精确和不模糊的，对其解释就无须超越其自然和普通含义，所以它又被称为“平义解释规则”(plain meaning rule)。根据这一规则，措辞本身最好地宣示了立法者的意图，规范的普通含义就是法律的字面含义、一般含义或自然含义，也就是指日常生活中普遍使用的词语的含义。为此，人们可以诉诸权威的辞书、教科书或惯例，甚至可以从历史著作或文学作品中得到帮助。

如果法律中的措辞是特定领域的专业术语，则应该放弃其普通含义，而只能适用其专门术语的含义。正如伊谢尔勋爵所言，“如果颁布一项法律，旨在调整某一特定行业、商业或交易，且以每个熟悉该行业、商业或交易的人所通晓与理解的特定含义适用词语，那么，这些必须解释成具有特定含义，尽管它不可能不同于普通或通常含义。”

文义解释的理论依据是三权分立理论。根据这一理论，为防止权力滥用，立法权与司法权应由不同的政府部门享有。法律由立法机关制定，而法院的职责在于忠实地执行立法机关制定的法律，在具体的案件中实现立法机关的立法意图。法院了解立法意图的唯一方法就是解读立法机关所通过的法律本身，如果法律条文普通含义的应用导致了不合理的结果，法院无须承担责任，而只能是立法机关的责任。法院不能把自己置于立法机关的位置，推断立法机关在面对如此情况时所期望出现的结果，更不能也没有权力去填补法律的漏洞。在法律被立法机关修改之前，法院唯一能做的就是忠实地执行法律。相反，如果法官不按照文义去解释法律，那么法官就不是在适用法律审判案件，而是在制定和改变法律，而这会使法院有侵损立法机关在宪政架构中的地位之嫌。

(2)黄金规则(Golden Rule)

黄金规则可视为对文义解释规则的修正。一般来说，法律规定应按照其字面所宣示的普通含义来解释，但这不是一成不变的。在某些情况下，字面含义的运用将导致荒谬的、极不合理并且令人难以接受的结果，并且法官也不认为这一结果就是立法机关制定法律时的初衷，此时，法律解释就应舍弃文义解释规则，而采用黄金规则。按照这一规则，法院应采用变通的解释，而不必拘泥于字面含义。在 River Wear Commission v. Anderson 一案中，布莱克伯恩勋爵指出，“我们将制定法视为一个整体，作为一个解释的整体，赋予其词语普通的含义，除非此种解释会产生如此不一致的、荒谬的或不便的结果，使法院相信不能采用其普通含义，并使法院有理由采纳某种其他的含义，尽管有些不合适，但法院认为其含义就应该如此”。

在普通法下，法官通常采用取代、增加或删除字面含义的办法来防止字面含义的使用所带来的荒谬结果。但在普通法的解释理论中，上述规则的适用受到严格的限制。只有在立法者出现明显失误，或者运用法律用语的字面含义将导致荒谬结论时才可运用。从另一个角度也可以理解为，法官在一般情况下应遵守文义规则进行解释，因为运用字面含义的结果应该达到什么程度才可构成“荒谬”并不是一件容易判断的事情。

(3)除弊规则(Mischief Rule)(目的解释)

英国上议院在1854年的一个案件中指出，解释制定法须考虑四个因素：第一，法律制定之前的普通法是什么？第二，普通法没有规定的弊端或缺陷是什么？第三，国会为补救该弊端而采取了什么措施？第四，补救的真正原因是什么？根据立法者的真实意图，法官往往作出消除弊端和增强补救的解释。此所谓“除弊规则”。

根据这一规则，在解释法律条文之前，法官首先应了解条文制定前的法律概况和弊端，从而明白这一条文是针对什么问题，在解释条文时尽可能对付有关弊端。弊端原则发展至现代，演变为目的解释方法。在解释法律条文时，必须首先了解立法机关在制定此法律时所希望达到的目的，然后以该目的为指导性原则，解释法律条文的含义以实现立法目的。这就要求法院无须拘泥于法律的字面含义，可以考虑政治、经济、社会、公共政策等比法律条文本身更为广泛的因素，如果法律存在缺陷或漏洞，法院甚至可以通过解释予以修正。相对于其他两种方法，目的解释赋予法官更大的自由裁量权，不同的法官对某项立法背后的目的或意图可以有不同的理解。目的解释在20世纪的美国颇为盛行，而英国自从加入欧共体之后，也开始更多地考虑目的解释方法。

(二)特区法院对基本法的解释

从基本法实施以来特区的司法实践来看，特区法院遵循了普通法的法律解释规则。正如特区终审法院在“庄丰源案”的判决中指出的，“在解释基本法时，必须引用在香港发展的普通法”。在具体方法的运用上，特区法院大量地运用了文义解释，同时在一些案件中也运用了除弊规则(目的解释)。

(1)文义解释

在普通法之下，文义解释是法院最常用和最优先适用的方法，香港特区法院同样如此。这种方法要求法官关注基本法文本本身的重要性，“对所用字句，以及赋予这些字句含义的用语习惯及惯用方法必须加以尊重”。[①] 如果基本法的词语本身是精确的，对其解释就无须超越其自然和普通的含义，而应按照法律规定的语义范围内的可能含义进行解释，因为措辞本身是立法者意图的最好宣示。如果在语义范围内无论如何解释，均会导致荒谬的结果，法院就不再受基本法语义范围的限制，而应当弥补法律规定的缺陷。在解释理由中，文义解释通常又是以实现立法意图作为佐证的，后者又是证明解释合理性的一种基本方法。英国的法官在强调文义解释有很强的优先性时，往往引用制定法的“显而易见的或者被标明的意图”一语。这意味着，在文义解释之中，法官也会诉诸立法意图以求得字面含义的正当性。这一点在特区法院对基本法的解释中也得到了遵守和体现。

庄丰源案是特区法院运用文义解释的典型案件。在该案中，终审法院强调，“在解释基本法时，必须引用在香港发展的普通法”，这表明，终审法院认为，虽然基本法是全国人大制定的，属于大陆法系的一部分，但由于其司法适用的场所是在实行普通法的香港特区，故特区法院解释基本法必须依循普通法的方法。在判决中，终审法院进一步详细阐述了文义解释方法的具体运用：

“法院根据普通法解释基本法时的任务是诠释法律文本所用的字句，以确定这些字句所表达的立法原意。法院的工作并非仅是确定立法者的原意。法院的职责是要确定所用字句的含义，并使这些字句所表达的立法原意得以落实。法例的文本才是法律。法律既应明确，又应为市民所能确定，这是大众认为重要的。”

终审法院的这段判词揭示了文义解释方法如何被用来解释基本法。尽管判词中提及探求基本法相关条款“立法原意”的意旨，但实际上它并不寻求基本法制定者的立法目的，而是强调“立法原意”是通过条文得以落实，这也就表明，终审法院认为，基本法条文已能够表明立法者的意图，只需对基本法条款的表面含义作出准确的界定就足以阐明基本法的立法目的。同时，“法院必须避免只从字面上的意义，或从技术层面，或狭义的角度，或以生搬硬套的处理方法诠释文字的含义”，通过考察立法目的以求得法律用语的确切含义。在此过程中，“法院无权赋予其不能包含的意思”。这与英国法律解释的传统一脉

---

① Minister of Home Affairs v. Fisher[1980]AC319,329E.

相承，重视“显而易见的或被标明的意图”，强调存在于法律文本之中的立法目的。

除庄丰源案外，特区法院在其他一些涉及基本法的案件中也广泛运用了文义解释方法。在陈锦雅案中，针对基本法第24条第2款第3项中“第（一）（二）两项所列居民在香港以外所生的中国籍子女”“所生”一词的含义，终审法院认为，“以文字的一般解释作理解，由于类别（3）涵盖在香港以外出生的人士，因此条文便须采用‘所生’这词。无论‘所生’一词是否包含其他意思，它都一定涵盖父母所生的子女。本案中的81名上诉人均是由拥有香港永久性居民身份的父或母所生，而他们均基于父或母这一身份而声称享有居港权……没有人会再问这名子女其父或母何时才成为香港永久性居民，因为以日常语言的含义去理解，这点与该子女是否属于香港永久性居民所生这个问题是毫无关系的”。所以，终审法院的基本立场是，按文字含义的一般解释，在本案中根本无须顾及出生时间的问题，而这一解释也是在贯彻基本法第24条的立法目的。

在适用文义解释方法时，法院如何处理法律条文所显示的立法意图和立法资料所显示的立法意图之间的关系呢？特区终审法院在吴嘉玲案中回答了这一问题。在本案中，终审法院专门提及了这一问题：“法院在解释第三章内有关那些为两制中香港制度的重心所在，并受宪法保障的自由的条款时，应该采纳宽松的解释。然而，法院在解释有关界定永久性居民类别的条款时，则只应参照任何可确定的目的及背景来考虑这些条款的字句。”基于文义解释方法，法院认为，法律条文以外的诸如立法背景文件等辅助资料在法律解释中并不必然具有指导性意义，因为立法者已经通过条文清晰地将立法意图表示出来了，而法律外的立法资料并不一定能够说明立法者的意图。在本案中，针对特区政府提供的其他方面的资料，①终审法院指出：外来资料对基本法的解释有一定的帮助作用，但法院必须谨慎运用，特别是法律颁布后的说明性资料；如果没有全国人大常委会具有约束力的解释，当法院认为法律文本语言清晰

① 特区政府提交了1996年全国人大香港特区筹备委员会通过的《关于实施〈香港特别行政区基本法〉第二十四条第二款的意见》。这一《意见》中规定“在香港以外出生的中国籍子女，在本人出生时，其父母双方或一方须是根据基本法第24条第2款第一项或第二项已经取得香港永久性居民身份的人。”

时，便须落实这些字句的清晰含义，而不能偏离，赋予其所不能包括的意思；任何性质的外来资料都不能影响法院的解释，而不论这些资料的性质如何，也不论其是基本法制定前或制定后的资料。

法院的这一观点典型地体现了普通法的法律解释思维。如在英国，议会规定法官在作出解释时不准参考有关立法初期的记录、提案报告及立法备忘录等历史性材料。其理由在于，这些材料仅能表明立法时的意图，而真正的立法目的只能从法律文件的表现形式中寻找，而且历史材料只表明个人观点，与法律中最后规定的相应条款无必然联系，因为从提案到通过法律，经过各种观点的交锋与妥协，立法意图难以在此过程中保持一致。

(2)目的解释

根据普通法规则，文义解释是法院解释法律的首选方法，只有当文义解释可能会导致极端荒唐的后果时，才有可能采取其他解释方法，如目的解释。香港法院在吴嘉玲案中就强调，对于基本法这一宪制性法律，由于其本身的原则性，目的解释也是必不可少的。目的解释是对基本法的立法目的进行探寻，并在此基础上确立相关问题的判决。在马维騉案、张丽华案、黎施雅案等一系列案件中，法官就采用了目的解释规则。在运用目的解释的同时，法官们也间或运用了黄金规则。

在马维騉案中，在对基本法第8条和第160条进行解释时，法官在判决中写道：

“在我看来，基本法的目的十分明确，即保持我们的法律及其制度不变(与基本法相抵触的除外)。这些法律制度反映了我们社会的组织结构。延续性是保持稳定的关键。任何动荡都是灾难性的。即使一刻的法律真空都可能会导致混乱。除抵触基本法的规定外，原有法律及其制度必须得以延续。现行的制度在1997年7月1日当天就已是存在的了。这些一定是基本法的目的。

“依据上述分析(但不限于此)，法院判定，基本法第8条和第160条已经使得香港原有法律得以延续(即使没有全国人大常委会关于处理香港原有法律的决定和临时立法会制定的涉及原有法律延续事项的香港回归条例)；案件中的上诉人仍受7月1日之前已经开始的普通法诉讼程序的约束。”

在张丽华案中，在解释基本法第24条第3项时，特区法院探讨了该条款的立法目的，指出临时立法会制定的要求申请香港居留权的内地儿童出具居留权证明书的法例并未违反该款。法官在判决中写道：“如果张先生(代表儿童一方)的论点是正确的话,这将意味着在1997年7月1日及其后的时间里,任何人在香港人民入境处口岸声明,其父母一方在他出生时已具有香港居留权,他便应获自动入港的权利,即使他没有相关的证据。这也意味着任何人,即使他避开入境口岸非法入境(不论在7月1日前或之后),但现在声称其父母一方在其出生时已具有香港居留权,他便应获继续留在香港的权利,即使在有关证据尚待核实之前……我不认为这些严重违反入境管制的行为是基本法的起草者所希望见到的,他们也不会将这些行为看作是实施基本法第24(3)条所产生的必然的和理想的后果。"

在黎施雅案中,法官同样通过探讨基本法第24条的立法目的从而肯定只有在出生时其父母任何一方是香港永久性居民,其本人才具有永久性居民的身份。

"很明显,基本法第24条是赋予那些同香港有联系的人士以永久性居民身份,因此,在我看来,该条第3款的目的在于使那些在出生时其父母一方已具有香港永久性居民身份的子女从该款得益,而不是使出生后其父母一方才取得香港永久性居民身份的子女受益……另一方面,我认为原审法院法官在解释基本法第24(3)条时,过低地估计了他的解释可能产生的严重后果。依据那种解释,如果一位老人在港住满七年后成为永久性居民,他所有的在内地的子女就会依据第24(3)条自动成为香港永久性居民。这也意味着他的每个子女的每个子女也有权根据同一条款申请成为香港永久性居民。依此类推,这个'家庭树'将会发展到难以想象的程度。在我看来,这不可能是基本法的目的。因为一个年过七旬的老者终因在港住满七年成为永久性居民,从而使成百上千的人在一天之内取得香港永久性居民身份,这绝不可能是基本法起草者的意图。"

在后两个案件中,除运用目的解释方法,探寻基本法相关条款的立法目的以外,也运用了黄金规则。法院通过对相关方的观点进行阐述,指出如果按其对基本法的理解将会产生令人不可接受的后果,从而指出其观点不正确。

由上可以看出普通法法律解释方法在基本法解释中的运用对基本法适用的重大影响。

(三)全国人大常委会对基本法的"原意解释"

从全国人大常委会的释法实践来看,探求基本法的立法原意是其解释的基本宗旨，也是全国人大常委会解释行为本身正当性和解释内容合理性的根据。① 在全国人大常委会第二次释法后，针对有人提出的全国人大常委会不是释法而是“变法”的说法，时任全国人大常委会副秘书长乔晓阳指出：法律解释是对法律含义的阐述，是进一步明确法律规定的具体含义，忠实于立法原意，不能简单地看条文的字面含义，不能根据个人理解随意解释。② 这一思想贯彻到了全国人大常委会整个释法过程当中。

在具体方法的运用上，全国人大常委会主要通过两种方法去寻找法律的原意：一是通过辅助资料，二是结构主义解释。

1999 年第一次释法的主要目的是修正终审法院对基本法第 22 条第 4 款的解释。时任全国人大常委会法工委副主任乔晓阳在报告中首先指出：“终审法院在判决前没有按照《基本法》第一百五十八条第三款的规定提请全国人大常委会进行解释，而终审法院的解释又不符合立法原意。”可以看出，全国人大常委会此次解释目的就是寻求基本法的原意。③

那么，如何寻找基本法第 22 条第 4 款的原意呢？报告指出：基本法第 22 条第 4 款所确立的中国其他地区的人进入香港特区须办理批准手续的制度是基于内地与香港之间长期以来实行的出入境管理制度，基本法的立法原意正是肯定内地与香港之间长期以来实行的出入境管理制度，内地所有人，包括香港永久性居民在内地所生的中国籍子女，不论以何种事由要求进入香港特别行政区，均须申请办理批准手续，只有香港永久性居民在内地所生的中国籍子女已经取得香港永久性居民身份证的除外。

报告进而指出，基本法第 24 条第 2 款第 3 项所称的“第(一)、(二)两项所列居民在香港以外所生的中国籍子女”是指在其出生时，其父母双方或一方须是香港永久性居民。这一立法原意体现了防止内地大量人口涌入香港，以利

---

① 我国宪法和基本法规定法律的解释权(包括对基本法的解释权)属于国家立法机关(即全国人大常委会)的一个重要根据是法律是全国人大及其常委会制定的，作为制定者，其对立法原意是最为清楚的，所以全国人大常委会对法律的解释最符合立法原意。

② http://www.gmw.cn/01gmrb/2004－04/09/content_11322.htm.

③ 有关本次全国人大常委会释法的报告内容参见乔晓阳：《对〈全国人民代表大会常务委员会关于《中华人民共和国香港特别行政区基本法》第二十二条第四款和第二十四条第二款第(三)项的解释(草案)〉的说明》，http://www.law-lib.com/fzdt/newshtml/20/20050817161638.htm。

于维护香港的长期繁荣稳定的目的。这一结论是如何得出的呢？报告指出，1996年8月10日全国人大香港特区筹委会通过了《关于实施〈香港特别行政区基本法〉第二十四条第二款的意见》，其中规定“在香港以外出生的中国籍子女，在本人出生时，其父母双方或一方须是根据基本法第24条第2款第一项或第二项已经取得香港永久性居民身份的人”。1997年3月10日，筹委会主任委员钱其琛在八届全国人大五次会议上所作的《香港特别行政区筹备委员会工作报告》中将筹委会关于实施《基本法》第24条第2款的意见向全国人民代表大会作了报告，并获得了全国人大的批准。而这一资料就成为确定基本法相关条款含义的依据。

可以看出，无论是对基本法第22条第4款还是第24条第2款第3项的解释，基本宗旨都是探究其立法原意，而为了寻求立法原意，全国人大常委会都在法律外寻求能够说明法律原意的资料，对前者的解释寻求的是内地和香港长期以来的出入境管理制度，而后者寻求的是特区筹备委员会的意见。

在2005年4月关于补选行政长官任期为原行政长官剩余任期的解释中，全国人大常委会采取了结构主义的方式来探究立法原意。针对补选的行政长官的任期究竟是完整一届的五年任期，还是前任行政长官剩余任期的争议，基本法只是在第45条规定：“香港特别行政区行政长官任期五年，可连任一次。”而未涉及补选行政长官的任期。香港有人认为，这一条款的含义清晰，没有概念歧义和内涵模糊，即立法并未区分补选行政长官还是初选行政长官，法律上规定任期都是五年，因而反对全国人大常委会释法。香港社会的这种解释是一种普通法上的文义解释。但是，全国人大常委会并不赞成这种理解，于2005年4月24日作出解释，确定补选行政长官的任期是前任剩余的任期。这一结论如何得出？从全国人大常委会法工委副主任的报告中可以将其归结为以下几个步骤：①

(1)基本法没有明确补选行政长官的任期。基本法第53条明确规定补选行政长官应按照基本法第45条的规定产生；第46条规定正常情况下行政长官任期五年，可连任一次。但是，该条未规定行政长官缺位情况下产生的新的行政长官的任期计算问题。所以，补选行政长官的任期需要作出解释。

(2)从基本法制定过程中53条条文表述的演变中推断补选行政长官的任

① 具体参见李飞：《全国人大关于香港基本法第53条第2款的解释说明》。

期也应依据香港基本法第45条确定。1987年12月最初形成的条文草稿汇编中规定:“香港特别行政区行政长官缺位时,应在六个月内选出新的行政长官。”1989年4月公布的草案征求意见稿修改为:“行政长官缺位时,应在六个月内产生新的一届行政长官。”1989年2月公布的基本法(草案),以及1990年4月七届全国人大三次会议通过的基本法第53条第2款,将此修改为:“行政长官缺位时,应在六个月内依本法第四十五条的规定产生新的行政长官”,即把“新的一届行政长官”改为“新的行政长官”;并且增加规定新的行政长官须“依本法第四十五条的规定产生”的内容。

(3)基本法第45条第3款规定:“行政长官产生的具体办法由附件一《香港特别行政区行政长官的产生办法》规定。”而香港基本法附件一第1条规定:“行政长官由一个具有广泛代表性的选举委员会根据本法选出,由中央人民政府任命”;第2条规定:“选举委员会每届任期五年。”设立一个任期为五年的选举委员会,其法定职责和任务就是选举行政长官,其中一个重要目的就是为了便于在五年中行政长官缺位时能够及时选出新的行政长官(否则选举委员会选举出行政长官后即应解散)。同时,选举委员会任期五年,也表明其职责范围是负责选出五年任期的行政长官,而不能产生跨过五年任期的行政长官。因此,在行政长官五年任期届满前缺位的情况下,由该选举委员会选出的新的行政长官,只能完成原行政长官未任满的剩余任期,而不能跨过五年任期。

(4)基本法附件一第7条规定:“2007年以后各任行政长官的产生办法如需修改,须经立法会全体议员三分之二多数通过,行政长官同意,并报全国人民代表大会常务委员会批准。”对此规定,基本法起草委员会主任委员姬鹏飞在关于香港基本法草案的说明中专门阐明行政长官“在1997年至2007年的十年内由有广泛代表性的选举委员会选举产生”的原则,表明在特区成立后的头十年内,是按两个五年任期的行政长官来安排的,即只能产生任期各五年的第一任、第二任行政长官,其任期不应超过2007年。

(5)2004年4月《全国人民代表大会常务委员会关于香港特别行政区2007年行政长官和2008年立法会产生办法有关问题的决定》规定:“2007年香港特别行政区第三任行政长官的选举,不实行由普选产生的办法。”这表明,第三任行政长官将在2007年根据届时的产生办法选举产生,此前第二任行政长官缺位后产生的新的行政长官,其任期只能是原行政长官未任满的剩余任期。

从特区法院和全国人大常委会的释法实践可以看出，两地对于基本法的解释完全采取了不同的方法。对于特区法院的文义解释，全国人大常委会表示其没有解释出立法原意；对于全国人大常委会的解释，无论是寻求辅助资料，还是结构主义的解释方式，从普通法的思维而言，都很难接受。由于对对方法律解释方法的不认同，对解释的结果也难以接受，甚至将法律解释的问题上升到政治层面思考。如针对特区法院在吴嘉玲案中的解释，内地一些学者认为是香港终审法院有意挑衅中央的权威；而对全国人大常委会的解释，特区有人认为是中央在仗势压人，干涉特区的高度自治和司法独立。

具体而言，全国人大常委会的第一次释法是针对终审法院在吴嘉玲案中的解释作出的，并在报告中明确指出终审法院的解释没有体现立法原意，故作出与终审法院完全相反的解释，这引起了香港社会的反弹。而针对全国人大常委会用来阐明立法原意的资料，特区法院明确地表示了不认同。[①] 在庄丰源案中，特区终审法院指出，诸如《中英联合声明》等有助于了解立法的背景和目的的资料可被称为"外来资料"，并进而提出："就基本法而言：这些可供考虑的外来数据包括《联合声明》，以及于 1990 年 4 月 4 日通过《基本法》之前不久，即于 1990 年 3 月 28 日提交全国人大审议的《关于基本法（草稿）的解释》。审议上述解释时以及签署《联合声明》时，本地法例的状况很多时候也会用作解释《基本法》的辅助数据。虽然《基本法》于 1997 年 7 月 1 日才实施，但由于《基本法》的背景及目的是在 1990 年制定《基本法》时确立，故一般来说，与解释《基本法》相关的外来数据是制定前数据，即制定《基本法》之前或同时期存在的资料。"而在本案中政府和全国人大常委会第一次释法时提出的筹委会的"意见"是在基本法颁布之后提出来的，即使这个"意见"被最高国家权力机关所确认，也不能证明它是立法原意的体现，因为它不能通过原意解释所要求的对体现立法原意的资料进行程序性的合理性审查。

而在关于补选行政长官的释法中，虽然香港特区的法院没有介入此案，但香港社会同样表示出了对全国人大常委会解释的不认同。他们基于首选文义解释的普通法解释原则，认为基本法行政长官的任期有明确规定，即为五年，

① 在庄丰源一案中，特区政府也提出全国人大香港特区筹委会通过的《关于实施〈香港特别行政区基本法〉第二十四条第二款的意见》中关于香港永久性居民所生子女是否都具有永久性居民资格的规定，采取了与全国人大常委会释法时类似的理由。

无论是新选出的行政长官还是补选行政长官，甚至有立法会议员和市民向法院提起司法审查的请求。如果不是全国人大常委会及时作出解释，完全难以预料特区法院会作出何种解释。由此也可反观普通法思维在特区法官乃至特区社会的根深蒂固。

四、建立兼容共生的基本法解释和适用制度，促进基本法的实施

香港保留普通法传统，基本法作为宪制性法律在普通法环境内实施，这是长期不变的基本事实。普通法和基本法的关系是相互的，既要看到基本法对普通法的保障和规制作用，也应正视普通法对基本法的客观影响。在基本法解释方面，在充分认识和理解双方的差异性和对方制度本质的同时，以善意的姿态理解对方，有意识地进行自我调整，完善相关制度，将能够建立兼容共生的基本法解释和适用制度，促进基本法的良性实施，并保障香港法治长期稳定发展。

（一）以包容的精神对待对方的法律解释传统和制度

基本法的解释制度是内地和香港两地法律解释制度的融合。香港基本法实施过程中引发各种争议的一个重要原因是双方从各自的视角出发去理解对方的法律解释制度，并由此引发对对方解释的不信任。所以，要真正理解基本法的解释制度，使两种法律解释制度能够在基本法解释制度中兼容共生，首先需要以包容的精神对待对方的法律解释制度，双方都要认识到，在两种不同制度并存的情况下，无论哪一方以自我为中心试图以己方的制度取代对方的制度，都是不现实的。

了解是理解的前提。要做到彼此能够包容对方，就有必要加强对对方制度，也包括对己方制度的了解，并在了解的基础上加深认同感。从特区而言，加强对国家宪法及法律解释制度的认识非常必要。香港社会，尤其是特区法院要能够认识到：大陆地区实行全国人大常委会解释法律的制度是我国宪政体制的重要内容之一，这是一种立法解释体制，但立法解释体制并不意味着一定有损于司法独立。从中央而言，要深刻地了解和理解香港特区普通法这一

全新的规则和法律解释传统；要认识到香港社会和司法机关对普通法的信仰和对司法机关解释法律传统的执著。

（二）以理性的视角看待基本法解释制度

在充分了解和理解对方法律解释制度的基础上，内地和香港应进一步深入理解基本法的解释制度。特区社会，尤其是法院应认识到，基本法解释制度是中央在兼顾国家主权和特区司法传统的基础上所作的制度安排，即在原则上体现国家的主权原则，在具体运用上保留了普通法的司法传统。根据这一原则，基本法设计了全国人大常委会和特区法院分享解释权的制度。但是，基本法是一部全国性的法律，不仅在香港特区实施，也在全国范围内实施，因而，全国人大常委会保留对基本法的解释权是国家宪政体制的一部分，是全国人大常委会根据宪法所享有的权力，①是一种主权者的权力，具有固有性、最高性的特点；香港法院对基本法的解释权是中央通过基本法授权的，来源于中央，具有从属性；全国人大常委会对基本法的解释属于立法解释体制，是全面的和最终性的，但其不是为了裁决具体案件，而是为了保证基本法在全国范围内得到正确理解和实施，所以其解释可以主动和抽象地进行，香港法院对基本法涉及中央人民政府管理的事务或中央和香港特区关系的条款进行解释时，应当以全国人大常委会的解释为准。所以，全国人大常委会解释法律的权力非针对基本法的特例，更不是对特区司法权的监督，也没有损害特区的高度自治。而从中央而言，虽然在权源上强调特区法院解释权由自己授权，但毕竟这与香港社会长期以来秉持的普通法传统相距甚远，普通法的法官们对此认识和接受需要有一个积累的过程，而不可操之过急。而且，既然基本法已经授权特区法院在一定范围内解释基本法，全国人大常委会即应尽可能尊重特区法院根据自己的普通法解释方法对基本法所作的解释。

在基本法实施以后，特区的普通法将在一个新的宪政架构下生存与发展，而作为普通法下的法官们亦应主动因应这一变化，及时调整自己的法律意识和法律思维。实际上，普通法具有长久生命力的一个重要因素是其能够因应

---

① 我国现行宪法（即 1982 年宪法）第 67 条第 4 项规定，全国人大常委会有权“解释法律”。基本法是由全国人大制定的全国性法律，其解释权理应属于全国人大常委会。所以《香港特别行政区基本法》第 158 条第 1 款的规定是宪法相关规定的具体化。

时代变化,及时地调整自己以适应新的环境,这也是普通法作为判例法的优势。传统上,普通法理念认为司法独立,司法权和法律解释权不可分离,司法机关对法律的解释具有最终性,这也是为什么香港社会,尤其是香港法院有人认为全国人大常委会的基本法解释权有干涉特区司法独立之嫌的原因。但在事实上,普通法中的这一理念在其起源国——英国已经受到了挑战,但英国普通法适应了这一挑战。英国普通法受到的这一挑战来自欧盟的法律制度。依《欧盟条约》的规定,欧盟法律的解释权属于设在卢森堡的欧洲法院。成员国法院在审理案件时遇到关于欧盟法律的解释问题,可以提请欧洲法院作出解释;而如果案件是终审,成员国法院在对案件作出裁决前,必须提请欧洲法院作出解释。虽然欧盟与其成员国的关系和中央与香港的关系不能完全等同,但欧盟法律解释权属于欧洲法院,而案件的终审权属于成员国法院,这种解释权与终审权分离的制度设计无疑与基本法的解释制度设计有异曲同工之处。① 欧盟采取成员国法院在终局判决前提请欧洲法院解释的办法,有效地解决了由于解释权和终审权分离所产生的矛盾,保证了欧盟法律在各成员国的一致理解和实施。但是,这与英国普通法传统显然不符,但这并未使英国的法律制度瓦解,英国仍然被视为普通法国家。而香港基本法的解释制度设计恰是在《欧盟条约》的启发下制定的。② 所以,显然不能因为基本法中的终审权和解释权分离的体制就认为香港的司法独立受到了损害,全国人大常委会的基本法解释权也不会有损于特区的司法独立。

(三)加深对双方法律解释方法的认识,善意地理解对方的解释结果

前文已详细分析了特区法院和全国人大常委会在解释方法上的重大差异,特区法院的一些重要判决和全国人大常委会的释法引发对方反弹的一个重要原因是双方都对彼此法律解释方法的不认可,并由此导致对解释结果的不认同。解决这一问题的基本出路在于加深对彼此法律解释方法的认识,善

① 肖蔚云、饶戈平主编:《论香港基本法的三年实践》,法律出版社2001年版,第98页。

② 1988年基本法咨询委员会秘书处出版的《基本法(草案)征求意见稿》的中英文小册子简介中的第52段对《基本法(草案)》第169条(与现在的第158条的内容基本一致)作出这样的描述:"这是参照英国法院与欧洲共同体法院的现行做法,既避免了香港法院的解释可能与全国人民代表大会常务委员会的解释不尽一致,又不致影响香港的终审权。"

意地理解对方的解释结果。

内地和香港对法律解释方法的选择是各自法律制度和传统的一部分。所以，对彼此解释制度和传统的尊重也就要尊重对方的法律解释方法。基本法由全国人大制定，全国人大常委会作为其常设机关，其对基本法的解释必然会考虑到基本法的立法原意，所以，在相当长一段时间内，原意解释将成为全国人大常委会释法的首选方法。而香港的普通法传统亦将长期保留，普通法解释方法也将成为特区法院的不二选择。要理解和接受对方的解释结果，首先要加深对彼此法律解释方法的认识。

当然，在双方加深对彼此法律解释方法认识的同时，内地和香港也有必要更合理且恰当地使用自己的法律解释方法，以使解释在自己的逻辑体系和理论框架中无懈可击。全国人大常委会固然可以利用自己充分掌握立法资料以及对基本法整体结构的把握优势，通过结构主义或寻求立法资料以揭示立法原意，但当法律规范含义明确无误时，亦应重视文义解释方法，而没有必要舍近求远。而在普通法解释理论中，当文义解释可能会导致荒谬结果时，亦可采用目的解释等方法，这一点在特区法院解释基本法时亦应谨记。

香港特区政党的法律规范*

叶海波**

德国政党社会学家罗伯特·米歇尔斯曾断言,“没有组织的民主是无法想象的”①。在现代国家,民主政治意志的建构程序大幅度地依赖于政党并主要在政党机制的结构下完成。纵观政党发生史,不难发现,当民主目标被确立,政治结社意愿便被激发,政党遂渐次形成并获得发展空间。香港基本法确定了“双普选”的目标,20 世纪 80 年代港英政府代议政制改革刺激下萌生的政治性团体和政党(以下简称为政党),获得制度性的给养,日益发展。透过法律规范政党的组织和行为,是现代法治建设的趋势之一,②亦是香港政治生态健康发展的需求,香港特区应立法规范政党。

---

* 本文系作者承担的教育部人文社会科学重点研究基地重大投标项目“香港基本法实践问题研究”(项目批准号 07JJD820179,主持人:深圳大学法学院邹平学教授)的子项目“香港政治性团体的法律规范”及教育部人文社会科学研究青年基金“香港特区政治性团体立法问题研究”(项目批准号 10YJC8201387,主持人:叶海波,之初步成果。

** 深圳大学法学院副教授,法学博士,中山大学港澳珠江三角洲研究中心研究员,深圳大学港澳基本法研究中心研究员。

① [德]罗伯特·米歇尔斯著:《寡头统治铁律——现代民主制度中的政党社会学》,任军锋等译,天津人民出版社 2002 年版,中文版序言,第 1 页。

② 有论者将宪法在 20 世纪发展的新趋势总结为“共产集团的新宪法”、“紧急权的盛行”、“政党地位的承认”、“议会权的减削”、“绝对主义的限制”、“司法审判制的普及”和“新宪法中的人民权利”等七个方面。邹文海著:《比较宪法》,三民书局 1981 年印行,第 24~33 页。在宪法中规定政党和政治性团体的组织和行为并通过普通立法规范政党政治,是极为普遍的宪法现象。

一、香港特区政党法律规范的现实和规范基础

在香港特区，规范政党的立法尚未被提上议事日程，《国家安全（立法条文）条例草案》中未有条款特别规范政党。显然，特区政府未能全面洞悉特区内政党的实力和影响，亦未能认识到香港政党可能的发展，可谓完全忽视了政党立法。香港特区政府应当检视香港政党的现状及发展势头、香港特区的特殊国际地位及香港现行政党法律规范的实效，履行法定义务，启动政党立法议题，建立完整的政党法律规范体系，维护主权统一和国家安全，确保香港特区政治机制的健康运行。

（一）香港特区政党法律规范的现实基础

1. 特区政党政治不可避免，特区管治面临挑战

港英当局自 20 世纪 80 年代开始的政治改革，诱生了香港政党。1984 年 7 月港英当局发表《代议政治绿皮书》，开启了香港代议政治的大门，1985 年 9 月立法局改选直接催生汇点、民协、太平山学会、观察社等政治团体。1990 年后，港同盟、民主党、民建联和自由党相继登上政治舞台。① 学者研究认为："本港各大主要政党成立的基本目的，便是希望在选举中胜出并赢得政治权力，因此选举胜负对于政党来说可谓生死攸关的问题。"②香港基本法设立的民主目标、立法会直选议席的增加、比例代表制的采用及行政长官选举委员会部分委员的直选，为香港政党的发展创造了较大的空间。香港回归后，特区的政党获得了长足的发展并广泛参与香港政治治理。一方面，香港政党已经广泛参与回归后的历次选举，立法会逐渐为政党所控制。1998 年第一届立法会选举，共产生 60 个议席，政党夺得 44 席。其中民主党 13 席，民建联 9 席，自由党 10 席，港进联 5 席，前线 3 席，工联会 1 席，职工盟 1 席，民权党 1 席。2000 年第二届立法会选举，60 名议员中有 42 名议员有政党背景。其中民主

① 马进保、朱孔武：《〈基本法〉框架下的香港政党政治》，载《学术研究》2007 年第 10 期。

② 蔡子强等著：《选举与议会政治——政党崛起后的香港崭新政治面貌》，香港人文科学出版社 1995 年版，第 11 页。

党12席，民建联11席，自由党8席，其他政党11席。2004年第三届立法会选举，60名议员中有政党背景的议员多达54名，其中民建联12席，自由党10席，民主党9席，其他政党23席。2008年第四届立法会选举中，泛民派占得23席，建制派斩获37席。另外，第四届立法会主席选举在两派的候选人之间进行，如反对派候选人李华明所言，“无论哪一位当选主席，都是史无前例具有政党背景，新主席将会带来另一番新局面”。① 上述数据，真实地揭示了香港政党深度参与香港政治的现实。另一方面，政党领袖进入行政会议，参与行政决策。新一届行政会议由15位刚获任命的第三届特区政府主要官员②和16位非官守成员③组成，行政会议成员包括专业界、金融界、银行界、商界、法律界、劳工界、政界及学术界的人士。特首曾荫权表示：“相信新一届行政会议将会继续将不同界别的声音带入特区政府，使特区政府的施政更加贴近民意并配合香港的长远发展。”行政长官十分期望行政会议全体成员能够群策群力，与之同甘共苦，特别是非官守成员。部分非官守成员来自特定政党，表明政党已进入乡政决策系统。总之，特区政党越来越广泛和深入地影响香港政治。国安立法流产、政制改革方案被否定，等等，均是政党参与甚至左右香港政治的例证，而2003年的“7·1”游行则是政党社会动员能力的体现。随着“双普选”时间表的确定，可以预料，香港政党将再次借此良机，加速发展。诚如许崇德先生所言：“政党在香港的存在已是不可视而不见的事实。况且，民主的发展在香港也是不可逆转的趋势。……因此，香港特区的政党现象不可避免。”④

2. 国际势力干涉香港内政

自中英谈判以来，英美等国际势力便谋求能够长期维护已方在香港的利

---

① 曾钰成：《愿助反对派议员破冰自由往返内地》，http://www.chinareviewnews.com，下载日期：2008年10月7日。

② 15位政府主要成员是政务司司长唐英年、财政司司长曾俊华、律政司司长黄仁龙、教育局局长孙明扬、商务及经济发展局局长马时亨、政制及内地事务局局长林瑞麟、保安局局长李少光、食物及卫生局局长周一岳、公务员事务局局长俞宗怡、民政事务局局长曾德成、劳工及福利局局长张建宗、财经事务及库务局局长陈家强、发展局局长林郑月娥、环境局局长邱腾华、运输及房屋局局长郑汝桦。

③ 16位非官守成员是梁振英、曾钰成、郑耀棠、廖长城、周梁淑怡、史美伦、陈智思、许仕仁、李业广、夏佳理、李国宝、梁智鸿、张建东、范鸿龄、罗仲荣和张炳良。梁振英为非官守成员召集人。

④ 许崇德：《略论香港特别行政区的政治制度》，载《中国人民大学学报》1997年第6期。

益。英国采取政制改革、扶植亲西方政党、扩大享有英国居留权居民范围等种种手段，试图“将行政主导改成立法主导，通过提高立法机构的权力和地位来制约行政机构，并最终将回归中国后的香港变成一个‘独立实体’，与祖国隔离开来，以利长期维护英国在香港的经济和政治利益”①。美国则于1989年和1990年先后通过《增加香港向美国移民配额的修正案》，为香港亲美势力提供“保护伞”。其后，美国国会数度通过关涉香港的法案和议案，②美国政府及部分议员屡次就“居留权”、《公安条例》修改、限制“法轮功”邪教、国安立法发表评论，而其国会、智库及右翼反华势力不仅积极向香港“民主派”面授机宜，还在《亚洲华尔街日报》等媒体上公然宣称“香港是独特实体”，号召香港市民“推倒《基本法》，另立政府”。③

除了公开制定关于香港的法案和政策并发表攻击性言论外，英美等国还培植甚至操纵特区政党，安插代言人。港英政府曾悉心培植港同盟和汇点，二者恰是后来的“民主党”的前身。“以美国国家民主基金会为首的一些美国政治组织曾向香港‘民主派’智囊机构、‘人权监察’等人权活动团体间接或直接捐款……据悉，这些捐款主要用于‘民主派’进行选举研究、宣传造势及与中央和特区政府对抗的活动上。”④除了捐款捐物外，这些国际势力还积极指导“民主派政党”参选，就时政发表意见，等等。获西方势力支持的“民主派政党”如民主党，以西方民主理念为旗帜，积极与英美势力接触，发表诸多违反基本法

---

① 钱其琛：《外交十记》，http://www.jfdaily.com/gb/node2/node17/node38/node25740/node25753/userobject1ai384284.html，下载日期：2007年12月6日

② 如1994年至1995年，美国国会相继通过3个法案，其中的《香港政策法修正案》要求国务院定期向国会报告有关香港《基本法》和《中英联合声明》的执行情况、香港立法会选举的开放程度、行政长官的选举公平程度等情况。1996年至1997年，在香港回归前的过渡期，美国国会通过了一系列法案，要求克林顿政府加强监督“中国政府对香港的所作所为”。香港回归后，美国参议院通过第38号共同决议案，要求中国重申“确保香港自治，保护人权，民主选举特区政府”。2003年7月8日，众议院共和党政策委员会主席考克斯推动众议院通过《表达对香港自由的支持》议案。同年6月26日，美国众议院通过第277号决议，以“将削弱香港居民的基本自由”为由，呼吁中国政府和香港特区政府撤回《基本法》第23条立法草案。

③ 参见唐勇、童宜：《参众两院指手画脚　情报人员四处活动　美粗暴干涉香港事务》，载《环球时报》2004年9月17日第1版。

④ 唐勇、童宜：《参众两院指手画脚　情报人员四处活动　美粗暴干涉香港事务》，载《环球时报》2004年9月17日第1版。

的言论。[①] 自特区政府成立以来,他们更是为反对而反对,导致香港政府多次面临“政府与政党关系不顺,管治缺乏稳定同盟”[②]的困境。这大概正是英美等国际势力所愿意看到的,亦表明香港特区所面临的复杂国际环境及国家利益保护的紧迫性和艰巨性。总之,香港特区面临着严峻的政治挑战,一方面是政党日益深入政治运作,另一方面,国际势力积极地借助香港政党干预香港事务。通过立法规范香港特区的政党,乃现实所需。

(二)香港特区政党法律规范的规范基础

1. 香港政党法律残缺不全

香港并无专门规范政党的法律,涉及政党的法律主要有香港基本法、《行政长官选举条例》、《立法会条例》、《区议会条例》、《选票上关于候选人的详情(立法会及区议会)规例》,其内容涉及如下方面:(1)“政党”、“政治性团体”的定义。《行政长官选举条例》等将政党限定为两类:一是形式上宣称为“政党”的政治性团体或组织,二是主要功能或宗旨是为参加立法会的议员或任何区议会的议员选举的候选人宣传或作准备的团体或组织。[③]《社团条例》等将“政治性团体”限定为在香港运作的政党和首要功能或主要宗旨是为参加议员选举的候选人宣传或作筹备的团体或组织。[④]《社团条例》亦规定,“外国政治

---

① 如民主党张文光认为,“香港政制受困于基本法”(《政制不可大改》,载《香港商报》2000年1月17日),2003年8月,刘慧卿赴台湾出席由“台独”组织“群策会”主办的“‘一国两制’下的香港”研讨会,会内会外公然声称“台湾前途应该由台湾人民自行决定”(《刘慧卿为“台独”造势目的何在》,载《文汇报》2003年8月27日);2007年,李柱铭在《华尔街日报》刊登文章,公开吁请美国总统布什借2008年奥运会之机,向北京施压,以改善中国的民主和人权状况(《李柱铭图将奥运政治化必须公开道歉》,载《文汇报》2007年10月27日)。

② 张定淮主编:《面向二〇〇七年的香港政治发展》,大公报出版有限公司2007年版,第51页。

③ 参见《行政长官条例》第31条,《立法会条例》第60A条,《区座谈会条例》第60A条。

④ 参见《社团条例》第2条、《选举委员会条例》第2条、《选举管理委员会条例》第2条、《选举程序(村代表选举)规例》第2条、《选举管理委员会(选举程序)(选举委员会)规例》第1条。《选票上关于候选人的详情(立法会及区议会)规例》第2条将政治性团体的范围列举为:(a)属政党的团体或组织;(b)宣称是政党的团体或组织;或(c)首要功能或主要宗旨是为参加选出议员的选举的候选人宣传或作筹备的团体或组织。这一规定与《社团条例》的规定并无实质性不同。

性组织”和“台湾政治性组织”指外国或台湾地区的政党或其代理人、外国或台湾地区的政府和其政治分部及二者的代理人。[①] (2)政党的法律保障。香港部分法律规定了结社自由、政党财政资助和政党候选人提名权,如基本法第27条规定,香港居民享有结社自由;《区议会条例》和《立法会条例》均特别强调,代表政党的合资格候选人可平等地获得资助;[②]《立法会条例》规定选出地方选区议员的选举实行比例代表名单制。[③] 依比例代表制的一般原理,政党享有提名候选人的权利。(3)政党的法律限制。政党的法律限制主要包括:①组织存续的限制。《社团条例》规定,若取消任何社团或分支机构的运作或继续运作,是维护国家安全或公共安全、公共秩序或保护他人的权利和自由,或者该社团或该分支机构是政治性团体,并与外国政治性组织或台湾政治性组织有联系的时候,社团事务主任可建议保安局局长作出命令,禁止该社团或该分支机构运作或继续运作。[④] 显然,这一规定适用于以社团形式登记成立的政党。②行为的限制。其一是“联系”行为的禁止。基本法第23条明确规定,香港特区应自行立法“禁止外国的政治性组织或团体在香港特别行政区进行政治活动,禁止香港特别行政区的政治性组织或团体与外国的政治性组织或团体建立联系”。依《社团条例》的规定,“联系”(connection)是指:“(a)该社团或该分支机构直接或间接寻求或接受外国政治性组织或台湾政治性组织的资助、任何形式的财政上的赞助或支援或贷款;(b)该社团或该分支机构直接或间接附属于外国政治性组织或台湾政治性组织;(c)该社团或该分支机构的任何政策是直接或间接由外国政治性组织或台湾政治性组织厘定;或(d)在该社团或该分支机构的决策过程中,外国政治性组织或台湾政治性组织直接或间接作出指示、主使、控制或参与。”其二是政党参与选举活动的限制。《选票上关于候选人的详情(立法会及区议会)规例》规定,订明团体在向选管会申请登记团体信息时,必须示明是订明政治性团体还是订明非政治性团体,且团体的中文名称缩写或英文名称缩写和标志不应当雷同、发生混淆、淫亵、不雅或令人反感、可能构成犯罪或者有任何相当可能会促使在选举中投票的选民相信

---

① 参见《社团条例》第2条。

② 参见《区议会条例》和《立法会条例》第60A条。

③ 参见《立法会条例》第49条。

④ 参见《社团条例》第8条。

该团体在任何方面与中央人民政府、特区政府、任何公共机构、任何国家和香港以外的任何主管当局或政治性组织有关联的东西。[①] 在选举过程中，任何人不得在点票站或其邻近范围展示关于任何政治性团体或有成员在有关选举中以候选人身份参选的团体材料[②]，展示、穿着或戴上与任何在香港的政治性团体或有成员在有关界别分组选举中参选的团体有直接关联的徽章、标志、衣物或头饰。[③] ③任职资格的限制。《选举委员会条例》、《选举管理委员会条例》规定，任何政治性团体的成员将丧失获委任或担任选管会成员资格。[④]《行政长官选举条例》规定，行政长官必须保持政治中立，在当选后公开作出脱离政党且不受任何政党决策约束的声明。[⑤] ④政党财务公开透明。《刑事事宜相互法律协助（贪污）令》和《逃犯（贪污）令》附表中的《联合国反腐败公约》规定，缔约方"还应当考虑采取与本公约的目的相一致并与本国法律的基本原则相符的适当立法和行政措施，以提高公职竞选候选人经费筹措及适当情况下的政党经费筹措的透明度"。作为缔约方，这一规定适用于香港的政党。

上述关于香港特区成文法例的梳理显示，香港特区关于政党的法律形式上十分分散，存在于十余份条例和规例之中，缺乏系统性，内容偏重于政党的限制，且主要规范政党的选举行为，完全忽略了其他的如政党内部民主、平等、财务公开等重要内容，可谓内容残缺不全。事实上，《社团条例》和《公司条例》是规范政党的组织及行为的主要法律。但民主党党员名册公开一案[⑥]表明，仅凭这两份条例并不足以实现对政党的法律规范。上述两条例对政党的规

① 参见《选票上关于候选人的详情（立法会及区议会）规例》第 8 条、第 12 条。

② 参见《选举程序（村代表选举）规例》第 59 条、《选举程序（村代表选举）规例》第 35 条。

③ 参见《选举管理委员会（选举程序）（选举委员会）规例》第 40 条。

④ 参见《选举委员会条例》第 3 条、《选举管理委员会条例》附表一。

⑤ 参见《行政长官条例》第 31 条。

⑥ 2006 年中期，一些非民主党成员的市民要求民主党公开其党员名册试以为例。被拒绝后，民主党被检举，并收到公司登记处的警告，民主党声请司法审查。香港高等法院审判后认为，《公司条例》第 98 条对权利的限制符合比例原则，兼顾了对公共利益和结社自由及隐私权的保护，尽管该法不无可改进之处。该条适用于所有的公司（包括以公司形式成立的政党），无论该公司成立的目标和目的何在。"the Democratic Party v. the Secretary for Justice"（HCAL84/2006），http://www.judiciary.gov.hk/en/legal_ref/judgments.htm.

范，亦存在如下状况：一是香港特区并无法律明文规定政党的成立和运作，香港居民可以有选择性地根据《社团条例》或《公司条例》登记成立以社团或公司为形式，以政党为实质的组织。① 二是根据不同条例登记的组织享有不同的权利并承担不同的法律义务，如以《社团条例》登记成立的政党无须向公众公开成员名册，②而以《公司条例》登记成立的政党则必须公开。③ 三是以《公司条例》登记成立的政党，仍可以采取多种方式规避法律成员名册公开义务，如可将实质上的政党或政党的成员与形式上的公司的成员作适当分离，以逃避成员公开义务，等等。④ 因此，香港政党便各行其是，选择有利方式登记并构造内部组织，以获取最大限度的自由。而在现代社会，政党固然系产生于市民社会，具有不可剥夺的自由属性，⑤但政党广泛参与公共治理，亦具有不容忽视的公共性，政党公开、平等和内部民主⑥已成为宪政国家对政党的基本要求。显然，上述条例与此一要求相去甚远，有放任政党的嫌疑，亦未能平等地保障和规范政党组织及其行为，因而在立法上存在着严重的缺失。

2. 特区担负着政党立法的宪政责任

香港基本法第 23 条确立了香港特区承担的特殊宪政责任。该条规定："香港特别行政区应自行立法禁止任何叛国、分裂国家、煽动叛乱、颠覆中央人民政府及窃取国家机密的行为，禁止外国的政治性组织或团体在香港特别行政区进行政治活动，禁止香港特别行政区的政治性组织或团体与外国的政治性组织或团体建立联系。"在规范类型上，该条属于授权性规范，即中央政府将国安立法权授予特区政府，但在规范表述上，该条呈现义务性规范的特征，直接使用了"应"即"该当"的表述。显然，基本法第 23 条在授权香港特区以权力的同时，特别强调其"职责"，即"自行立法"的义务。这亦正是特区政府负有政

---

① "the Democratic Party v. the Secretary for Justice"（HCAL84/2006），http://www.judiciary.gov.hk/en/legal_ref/judgments.htm，para.73and para.85.

② "the Democratic Party v. the Secretary for Justice"（HCAL84/2006），http://www.judiciary.gov.hk/en/legal_ref/judgments.htm，para.85.

③ 参见《公司条例》第 95 条、第 98 条。

④ 另一方法是建立形式上的股东制度。the Democratic Party v. the Secretary for Justice（HCAL84/2006），para.86.

⑤ 许志雄著：《宪法之基础理论》，稻禾出版社 1992 年版，第 208～212 页。

⑥ 参见叶海波：《略论党内民主：保障与界限》，载《上海交通大学学报》（哲学社会科学版）2008 年第 4 期。

党立法这一法定义务的规范依据。该条规定特区应当“自行立法”。“自行”二字，赋予特区政府立法自由裁量权，但此种自由裁量权并非绝对的。在规范结构上，该条的规定隐含了“假设”与“法律效果”，明示了“行为模式”。可以推断，“假设”部分的含义是，若现有立法不足以保护该条拟保护的法益或者国家安全可能遭受侵害时，必须修改甚至重行立法。质言之，即在应当立法时以适当方式立法。该条款所保护的法益是整体性的国家安全，亦涉及香港特区居民的宪法权利，因此，立法时机并非完全由特区政府作自由判断。当法益主体认为其法益可能遭受侵害时，便可要求特区立法。香港基本法第23条的规定，课予特区政府针对政党进行立法的法定义务，法益的重要性和法益保护的现实性及紧迫性决定了香港特区应当着手政党的立法。通过法律规范政党的组织及行为，是基本法的要求，是特区政府的宪政责任。①

总之，香港特区政党的日益发展和长久以来所面临的复杂国际形势要求香港特区建立完整的政党法制，而基本法课予的宪政责任及香港特区现有条例对政党规范的不足，则进一步地证明了香港特区完善政党法律规范的必要性。

二、香港特区政党法律规范的价值准则

香港基本法在香港具有最高法律效力，香港特区政党立法的价值准则和基本内容，应当遵循基本法的规定。基本法的核心原则确定了香港特区政党立法的价值准则与基本内容。

（一）香港政党法律规范的核心价值：国家统一

160余年前，英国强占香港，实行殖民式的统治，最终在香港确立了资本主义制度和生活方式。20世纪80年代，中英两国达成协议，香港于1997年7月1日回归中国。中国政府对香港恢复行使主权，是香港基本法制定的时代背景。香港基本法“序言”的相关表述表明，“维护国家的统一和领土完整”是

① “何厚铧重申，澳门特区不存在基本法23条立不立法的讨论空间。”《何厚铧倡澳门官员团结落实23条立法》，中国新闻网，下载日期：2008年10月22日。显然，这一点在香港亦是毋庸置疑的。事实上，澳门特区已经完成第23条立法。

中国决定在香港建立特区，制定基本法的首要目标，[①]国家统一遂成为基本法的核心原则，并在基本法的正文中获得多处体现。具体而言，一方面，基本法明确规定香港特区是中国的一部分，隶属于中央，如第1条开门见山地规定香港特区是中国不可分离的一部分（领土统一性），第2条、第12条和第158条规定特区政府隶属于中央政府，权力源于中央政府的授权（权力的统一性和特区政府权力的授权性），第8条规定的法律统一性。另一方面，基本法明确规定中央政府对香港的管治权，这包括第158条和第159条规定的基本法解释权与修改权，第13条和第14条规定的国防及外交事务管理权，第15条规定的中央政府对特区行政长官和主要官员的任命权，第17条规定的全国人大对特区立法的审查权，第18条规定的决定全国性法律适用于香港特区的权力和紧急权。香港基本法中的上述规定表明，国家统一是基本法的核心原则。

人民、土地、政府和主权是国家存在的必要条件。[②] 国家的存立意味着任何人不得对构成国家的上述要素进行攻击，造成实质性侵害。否则，国家的存立便将遭受侵害。为此，现代国家在宪法中作出特别规定，防范社会组织和公民个体侵害国家的存在。就政党而言，一些国家在宪法中制定了政党条款，维护国家统一和宪政秩序。[③] 最具代表性的，莫过于德国。德国基本法第21条规定："一、政党参与形成人民的政治意志。可以自由建立政党。政党的内部组织必须符合民主原则。它们必须公开说明经费来源。二、凡由于政党的宗旨或行为，企图损害或废除自由民主的基本秩序或企图危及德意志联邦共和国的存在的政党，都是违反宪法的。联邦宪法法院对是否违宪的问题作出裁决。三、细则由联邦法律规定。"该条确立了针对政党的防卫机制，即违宪政党禁止制度。违宪政党禁止的条件是政党的宗旨或行为表明该政党企图损害或废除自由民主的基本秩序或企图危及德意志联邦共和国的存在，即宪法概括性地禁止政党侵害自由民主的宪政秩序或国家的存在。以国家要素为视角，

---

① 参见香港基本法"序言"第2段。

② 参见[英]R.詹宁斯等修订：《奥本海国际法》(第1卷第1分册)，中国大百科全书出版社1995年版，第92页。

③ 据笔者对111个国家的宪法进行的统计(统计文本来源为姜士林等主编：《世界宪法全书》，青岛出版社1997年版)，有66个国家在宪法中对政党的相关事宜进行了特别规范，约占全体的59.46%。其中，有33个国家的宪法设定了防卫性条款，9个国家的宪法规定了违宪政党审查和禁止机制。

不难发现，危害主权独立、分裂国家、推翻宪法之下的政府等行为，皆会危及国家的存在，当在禁止之列。事实上，一些国家的宪法便针对政党作出如是的禁止性规定，如土耳其宪法规定，政党不得接受外国、国际组织、外国的协会或集团的命令，参加它们的危害土耳其独立和领土完整的决议和活动，不得破坏国家的领土和民族不可分割的整体性，威胁土耳其国家和共和国的生存。① 洪都拉斯宪法规定，禁止政党危害共和国、民主和代议制政体。② 阿塞拜疆宪法规定，政党不得在共和国全境内或部分地区从事旨在推翻合法国家的组织的活动。③ ……总之，现代国家的宪法确立了针对以政党等组织为对象的防卫机制，防范这些组织采取攻击性行为，破坏主权国家的存立。

国家统一作为香港基本法的核心原则，自然亦禁止任何个人或团体的行为危害这一至高利益。为维护国家统一，基本法第 23 条规定，香港特区应当自行立法，禁止五种行为，即叛国、分裂国家、煽动叛乱、颠覆中央人民政府和窃取国家机密的行为，除此之外，该条特别强调要禁止外国的政治性组织或团体在香港特区进行政治活动，禁止香港特区的政治性组织或团体与外国的政治性组织或团体建立联系。显然，该条明确禁止的叛国、分裂国家、煽动叛乱、颠覆中央人民政府和窃取国家机密的行为，系主权国家存立必须防范和禁止的行为，被禁止作出此类行为者，不仅指香港居民，亦指在香港注册与活动的组织和团体，因此当然包括香港的政党。而该条对外国的政治性组织或团体在香港特区进行政治活动及香港特区的政治性组织或团体与外国的政治性组织或团体建立联系的行为的禁止，则是因为以英美为首的西方国家及其代理人或其政治性组织在香港的活动成为常态，香港的部分政党与西方国家的广泛联系亦是人所皆知。这些在香港活动的“外部力量”和主动与西方国家联系的“内部团体”，多从事为主权国家所禁止的政治性活动，这显然与中国的国家利益严重抵触。基本法第 23 条特别强调禁止此类行为，是中国恢复对香港的主权与治理的应有之义，亦是英国政府将香港归还中国之后应当承担的国际责任。总之，香港基本法第 23 条的内容，系主权国家为维护国家统一所应当并且实际上禁止的行为，香港特区政党的法律规范应当遵循国家统一的核心

① 参见土耳其共和国宪法第 14 条、第 69 条。
② 参见洪都拉斯宪法第 48 条。
③ 参见阿塞拜疆共和国宪法第 58 条。

准则,直接依据基本法第23条,全面禁止香港政党从事危害国家统一的各类行为,即叛国、分裂国家、煽动叛乱、颠覆中央人民政府、窃取国家机密和“联系”行为,而非仅限于该条特别强调的“联系”行为。

(二)香港政党法律规范的基本价值:权利保障

中国对香港实行“一国两制”,“一国”要求主权统一、内政独立,即国家统一,香港为主权国家——中华人民共和国——下辖的一部分,“两制”意味着香港延续先前的资本主义制度,不实行社会主义制度。这一点在《中英联合声明》和香港基本法中均得到明确宣告和规定。在《中英联合声明》第3点中,中国声明,香港的现行社会、经济制度不变;生活方式不变。中华人民共和国全国人民代表大会将以中华人民共和国香港特别行政区基本法加以规定,并在50年内不变。《中英联合声明》附件一进一步规定,中国将制定香港基本法,规定香港特别行政区成立后不实行社会主义的制度和政策,保持香港原有的资本主义制度和生活方式,50年不变。香港基本法延续了《中英联合声明》的规定,第5条直接规定:“香港特别行政区不实行社会主义制度和政策,保持原有的资本主义制度和生活方式,五十年不变。”依文法解释的方法,资本主义制度当然包括资本主义性质的政治、经济和社会制度。但香港基本法第5条的解释应当遵循《中英联合声明》中中英双方的声明。依《中英联合声明》第3点的声明,中国将保证在香港延续香港现行的社会和经济制度及生活方式不变。这意味着香港的政治制度将会发生改变。显然,回归中国后的香港不可能实行原有的政治制度。中国将依据主权统一原则对香港原有的政治制度进行改造。这一改造应当根据两条原则进行,一是保障主权统一,二是延续原有的资本主义制度。这二者虽皆为香港政治制度改造的最终目标,但改造后的香港仍属于资本主义性质的社会。因此,香港基本法第5条的含义为,香港特区不实行社会主义制度和政策,保持原有的资本主义经济制度、社会制度、生活方式绝对不变,保持原有的资本主义政治制度相对不变,同时,政治制度的改变并不触及香港政治制度的资本主义性质。香港回归后,整个社会的资本主义性质未发生改变,改变的是原有制度中与主权统一发生抵牾的内容,集中在政治制度这一部分。

资本主义制度在西方社会迈向现代化的过程中确立,自此,西方社会逐渐确立了以“理性主义和科学主义作为哲学基础,与市场经济、民主政治和多元价值密切相关联"[①]的资本主义制度。这一社会和政治形态下的核心价值,可以用"自由民主的宪政秩序"一语来概括。德国基本法正式使用了自由民主宪政秩序的用语。依联邦宪法法院在多则宪法判决中的理解,自由民主的宪法秩序是以人的尊严及价值为中心且受其拘束的秩序,是一种排除任何暴力及恣意统治、基于国民的自决权依当时多数人的意志所形成的保障人民自由权及平等权的法治国家的统治秩序。[②] 在此一秩序之下,公民的自由、平等和民主权利获得全面性的保障,并最终指向人的尊严与自治。《中英联合声明》和香港基本法皆声明并规定,香港特区保持资本主义制度 50 年不变,这意味着以香港基本法为"根本法"的香港法体系,无意改变自由民主的宪政秩序,更不可能舍弃此种秩序之下的自由和民主权利。事实上,香港基本法详细规定了居民权利、法治政府、司法独立及权力制约的内容,更是前所未有地设定了双普选的民主目标和民主程序。香港基本法对自由权利的保障,对民主目标的宣示,以及由此形成的权利保障原则,构成了香港特区政党法律规范的基本价值准则。

(三)价值冲突及协调准则

国家统一和自由民主皆为香港基本法所追求的价值和目标,其中,国家统一居于核心价值地位,要求防范所有可能破坏国家统一的行为,亦必将对公民及其结社组织的主张和行为产生直接约束,因此,于公民权利而言,国家统一纯粹属于拘束性价值,并不发生对公民权利予以保障的内涵。国家统一的保障机制与公民权利之间存在张力,2003 年香港居民通过游行反对第 23 条立法,正是担忧基本人权(特别是言论自由)会受到不确定的限制。但国家统一是现代民族国家存立的前提,是不容侵犯的价值。在香港基本法的语境中,国家统一与公民权利间的冲突,只能作"国家统一之下的人权保障"理解,国家统一构成公民权利的外在界限,而不可处理为"公民权利之下的国家统一",使国家统一的价值受制于人权原则。

香港基本法规定了国家统一、资本主义制度和人权保障的原则与内容,担

---

① 高鸿钧:《现代西方法治的冲突与整合》,载《清华法治论衡》第 1 辑,清华大学出版社 2000 年版,第 1 页。

② 陈慈阳:《论政党在宪法位阶上之意义及地位》,载《中兴法学》2004 年总第 37 期。

负着维护国家统一、型构自由民主宪政秩序和人权保障多种价值，这些价值均是香港特区政党法律规范必须遵循的准则。其中，国家统一构成对公民结社权和政党基本权利的限制，而人权原则则构成对公民结社自由和政党基本权利的保障，自由民主宪政秩序的价值同时构成对结社自由和政党基本权利的限制与保障。香港特区政党立法应当尽量平衡对结社自由和政党基本权利限制与保障间的平衡。具体而言，当国家统一的价值与结社及政党自由发生冲突时，以国家统一衡量结社及政党自由的价值，当宪政秩序的价值与结社及政党自由发生冲突时，以人的尊严确定自由民主宪政秩序的内涵，衡量结社及政党自由的价值。同时，在国家统一与自由民主的宪政秩序之间，国家统一亦具有优先性，既然香港基本法规定资本主义制度 50 年不变，便意味着自由民主的宪政秩序并非基本法所追求的绝对价值。与之相反，国家统一则是基本法试图维护的永恒价值。因此，香港政党立法过程中若要处理国家统一与自由民主权利的冲突，应当以国家统一为准则。

三、香港特区政党法律规范的基本内容

香港基本法中关于政党的规定，是香港特区政党法律规范的直接依据，香港特区政党立法应当将之具体化，这些规定构成香港特区政党法律的一部分内容。香港基本法中涉及政党的规定有三处，即基本法第 23 条、第 27 条和第 39 条。基本法第 23 条规定："香港特别行政区应自行立法禁止任何叛国、分裂国家、煽动叛乱、颠覆中央人民政府及窃取国家机密的行为，禁止外国的政治性组织或团体在香港特别行政区进行政治活动，禁止香港特别行政区的政治性组织或团体与外国的政治性组织或团体建立联系。"该条直接禁止了政党的"联系"行为，但如上所述，该条中列举的叛国等五类行为，亦是政党所不能从事的。基本法第 27 条规定："香港居民享有言论、新闻、出版的自由，结社、集会、游行、示威的自由，组织和参加工会、罢工的权利和自由。"该条赋予香港居民结社自由权，基于结社自由具有的"双重基本权"——既保护参与结社的个体公民，亦保护公民结社形成的组织——的属性，该条规定间接地保护了香

港政党的自由。[①] 基本法第39条规定："《公民权利和政治权力国际公约》、《经济、社会与文化权利的国际公约》和国际劳工公约适用于香港的有关规定继续有效，通过香港特别行政区的法律予以实施。香港居民享有的权利和自由，除依法规定外不得限制，此种限制不得与本条第一款规定抵触。"《香港人权法案条例》比照《公民权利和政治权利国际公约》第22条规定："（一）人人有自由结社之权利，包括为保障其本身利益而组织及加入工会之权利。（二）除依法律之规定，且为民主社会维护国家安全或公共安宁、公共秩序、维持公共民事卫生或风化、或保障他人权利自由所必要者外，不得限制此种权利之行使。本条并不禁止对军警人员行使此种权利，加以合法限制。（三）本条并不授权采取立法措施或应用法律，妨碍《关于结社自由及保障组织权利之国际劳工组织一九四八年公约》中适用于香港的规定所规定之保证。"显然，基本法第39条与《香港人权法案条例》的规定，与基本法第27条的规定，有吻合之处，但亦涉及对结社自由的限制性规定，更全面地规定了对结社自由的保障与限制，[②]这一保障与限制同样适用于香港居民结社后形成的组织，因此构成关于香港政党的间接规定。基本法中这三条关于香港政党的规定，既要保障香港居民的结社自由和政党自由，亦要对之加以限制，基本确立了香港特区政党法律规范的内容框架。

但显然，依民主国家的政治经验，香港特区对政党的保障与限制并非仅限于上述三条列举的内容。就政党的法律保障而言，政党自由和平等早已经蕴涵于宪法对自由权和平等权的保障之中，自然构成政党法律保障的基本内容。

---

① 当然，对该条中的结社自由是否包括政党结社自由，尚存在争论。参见中华人民共和国香港特区基本法咨询委员会政制专责小组：《政党问题专题研究报告》，Http://sunzil.lib.hku.hk/bld.ho/bldho Search.action，下载日期：2009年12月17日。

② 学者陈弘毅认为香港基本法第39条中"第一款规定"，有三种解释：一是指《公民权利与政治权利国际公约》中适用于香港的有关规定，二是指香港制定的实施《公民权利与政治权利国际公约》的立法，即《香港人权法案条例》这一特别法律，三是指《公民权利与政治权利国际公约》制定之前、香港立法机构自行决定实施上述公约而制定的一般法律，这些法律通常是立法机构根据自己的理解而制定，并非完全符合公约的要求。前两种解释更有利于香港居民自由与权利的保障。参见陈弘毅等编：《香港法概论》，三联书店（香港）有限公司1999年版，第127～129页。

除此之外，国家财政对政党进行补助，亦是西方国家通行的经验。[①] 政党作为公民个体表达政治意愿的载体，积极地参与选举活动之中，动员民众，选定候选人，表达民意，培育政治精英，实现民主政治过程，具有重要的民主功能，但政党仅依靠成员会费和社会捐赠，无法满足其担当的日益繁重的推进民主政治的重任，国家必须通过财政补助政党。政党补助应当构成香港特区政党法律保障的基本内容。

对于政党的法律限制，《公民权利和政治权利国际公约》第22条规定必须"依法律规定"，且"为民主社会维护国家安全或公共安宁、公共秩序、维持公共民事卫生或风化、或保障他人权利自由"并符合比例原则（"必要"），实际上包括了基本法第23条的内容。为防止政党从事危害国家安全及宪政秩序的行为，西方国家设置了违宪政党禁止制度，通过取缔政党组织并禁止替代性组织成立的方法，维护国家的存立和宪法价值。香港的《社团条例》亦规定，若取消任何社团或分支机构的运作或继续运作，是维护国家安全或公共安全、公共秩序或保护他人的权利和自由，或者该社团或该分支机构是政治性团体，并与外国政治性组织或台湾政治性组织有联系的时候，社团事务主任可建议保安局局长作出命令，禁止该社团或该分支机构运作或继续运作，[②]实际上建立了违宪社团禁止制度，这一制度亦当然地适用于以社团名义登记成立的政党，违宪政党禁止构成香港政党法律限制的内容之一。政党实际上承担着推进民主政治的重任，为推进这一重任，政党必须具备财政实力。政党广纳捐赠，是一个基本现象。[③] 但在财务压力下，政党亦极可能以未来手中掌控的公共利益与

---

① 德国为首开政党国家补助先河的国家，在其后，瑞典在1965年、芬兰在1969年、挪威在1970年、意大利在1974年、奥地利在1975年、法国在1988年、西班牙在1988年、加拿大在1974年、美国在1976年、韩国于1993年、日本于1994年，等等，均引进政党补助制度。德国对政党的补助经历了曲折的变化。参见李惠宗：《我国"政党补助法"之商榷——从德国联邦宪法法院政党财务之判决谈起》，载《月旦法学教室》1998年第32期。

② 参见《社团条例》第8条。

③ 德国联邦宪法法院在"政党捐款免税案"的判决中指出，"由于现代竞选要求巨额开支，今天的所有政党都取决于捐款；没有政党能仅靠其成员的捐献，来承担自身的财政需求"。张千帆著：《西方宪政体系（下册·欧洲宪法）》，中国政法大学出版社2001年版，第289页。

特定经济集团进行心照不宣的利益交换。[①] 因此，听任政治献金活动猖獗无度，显然将加重权力控制的成本和权力失控的风险，形成“黑金政治”。为此，必须管控政党财务，这是政党法律限制的第二个内容。另外，纳粹等极权政党制造战争、推翻自由民主宪政秩序的教训亦表明，政党内部不民主，不可能真正地统合民意，若极权政党夺取政权，极易将本党的独裁意志凌驾于宪法之上，制造历史灾难。因此，政党内部民主构成政党内部自由的限制，亦应当成为香港特区政党法律限制的基本内容。

总之，依据香港基本法的规定，香港政党法律规范的基本内容应当确立为政党的保障与规制，就保障一面而言，应当建立政党自由、政党平等和政党财政补助制度，就规制一面而言，应当建立政党民主、政党财务公开和违法政党禁止机制。

四、香港特区政党法律规范的模式选择

1. 政党法律规范的历史脉络与模式

凭借结社自由法律，建立政党自由的制度装置，达致政党政治法治化，是政党法律规范历史变迁的第一个阶段。在这一阶段，政党服膺于自由主义的理论，作为结社自由的衍生制度而获得合法存在的法理和规范依据，并未形成一个特殊的宪法制度。宪法只是通过对结社自由的保障来维护自由权而漠视民主主义对政党的规范性要求。[②] 政党自由建立在“免受国家干预之自由”的思想基础上，基于此一自由主义的规范性基础，政党自由主要地表现为政党组织自由的形式，即政党自主地决定内部的组织形式、宗旨、目标、名称，等等。在政党自由的理念下，政党遵从私法自治的原理，由结社法律予以调整。此一阶段一直延续到20世纪中叶，尽管在20世纪初，一些国家的宪法便开始承认

① 美国联邦最高法院在 Buckley v. Valeo 一案中虽承认政党宣传和经费需求系任何成功有效的政治竞选活动的基础，但更注意到，巨额政治竞选活动经费的捐赠者可以从现任的公职人员，或者未来可能当选或就任的公职人员身上，获得相当程度的政治对价。See Buckley v. Valeo, 424. U. S. 1(1976).

② 陈新民著：《德国公法学基础理论》（上册），山东人民出版社2001年版，第254～255页。

政党，规范政党，政党已经成为以宪法为首的公法规范的对象。[①] 大陆法系国家多制定结社自由法，[②]而普通法系国家则通过判例规范政党结社。总体而言，此一阶段的政党法律规范主要依赖于私法，如德国魏玛宪法第124条第3款规定，“社团得依据民法规定，获得权利能力”。

此种借助私法规范政党的历史，在20世纪中叶被终结，将政党置于立宪主义的理论体系中加以考量，在二战后兴起。在前一个阶段，通过政党自由的保障实现政党民主和政党法治，在普通法系国家得以实现。从英美两国的历史来看，它们的确凭由政党自由的制度装置实现了政党的民主。但此种模式似乎无法轻易移植。具体言之，英国政党为挑选及支持该党的候选人进入国会，组成内阁或议会中的反对派，特别重视政党间的竞争，政党间的民主竞争比党内民主要重要得多，因此对党内民主并不太关心。美国基于总统制的宪政体制，并不如英国般需要组织严密、纪律严格的以中央党部为中心的全国性政党组织，美国政党实际是以地方党部为运作中心，也不如诸多欧洲国家般具有鲜明的意识形态，其党内活动并不频繁，对党内民主问题当然无迫切的需要与深入思考。不过，基于历史悠久的民主传统，通过政党自由及竞争性选举制度，同时靠着政党自治及政党自律制度，英美两国的政党亦能博得“民主政党”的美誉。[③] 这种特殊的国情，可能是英美两国建成政党法治的关键。故有论者认为，“这两个国家，一个是世界上历史最悠久的立宪及议会政治国家；另一个是实施成文宪法最久且同是实行民主政治历史悠久之国家”[④]，故能通过政党自由实现政党民主和政党政治法治。就此而言，政党自由并不能当然地将民主价值导入政党体制之中。事实上，在欧陆的德国、意大利及西班牙等国家，对政党自由的保障不可谓不尽心，但却未能达成英美国家政党民主的美局，反而兴起种种极端主义的政党，更有甚者竟推翻民主宪政体制，酿成人类悲剧。在此历史背景之下，政党民主遂为实务界和理论界所重视，形成政党民

---

① 据萨孟武的考察，最早在宪法中使用“政党”一词的是1919年魏玛宪法，而随后的奥地利宪法则是将政党纳入宪法调整范围、视之为国家组织要素之滥殇。参见萨孟武著：《政治学》，三民书局1991年版，第523页。

② 如法国1901年制定了《结社契约法》。

③ 陈新民著：《德国公法学基础理论》（上册），山东人民出版社2001年版，第255～256页。

④ 陈新民著：《德国公法学基础理论》（上册），山东人民出版社2001年版，第256页。

主的系统理论。政党民主理论的提出与实践，促成了政党法律规范第二阶段的到来，即通过制定政党法，贯彻宪政主义的价值，全面规范政党的组织与行为。据笔者的保守统计，全球至少有35个国家制定了政党法。① 在此一阶段，政党已经完全从此前的私法规范对象上升为公法规范的对象，大多数国家的宪法直接制定政党宪法规范，就政党自由、政党民主和政党补助等事项作出规定，同时，宪法上的政党规范亦多被政党立法所具体化。

总体而言，政党法律规范经历了以保障政党自由实现政党民主与法治和以立法规范政党民主实现政党法治的两个阶段的变迁。这一变迁同时发生在普通法系国家②和大陆法系国家，但这两个法系国家实践此一变迁的模式又各不相同，普通法系国家遵循其历史传统，通过判例规范政党的组织与行为，导入民主价值，大陆法系国家则通过从宪法到政党法的全面立宪和立法，以成文法律形式规范政党民主。

2. 香港特区宜制定政党法

香港特区通过法律规范政党，面临着两个不得不考虑的因素：一是香港遵循普通法的传统，尽管这一传统在香港回归后有所变迁，但香港仍遵循普通法系的法律传统。二是香港政党法律规范必须回应近现代以来政党法律规范的历史变迁，而不是与之相拂。这两个因素的结合，容易推导出如下结论：香港应当遵循普通法系国家英国和美国的经验，通过相关的司法判例逐步建立政党法律规范体系，而不是如同大陆法系国家一般，制定专门的政党法。但显然，这一建议并不适应香港特区政党政治的复杂情形。质言之，关于香港特区政党法律规范模式的选择，还必须考虑如下因素：(1)香港特区部分政党的前身是成立于港英政府时期的政治性团体。这些政治性团体的成立和发展得到国际势力的一贯扶助，成为维护英美等国政治利益的堡垒。(2)缘于第(1)点，香港特区的大部分政党实际产生于香港基本法的制定和生效之前。这种时序上的倒置，极易引发政党对基本法价值秩序的认同问题，而这一问题在香港特区的部分政党身上的确存在，香港特区部分政党的成员和领导人公开攻击基

---

① 何力平的研究显示，约有22个国家制定了政党法。参见何力平著：《政党法律制度研究》，黑龙江人民出版社2003年版，第68页。而本文作者亦搜集到另外13国的政党法文本，故保守地统计，全世界至少有35个国家制定了政党法。

② 美国的实践可参见：Civil Rights Cases，109U. S. 3，Nixon. v. Herndon，273U. S. 536(1927)，Nixon. v. Condon，286U. S. 73(1932)。

本法之事时有发生。(3)依香港基本法的规定,香港特区民主化逐步展开,而这种渐进性必然导致在一定时段内,香港政党在特区内的政治空间呈现一个逐步扩大的状态,无法一步到位。与此同时,香港特区特殊的国际地位,则为这些政党提供了广泛的国际空间。一面是特区内有限的政治发展空间,一面是广泛的国际支持,二者间的对冲,促使香港特区的部分政党急切地与国际势力发生联系,获取国际势力的金钱和政治支持,威胁中国的主权统一。正是这些因素的存在,使得香港特区采纳普通法系国家的经验规范政党不太适宜。事实上,在2017年"双普选"进行之前,制定政党法,维护基本法确立的价值秩序,保障并规制政党,应为较好时机。①

① 香港特区的部分学者已经提出建议,香港应当制定政党法。参见梁美芬等提出的"政党献议(之三)",http://www.cpu.gov.hk/english/documents/csd/subgc/csdgcsub_leungmfp_3_220906.pdf,下载日期:2009年10月7日。

特别行政区长官“述职”之探讨

马　岭*

我国香港特别行政区行政长官向中央人民政府述职始于1998年，澳门特别行政区行政长官向中央人民政府述职始于2000年。① 特别行政区行政长官应当定期向中央人民政府述职，这一点在《香港特别行政区基本法》和《澳门特别行政区基本法》中并没有明确规定，它是在实践中创造出来的“惯例”。② 其根据是《香港特别行政区基本法》第43条第2款和《澳门特别行政区基本法》第45条第2款的规定：特别行政区行政长官依照本法的规定对中央人民政府和香港/澳门特别行政区负责。向中央人民政府“述职”应当是向中央人民政府“负责”的形式之一。

一、“述职”的含义和分类

根据我国《新华词典》的解释，“述职”是“向主管部门或领导陈述工作情

---

* 中国青年政治学院法律系教授。

① 1998年10月15日—17日，“香港特区行政长官董建华到北京向中央政府述职”，《香港回归大事记(1998年)》，http://www.gov.hk/tc/residents/；2000年12月17日行政长官何厚铧首次赴京述职，见《澳门回归大事记(2000年)》，http://www.gov.hk/tc/residents/。

② 1998年香港特别行政区行政长官董建华向中央政府的述职事实上开创了一个先例，这10年来一年一度的述职已经基本形成了惯例，如果某年中断述职将会引起各方面的疑问和反应，因此打破这一惯例是需要有充分理由的。当然这并不一定意味着这一惯例已经成熟和完善。

况。例:大使回国述职”①。在我国的实践中,述职可以大致分为四类:一是存在于上下级国家机关之间的领导与被领导的关系中,如财务科长述职、农业局长述职、税务局中层干部述职等。二是存在于平行国家机关之间的监督与被监督的关系中,如一些地方的政府部门向人大述职。② 三是存在于选举产生的有关人员与选民的关系中,如我国许多地方的人大代表向选民述职。③ 四是其他类型的述职,如高级教师述职、工会主席述职、企业述职等等。笔者认为,根据《新华词典》对“述职”的解释,述职者与接受述职者之间的关系应当是“主管与被主管”或“领导与被领导”的关系,因此上述四种“述职”中只有第一种(行政关系)才真正称得上是“述职”;第二种显然将“主管部门”作了过于宽泛的解释——将人大视作政府的主管部门,从而混淆了政府内部的上下级领导关系和政府与人大之间的监督关系;第三种述职也令人难以苟同,代表向选民“述职”其实是向选民汇报工作,是联系选民、对选民负责的一种方式,选民是分散的,不可能成为人大代表的领导或主管部门;第四种述职如高级教师述职、工会主席述职、企业述职等基本上是其工作总结,他们与述职的对象之间也不存在或不完全是“主管与被主管”、“领导与被领导”的关系。我们在现实中将不同行业、不同性质的关系不加区分地一律以“述职”规范之,是一种泛行政化的表现,似乎是在把“述职”当作一种社会时尚而加以追求,但实际上却很可能抹杀了有关行业的职业特点,如教师向学校述职可能有违教学自由的精神。

---

① 商务印书馆辞书研究中心修订:《新华词典》(2001 年修订版),商务印书馆 2006 年版,第 913 页。

② 如,“五年来,常委会在总结历届开展述职评议工作的基础上,加大了述职评议的力度,先后对自治区人民政府秘书长、发展计划委员会主任、公安厅厅长等 21 位政府组成部门负责人开展了述职评议,基本做到了在本届任期内对所有自治区人民政府组成部门负责人进行一次述职评议的要求。对当年未安排述职评议的自治区人民政府组成部门负责人则要求向常委会递交书面述职报告。”《广西壮族自治区人大常委会工作报告》,http://www.gxnews.com.cn,下载日期:2003 年 1 月 22 日。

③ 如,“河南省洛阳市人大常委会为确保人大代表能够真正按照选民的意志和利益履行职责,常委会组成人员带头向选举单位及选民述职并接受评议。……北京市东城区人大常委会还专门出台《人大代表述职办法》,明确规定了代表向选民述职的方式方法、述职内容、述职程序、述职次数等”。《近年来各地人大代表工作方法创新》,http://www.hppc.goo.cn/list－gzjl.asp? id＝45,下载日期:2004 年 12 月 17 日。

特别行政区行政长官每年向中央人民政府的述职，显然不属于平行国家机关之间监督与被监督的范畴，而是接近于上下级国家机关之间的关系，但与上下级之间“主管与被主管”或“领导与被领导”的关系又有所不同。根据香港和澳门的《基本法》，中央人民政府并不“领导”特别行政区政府，中央人民政府也不是特别行政区政府的“主管部门”，[①]而只是“特别行政区行政长官对中央人民政府负责”。因此特别行政区行政长官向中央人民政府的述职，基本上是建立在一种监督关系之上（排除领导关系），但又与一般的监督关系有所不同，是一种较为松散的监督关系。[②]

二、特别行政区行政长官“述职”的内容和范围

根据笔者所能查到的有限资料，在实践中特别行政区行政长官向中央人民政府的述职，其内容和范围有如下特点。

1. 述职是“全面”、“具体”的汇报工作。行政长官的述职内容涉及特别行政区的经济、社会、政治等各方面，是全方位的，而不局限于某一个或某几个方面，同时也是具体的、细致的。如 2003 年 12 月 2 日香港特别行政区行政长官董建华抵达北京后，“向记者表示，此次到北京述职，是向中央领导人汇报七月以来香港经济、社会、政治方面的情况”[③]。“《香港文汇报》发表题为《连串“怎么样”尽显关切》的文章指出，胡锦涛主席在会晤董建华时，表示很关心香港近来的形势，询问‘香港市场情况怎么样？旅游业怎么样？楼市、股市怎么样？社会稳定和市民就业情况怎么样？’”[④]2005 年 12 月 28 日香港行政长官曾荫权在北京会见传媒讲述述职情况时说：“我亦与总理谈到一些具体的问题，包

---

① 《新华词典》对“主管”的解释是：“负主要责任管理（某一方面）。例：管理农业。”商务印书馆辞书研究中心修订：《新华词典》（2001 年修订版），商务印书馆 2006 年版，第 1295 页。

② 从这一点来看，行政长官的述职可能“改写”了《新华词典》中“述职”一词的含义。

③ 《香港、澳门特别行政区行政长官进京述职》，南方网，下载日期：2003 年 12 月 2 日。

④ 《香港、澳门特别行政区行政长官进京述职》，南方网，下载日期：2003 年 12 月 2 日。

括人民币深化业务，尽快落实跨境大型工程和扩大个人游，这些都是正在跟进中的事务。在人民币方面，我提了一些具体的建议，总理表示会考虑，他的回应是相当积极的。但因为是货币的问题，我不能在这方面全面地交代，但我很希望到落实的时候，对香港来说是一个很大的好处。对于基建工程方面，我亦说到几件事，除了区域快线之外，亦谈到港珠澳大桥，大桥方面现在虽然路线方面已安定下来，对于口岸的安排及其他的细节，都要在论证方面弄清楚，我很希望在这方面弄清楚之后，工作层面会跟进。个人游方面，我向中央提议，因为有 9＋2 发展，我很希望所有九个省的省会都包括在个人游之内，现时各省会里面，三个省会已经有个人游，六个未有，中央对我的建议是肯定的，亦接受意见，但亦好意地说，我们应该好好地研究口岸有否承受的能力、应付得来呢？在这方面，我们会作跟进工夫，内地有关部门亦会跟进建议。我们有一个目标，我希望在五月一日黄金周假期之时，能够落实增加这些自由行的地点。"[①]笔者认为，如有临时情况发生或行政长官认为必要(并经中央同意)，需要就某一事件或某些特定事项向中央汇报情况，行政长官当然可以随时进京，但那不是述职，述职应是全面汇报工作。有关媒体在报道中对述职一词的运用可能不够规范，如香港行政长官董建华在 2003 年"7·1"大游行后，"于 7 月 19 日上京述职"，同年 11 月再次"提出北上述职要求"。[②] 这些进京行为很可能是针对某一特定事件的，因此不可与全面汇报工作的述职相提并论。

2. 时间基本确定。从实践来看，述职是一年一度的，且基本上是在每年年底(11 月或 12 月)，一般为 2～3 天。[③] 如前所述，如果有一年数次进京，不宜都视为述职。如 2003 年国家主席胡锦涛先后五次接见董建华，"两人第一

---

① 《行政长官抵京述职(2005)》，香港政府网站。

② 《董建华下周访京传胡温将接见》，早报网，刊登时间：2003 年 11 月 27 日。

③ 从 1997 年至 2007 年，香港特区行政长官向中央人民政府进行了每年一次的述职共 11 次，其时间在 12 月的有 7 次，在 11 月的有 2 次(1999 年、2007 年)，在 10 月的有 2 次(1998 年、2000 年)。如 2001 年 12 月 19 日，"香港特别行政区行政长官董建华乘港龙航空的飞机今天中午十一时五十分抵达北京，开始为期两天的述职活动"。《董建华抵达北京》，新华网，下载日期：2001 年 12 月 19 日。从 2000 年至 2007 年，澳门特区行政长官向中央人民政府述职共 8 次，其中 6 次是在 12 月，1 次在 11 月(2007 年)，1 次尚未查到(2004 年)。

次会面是三月份在北京时，第二次则是非典时期在深圳，第三次则是七月十九日董建华到北京述职，第四次是在曼谷的 APEC 会议，第五次是十二月到北京述职。”[①]笔者认为其中的第五次才可能是真正的述职行为，其余四次可能只是因某种特定原因或特定情况的会面，其他年份并没有如此多的次数，即没有形成惯例，没有制度化，而一年一度的进京述职则已经基本定型。同时即使进京，也不是所有接见或会晤都是述职，如 2006 年“香港特区行政长官曾荫权于 12 月 26 日傍晚抵达北京述职，为期四天，香港《大公报》披露，在京逗留四日期间，曾荫权除获安排与中国国家主席胡锦涛和总理温家宝等见面外，还将拜会多达九个国家部委，商谈人民币业务、基建项目、食物安全、内地孕妇来港产子等港人关注的话题，探讨推进措施和解决途径”[②]。其中“与中国国家主席胡锦涛和总理温家宝”的见面可能是述职，而“拜会多达九个国家部委，商谈人民币业务、基建项目、食物安全、内地孕妇来港产子等港人关注的话题，探讨推进措施和解决途径”的行为则与述职无关，而只是借进京述职的机会顺便进行的工作，因此在“为期四天”的行程中可能只有前两天为述职时间。

3. 中央表态。从有关“述职”的新闻报道来看，中央在行政长官述职后都要“表态”，其内容大体包括以下几个方面：一是对特别行政区政府过去一年工作的表态，如 1999 年朱镕基总理对前来述职的香港行政长官董建华说：“一年来香港的经济状况已有好转，最困难的时期已经过去。这表明董建华领导下的香港特别行政区政府施政有方，香港能够经得起风浪的冲击。中央人民政府对此表示满意。”[③]2003 年澳门行政长官何厚铧到京述职时，《澳门日报》发表《胡锦涛勉特区政府再接再厉》的报道：“国家主席胡锦涛会见行政长官何厚铧，高度赞扬澳门特区四年来取得的成绩，喜见澳门回归后社会治安改善、经济持续发展，充分肯定何厚铧为首的特区政府，同时勉励特区政府和社会人士再接再厉，为成功实践‘一国两制’作出新贡献。”[④]“在澳门特区成立一周年前

① 《香港、澳门特别行政区行政长官进京述职》，南方网综合，下载日期：2003 年 12 月 2 日。

② 《香港回归大事记（2006 年）》。

③ 《朱总理会见董建华》，http://www.sina.com.cn，下载日期：1999 年 11 月 21 日。

④ 《香港、澳门特别行政区行政长官进京述职》，南方网综合，下载日期：2003 年 12 月 2 日。

夕，到北京进行任内首次述职的澳门特区行政长官何厚铧，获国家主席江泽民及国务院总理朱镕基高度评价，其中朱镕基更给何打了‘一百零一分’的超满分分数。”①二是表明中央对特别行政区未来一年工作规划的支持，如2003年温家宝总理在听取了澳门行政长官何厚铧的汇报后表示：“中央政府将一如既往地坚持‘一国两制’和基本法，全力支持行政长官和特区政府依法施政，支持澳门实现更大发展。”②三是介绍内地情况，互通信息，如1999年朱镕基总理向前来述职的香港特首董建华“介绍了当前内地的经济形势。他说，近日中美两国就中国加入世界贸易组织问题签署的双边协议，符合中美两国的根本利益。”“中国早日加入世界贸易组织，将为香港经济的可持续发展提供新的机遇和有利条件。”③

从相关报道来看，④十年来中央对行政长官的述职都是持肯定和鼓励的态度，而没有否定或负面性的评价，这似乎体现了中央对特别行政区高度自治权的一种尊重。由于行政长官述职的具体内容以及中央领导人在述职中的讲话全文未见公开披露，因此我们很难以媒体报道的现有信息判断中央对特别行政区事务的“介入”程度。笔者认为，《香港特别行政区基本法》和《澳门特别行政区基本法》既然赋予特别行政区政府高度的自治权，⑤“高度自治”就是自己的事情自己管理，因此不宜有太多的请示汇报，或请示汇报更多地具有礼节性、程序性的色彩，或请示汇报应限定在与中央有关的事务方面，而不宜太多涉及其内部管理的事务。的确，在实践中创造的惯例往往比法律规范更丰富、更具体，起着补充法律规范的作用，但一般不能与法律规范相冲突。因此特别行政区行政长官向中央人民政府的述职不宜突破《香港特别行政区基本法》和

---

① http://www.stockstar.com，下载日期：2000年12月19日。

② 新华网北京2003年11月23日电（记者张勇）：“国务院总理温家宝23日在中南海紫光阁会见了来京述职的澳门特别行政区行政长官何厚铧。”http://www.gov.hk/tc/residents/。

③ 《朱总理会见董建华》，http://www.sina.com.cn，下载日期：1999年11月21日。

④ 仅仅是“从相关报道来看”，相关报道不一定是全面的报道。

⑤ 《香港特别行政区基本法》第2条规定：“全国人民代表大会授权香港特别行政区依照本法的规定实行高度自治，享有行政管理权、立法权、独立的司法权和终审权。”第16条规定：“香港特别行政区享有行政管理权，依照本法的有关规定自行处理香港特别行政区的行政事务。”《澳门特别行政区基本法》第2条、第16条也有相同的规定。

《澳门特别行政区基本法》，这应该是一条原则。① 所以，特别行政区行政长官向中央政府的“述职”，其内容可以尽量详尽（使中央政府充分了解情况，心中有数），但中央政府对特别行政区自我管辖的事务一般不宜直接作出具体指示，以兑现《基本法》保障特别行政区“高度自治”的承诺，应当避免将二者的关系通过述职演化为“领导与被领导”的行政关系。

4. 述职报告不公开。笔者在本文的写作中常常苦于资料短缺，因为行政长官历次“述职”的内容都没有公开发表过，甚至不知道是否有正式的书面“述职报告”存在（如果有，是否作为“国家机密”保存在政府某部门）。行政长官向中央政府的述职是否应该公开化？如果国务院的政府工作报告都可以向全国人民代表大会公开，进而通过媒体向全国人民公开，那么特别行政区行政长官的述职报告应该也可以向特别行政区议会公开，并通过媒体向全国人民公开。如果说涉及国家机密的话，作为中央人民政府的国务院报告应该比特区政府的报告涉及更多、更大的国家机密，国务院的工作报告可以公开，特区政府的工作报告也应该可以公开。② 或许有人会说，政府向议会的报告与行政系统内部的工作报告是有所不同的，前者的公开化并不能必然推论出后者也应当公开化。但民主政府的一个基本特征是政务公开（公开是原则，不公开是例外），以便接受民众的评议和监督，如果特别行政区首长的述职报告确实不宜公开，则需充分说明理由，否则容易引起社会各界猜测甚至怀疑。③

---

① 《香港特别行政区基本法》第 11 条第 2 款规定：“香港特别行政区立法机关制定的任何法律，均不得同本法相抵触。”《澳门特别行政区基本法》第 11 条第 2 款规定：“澳门特别行政区立法机关制定的任何法律、法令、行政法规和其他规范性文件均不得同本法相抵触。”既然一般法律都不能与基本法相抵触，那么，有关宪法性惯例也应该不能与基本法抵触。

② 香港行政长官的施政报告、财政司发表最新的财政预算案、政府账目、最近年度的账目，政府综合财务报表、最新账目审计结果报告书的部分、审计署署长报告书等文件均可公开查阅。见香港政府一站通，http://www.gov.hk/tc/-34k，但行政长官向中央述职的报告却无从查到。

③ 历史已经一再警示我们，古今中外喜欢并善于搞神秘主义、垄断信息以维护其物质上之特权和精神上之优越感的制度，大多不是民主制度。

三、特别行政区行政长官“述职”的对象

在特别行政区行政长官述职的有关法律关系中，述职的主体是特别行政区行政长官，这一点没有多少疑问，①而接受述职者则值得探讨。

接受述职者是中央人民政府，这一点不成问题。但谁是中央人民政府呢？对此我国《宪法》第85条有明确规定：“中华人民共和国国务院，即中央人民政府，是最高国家权力机关的执行机关，是最高国家行政机关。”这是作为国家根本法的宪法的明确定义，即使特别行政区实行高度自治也不宜对此另有解释。在《香港特别行政区基本法》和《澳门特别行政区基本法》中多处条文涉及“中央人民政府”的概念，其含义需要我们一一考察。如：《香港特别行政区基本法》第12条规定：“香港特别行政区是中华人民共和国的一个享有高度自治权的地方行政区域，直辖于中央人民政府。”依笔者的理解，该条中的“中央人民政府”应是指国务院，因为特别行政区只可能“直辖”（直接管辖）于国务院，而不可能直辖于其他中央国家机关或所有中央国家机关。《香港特别行政区基本法》第13条规定：“中央人民政府负责管理与香港特别行政区有关的外交事务。中华人民共和国外交部在香港设立机构处理外交事务。中央人民政府授权香港特别行政区依照本法自行处理有关的对外事务。”该条中的“中央人民政府”显然也是指“国务院”，是国务院及其下属的外交部（而不可能是其他中央国家机关或所有中央国家机关）“负责管理与香港特别行政区有关的外交事务”。《香港特别行政区基本法》第14条第3款规定：“中央人民政府派驻香港特别行政区负责防务的军队不干预香港特别行政区的地方事务。香港特别行

---

① 但行政长官是否可以委托他人向中央述职，能够委托什么人向中央述职，委托的理由是什么，这些问题还应进一步明确化。根据《香港特别行政区基本法》第53条第1款的规定，“香港特别行政区行政长官短期不能履行职务时，由政务司长、财政司长、律政司长依次临时代理其职务”。如“董建华述职期间，财政司司长曾荫权将署理行政长官”。《董建华将到北京述职》，http://www.sina.com.cn，下载日期：1999年11月19日。因此行政长官如需委托他人代其述职，其人选也应当依次为政务司长、财政司长、律政司长。《澳门特别行政区基本法》第55条第1款规定，“澳门特别行政区行政长官短期不能履行职务时，由各司司长按各司的排列顺序临时代理其职务。各司的排列顺序由法律规定。”

政区政府在必要时，可向中央人民政府请求驻军协助维持社会治安和救助灾害。"其第4款规定："驻军费用由中央人民政府负担。"该条中的"中央人民政府"是否是指中央军委呢？笔者认为不是，它还是指国务院，即使驻军的有关行为可能由中央军委负责，特别行政区政府也不宜直接向中央军委提出请求，而是应当向国务院提出请求，由国务院与中央军委商议。①《香港特别行政区基本法》第15条规定："中央人民政府依照本法第四章的规定任命香港特别行政区行政长官和行政机关的主要官员。"第45条规定："香港特别行政区行政长官在当地通过选举或协商产生，由中央人民政府任命。"第48条第5项规定行政长官有权"提名并报请中央人民政府任命下列主要官员：各司司长、副司长，各局局长，廉政专员，审计署署长，警务处处长，入境事务处处长，海关关长；建议中央人民政府免除上述官员职务"。这些条款中的"中央人民政府"也是指国务院，在实践中董建华、何厚铧、曾荫权等行政长官均是由国务院总理任命的。②《香港特别行政区基本法》第20条还规定："香港特别行政区可享有全国人民代表大会和全国人民代表大会常务委员会及中央人民政府授予

---

① 笔者认为此类行为由国务院的国防部负责比较合适。但在我国现行宪法设置的政治体制中，国防部和中央军委之间的关系有不尽合理之处，限于篇幅本文在此不作探讨。根据宪法规定，国务院是不能直接命令中央军委的，因此国务院是否有必要通过全国人大或其常委会对中央军委作出相关决定呢？然而"协助维持社会治安和救助灾害"往往涉及紧急情况，程序环节过多以及人大反应的相对迟缓又可能延误时机。在实践中"创造"的国务院与中央军委联合颁发规范性文件的做法是否适当，还值得进一步研究。如"1996年1月28日，国务院、中央军委发布公告，中国人民解放军驻港部队组建完成。"中国国学论坛，《中国人民解放军驻港部队》，下载日期：2006年5月22日。

② 如，在2004年9月1日的国务院全体会议上，"会议就任命何厚铧为澳门特别行政区第二任行政长官作出了决定。温家宝总理签署国务院第414号令，任命何厚铧为中华人民共和国澳门特别行政区第二任行政长官，于2004年12月20日就职"。在2005年6月21日的国务院全体会议上，"决定任命曾荫权为中华人民共和国香港特别行政区行政长官，即日起就职，任期至2007年6月30日。温家宝当即签署了任命曾荫权为中华人民共和国香港特别行政区行政长官的国务院第437号令"。又如："依照香港特别行政区基本法的有关规定，根据香港特别行政区行政长官董建华的提名和建议，国务院2003年8月2日决定，对香港特别行政区政府部分主要官员作如下任免：任命唐英年为财政司司长；任命李少光为保安局局长；任命曾俊华为工商及科技局局长；任命黄鸿超为廉政专员；免去唐英年的工商及科技局局长职务；免去李少光的廉政专员职务；免去黄鸿超的海关关长职务。"中国网综合消息，下载日期：2003年8月5日。

的其他权力。”该条中的“中央人民政府”与“全国人民代表大会和全国人民代表大会常务委员会”并列，显然仅指国务院，而不是对所有中央国家机关的统称。《香港特别行政区基本法》第22条第2款规定：“中央各部门、各省、自治区、直辖市如需在香港特别行政区设立机构，须征得香港特别行政区政府同意并经中央人民政府批准。”该条中的“中央人民政府”也应是国务院，因为需在香港特别行政区设立机构的“中央各部门”应是国务院各部门而不是全国人大各部门或中央军委各部门、最高人民法院各部门、最高人民检察院各部门；同理，需在香港特别行政区设立机构的“各省、自治区、直辖市”也应是这些地方的政府部门而不是其他机关的部门，其审批权应由国务院掌握。但《香港特别行政区基本法》第48条的有关规定是比较特殊的，“香港特别行政区行政长官行使下列职权……(三)签署立法会通过的法案，公布法律；签署立法会通过的财政预算案，将财政预算、决算报中央人民政府备案”。该条中的“中央人民政府”应是全国人民代表大会常务委员会，因为该法第17条第2款明确规定：“香港特别行政区的立法机关制定的法律须报全国人民代表大会常务委员会备案。”笔者认为，《香港特别行政区基本法》第48条和第17条第2款规定的“中央人民政府”与整个法律以及宪法规定的“中央人民政府”似有矛盾，如何协调这一矛盾是一个难题。但从整个法律的规定来看，“中央人民政府”应是指国务院。①

在实践中，行政长官的述职对象似乎包括国家主席、副主席，国务院总理、副总理等。如“澳门特区行政长官何厚铧2日起一连三天赴京述职，期间国家主席胡锦涛、国务院总理温家宝、国家副主席曾庆红等领导人将分别会见何厚铧，听取过去一年特区政府施政情况”②。2001年12月董建华“宣布参选第二任行政长官后，第一次到北京述职。……国务院副总理钱其琛今天下午也会见了董建华，并对香港经济的未来发展表示乐观”③。“明日(星期五)上午董

---

① 《澳门特别行政区基本法》第12条、第13条、第15条、第17条、第20条、第22条、第45条、第50条也有关于“中央人民政府”的类似规定，有些规定与《香港特别行政区基本法》的上述规定完全相同，有些规定有细微差别，在此不一一比较。

② 《香港、澳门特别行政区行政长官进京述职》，南方网，下载日期：2003年12月2日。

③ 中新社北京12月20日电(记者赵健)：《香港特区行政长官董建华结束述职离京返港》。

建华会到中南海国务院与副总理钱其琛会面。下午他会前往人民大会堂，向总理朱镕基述职。星期六上午行政长官会到钓鱼台国宾馆，向国家主席江泽民述职。”①笔者认为，向国家主席、副主席，总理、副总理的述职如果是同样的内容，那么这种多次重复述职是没有必要的，这不仅是行政长官的重复劳动，而且可能引起国家主席、副主席，总理、副总理之间的不必要矛盾——如果他们对述职的表态有所不同，行政长官将无所适从，如果他们的表态完全相同，那么中央的这种重复劳动亦没有必要。如果行政长官向国家主席、副主席，总理、副总理述职的内容是不同的，那可能问题更大，因为这将牵涉到国家主席、副主席，总理、副总理之间在对待特别行政区的事务方面要有详细而具体的职权分工。行政长官进京述职时“拜会”有关国家领导人、分别接受有关国家领导人的“接见”是可以的，但在性质上与“述职”应有所区别。笔者认为，国家主席可以对进京述职的行政长官作礼节性的接见，但述职的对象应该是总理。述职体现的是特别行政区作为中华人民共和国的一个地方政权与中央政权之间的关系，而不是国家与国家之间的关系。当英国归还香港、葡萄牙归还澳门给中国的时候，这是一种国家间的行为，此时国家主席的出面是完全必要和应该的。② 而香港和澳门回归后其具体的管理事务应由特别行政区政府“自治”，并向作为中央人民政府的国务院负责，而不是对国家主席负责。如果说我国国务院总理由国家主席提名，③因而总理也应对国家主席负责的话，有关程序也应当是特别行政区长官向总理述职，总理再向国家主席汇报有关情况，而不宜行政长官直接向国家主席述职，尤其不应“同时”向国家主席、副主席，总理、副总理等人述职，以避免职权不清的混乱状况。同时，还应当指出的是，副职（国家副主席、国务院副总理）不应单独接受述职，除非正职因健康等原因缺位，否则他们一般只能作为正职的副手在场（但此时“接受述职”的仍然是正职）。

---

① 《行政长官抵京述职》，1998 年 10 月 15 日（星期四）。

② 如 1997 年 7 月 1 日零时 4 分，“中华人民共和国主席江泽民在这里庄严宣告：根据中英关于香港问题的联合声明，两国政府如期举行了香港交接仪式，宣告中国对香港恢复行使主权”。“随后，中英两国领导人走到主席台前，握手合影。凌晨 0 时 12 分，香港政权交接仪式结束。”载《纪念香港回归 10 周年》。

③ 我国《宪法》第 62 条规定，全国人民代表大会“根据中华人民共和国主席的提名，决定国务院总理的人选”。

四、建议制定《特别行政区行政长官述职法》

笔者认为，应当就特别行政区行政长官向中央人民政府的述职问题制定专门法律。法律意味着稳定（任何一方都不得随意更改），意味着双方的权力义务关系明确化、具体化、制度化，既不因行政长官的人事变动而变动，也不因中央领导的换届而有所更改。

《特别行政区行政长官述职法》应由全国人民代表大会常务委员会制定。首先，该法律应由中央立法机关制定而不宜由特别行政区立法会制定，因为根据《香港特别行政区基本法》第17条第3款的规定（《澳门特别行政区基本法》第17条第3款有同样内容），"全国人民代表大会常务委员会在征询其所属的香港特别行政区基本法委员会后，如认为香港特别行政区立法机关制定的任何法律不符合本法关于中央管理的事务及中央和香港特别行政区的关系的条款，可将有关法律发回，但不作修改"。此条文并没有授权特别行政区立法机关制定"关于中央管理的事务及中央和香港特别行政区的关系"的"法律"，而只是指出特别行政区立法机关制定的任何法律中如有不符合基本法关于中央管理的事务及中央和香港特别行政区的关系的"条款"，全国人民代表大会常务委员会在征询其所属的香港特别行政区基本法委员会后，可将有关法律发回，但不作修改。从基本法的精神来看，涉及中央和特别行政区关系的法律应由中央制定，同时应征询"特别行政区基本法委员会"的意见。其次，在中央立法机关的层面上，应由全国人民代表大会制定还是应由其常务委员会制定呢？笔者认为由后者制定较为妥当，因为这样便于与前者制定的《基本法》有法律位阶上的层次之分。

有关述职法的内容，不仅应当将现有的述职惯例规范化，而且还需进一步明确化、具体化。① 有关内容应包括：（1）明确特别行政区行政长官述职的法律依据，如《香港特别行政区基本法》第43条第2款和《澳门特别行政区基本

① 笔者认为，全国人民代表大会常务委员会似乎没有必要分别就香港和澳门两地各自制定《香港特别行政区行政长官述职法》和《澳门特别行政区行政长官述职法》，而是应当制定一部统一适用于港澳两地的《特别行政区行政长官述职法》。

法》第 45 条第 2 款的有关规定。[①] (2)明确规定述职主体是特别行政区行政长官，在行政长官不能履行职务时，应由谁临时代理其述职。(3)明确规定述职的对象，是国家主席或总理，或国家主席“和”总理，或总理及负责港澳事务的国家副主席、国务院副总理(笔者认为应是总理)。(4)特别行政区行政长官向中央述职的时间，可以对每年 12 月述职、述职的时间为 2～3 天的惯例加以肯定。(5)述职的性质，是礼节性的还是实质性的，中央政府在述职中的权限(是只“听”述职，一般不表态，还是可作原则性的表态，或有权做具体指示——这种指示是建议性的还是命令性的)。(6)述职的范围，包括政治、经济、文化各方面还是有所侧重，与非述职性的进京汇报工作的区别。(7)明确规定述职的形式(如书面报告)，等等。

① 这两个条文都规定，特别行政区行政长官依照本法的规定对中央人民政府和特别行政区“负责”。

港澳特区终审权的宪法学思考*

邹平学** 潘亚鹏***

一、引言

香港、澳门两部基本法均在第2条规定，全国人民代表大会授权特别行政区依照基本法的规定实行高度自治，享有行政管理权、立法权、独立的司法权和终审权。① 检视现有研究特区高度自治权的众多论著，可以发现对特区终审权的研究相当薄弱，尤其对这种终审权的基本特性，它与一个主权国家享有的终审权有无区别、它在“一国两制、高度自治”条件下运行的基本原则是什么等重要问题很少有人研究。这使得现有理论在讨论特区法院司法审查权、基本法解释机制等重大理论和实践问题时说服力不强。联系到香港系列居港权案件中人大释法与特区法院释法的冲突给人们留下的种种疑虑和担心，北京大学教授陈端洪就认为：“由于香港司法完全独立，自行终审，从原则上说就意味着，中央丧失了司法主权。”他还指出：“完全按照基本法的宪制设计，任何一个主权国家都是无可想象的。因此，特别行政区只能是特例。特例的存在更能

* 本文系邹平学主持的教育部人文社会科学重点研究基地（中山大学港澳珠江三角洲研究中心）2007年度重大项目“香港基本法实践问题研究”（批准号07JJD820179）的阶段性成果。

** 深圳大学法学院教授、副院长，深圳大学港澳基本法研究中心常务副主任，教育部人文社科重点研究基地中山大学港澳珠江三角洲研究中心研究员。

*** 深圳大学法学院2008级宪法学行政法学硕士研究生。

① 香港基本法在第19条、第82条规定了香港特区享有的终审权，澳门基本法在第19条、第84条规定了澳门特区享有的终审权。

彰显主权者的重要性，让人们反思主权究竟应当包括什么最基本的权能。同时，特例促使人们反思、重构原则和常规，但特例永远埋藏着隐患，在特例存在的情况下维持原则和常规的有效性就只能依靠宽容和政治艺术。"他甚至追问："地方实行司法终审，还有统一的法制吗？"①还有学者认为香港终审权存在着宪法失范的问题。② 有鉴于此，加之考虑到"五十年不变"的规定所延伸出的必然追问，即 50 年后是否还应继续授予特区终审权，③本文的探讨就显得很有必要。

二、一般意义的终审权辨析

（一）为什么需要有终审权

终审权隶属于司法权。司法权是现代国家一项重要的国家权力，是相对于立法权和行政权的一种权能。"司法权是指国家司法部门对于发生在公民与公民、公民与政府或者法人、法人与法人、政府与法人或者政府机构之间的法律纠纷所行使的裁判权，终审权即最终裁判权。"④英国学者华莱斯指出："在所有的发达的政治体系中，都有与立法和行政机关并存的司法系统，它们发挥着一些作用，这些作用因国家的性质而变化。"⑤

司法相对于其他解决纠纷的方式来说，具有终局性的特点，即所谓"司法最终解决原则"，俗称"社会正义的最后一道防线"。从学理上看，司法的终极性包括三个方面：一是指司法方式是所有纠纷解决方式中最权威与最终的解决方式，立法、行政等非司法机关无权对司法机关作出的生效裁判重新进行处

---

① 陈端洪著：《宪治与主权》，法律出版社 2007 年版，第 179、165、191 页。

② 如湖南师范大学法学院张剑平老师认为"香港回归以来多次涉及《基本法》的司法裁判和立法解释凸现了特区终审权的宪法失范"。参见张剑平：《香港特别行政区终审权的宪法学思辨》，载《湖南工业大学学报》(社会科学版)2008 年第 1 期。

③ 有论者指出，特区的基本制度在 50 年后如未获中央的再行授权，特区的司法权与终审权也面临法理上的终止问题。参见陈友清：《论一国两制下特区司法管辖权的限制性与完整性》，载《现代法学》2006 年第 4 期。

④ 王振民著：《中央与特别行政区关系》，清华大学出版社 2002 年版，第 189 页。

⑤ 转引自胡伟著：《司法政治》，三联书店(香港)有限公司 1994 年版，第 21 页。

理。二是指对于法院作出的已经发生法律效力的裁判，非经法定程序，不得再次审判。即使是当事人也不得就同一争执再次要求司法机关处理。三是指在司法程序内存在一个最后的阶段，该阶段的司法裁决是最终的司法裁决，它是一种终结性的、排他性的、不受挑战的和不可变更的。立法程序内和行政程序内都不存在具有终极效力的阶段，因为立法行为和行政行为都可能受到司法的审查。司法的终极性是法律的权威性、安定性、可预测性和效率性的必然要求。

任何纠纷必须在某个阶段给予彻底了结，争议双方不能在制度和程序内外无休止地、没有节制地去寻求心目中的正义，这不仅是无效率的，也是有悖正义原则的。就外在而言，司法相对于立法和行政来说具有终局性，这是法律赋予司法这种判断权的最后效力所使然。就内在来说，司法内部也必须设计有某个层级的裁决以决定纠纷在时段上的终结，享有终审权的法院即终审法院，终审法院的学理定义即“对其判决不得再提起上诉的法院”。[①]

(二)终审权有何根本性的特性

终审权除了具有司法权的一般特点外[②]，最为根本和突出的是它具有终极性。终极性的特点使得终审权无疑具有主权性质，包含终审权的司法权无疑应当属于主权者所有，司法主权是国家主权的组成部分。[③] 在宪法学看来，终审权作为最终裁判权，是国家主权的一个重要标志。作为一项主权权力的终审权，一向以默示或明示的方式被授予一国最高司法机关行使。[④] 作为主

---

① 参见戴维·M.沃克著：《牛津法律大辞典》，李双元等译，法律出版社2003年版，第277、652页。

② 司法权是一种判断权、被动的权力、独立或中立的权力。

③ 主权具有如下属性：一是最高性，它是政治法律体系中的最高权力；二是终极性，它是政治法律体系中最后的或最高的决断权，是终极性权力；三是效力性，它包含普遍性的概念，意在影响一切行为；四是它的自主独立性，主权者在与其他机构的关系上(不论内部的还是外部的)享有独立性，不能隶属于它们。此外，作为国家固有属性的主权还具有绝对性、完整性、无限性和不可分性。参见肖佳灵著：《国家主权论》，时事出版社2003年版，第85～86、88页。

④ 终审权的宪法规定，一般采用宪法默认授予，但1987年《大韩民国宪法》、1946年《日本国宪法》、1982年《土耳其共和国宪法》明文授予司法机关。参见张剑平：《香港特别行政区终审权的宪法学思辨》，载《湖南工业大学学报》(社会科学版)2008年第1期。

权要件的终审权，是一项一国之中央机构的最终决断权，有着极其重要的作用和意义。此不赘述。

三、港澳特区终审权辨析

纵观世界各国，无论是联邦制或是单一制，鲜有将终审权授予其地方单位享有的。基本法将终审权这一主权性质的权力授予两个特区享有，可以说打破了这一宪制惯例，成为中国当代国家结构形式发展的一个独特现象，给传统的单一制和联邦制的宪法理论和实践带来冲击，因为“单一制与联邦制的区别，从根本上说只有一条，那就是看主权权力是由全国性政府独占还是由其余区域性政府分享；由全国性政府独占主权权力的是单一制，由全国性政府与区域性政府分享主权权力的是联邦制”。[①] 这就提出了一个严肃的问题，即作为单一制下的一个地方自治单位，港澳特区所享有的终审权和作为主权国家所拥有的终审权虽然有着不少相似之处，但却不可同日而语！那么，作为一个享有高度自治权的地方自治单位的终审权，究竟应当具有哪些特性呢？[②]

首先，港澳特区享有的终审权具有一般司法权的特性，如它是一种判断权，是一种被动的权力，是一种中立性的权力，是一项独立的“司法”权力。[③]

其次，港澳特区享有的终审权具有终审权的终极性特点，即特区案件的最终审判权由特区行使，所有案件的最终的不可再上诉的审判由特区终审法院进行，而不由中央的最高人民法院进行。

---

① 童之伟著：《国家结构形式论》，武汉大学出版社 1997 年版，第 146 页。

② 比如同样是立法权，或者同样是司法权，特区享有的权力与主权国家所享有权力的权能却有着很大的差异，不可相提并论，不加区别地进行套用，会导致宪制上的冲突。从理论上澄清特区权力的特性并在实践中正确运用好这些权力，是保障“一国两制”成功实践的前提和基础。

③ 香港基本法第 85 条、澳门基本法第 83 条均规定了特区法院独立进行审判，不受任何干涉。这里的独立性一是指特区的终审权独立于特区的行政权和立法权，不受特区行政权和立法权的干涉，也不受特区其他任何机关、团体和个人的干涉；二是指特区的终审权独立于内地，不受内地各省、自治区和直辖市的法院的管辖和干涉，与北京的最高人民法院之间也不存在领导与被领导、管辖与被管辖的关系，最高人民检察院对它也没有法律监督的权力。

再次，港澳特区享有的终审权来源于主权者的授予，在来源或本源意义上具有的“国家”主权性质，也即性质上具有国家主权属性，是中国司法主权的组成部分，但它不具有完整国家意义的主权性质，只具有一种特定意义和附条件的“主权”性质。这一点需要重点作出分析。的确，司法权和终审权的国家主权的属性在各国均是一致的。司法权是国家主权的必要构成，且司法权和终审权是一国主权完整的标志之一，如果某一国家或地区不具有独立的终审权，那么就等于该国或地区是另一主权的附属或组成部分，不具有国家的主权资格。例如，回归前的香港和澳门都不享有终审权。但两个特区建立后，根据基本法它们都享有了全国人大授予的终审权。但是，享有终审权并不必然表明它具有主权者的地位，因为香港和澳门始终是中国作为一个主权国家的两个地方单位，是中国不可分离的组成部分。全国人民代表大会授权香港、澳门特别行政区实行高度自治，其享有的行政管理权、立法权、独立的司法权和终审权均来自中央的授权。授权意味着特别行政区的这些权力不是固有的，而是来源于中央的授予。因此，特区终审权是以中央对特区行使主权为条件的。

细究特区终审权与国家意义上的终审权具有何种差异，可以从以下几个方面来分析。

第一，特区终审权不是特区固有的权力，而是主权者所赋予的，是特区范围之外的外界赋予的，具有外生性、授权性和从属性。这与一般国家意义上的终审权明显不同，后者具有内生性、本源性。众所周知，终审裁决的权威以法律的强制性为基础，法律的强制性来源于国家的强制力。但是，香港和澳门不是一个国家，它是中国中央政府辖下的一个地方行政区域。它们享有终审权，这种终审权的法理本源即国家的强制力，这里的国家就是“一国两制”中的一国！因此，香港、澳门独立的司法权和终审权属于我国国家司法权与终审权的组成部分，香港、澳门的司法机关也是我国国家司法机关的组成部分。既然特区的终审权来源于全国人民代表大会的授权，因此，是否授权，授予多长期限，是否收回授权，都取决于主权者的意志。故此，当我们分析港澳特区独立的司法权和终审权时，这里的“独立”含义无论如何不包含独立于主权者！而国家意义上的终审权本身就是主权者的本源性权力，是主权权力的固有组成部分。

第二，特区享有的终审权在空间效力范围上具有地方性，而不具有主权国家意义上的终审权的国家普遍性。主权国家意义上的终审权及于全国范围，空间效力的普遍性毋庸置疑。在一国领土内，国家司法权和终审权是排他的、不受限制的，而在领土外，国际法原则上并不否认国家司法权的扩展和延伸，例如对外交人员的管辖权，国籍国对船舶、航空器内发生事件的管辖权，但必须受到主权原则的制约。港澳特区的终审权是中央授予特区的权力，具有严格的地域性，对港澳以外的地区没有控制力（自始至终都没有管辖权）。港澳特区的终审权只限于特区范围，而不能及于全国。港澳特区的终审权是一个地方行政区域的终审权，其权力内容必须与港澳特区的宪制地位相适应，就此而言，港澳特区的终审权带有明显的地方司法权特征。

第三，特区享有的终审权在对人和对事的效力上具有明显的受限性，这也明显小于作为主权国家层面的终审权对人和对事的效力范围。为了保障港澳特区的程度自治，中央授予特区行政管理权、立法权、独立的司法权和终审权，这些权力的广度、深度和效度势必受到特区承担责任、履行义务的能力限制。基本法授予特区自治权，而自治（autonomy）一词的字面意思可以理解为“自我统治”，而“自治具有范围和程度的考量”①。可以认为，特区自治的授权性决定了自治是存在界限和程度的，自治一词的内涵也应当受到特定的国家制度背景和条件的限制。无论自治的程度多高，它都不是“完全自治”。自治既是一种权利也是一种义务和责任。授予特区多大的自治权是以特区承担责任的能力以及维护特区制度有效运作为标准的，自治范围必须与权利主体承担责任的能力成正比。港澳特区作为中国的一部分，无论中央对其自治的范围做多么高程度的承诺，特区本身都无法承担最后的责任，“兜底责任”最终在国家和中央政府。正因为如此，基本法规定了某些中央政府不予下放的权力。②主权国家层面的司法权，基于其权力能力，对一国内所有的司法案件都有管辖权，而作为一个自治地方，没有能力也不可能享有对国防外交等国家行为的管辖权，作为司法权之一部分的特区终审权的范围当然也就不可能具有对这些案件作出最终裁判的权力和能力。所以，香港基本法第19条第3款规定：“香

① 李建东：《自治权的涵义和法律属性的宪政思考》，载“法制网”（网页：http://www.legaldaily.com.cn/2007－04/20/content_602160.htm）。

② 程洁：《中央管治权与特区高度自治——以基本法规定的授权关系为框架》，载《法学》2007年第8期。

港特别行政区法院对国防、外交等国家行为无管辖权。香港特别行政区法院在审理案件中遇有涉及国防、外交等国家行为的事实问题,应取得行政长官就该等问题发出的证明文件,上述文件对法院有约束力。行政长官在发出证明文件前,须取得中央人民政府的证明书。"澳门基本法第19条也有类似规定。《中华人民共和国香港特别行政区驻军法》第20条规定,香港驻军人员犯罪的案件由军事司法机关管辖。这种执行职务时的犯罪和治安违法案,不管发生在军营里还是军营外,都应归军事司法机关管辖。因此,特区法院对香港驻军人员的职务犯罪案件没有管辖权。驻军法第26条规定,香港驻军的国防等国家行为不受香港特别行政区法院管辖。

第四,特区终审权在行使过程中也受到法律适用依据或法律适用程序的限制。一是两部基本法分别在第19条第2款中规定香港、澳门的原有法律制度和原则对法院审判权的限制继续保留,即香港、澳门原有法律规定中没有管辖权的事项,回归后的香港、澳门法院仍然没有管辖权。二是两部基本法均在第18条第3款中规定全国人大常委会可以根据法定程序对列入基本法附件三的全国性法律作出增减。三是两部基本法均授权特区法院可以对基本法进行解释。① 但对这种解释权进行了限制。(1)规定基本法的解释权属于全国人大常委会,特区法院的解释权来自全国人大常委会的授权。(2)授权特区法院在审判时自行解释基本法关于特区自治范围的条款。(3)授权特区法院解释自治范围以外的条款时应当提请解释的数项条件和程序:①需要对基本法关于中央人民政府管理的事务或中央和香港特别行政区关系的条款进行解释时(范围条件);②对前述条款的解释会影响到案件的判决(有需要条件);③在对该案件作出不可上诉的终局判决前,应由特区终审法院提请全国人大常委会对有关条款作出解释(提请解释前置程序)。并明确了如全国人大常委会作出解释,特区法院在引用该条款时,应以全国人大常委会的解释为准(人大解释拘束力条件),但全国人大常委会的解释不溯及既往。其实,这种制度安排与内地宪政体制中立法解释高于审判解释的原则是一致的。

第五,特区终审权在实际运行中还受到主权者的相关制约。这体现在中央对港澳特区司法权包括终审权有监督的宪制权力和宪制责任。从国家宪政体制中的权力来源来看,特区法院与全国人民代表大会之间具有一种间接的

① 参见香港基本法第158条和澳门基本法第143条。

权力派生关系。这种关系首先表现在特区的司法权和终审权都来自全国人民代表大会的授权。其次表现在特区行政长官拥有对特区各级法院法官的任免权，而行政长官的任命和免职均由中央人民政府决定。香港基本法第 90 条第 2 款规定，终审法院的法官以及高等法院首席法官的任命或免职，须由行政长官征得立法会的同意，报全国人大常委会备案。澳门基本法第 87 条第 3 款、第 4 款规定，终审法院法官的免职由行政长官根据澳门特别行政区立法会议员组成的审议委员会的建议决定。终审法院法官的任命和免职须报全国人民代表大会常务委员会备案。第 88 条规定，澳门特别行政区各级法院的院长由行政长官从法官中选任。终审法院院长由澳门特别行政区永久性居民中的中国公民担任。终审法院院长的任命和免职须报全国人民代表大会常务委员会备案。再次表现在特区法院包括终审法院对基本法的解释权来自全国人大常委会的授权，并从属于全国人大常委会对基本法的立法解释权。这也可以视为中央通过解释基本法来监督特区终审法院行使司法权和终审权。最后还表现在对法官国籍的要求上。香港基本法第 90 条第 1 款规定："香港特别行政区终审法院和高等法院的首席法官，应由在外国无居留权的香港特别行政区永久性居民中的中国公民担任。"澳门基本法第 88 条第 2 款规定："终审法院院长由澳门特别行政区永久性居民中的中国公民担任。"这种对法官国籍的制约，体现了国家主权。

第六，特区终审权的行使还存在着特定条件下和特定期限的制约。两部基本法均在第 18 条第 4 款中规定：在全国人民代表大会常务委员会决定宣布战争状态或因特别行政区内发生特别行政区政府不能控制的危及国家统一或安全的动乱而决定特别行政区进入紧急状态时，中央人民政府可发布命令将有关全国性法律在特别行政区实施。在此种特殊条件下，完全可能发生中央终审权运用于特区而收回授予特区的终审权或一定期限内中止其运行的情形。因为执行全国性法律的司法权理应收归中央统一行使。此外，根据基本法 50 年不变的承诺，不排除 50 年后通过修改基本法而收回授予特区终审权的可能性，这既取决于特区终审权在运行实践中是否有效推进了"一国两制"实践、是否有效保障了特区的法治人权以及秩序繁荣，更取决于主权者的政治决断。

四、决定特区终审权顺利运行的几大宪制因素

对于两个特区而言，终审权的运行绝对不是简单的法律原则和法律技术问题，而首先是一个宪政问题。而理清决定特区终审权运行的宪制因素，对于特区终审权的正确运行有着深远的意义。

（一）中央与特区最根本的“主权—授权”宪制关系决定着特区终审权的运行目的和运行效能

探究有关特区享有的任何一项权力的范围、程度与特点，都必须明确特区所享有的这项权力的根本性质，而特区所享有的权力性质取决于中央与特区的权力关系。《宪法》第31条规定：国家在必要时得设立特别行政区，在特别行政区内实行的制度按照具体情况由全国人民代表大会以法律规定。这是确立中央与特区权力关系的最终宪制依据。特区的设立是主权行为，特区的设立以及特区内实行的具体制度的安排，都是主权权力的行使。特区与中央的关系不可能是平等的，不是井水不犯河水，也不是对立的。从渊源和相互关系上看，特区的高度自治权源于中央依据主权而安排，派生于中央权力，隶属于中央权力；从空间上看，特区的高度自治权仅限于特区范围，而中央权力则及于包括特区在内的全中国范围；从效力上看，特区的高度自治权的权力位阶是低于中央权力的。总之，特区所享有的高度自治权来源于主权授权，而非其本身所拥有的，基本法是一部授权法，特区高度自治权的行使不能突破“主权——授权”的逻辑关系。特区所享有的高度自治不是完全自治，不是自决，而是授权下的高度自治。自治和自决有本质区别，自决是一种固有的权利，在外部意义上表示一个民族自由决定其国际地位，在内部意义上表示人民自由决定其宪法和政治制度。而自治属于主权授权，自治单位的国际地位由主权政府决定，其“宪法”和政治制度由主权政府决定，并定期自由选举。①

我们可以把这种“主权——授权”模式下特区享有的权力的性质叫做主权授权性。主权授权性是特区所享有的高度自治权力的最大特性，也是最根本

① 陈端洪著：《宪治与主权》，法律出版社2007年版，第172～173页。

的性质。如果忽视了这一性质，对特区权力的定位必然会出现错误，权力的行使也会出现偏差。特区权力的这种特性必然决定它的权力行使不同于主权那样具有先天的权威性与正当性，因为主权权力的行使从某种意义上讲是天生具有正当性的，或者无论如何都是不能质疑其正当性的。而这种“主权——授权”下的特区权力就不具备这样的当然特征，而且还必须服从主权者的意志。

司法主权是国家主权的一项重要内容。港澳特区所享有的终审权建基于主权——授权宪制关系上。授权的法理逻辑绝对不是通过授权使主权所有者丧失了权力，而是通过授权更有利于实现主权所有者行使主权的目的。授权不是分权，分权意味着权力一旦分割出去，原来的权力享有者便不再享有分割出去的权力。授权也不是权力的让渡或让与，不是把自己的权力让渡出去，使得自己丧失该权力授权者始终拥有改变授权和监督被授权者的权力，包括撤销授权、修改授权、监督授权的权能。

根据前述的中央与特区的“主权——授权”的权力逻辑关系，明确了特区各项权力的主权授权性，特区终审权的权力性质也就十分清楚了。特区的终审权权力本质和来源上是主权授权，特区的司法独立不是绝对的，它可以独立于任何其他机构或团体，但绝对不能独立于主权者。主权授权下特区终审权不同于主权层面的终审权，其权力的运行与中央的权力不是绝缘的，而要受到主权的制约。前述的那些对特区终审权特性的种种分析充分反映了这一点。

（二）正确理解单一制下的“高度自治”是特区终审权顺利运行的重要前提

香港、澳门回归后成立终审法院，行使终审权，这是国家主权授权它拥有终审权。但在国家司法体系内，它们仍属于地方性法院，其终审权行使必须受到国家主权的制约。我国是单一制的国家，国家只有一部宪法，一个中央政府，国家主权由中央统一代表国家行使。各地方行政区域接受中央的授权、委托而享有权力，这些权力是从中央行使的主权权力所派生出的权力，地方行政区域没有任何“固有权力”。单一制的国家也不存在“剩余权力”。单一制国家的宪法一般列明属于中央国家机构的权力，但对于属于地方国家机构的职权则不做详细列举,[①]没有列明的权力则一般都归属中央。这一点不同于联邦制的国家结构形式,在联邦制的国家结构下,国家具有不止一部的宪法,中央政府权力有限,而地方政府则高度自治,[②]国家的“剩余权力”一般归属地方所有。[③] 因此,特区法院包括终审法院不能以剩余权力归属为由主张《基本法》没有明确归属的管辖权。

港澳“高度自治”的前提是国家政治体制的和谐和领土的完整。特区所享有的权力的性质、范围和程度是与中央的权力相对的,是在承认中央的权力的基础上的自治。特区的高度自治不等于完全自治,高度自治虽然在字面意义上表明中央和港澳的权力关系中特区自治的一面,但是,毫无疑问,我们不应该忽略在这个关系中的另一面——中央在高度自治中所扮演的角色。[④] 高度自治的前提和基础就是主权授权下的高度自治,是主权保障下的高度自治,也是主权约束和监督下的高度自治。正确理解港澳特区的高度自治,我们不仅应该看到,中央在对特区自治范围外的事务的权力保留,同样,在自治范围内的事务,也存在一个“高度”的问题,也就是说,即便是特区自治范围内的事务,特区的自治权力也不是无限度的。正是基于这种意义上的高度自治,香港基本法对于中央已授权特区高度自治范围内的事务,如行政管理权、立法权和司法权,根据不同情况都作出了中央保持并在必要时行使某些权力的宪制安排。[⑤] 港澳特区独立的司法权和终审权,是以中央权力保留和必要权力限制为前提的相对独立。基本法其他条文对相关限制做了必要的安排,例如对特

---

① 宋小庄著:《论“一国两制”下中央和香港特区的关系》,中国人民大学出版社 2003 年版,第 293 页。

② 张千帆著:《宪法学导论》,法律出版社 2004 年版,第 202 页。转引自邓伟平著:《澳门特别行政区基本法论》,中山大学出版社 2007 年版,第 124 页。

③ 对于剩余权力的分配,联邦制国家也有不同的分配方式,如美国的剩余权力保留给各州,加拿大的剩余权力由中央享有等,参见宋小庄著:《论“一国两制”下中央和香港特区的关系》,中国人民大学出版社 2003 年版,第 293 页。

④ 有学者就主张采用“单一制下的高度自治”或者“高度授权自治”的提法,以代替“高度自治”,这样有助于突出中央政府的主权权能。参见陈端洪著:《宪治与主权》,法律出版社 2007 年版,第 173 页。

⑤ 参见曹二宝:《“一国两制”条件下香港的管治力量》,载《学习时报》第 422 期。

区法院管辖权和基本法解释机制的规定。[①]

（三）严格遵守基本法的规定，绝不规避提请全国人大常委会解释基本法的法定义务是维护特区自身独立司法权和终审权的前提与基础

特区正确行使终审权的一个关键是如何处理基本法的解释问题。可以说，"基本法的解释是关系到基本法实施后中央政府主权能否得以保障的关键问题"。[②] 中央把本属于中央行使的体现司法主权的终审权授予两个特区，客观上带来了中央对港澳的司法主权相对缺位的制度隐患。正因为如此，全国人大常委会必须保留最高的、最终的和经常的解释权。[③] 根据香港基本法第158条和澳门基本法第143条的规定，基本法的解释机制安排包括四个方面[④]：第一，原则上坚持主权解释，这表现在上述条文的第1款；第二，有限度地授权特区法院进行司法解释，这体现在上述条文的第2款、第3款；第三，涉及中央的事务最终解释权属于中央，这体现在上述条文的第3款；第四，为了充分尊重港澳方面的意见，成立专门的基本法委员会，使之发挥专门性咨询功

---

① 参见香港基本法第19条和第158条，澳门基本法第19条和第143条。两部基本法对于港澳法院管辖权的授权限制体现在三个方面：第一，明确规定某些事项特区法院没有管辖权。例如国防外交行为等。第二，规定某些事项，中央和特区法院均有管辖权，但中央有最后决定权。例如中央和香港都有解释权，但特区法院应以全国人大常委会的解释为准。第三，规定特区法院的管辖权必须经由一定的法律程序后才能行使。例如对于涉及国防和外交的案件的事实判断，必须由行政长官出具证明文件，上述文件对法院有约束力。行政长官在发出证明文件前，须取得中央人民政府的证明书。

② 陈端洪著：《宪治与主权》，法律出版社2007年版，第177页。

③ 以香港为例，中英谈判时中国对外的主权立场是非常明确和强硬的，但主权回收后如何对内处理主权及其构成权力的安排则过于灵活和宽松，这导致在香港基本法设计中忽视了对"司法主权"的应有掌控。名义上我们恢复对香港行使主权，本应包括立法主权、行政主权和司法主权等权力，但旋即我们把原英国枢密院的终审权完全授予香港特区法院，存在过于轻信和草率的问题。这导致中央没能建立起对香港的实质意义上的司法主权机制，仅仅享有名义上的，即香港独立的司法权和终审权来自中央的授予。而香港特区享有的其他方面的自治权，如行政管理权和立法权，皆因基本法设计有对行政长官和主要官员的实质任命权、对特区立法的备案权以及政制发展的主导权，使得中央在立法主权和行政主权的行使上尚可正常运行，唯独司法主权上无所依托，在这一点上唯一可以发挥作用的是全国人大常委会的解释权。

④ 陈端洪著：《宪治与主权》，法律出版社2007年版，第177～178页。

能，这表现在第 4 款。[①]

不难发现，这一解释机制的安排对如何维护中央的权力与维护港澳独立的司法权和终审权可谓用心良苦。[②] 这尤其体现在有关条文的第 3 款中。根据这一款的规定，香港、澳门特别行政区法院在审理案件时需要对基本法关于中央人民政府管理的事务或中央和港澳特别行政区关系的条款进行解释，而该条款的解释又影响到案件的判决，在对该案件作出不可上诉的终局判决前，应由特区终审法院提请全国人民代表大会常务委员会对有关条款作出解释。如全国人民代表大会常务委员会作出解释，特区法院在引用该条款时，应以全国人民代表大会常务委员会的解释为准。可见，特区终审法院在该款条文中所指出的情况下有法定义务提请人大解释。我们可以设想，如果特区终审法院在依法应当履行提请全国人大常委会解释的情形下怠于履行提请义务，而是自行解释基本法并作出不可上诉的终局裁判，此种情形下的判决中央政府会执行吗？能够执行吗？这能够成为一个真正意义上的终审判决吗？显然不可能，而如果特区终审法院在必须履行提请解释义务时遵守了这一义务，一旦经过全国人大常委会的解释，终审法院遵循这个解释并作出终局判决，显然是可以执行的，是具备终局效力的。因为这个终局判决符合主权者的意志。这似乎可以说明，只有在特区终审权的运行严格遵守主权者的制度安排情况下，其终审权才是“终局性”的，才是真正对终审权和独立司法权的保障，否则，它就不可能是终局性。不妨说，对主权者意志和利益的尊重维护，恰好就是维护

---

① 有学者认为，在基本法的解释问题上，澳门基本法的规定与香港基本法完全相同，澳门基本法第 143 条只是把香港基本法第 158 条中的“香港”换成了“澳门”而已。澳门法律属于大陆法系，大陆法系国家（地区）与普通法系国家（地区）在宪法解释上有重大差别。目前澳门关于基本法解释的规定完全照搬香港，这不符合澳门法制传统，很可能产生法制秩序的紊乱。为防患于未然，需要对澳门基本法第 143 条作出修改，在终审法院设立大法官委员会，专门承担基本法解释等工作。参见胡锦光、朱世海：《〈澳门基本法〉解释问题研究》，载澳门理工学院《“一国两制”研究》创刊号（2009 年第 1 期）。

② 陈端洪教授在《主权政治与政治主权》一书中认为人大常委会的解释权应该归为司法权的范畴。这种观点值得斟酌，在某种意义上，全国人大常委会的解释带有司法权的一些性质。因为全国人大常委会的解释事实上起到了一种在各方争执不下的情况下对事实进行判断和定性的作用。从这个意义上看，“最高权力机构也行使了有限的司法权”和中央“有限地保留了司法主权”。参见陈端洪著：《宪治与主权》，法律出版社 2007 年版，第 179 页。

自身的终审权权威。

两个基本法规定的这种解释机制有效地兼顾中央主权和特区的司法独立，是一个合作双赢的设计，舍此很难有更合理的安排。陈弘毅教授曾描绘过香港基本法第158条的理想实施情况：“形成一个宪法惯例，人大常委会自我约束，不就自治条款行使解释权，而终审法院也实行自我约束，不自行解释中港关系条款，而忠实地实施第158条第3款的规定，把这种条款提请人大常委会进行解释。”[①]不过，很可惜，基本法的这一“合作双赢”释法的机制设计，在迄今为止的实践中没有实质性地展开，至少和香港法院没有形成这样的合作实践。[②] 香港基本法的三次人大释法都不是由香港终审法院提请而启动，香港法院对基本法三分之一条款作了解释，但无一次请求人大常委会解释基本法，哪怕审理案件中的当事人要求，法院也没有接纳。对此有内地学者为此辩解道，自普通法传统上的法院而言，它们既习惯于普通法院可以有违宪审查权的观念，则当然很难主动报请一个更高的机关为自己解释法律。[③] 当然，还有普通法下承认司法释法否认立法解释的观念、担心人大常委会释法损害香港法治的心态以及强烈的司法独立的理念，也是导致法院不愿意提请人大常委会解释的重要影响因素。但无论如何，终审法院规避提请人大解释的义务不仅有违基本法，更主要的是损害了主权权威，长远看也将损害终审权自身。

（四）特区司法终审权的行使必须要尊重和服从主权

主权是一国对内对外最高的权力，如前所述，国家主权层面的权力行使，不仅具有最高的权威，而且具有天然合法性，并且其在权限、职能和时间上不受限制。主权的行使，是主权者直接的意思表示，但是被授予的权力，其行使却始终要尊重和服从到授权者的利益和意志，不能违背主权者的授权范围和授权意图。既然港澳特区是中华人民共和国不可分割的一部分而非主权实体，既然港澳是享有高度自治权的单一制国家下的一个地方单位而非享有自决权的独立王国，既然“一国两制”的前提与基础在于一国，那么尊重和服从主

---

① 陈弘毅著：《法理学的世界》，中国政法大学出版社2003年版，第413页。

② 澳门基本法目前尚未出现全国人大常委会释法的情形。

③ 范忠信：《“基本法”模式下的中央与特区司法关系》，载《法商研究》2000年第5期。

权是特区权力行使所必须。尽管“两制”之间的关系不是谁吞并谁或者谁干预谁的问题，但国家主权的代表者却是一制即社会主义制度下的中央。所以，两制互不干涉不等于社会主义制度下的中央权力与资本主义制度下的特区权力也是对等的、互不干涉的，也不能把中央权力对特区权力必要的干预和限制说成对“一国两制”的破坏。特区司法权和终审权的行使尤其应该尊重和服从主权，毕竟司法的独立性和消极被动性使得特区司法机关更容易有意无意地扮演一个主权层面上终审权行使者的角色。而这种有意或无意的角色扮演无疑会对“一国两制”下的国家主权构成冲击。香港回归以来备受关注的一些司法案例，比如在居港权系列案中，终审法院认为香港法院有“宪法性管辖权”而其权力是由“自主权派生而来的”，其有权审查全国人大及其常委会不符合基本法的规定，终审法院有权自行决定是否将有关基本法条款提请全国人大解释。终审法院在处理这些案件时，事实上已经突破了中央与特区、主权授权与高度自治的宪制安排，这种做法违背了国家的宪政体制，也不符合基本法的规定，甚至可以认为，案件中司法权力的行使者自觉不自觉地对中央主权是拒斥并带有偏见的。① 就某种假设来说，终审法院在解释基本法时，越是谨慎地处理好与中央释法权的关系，越是清醒地履行提请解释的法定义务，就越有利于维护特区的司法独立和终审权的行使，因为中央对此就越没有干预的必要和可能。这恐怕是特区终审法院必须始终坚守的箴言与信条。

五、结　语

尽管本文对特区终审权的宪法思考包含了某些担忧，但笔者的结论仍然是，对特区终审权运用可能出现的“恣意”无须过于担忧，因为在为期尚短的基本法实践里毕竟是个案，目前显现出来的实例尚不多见。更何况任何秩序具有自发形成的特点。我们看到，全国人大常委会释法实践表明，在居港权系列

---

① 或许有人认为终审法院的做法是普通法司法与大陆法司法相异的原因使然，笔者认为这种说法夸大了两种司法制度的差异。司法的特性决定了，任何司法模式，都不可以轻易突破国家的宪制安排，何况特区法院只是主权国家之下一地方行政区域的法院。案件中终审法院的行为，即便是在欧美国家，也有违司法者的角色，是一种典型的司法激进主义。探究终审法院的这种行为背后的原因和动力，才是解决问题的关键所在。

案中，当终审法院应当提请释法而未提请时，是特区行政长官代表特区政府提请国务院报请全国人大常委会启动释法程序，这种政治法律先例一旦形成，当然起到了弥补终审法院怠于行使提请义务的机制缺漏，亦可视为特区内部行政对司法裁量权的一种必要制约。退一万步说，如果特区政府亦不采取类似步骤，那么中央人民政府还可以报请人大常委会释法，全国人大常委会自身也有足够的法理依据和程序便利来启动必要的主动释法。良好的合作机制绝非一相情愿地寄希望于对方的良好举动，自身依法用好用足权力也十分重要，权力合作机制正是在双方的博弈中形成的。所以，这个问题的理想解决可能需要随着释法实践的增加而逐步明确，释法实践的延伸、惯例的形成、判例的积累都将有助于解决这个问题，与此而来的对对方法律文化的尊重和理解、心态上的包容和协调、政治智慧的提升都有利于这个问题的解决，因此，最好的药方恐怕是“让时间弥合空间！”①

---

① 陈端洪：《宪治与主权》，法律出版社 2007 年版，第 190 页。

重新检视香港特区法院司法审查权*

朱国斌**

导　言

香港基本法规定，香港特别行政区享有"独立的司法权和终审权"（第2条、第19条第1款）；香港特区法院除继续保持香港原有法律制度和原则对法院审判权所作的限制外，对香港特区所有的案件均有审判权（第19条第2款）。香港回归后的司法实践证实上述规定得以贯彻实行，但同时暴露了"一国两制"之下两制之间的摩擦和冲突，这突出表现在特区法院的司法审查权/管辖权方面。本文主要探讨基本法下特区法院司法审查权的确立及其依据，揭示司法审查权的性质和内涵，最后透过成文法和判例法为司法审查权划定权力边界。本文特别评述了学术界目前的主流观点。

一、香港法院司法审查权：基本法依据与判例法基础

1. 香港法院的宪制地位由香港基本法确认

* 本文系作者承担的教育部人文社会科学重点基地重大招标项目《香港基本法实践问题研究》(批准号07JJD82a79，主持人：深圳大学邹平学教授)的子项目《香港特区法院的司法审查权的性质及其实践》之阶段性成果。

** 香港城市大学法律学院副教授，法学博士。

感谢高级研究助理、博士候选人涂远澜对本文写作提供的协助，本人对文章内容和观点负责。

1990年4月4日，中华人民共和国第七届全国人民代表大会第三次会议通过了《中华人民共和国香港特别行政区基本法》(以下简称基本法)。基本法是根据《中国宪法》第31条制定的，是中华人民共和国为落实“一国两制”原则，确立香港特别行政区(下称香港特区)的政治、经济、文化等基本制度的规范性文件。它厘定了中央机关(the central authorities)，包括中央人民政府，与香港特别行政区之间的政治与法律关系，规定了特别行政区政府各权力之间的关系及运作规则，设定了特别行政区居民的权利、自由和义务。从其法律性质上讲，基本法是一部宪法性法律。① 许崇德教授也认为，“香港特别行政区基本法、澳门特别行政区基本法是由全国人民代表大会制定的基本法律。其地位仅仅次于宪法而高于其他的规范性文件”②。

作为香港特区最高位阶的法律，基本法有其特殊性的一面。“《基本法》既是全国性法律，又是特区的宪法。”③事实上，“当香港特别行政区于1997年7月1日成立，即中国恢复对香港行使主权时，基本法即成为特区的宪法”。基本法在香港特区法律体系中具有最高的地位。这特别体现在基本法第11条。该条规定：“根据中华人民共和国宪法第31条，香港特别行政区的制度和政策，包括社会、经济制度，有关保障居民的基本权利和自由的制度，行政管理、立法和司法方面的制度，以及有关政策，均以本法的规定为依据。香港特别行政区立法机关制定的任何法律，均不得同本法相抵触。”

作为香港特区的基本法，基本法规定特区实行高度自治，两次申明特区享有“独立的司法权和终审权”(第2条、第19条第1款)。第80条明确了香港特别行政区法院(下称特区法院或香港法院)的地位，即“香港特别行政区各级法院是香港特别行政区的司法机关，行使香港特别行政区的审判权”。

2. 香港特区享有“独立的司法权和终审权”

王振民教授这样定义：“司法权是指国家司法部门对于发生在公民与公民、公民与政府或者法人、法人与法人、政府与法人或者政府机构与政府机构

---

① 刘茂林：《香港基本法是宪法性法律》，载《法学家》2007年第3期。

② 许崇德：《港澳基本法教程》，中国人民大学出版社1994年版，第16页。

③ 吴嘉玲诉入境事务处处长(经法官审阅之中译本；案件编号FACV14/1998)，第5、29页，网址：http://legalref.judiciary.gov.hk/lrs/common/ju/ju_frame.jsp?DIS=29377。亦参见：Ng Ka Ling and Another v. the Director of Immigration,［1999］1 HKLRD 315;(1999)2 HKCFAR 4。

之间的法律纠纷所行使的裁判权,终审权即最终裁判权。”[①]基本法第 2 条及第 19 条第 1 款都规定香港特别行政区享有“独立的司法权和终审权”,“这是说,香港特别行政区的司法权是独立于中央的司法权,不受中央最高司法机关管辖,不隶属于中华人民共和国最高人民法院”[②]。就实体法而言,基本法清楚地划分了中央和香港特区的司法管辖权范围(第 19 条第 3 款),即除涉及国防、外交等问题外,特区法院有权审理特区范围内的一切案件。

有学者指出:“终审权是一国国家权力的集中体现,该权力不仅可以保障一国法律在本国范围内得到切实施行,更可以有效保障民众合法权益的现实实现。[③] “终审权就是指在一个国家的司法系统中对案件的最终审判权,经过终审机关作出的判决不得再向上级机关或其他机关上诉。”[④]具有终极性的判决由并且只由法院来作出,本身就意味着司法过程的独立性。香港回归祖国后,香港特区特别设立终审法院,享有并行使基本法赋予的终审权。众所周知,香港回归之前法院的终审权归属于英国伦敦枢密院司法委员会。

而今,香港特区透过基本法拥有了独立的司法权和终审权。在一国司法体系架构下同时出现了三个相互独立的司法系统,各自独立享有司法权和终审权,是“一国两制”的直接体现。这种制度设计安排突破了传统宪法学的理论承受能力,必须由新的理论来阐释。在实践中,“一国多系”从它的第一天开始就蕴藏着造成政治的、宪法的或法律的冲突的可能;即便冲突未现,那也只是时候未到而已。实际上,冲突已经发生。正如程洁博士所说,“由基本法形成的双轨制权力关系最直接的表现就是全国人大常委会与香港终审法院之间的释法权冲突”[⑤]。发生在香港与中央政府(the central authorities)间的第一次也是最重要的一次宪法冲突就是 1999 年因“吴嘉玲案”(通常称之为“居留权案”)而产生的关于香港法院司法管辖权的范围和程度的激烈争议。

---

① 王振民:《中央与特别行政区关系》,清华大学出版社 2002 年版,第 188 页。

② 肖蔚云:《九七后香港与中央及内地的司法关系》,载《中外法学》1996 年第 2 期。

③ 张剑平:《香港特别行政区终审权的宪法学思辨》,载《湖南工业大学学报(社会科学版)》2008 年 2 月。

④ 湛中乐、陈聪:《论香港的司法审查制度 —— 香港“居留权”案件透视》,载《比较法研究》2001 年第 2 期。

⑤ 程洁:《论双轨政治下的香港司法权——宪政维度下的再思考》,载《中国法学》2006 第 5 期。

3. 香港法院享有司法审查权

“司法审查”(judicial review，香港学者一般译为“司法复核”)与“司法管辖权”(jurisdiction，很多时候被译为“司法审查权”)是两个不同的概念。司法审查(权)(judicial review)，从宪法的意义上说，是指由司法性质的机构对立法、行政决定(有时还包含某些政治行为和普通法院的判决)的合宪性审查，以美国普通法院对法律的合宪性审查和德国宪法法院的全面审查制为代表。① 《布莱克法律辞典》这样定义：“法院审查其他政府部门或其他层次的政府的行为的一项权力(power)；例如，法院使得立法或行政行为因为违宪而失去效力的权力。”②

无疑，这是对司法审查的一种宽泛的定义。在1803年马伯里诉麦迪逊案(Marbury v. Madison)中，美国最高法院首次行使司法审查权并使国会的一项法律无效。而在1800年弗莱彻诉佩克案(Fletcher v. Peck)中，一项州法被认为与宪法抵触。在美国，州立法的审理权力由于1816年马丁诉亨特的承担人(Martin v. Hunter's Lessee)和1821年科恩斯诉弗吉尼亚(Cohens v. Virginia)两案的判决扩大到州法院。③ 马伯里诉麦迪逊案及由其确立的司法审查权在美国宪政史(乃至世界宪政史)上具有划时代的意义。在这个案件的审理中，联邦最高法院首席大法官约翰·马歇尔以极具说服力的言辞作了判断：确定什么是法律，什么不是法律，断然属于司法部门的权限和职责，法院进行判断的标准在于联邦宪法，凡是与联邦宪法相抵触的法案必须归于无效，立法机关、法院和其他政府部门均应受联邦宪法的约束。④

马伯里诉麦迪逊案确立了司法权及司法审查在分权制衡体制下的宪政地位，其影响巨大而深远。在全世界范围而言，这个判例也扩大了司法审查的范围，开违宪审查之先河。研究司法过程(judicial process)的美国学者亚伯拉罕(Henry J. Abraham)指出，司法审查权的定义，至少应陈述如下：司法审查系

---

① deSmith, Woolf & Jowell, Judicial Review of Administrative Action, London: Sweet & Maxwell, 1995；转引自包万超：《宪政转型与中国司法审查制度》，载《中外法学》2008年第6期。

② *Black's Law Dictionary*, 8th ed., Thomson West, 2004, p. 864.

③ 《牛津法律大辞典》，法律出版社2003年版，第615页。

④ 徐静琳、张华：《关于香港特区违宪审查权的思考》，载《上海大学学报(社会科学版)》2008年第2期。

任何法院拥有终局的权力(ultimate power)来宣告(1)任何法律;(2)任何基于法律的公务行为(official action);(3)任何其他由公务人员(public official)所为,而被认为与宪法有所抵触的行为,皆因违宪而无法据以执行(unenforceable)。① 从上述定义之中,一台湾地区学者归纳出几个能够称作司法审查的要件:首先,这种权力的行使必须是出自任何普通法院,并不仅止于最高法院;其次,司法审查的对象包括了法律、命令及广义的行政行为;再者,司法审查涉及的争议点必是有否抵触宪法的问题;最后,被宣告违宪的法律、命令或行政行为,其实并非是被法院宣告失效,只是法院无法据以执行而拒绝适用之。②

由于政治体制之不同,司法审查的范围和程度会有不同表现,研究中应该加以区别。在实行议会制的英国,(司法审查)"这个学说在联合王国并没有完全被承认,议会立法的有效性是不能被质疑的,然而可以对授权立法的有效性进行审查"。因而,英国法院司法审查的权力和管辖范围比美国的窄,它基本上是对授权立法(delegated legislation;有时也称附属立法,secondary legislation)的合法性进行审查,而非对议会法律的合宪性的审查。英国法院则没有违宪审查权,这是因为英国没有正式的成文宪法,它长期奉行"国会至上"的宪政体制,任何由英皇会同国会(即英国的立法机关)制定的法律,法院必须忠实地执行;由于并不存在着任何更高层次的宪法文件,所以法院没有审查国会立法的理论性和实质性的依据。③ 不过,1973 年 1 月 1 日,英国加入欧洲共同体(即今日的欧洲联盟)后,欧共体法律对英国的宪政体制产生了深远的影响。变化明显的是英国法院有权宣布议会法案作废或无效,因为它们与欧共体法律相抵触。在引人注目的西班牙渔业公司案中,英国高等法院宣布《1998 年商船条例》违反欧共体法律而无效。④ 1998 年,英国《人权法案》通过,直接引

---

① Henry J. Abraham, *The Judiciary: The Supreme Court in the Government Process*, W. C. Brown Publishers, 1991, p. 55;转引自桂宏诚:《美国司法审查权之探讨》,载《国政研究报告》,内政(研)092-015 号,2003;http://old.npf.org.tw/PUBLICATION/IA/092/IA-R-092-015.htm.

② 桂宏诚:《美国司法审查权之探讨》,载《国政研究报告》,内政(研)092-015 号,2003;http://old.npf.org.tw/PUBLICATION/IA/092/IA-R-092-015.htm。

③ 陈弘毅:《香港特别行政区法院的违宪审查权》,载《法制现代化研究》(四),南京师范大学出版社 1998 年版,第 425 页。

④ 傅思明:《香港法院的司法审查权》,载《法学杂志》2001 年第 1 期。

入《欧洲人权公约》，从而使得欧洲联盟法和欧洲人权法在英国具有一定的凌驾性，因而确立了一种新型的违"宪"(指欧盟法和欧洲人权公约)审查制度，部分地改变了传统的司法体制。

在回归前，香港法院是拥有司法审查权的，这特别体现在1991年《人权法案条例》通过之后判决的有关案件之中，而里程碑式的案件就是1991年R v. Sin Yau－ming 案。[①] 此后，立法局的立法行为和政府的行政行为在一系列司法审查案件中经常受到挑战。

回归后，关于特区法院是否享有司法审查权及管辖权范围的争议最早是由1997年7月29日香港特别行政区诉马维騉等案("马维騉案")引发的。[②] 而香港法院司法审查权的明确及确立则是由吴嘉玲、吴丹丹诉入境事务处处长案("吴嘉玲案")完成的。[③]

4. 香港判例法确认司法审查权

"马维騉案"本来处理的核心法律问题是：回归后普通法是否继续有效，回归前的起诉书是否有效及其理据。根据基本法相关条文(参见第8条、第18条、第19条、第81条、第87条、第160条)，上诉庭首席法官肯定地答复了上述问题。接着，首席法官就法庭辩论过程中提出的关于基本法的性质、解释方法、特区法院的管辖权(jurisdiction)等问题提出了法庭的意见。首席法官接受了上诉方大律师的法律观点，认为："区域法院无权质疑主权者通过的任何法律或行为的效力。因为根本不存在这样做的法律依据。这将很难想象，香港仍由英国统治期间，法院可以质疑英国议会通过的一项法案或英国女王的一项法令的有效性。不过，我也找不到禁止香港法院至少研究是否确有此等立法或帝国行为的存在，其适用范围是什么，其在香港的实施是否有遵照此等立法或帝国行为的任何理据。事实上，我认为，确保立法或帝国行为得以实施正是香港法院的责任；如果对此有任何疑问，法院应展开相应的调查。"[④]

在承认中华人民共和国是香港特别行政区的主权者，全国人大是最高国家权力机关的前提下，首席法官特别就特区法院的司法管辖权提出了法律意

---

① (1991)1 HKPLR 88.

② HKSAR v. Ma Wai Kwan David & Ors,[1997] 2 HKC 315.

③ Ng Ka Ling and Another v. the Director of Immigration,[1999] 1 HKLRD 315;(1999)2HKCFAR4.

④ [1997]2HKC334.

见:“在本案中,我会接受特区法院不能质疑人大决定或决议,或成立筹委会的理由是否合理。这些决定和决议是主权行为,其有效性是不受区域法院挑战的。因此,我无法接受资深大律师李女士的论点,即区域法院可以审查这些决定和决议,确知他们是否与基本法或其他政策保持一致。同样在我看来,香港特区法院不可审查为什么筹委会在行使全国人民代表大会赋予的执行主权者的决定和决议的权威和权力时决定成立临时立法会。”①

简言之,主权者行为的实质有效性是不能被挑战的。不过,首席法官还是认为法院有权“审查”(应为查证)主权者行为是否事实存在。他说:“香港特区法院拥有审查主权者或其代表的行为的存在事实(而不是有效性)的管辖权。事实上,如果一如此案,事情真的来临,法院不这样做就没有履行他们的职责。换言之,在本案中,我认为,香港特区法院有权审查:(1)是否存在关于设立或授权成立筹备委员会的任何全国人大决定或决议;(2)是否存在关于设立临时立法会的筹备委员会决定或决议;(3)筹备委员会是否事实上的确设立了临时立法会成立的事实,以及临时立法会是否的确是根据全国人大和筹备委员会的决定或决议成立的机构。一旦法院得到了满意的答复,我并不认为法院可以走得更远。”②

可以看到,上诉庭认为,法院对主权者行为不可以进行实体性的审查,但是保留有程序性审查的权力。同时表明,法院的审查与管辖范围和程度是受到规限的。该判决无疑有助于我们深入对基本法相关条文的认识。根据普通法的遵循先例原则(stare decisis),判决有着指导司法实践的意义。有意思的是,即使是这种谨慎的表达方式还是引来了批评。如在判决的次日,著名的宪法学教授佳日思(Yash Ghai)就说,这一天是“我们权利的黑暗的一天”。③

香港法院对法院司法审查权的全面陈述首次出现在 1999 年 1 月 29 日的“吴嘉玲案”中。该案是终审法院判决的最早的、最重大的、(积极的和消极的)影响深远的宪法性案件。在该案中,终审法院本来只需要根据基本法第 24 条解决无证赴港儿童的居留权问题,但是,由于案件涉及内地出入境管理制度,因而基本法第 22 条也被动地置身其中了(由此而引申出了全国

---

① [1997]2HKC335.

② [1997]2HKC335.

③ Yash Ghai, Dark Day for Our Rights, *South China Morning Post*, 30 July 1997.

人大常委会的释法必要性问题）。但是，终审法院却将大部分精力放在对基本法解释方法与特区法院的司法审查和管辖权澄清方面。就后者而言，终审法院首席大法官在“宪法赋予法院的司法管辖权”一节特别宣告：“在行使《基本法》所赋予的司法权时，特区的法院有责任执行及解释《基本法》。毫无疑问，香港法院有权审核特区立法机关所制定的法例或行政机关之行为是否符合《基本法》，倘若发现有抵触《基本法》的情况出现，则法院有权裁定有关法例或行为无效。法院行使这方面的司法管辖权乃责无旁贷，没有酌情余地。因此，若确实有抵触之情况，则法院最低限度必须就该抵触部分，裁定某法例或某行政行为无效。虽然这点未受质疑，但我等应借此机会毫不含糊地予以阐明。行使这方面的司法管辖权时，法院是按《基本法》执行宪法上的职务，以宪法制衡政府的行政及立法机构，确保它们依《基本法》行事。”①

在上述“马维騉案”中，上诉庭没有特别说明香港法院对特区立法机关所制定的法例或行政机关之行为是否享有审查权。但是从判决书上下文可以看出，上诉庭应该已经承认并接受了这一重大权力，因为法官一开始就引述了基本法第 2 条、第 19 条，突出特区法院享有“独立的司法权和终审权”。也正因为如此，终审法院才说“这点未受质疑”。上述判决宣示了香港法院在特区内享有全面的司法审查权。尽管基本法没有明确的条文指引，但是根据基本法第 19 条第 2 款和第 81 条第 2 款以及权力分立体制，上述结论是可以毫不困难地推导出来的。如果终审法院停在这里就万事大吉了。

问题是，终审法院却急切地向前迈进了一大步。判词接着讲：“一直引起争议的问题是，特区法院是否具有司法管辖权去审核全国人民代表大会或其常务委员会的立法行为（以下简称为“行为”）是否符合《基本法》，以及倘若发现其抵触《基本法》时，特区法院是否具有司法管辖权去宣布此等行为无效。依我等之见，特区法院确实有此司法管辖权，而且有责任在发现有抵触时，宣布此等行为无效。关于这点，我等应借此机会毫不含糊地予以阐明。”②

---

① 吴嘉玲诉入境事务处处长（经法官审阅之中译本：案件编号 FACV14/1998），第 28 页。

② 吴嘉玲诉入境事务处处长（经法官审阅之中译本：案件编号 FACV14/1998），第 28 页。

不仅如此，终审法院还借此机会批驳上诉庭的法律意见，严肃地认为上诉庭的认识是“错误的”。首席大法官是这样认定的：“香港特别行政区诉马维騉一案是涉及普通法在新制度下的继续存在以及临时立法会的合法性问题。上诉法庭（由高等法院首席法官陈兆恺、上诉法庭副庭长黎守律及马天敏组成）接纳政府的陈词，裁定由于全国人民代表大会的行为是主权行为，因此特区法院并不拥有司法管辖权去质疑这些行为的合法性。上诉法庭并裁定特区法院的司法管辖权只局限于审核是否存在主权国或其代表的行为（而非行为的合法性）。我等认为上诉法庭就特区法院的司法管辖权所作出的这项结论是错误的，上文所述的立场才是正确的。”①（着重号为引者所加）

终审法院这样判决是基于它对基本法的理解，特别是基于对特别行政区政治体制的机械式的类比和解读。我们以后还有机会批判性地讨论终审法院的理据。不难看出，终审法院这一判决有“马伯里诉麦迪逊案”的影子，其（未宣示的）目的是据此为特别行政区内部的权力分配和特区与中央的关系划定界限和行为准则。同样不难看出，这一判决是以三权分立理论为指导的。无疑，判决对中国现行政治体制和特区与中央的关系格局提出了严肃的理论的与法律的挑战。

5．香港法院司法审查（管辖）权质疑

“吴嘉玲案”像一枚炸弹，搅动了香港的政界和法律界，起到了极大的正反两面轰动效应。在内地，该案同样引起了法律界的关注和不安，批评之声不绝于耳。说到底，案件引发了人们对香港法院是否享有司法审查权、享有多大的权力的争议。

1999 年 2 月 6 日，《人民日报》发表文章，转述了数位内地法律专家对终审法院“居留权”案判决的反对意见。他们认为：“该判决中有关特区法院可审查并宣布全国人大及其常委会的立法行为无效的内容，违反基本法的规定，是对全国人大及其常委会的地位、对‘一国两制’的严重挑战。”②国务院新闻办

① 吴嘉玲诉入境事务处处长（经法官审阅之中译本：案件编号 FACV14/1998），第 30 页。

② 《就香港特别行政区终审法院的有关判决内地法律界人士发表意见》，载《人民日报》1999 年 2 月 8 日第 4 版。

公室主任赵启正也向新闻媒体表示，终审法院的判决是一个错误，必须要纠正。① 这些学者（包括香港媒体所谓的“四大护法”）主要关注的是判决对全国人大及其常委会权威的挑战，误解中国政体，曲解中央与特区的关系等方面。他们的批评主要基于现行宪法和对基本法的解读。就现实政治和宪政体制而言，批评是可以理解的，并且也有助于厘清中央与特区的宪政关系。

但是，有学者却借此全盘否定香港法院拥有司法审查权，认为，香港法院不仅无权审查和宣布人大及其常务委员会的立法行为无效，甚至也无权审查香港立法机关通过的法律是否符合基本法。其理由是香港在回归前没有质疑英国议会立法的权力，而全国人民代表大会及其常务委员会的立法行为是主权行为；基本法规定审查香港立法机关通过的法律是否符合基本法的权力在全国人大常委会，并没有任何地方规定终审法院有这种权力。②

支持香港终审法院应该享有司法审查权的学者也公开发表意见。香港陈弘毅教授认为，“虽然《基本法》没有明文赋予香港特别行政区法院‘违宪审查权’（这里所说的违宪审查权是指特区法院就特区立法机关的立法的审查权，如裁定特区立法是否因与《基本法》相抵触而无效），但《基本法》保留了香港法院原有的审判权和管辖权（第 19 条），也保留了香港原有的普通法（第 8、18 条），又赋予特区法院对《基本法》的解释权（第 158 条），并规定特区立法机关制定的任何法律均不得抵触《基本法》（第 11 条）。这些规定都可理解为特区法院的违宪审查权的法理依据”③。对此，本文也持相同意见。

胡锦光教授也认为，“虽然香港基本法未明确规定香港法院的司法审查权，或者说未明确授权香港法院保障基本法地位的职责，但根据以下两点，香港法院应当是具有司法审查权的：第一，香港法院对基本法的解释权。根据香港基本法的规定，香港法院对基本法具有解释权；而根据香港属于英美法系的特点，香港法院所享有的司法权中当然地包含了对法律的解释权”④。

---

① China Challenges Hong Kong Court, BBC World Service, Feb. 8, 1999.

② 《对香港特区终审法院就港人在内地所生子女居留权案件所作判决内地法律界人士发表意见》，载《人民日报（海外版）》1999 年 2 月 8 日第 1 版；http://web.peopledaily.com.cn/zdxw/6/19990208/99020861.html。

③ 陈弘毅：《香港特别行政区法院的违宪审查权》，载《法制现代化研究》（四），南京师范大学出版社 1998 年版，第 428 页。

④ 胡锦光：《关于香港法院的司法审查权》，载《法学家》2007 年第 3 期。

可见，香港特区法院享有司法审查权是不争的法律事实。问题是，这一审查权/管辖权的外延边界应该划在哪里。上诉庭的法律意见和终审法院的前半部分法律意见应该结合看待，加在一起就可以描绘出法院审查权/管辖权的范围。

二、香港法院司法审查权的性质、内涵及其实践

1. 司法(审查)权的基础是法治与分权

杜强强博士提出从比较宪法学的立场观察，司法审查制是以权力分立原理作为基础的，其出发点与核心在于对立法权的制约，以求达至立法、行政、司法三权之间的分立与制衡。他认为，三权既然平等，那么立法机关就不能强迫法院适用违宪之法律；而司法机关对于违反宪法之法律，在具体的诉讼案件中拒绝适用，这在理论上是当然的结论。否则，则不足以维持三权的分立和制衡。① 法国宪法学家狄骥也从权力分立原理出发，强调司法审查制之正当性。他认为，立法权与司法权既然都在宪法之下，相互处于同等地位，成为同位的存在，那么，当立法权之行为违反宪法时，殊无强迫司法权同意其行为之义务。司法权在其范围内完全独立，依照其独立见解审查法律是否违宪。他宣称“宣示权力分立制度本身既可说已蕴涵司法审查制度的认诺。余更附言，诸凡否认法院有此审查权之国家，实仍难谓为真正之法治国家”②。

而香港司法审查制度的核心理念，也同样建基于英国宪法理论的两大原则——“法治”和“分权”。从法律与政治理念角度观之，为避免权力的过分集中，限制权力被滥用的可能性，必须将权力分配给具有不同功能的机构。立法机关负责法律的制定与修改，行政机关负责法律的执行，司法机关负责法律的适用。三权分立的目的是分散权力，防止权力的滥用。正是这种思想，使司法审查成为法院的天然、固有的职能，无须制定法的授权。③

---

① 杜强强：《宪法修改与司法审查——以美国的宪政实践为中心》，载《中外法学》2007 年第 4 期。

② 李鸿禧：《违宪审查论》，元照出版公司 1999 年版，第 54 页。

③ 湛中乐、陈聪：《论香港的司法审查制——香港“居留权”案件透视》，载《比较法研究》2001 年第 2 期。

但是，香港回归前施行的政治体制根本不是基于三权分立模式，而是总督集权制。基本法的立法原意的确有继承过往制度的意思，并希望把它演化为“行政主导制”。但是基本法的规定还是模棱两可的。例如，基本法两次宣示，香港特区享有“独立的司法权和终审权”。这里所讲的“独立”应该指的是独立于中华人民共和国国内的另外两个法域，特别是大陆法域。在特区内部，司法权又是独立于行政权和立法权的。出于法制传统和对法治的尊重，加之回归12年来的实践，今日香港特区的体制更具有三权分立的格局和外形。

2. 区分若干概念：司法审查、司法复核与违宪审查

在香港，“司法审查”、“司法复核”与“违宪审查”这三个概念经常被交叉使用。学术界对上述概念的定义并不一致。徐静琳教授等认为，一般而言，普通法上的司法审查是指法院在审判中依据宪法或法律对有关立法行为和行政行为进行合法性裁决的审查，或者指依据上位法审查下位法是否合法而作出司法审查的行为。违宪审查属于司法审查的范围，但又不等同于司法审查，它不限于合法性审查，所强调的是合宪性审查，是指司法机关可以通过司法手段，对违宪的立法和行政行为作出中立的裁决，宣布该违宪行为为无效的行为。①

而湛中乐教授等则指出，在香港，人们习惯于将对行政行为不服提请法院审查称为司法复核，将司法复核中涉及的相关法律、法令等是否违反宪法或宪法性文件的审查称为违宪审查。② 香港学者戴耀廷教授认为，很多时候，司法复核是指对行政行为有影响力的裁决。而司法复核还包括违宪审查的部分，他认为两者的处理程序一样，但所牵涉的问题、焦点则有区别。在香港，司法复核包含这两个不同的部分，是由于司法程序只包括刑事、民事和行政诉讼，并无一套独立机制处理违宪审查。③ 专长行政法和人权法的潘熙大律师则提出，司法复核是一个容许公民和法人就行政部门或行使公法职能的机关所作的越权的决定或行为向法院提出复核要求的程序，目的是规定及确保行政部

① 徐静琳、张华：《关于香港特区违宪审查权的思考》，载《上海大学学报》（社会科学版）2008年第2期。

② 湛中乐、陈聪：《论香港的司法审查制——香港“居留权”案件透视》，载《比较法研究》2001年第2期。

③ 戴耀廷：《司法复核与香港政府的行政权力》，香港、内地、美国司法制度比较研究讲座（香港新闻工作者联会主办），2006年10月21日。

门或者行使公法职能的机关所作的决定或行为的合法性。①

3. 继承与发展

按照普通法的传统，解释法律和裁决相互冲突的法律在案件审理中的适用与否是法院固有的权力。② 1991年以前，香港法院根据《英皇制诰》的授权，有权审查香港立法机关制定的法律违反或者超越《英皇制诰》是越权或无效的。但由于《英皇制诰》赋予香港立法机关的权力过于宽泛和抽象，因此，“在1991年以前，香港法院根据《英皇制诰》对香港立法机关的立法进行审查的案例几乎是绝无仅有的”。③ 1991年，香港透过修改《英皇制诰》引入《公民权利和政治权利国际公约》，并通过《香港人权法案条例》，使得香港法院有权对香港立法机关制定的任何与《公民权利和政治权利国际公约》和《香港人权法案条例》相抵触的法律进行司法审查。相关判例法由此形成。

随着香港回归和基本法的公布，司法审查翻开了新的一页。基本法第18条第1款规定：“在香港特别行政区实行的法律为本法以及本法第8条规定的香港原有法律和香港特别行政区立法机关制定的法律。”第84条规定：“香港特别行政区法院依照本法第18条所规定的适用于香港特别行政区的法律审判案件，其他普通法适用地区的司法判例可作参考。”第11条第2款规定：“香港特别行政区立法机关制定的任何法律，均不得同本法相抵触。”此外，基本法保留了香港法院原有的审判权和管辖权(第19条第2款)，也保留了香港原有的普通法(第8条、第18条)，又赋予特区法院对基本法的解释权(第158条)。“这些规定都可理解为特区法院的违宪审查权的法理依据。”④香港特区法院在一系列案例中也阐明了回归后在香港新法律秩序之下权利保障体系的架构，并予以巩固。⑤

---

① 潘熙大律师：《香港司法复核制度》，http://www.hkba.org/whatsnew/chairman—corner/speeches/2007/judicial_review_hectarpun.pdf。

② 陈欣新：《香港与中央的“违宪审查”协调》，载《法学研究》2000年第4期。

③ 陈弘毅：《香港特别行政区法院的违宪审查权》，载《法制现代化研究》(四)南京师范大学出版社1998年版，第425页。

④ 陈弘毅：《香港特别行政区法院的违宪审查权》，载《法制现代化研究》(四)南京师范大学出版社1998年版，第428页。

⑤ 陈弘毅：《一国两制的法治实践：十年的回顾与反思》，http://www.ccwhu.com/html/lilunqianyan/zhongguoxianfa/20090614/428.html。

就三权配置而言,回归后情况发生了较大变化。程洁博士观察到,特区成立之后,由于政治生态和政府管治的实际状况,出现了立法会扩权的情况;特别是,"终审法院对《基本法》的授权采取能动主义的理解,积极采取司法行动,对特区的立法和行政权力进行合宪性审查,从而导致司法权力的扩张"①。

4. 再次检视"吴嘉玲案"

在香港法院行使司法审查权的实践中,最引人注目的无疑是"吴嘉玲案",本案的核心问题是关于香港(永久性)居民在内地所生的中国籍子女在基本法实施以后的法律地位问题。如前所述,由于终审法院提出对全国人大及其常委会立法行为的审查权而在香港和内地掀起了轩然大波。此后,终审法院罕有地发出一个"澄清"声明,指出"我等在1999年1月29日的判词中,并没有质疑人大常委会根据第158条所具有解释《基本法》的权力,及如果人大常委会对《基本法》作出解释时,特区法院必须要以此为依归。我等接受这个解释权是不能质疑的。我等在判词中,也没有质疑全国人大及人大常委会依据《基本法》的条文和《基本法》所规定的程序行使任何权力。我等亦接受这个权力是不能质疑的。"②若仔细研究,终审法院并没有回答核心问题,即特区法院对全国人大及其常委会立法行为的实体和程序的审查权,反而重申一个不直接受到挑战的问题,即人大常委会的基本法解释权及解释的效力。而笔者认为前者才是要予以澄清的问题,因为它涉及中国宪政体制的运作和中央与特区关系。

1999年5月21日,特区政府向国务院提交报告,请求全国人大常委会对基本法有关条文作出解释。人大常委会于6月26日颁布解释,指出特区法院在审理有关案件引用基本法中相关条款时,应以全国人大常委会的解释为准。程洁认为,"通过全国人大常委会释宪,澄清了全国人大常委会和特区司法机构之间的关系,从而避免了特区司法机构过度扩权的结果"③。从此后的一系列宪法性案件的判决来看,终审法院审视基本法条文的态度似乎多了一分克

① 程洁:《香港宪制发展与行政主导体制》,载《法学》2009年第1期。

② 吴嘉玲诉入境事务处处长(法庭中译本),第4页;http://legalref.judiciary.gov.hk/lrs/common/ju/ju_frame.jsp? DIS=29104。

③ 程洁:《香港宪制发展与行政主导体制》,载《法学》2009年第1期。

制，少了一点张扬。

但是，香港法律界和政界人士倾向认为，这次人大释法对香港的法治和司法独立造成了严重的打击。而陈弘毅教授则对此表示了不同看法，认为："根据《基本法》第158条，人大常委会确实有权在任何它认为适当的情况下颁布关于《基本法》的个别条文的解释，亦即是说，其解释权不限于香港终审法院在诉讼过程中根据第158条第3款提请人大常委会释法的情况。"而且，人大此次释法并不影响本案已判决的法律效力，只是香港特区法院在审理有关案件引用基本法中该项条款时，应以全国人大常委会的解释为准。他因此认为，"这次人大释法只是'一国两制'下香港的新法律秩序的产物，不应视为对香港法制的破坏。当然，这并不是说人大可随意释法，过多释法必然会蚕食香港法院的司法权。总括来说，1999年的终审法院'澄清'判词事件和'人大释法'事件可以理解为回归初期初试《基本法》的实施时，香港和内地两地法制的相互碰撞并开始相互适应的表现"①。

在以后的宪法性案件中，香港法院没有再就司法审查权问题提出法律意见或作出宣示（declaratory statement）。"吴嘉玲案"提出的问题依然存在。

5. 法官制度与"独立的司法权"的行使

司法审查制度目的在于通过对立法权的制约，以求达至立法、行政、司法三权之间的分立与制衡。但司法审查制度本身因此也产生了与司法机构和法官制度相关的问题。首先，程洁从比较法的角度提出，由司法机构主导的违宪审查体制源自美国19世纪中期，二战以来世界范围内的实践将之推至前所未有的重要地位。虽然司法独立的观念在普通法上更加久远，但是即使是今日，英国司法机构仍然缺乏违宪审查权。② 而在司法审查范围最为广泛的美国，司法机构享有违宪审查权的一个关键性的理由则是司法机构属于"最不具威胁的机构"。美国对司法机构的低危属性这一判断源于司法机构在三权中的

---

① 陈弘毅：《一国两制的法治实践：十年的回顾与反思》，http://www.ccwhu.com/html/lilunqianyan/zhongguoxianfa/20090614/428.html。

② 欧洲人权法院与人权条约部分改变了此种境遇。但是其所审查的依然是有限的。A. W. Bradley & K. D. Ewing, *Constitutional and Administrative Law*, 12th ed., Longman, 1997, p. 58；转引自程洁：《论双轨政治下的香港司法权——宪政维度下的再思考》，载《中国法学》2006年第5期。

弱势[①]及其“消极性”[②]。事实上，美国的司法机构确实也在某种程度上受到“政治性的控制”。[③]

英国管治香港期间，司法制度承袭英国的司法原则实行司法独立。这主要体现在，法官在行使司法权力时享有本地至高无上的权力代表地位，他在法庭内代表英国女王行使审判权，法庭经审判依法作出的判决就如同最高统治者的命令。司法人员在行使审判权时受到法律上免被起诉的保护。法官独立审判案件，只服从法律，香港总督和其他行政官员及高级法官都不得对个案的判决问题向主审该案的法官下指示。总督对判定犯罪的案犯有权赦免或减刑，但总督不能影响或更改法庭的判决。

香港回归之后，依据基本法第 81 条第 2 款，原有的司法体系，除因设立香港特别行政区终审法院外，均予以保留。从法官的遴选来看，香港法官的选任依据是基本法第 92 条与第 88 条所规定的专业资格要求与司法人员推荐委员会体制。除终审法院法官和高等法院首席法官的任命，需由行政长官征得立法会同意，并报全国人大常委会备案外，其他法官的遴选基本上由委员会决定。这就使得香港的司法机构缺少美国式的政治制约与行政主导特点。[④] 再次，除终审法院与高等法院首席大法官之外，香港司法机构也不受任何其他民意机构制约，包括中国内地的人民代表大会或香港选民。

独立程度高固然有助于法官的独立判断，但是程洁博士认为，当司法机构全然缺乏政治控制的情况下，其“消极的美德”(the passive virtues) 为司法能动(judicial activism)所取代，与之相应的就是远高于美国的“危险度”。[⑤] “香港回归后，司法权独树一帜，另外两个权力机构在政治上与法律上对司法机构

---

① Cf. Alexander M. Bickel, *The Least Dangerous Branch: the Supreme Court at the Bar of Politics*, Indianapolis: Bobbs－Merrill Educational Publishing, 1980. 北京大学出版社于 2007 年翻译出版了该书(《最小危险部门——政治法庭上的最高法院》)的第二版。

② 《最小危险部门——政治法庭上的最高法院》第 4 章“消极的美德”，北京大学出版社 2007 年版。

③ 程洁:《论双轨政治下的香港司法权——宪政维度下的再思考》，载《中国法学》2006 年第 5 期。

④ 程洁:《论双轨政治下的香港司法权——宪政维度下的再思考》，载《中国法学》2006 年第 5 期。

⑤ 程洁:《论双轨政治下的香港司法权——宪政维度下的再思考》，载《中国法学》2006 年第 5 期。

基本没有影响力。这种情况表面上符合法治的司法独立要求,但是也为司法机构脱轨或错位埋下了伏笔。"①

此外,在普通法院或者宪法法院掌握违宪审查权的制度下,存在着宪法解释与民主价值之间的紧张关系。这是因为,一方面,宪法宣称国家的主权属于人民,人民通过选举产生代议机关与行政机关来代替其行使权力;而另一方面,法院这一非民选的机关却可以对政治过程作最终的判断,因为它可以通过解释宪法来宣告议会与总统的行为违宪,而且这种解释并非纯粹的"宪法判断",反而必然是一种带有法官主观意志的判断。也就是说,法官可能通过对宪法的任意解释来对民主选举产生的机关的行为作出否定评价。"许多判决虽然看似维护了法条,但是却留给政府和社会一系列棘手的社会问题。例如,在庄丰源案中,法院裁定凡在香港所生的中国籍子女都拥有永久居留权。这一裁决结果'鼓励'了内地孕妇赴香港生育,甚至挤占本地孕妇的生产资源,引发香港孕妇的抗议。"②

张翔博士观察到,近年来,司法机关也开始反思其处理政治问题的正当性及限度,③提高了司法审查的受理标准。④ 毕竟行政机构的主导性与其需要承担的政治责任是联系在一起的,而司法机构的任期使之实际上不承担政治责任。⑤ 正因为如此,终审法院首席法官李国能在二〇〇七年法律年度开启典礼演词中指出:

> 许多司法复核案件的法庭判决,对我们的社会所面对的政治、经济及社会问题引发重大影响。然而,本人必须重申:司法复核的程序,并非解

---

① 程洁:《论双轨政治下的香港司法权——宪政维度下的再思考》,载《中国法学》2006 年第 5 期。

② 程洁:《香港宪制发展与行政主导体制》,载《法学》2009 年第 1 期。

③ 张翔:《分权制衡原则与宪法解释——司法审查以及宪法法院制度下的经验与理论》,载《法商研究》2002 年第 6 期。

④ 将司法审查的标准由存在潜在的争议性(potential arguability)提高到存在争议性(arguability)。Cf. *Peter Po Fun Chan v. Winnie C. W. Cheung Chief Executive & Registrar of Hong Kong Institute of Certified Public Accountants (the"Society" or"Institute") and Mark Fong Chairman of the Registration and Practicing Committee of the Society*, FACV No. 10 of 2007. 转引自程洁:《香港宪制发展与行政主导体制》,载《法学》2009 年第 1 期。。

⑤ 程洁:《香港宪制发展与行政主导体制》,载《法学》2009 年第 1 期。

决这些问题的万应良方。法庭的宪法职能，只是以相关的宪法、法例条文及适用的普通法原则，就某一决定的合法性划定界限。法庭唯一的关注，是根据法律规范和原则来考虑甚么是在法律上有效和甚么是无效的。①

经验表明，法庭不是、也不应该是解决“我们的社会所面对的政治、经济及社会问题”的唯一场所。当首席法官再次界定“法庭的宪法职能”时，可能预示着香港法院从宪法领域的司法积极主义回归到法院的本来角色，即“只是以相关的宪法、法例条文及适用的普通法原则，就某一决定的合法性划定界限”。当然，这一呼吁的实际效果还有待继续观察。

三、划定香港法院司法审查权的权力边界

1. 终审法院的一般性意见

在“吴嘉玲案”中，终审法院其实也意识到法院的审查权或管辖权是有边界的，或者说有“限制”的(limitations)。在终审法院看来，这种限制主要表现在两方面：一是基于第19条第3款法院对“国家行为”并无管辖权；二是基于第158条第3款，终审法院有义务请求全国人大常委会释法。

终审法院判词如下：第一，

> 对法院的司法管辖权所作出的任何限制必须以《基本法》为依据。如上文所述，《基本法》第19(2)条提及继续保持香港原有法律制度和原则对法院审判权所作的限制。第19(3)条便提供了一个例子。第19(3)条规定：香港特别行政区法院对国防、外交等国家行为无管辖权。……

这等于首先将国家行为排除在审查范围之外。第二，

> 《基本法》第158条亦规限终审法院不得在该条款所指的情况下，对《基本法》“关于中央人民政府管理的事务或中央和香港特别行政区关系”的条款进行解释，且终审法院有责任请全国人民代表大会常务委员会对有关条款作出解释。②

① http://sc. info. gov. hk/gb/www. info. gov. hk/gia/general/200701/08/P200701080121. htm.

② 肖蔚云：《论香港基本法》，北京大学出版社2003年版，第32页。

2. 如何理解基本法第 19 条第 2 款

但是,《基本法》第 19 条规定:"香港特别行政区法院除继续保持香港原有法律制度和原则对法院审判权所作的限制外,对香港特别行政区所有的案件均有审判权。"问题是,哪些内容是"原有法律制度和原则对法院审判权所作的限制"? 这个问题不好回答。

关于香港原有法律制度和原则中对法院审判权的限制,吴建璠教授认为,这种限制包括了法院只执行法律而不能对法律提出疑问,也包括了作为地方行政区域的法院不能对中央立法提出疑问。在香港回归祖国前是如此,在香港回归后也仍然应该是如此。说特区终审法院有权审查法律以及全国人大及其常委会的立法行为,是直接抵触基本法第 19 条的规定的。① 吴教授其实排除了香港法院的任何违宪审查权,其学理根基是中国的人民代表大会制度。这种论断完全削弱甚至剥夺了香港法院原有的司法审查权,笔者认为是不可取的。

而湛中乐则认为这其中就包括了对"议会至上"原则的遵守。"香港终审法院的法官们却认为对司法审查权的限制只能来自《基本法》以列举的方式明确规定,这是受'剩余权力'理念的影响,认为《基本法》第 19 条所指的'香港原有法律制度和原则对法院审判权的限制'就是指同条第 3 款所称的'对国防、外交等国家行为无管辖权'和基本法的其他条文所作的限制,除了法律规定之外,法院的司法审查权就不受限制。终审法院的法官们没有理解第 19 条第 2 款的立法原意是概括性规定,香港原有的法律原则有许多并没有成文法依据,也不可能在一个条文中全部列举,所以才有此规定。'议会至上'原则作为香港司法审查制度的基石,它对法院审判权的限制只要不与国家主权相抵触,理所当然地会被保留下来。"②

这种说法看似有道理,但是实际运用有复杂性,那就是香港特区有两个"议会",一是特区立法会,一是全国人大(包括人大常委会)。笔者认为,对特区立法会,"议会至上"原则基本不适用,法院的司法管辖权是全面的,即可以

① 《就香港特别行政区终审法院的有关判决内地法律界人士发表意见》,载《人民日报》1999 年 2 月 8 日第 4 版。

② 湛中乐、陈聪:《论香港的司法审查权——香港"居留权"案件透视》,载《比较法研究》2001 年第 2 期。

对立法会的立法行为和行政机关的行政行为行使违宪审查权，正如“马维騉案”和“吴嘉玲案”（前半部分）阐明的那样。在特区之内，立法权、行政权、司法权在宪制法律地位上基本上是平等的。对于全国人大，特区法院基本没有任何权威，更谈不上对立法行为行使实质性的审查权。笔者倾向于同意，特区法院是可以查证（而非“审查”）全国人大立法行为的事实存在。但是，提出这一观点还是有些底气不足，那就是全国人大首先是国家权力机关，一个区域法院对上一级的权力机关行使查证权力欠缺国家宪法的支持。

如果说香港终审法院就管辖权问题的判决是错误的话，为什么全国人大常委会在1999年6月26日作出的《关于〈中华人民共和国香港特别行政区基本法〉第二十二条第四款和第二十四条第二款第（三）项的解释》中却对此保持沉默呢？这的确令人大惑不解。是疏忽，是失误，还是其他原因？我们不得而知。

但是终审法院对第19条第2款的理解也是有些勉强。首先，终审法院认为，“上诉法庭基于《基本法》第19(2)条作出其结论”是错误的，“上诉法庭接纳了政府的论据”。那又错在哪里？首席法官指出：

政府在该案所陈述的论据为1997年7月1日前，香港法院也不能质疑英国国会通过的法例是否违宪，即是否违反英国的不成文宪法或香港作为殖民地的宪法文件《英皇制诰》。因此，这是《基本法》第19(2)条所设想的“原有法律制度和原则”对香港法院审判权所作的一种限制。所以政府辩称在1997年7月1日后，这限制同样适用于全国人民代表大会的行为。

把旧制度与此相提并论是对问题有所误解。1997年7月1日前，香港是英国殖民地。根据普通法，英国国会拥有最高权力为香港立法而香港法院不能质疑这项权力。

基于已申述的理由，在新制度下，情况截然不同。《基本法》第19(2)条规定“原有法律制度和原则”对宪法赋予法院的司法管辖权有所限制。但这条款不能把在旧制度下纯粹与英国国会法例有关的限制引进新的制度内。①

我等亦应指出高院首席法官陈兆恺在本案就临时立法会问题作出判

① 吴嘉玲诉入境事务处处长（经法官审阅之中译本；案件编号FACV14/1998），第30～31页。

决时表示，他在香港特别行政区诉马维騉一案就特区法院司法管辖权所发表的意见只是针对该案的情况而言，不可理解为全国人民代表大会通过的法律及其行为凌驾《基本法》。

在这里，笔者始终读不懂、跟不上终审法院的逻辑。笔者认为，第19条"原有法律制度和原则"中的"原有"指的应该是回归前实行的、行之有效的，而今又不违反基本法的那些制度和做法。总之，终审法院的逻辑是勉强的、不具有说服力的，甚至是没有任何理论基础的。

3. 基本法上"国家行为"的界定

"国家行为"这一概念正式进入中国法相对较晚，第一次正式出现在1989年通过的《行政诉讼法》中。国家行为，通常指的是国防、外交行为，因其具有高度政治性而被排除在司法审查之外，这在世界上已经成为普遍做法和惯例。关于国家行为排除司法审查的原因，姜明安教授认为主要理由有：(1)国家行为具有紧急性，诉诸法院可能造成时间耽误，丧失重要时机，导致国家利益的重大损失；(2)国家行为需要保密，而司法程序要求公开，这样就可能造成泄密，导致国家利益的重大损失；(3)国家行为往往出于政治和策略上的考虑，而非单纯依据法律所为；(4)国家行政影响的往往不是某一个或某几个相对人的利益，而是一定地区、一定领域、一定行业多数相对人的利益。[①] 而笔者觉得，国家行为排除在司法管辖之外的根本原因是，国家行为是主权行为，如宣战、媾和、建交和断交等，代表国家最高利益，具有高度的政治性，司法权不便于、也不应该介入。从这一点来看，国家行为并不包括主权者的全部行为。

基本法的写法给我们留下了辩论的空间。基本法第19条第3款规定"香港特别行政区法院对国防、外交等国家行为无管辖权"。而这个"等"字，属于等内"等"，还是属于等外"等"？胡锦光教授观察到，"从内地学者发表的观点看，一般都将该'等'理解为等外'等'，即除国防和外交外，还可能有其他类别的国家行为"。他接着提出：

按照香港基本法的规定，除国防、外交外的其他国家行为，至少有以下几种：第一，中央人民政府任命香港特别行政区行政长官和行政机关的主要官员；第二，全国人大常委会对香港基本法附件三的法律作出增删；第三，全国人大常委会宣布香港原有法律同香港基本法抵触。这些内容

① 姜明安著：《行政诉讼法学》，北京大学出版社1993年版，第127页。

> 虽然不属于国防、外交，但非常明显，这些都是国家行为，都是中央的权力，香港特别行政区法院对此当然无管辖权。

胡教授也看到了问题和制度的复杂性。他指出：

> 但根据普通法的理解，法律条文中的“等”只能为等内“等”，即国家行为仅限于国防和外交两类，而不能有其他类别的国家行为。香港回归后不久发生的围绕临时立法会是否符合基本法的纠纷，内地学者认为该纠纷属于国家行为范畴，法院应当运用国家行为理论作出裁决。但是，香港高等法院在判决中并未运用国家行为理论，而是认为成立临时立法会是中央政府的决定，作为地方法院对此无权作出判断。香港高等法院的这一做法显然是等内“等”理解的表现。[①]

如果胡教授所说的“中央的权力”的行使只是上述那三项的话，我们还好理解和接受。如果说“中央的权力”的行使都被视作国家行为的作出，其范围则太宽泛，具体内容也不易把握。此外，上诉庭以“成立临时立法会是中央政府的决定”为由从而决定该问题是不可诉的，其实隐含着对“议会至上”原则的承认，客观上也认同中央对特区的宪法权威。

争论还在继续。陈弘毅教授认为，依普通法传统，在案件审理过程中，判断某一行为是否国家行为以及案件是否涉及中央人民政府管理的事务或中央和香港特别行政区关系，是法院的权力。[②] 而胡锦光教授则认为，“香港终审法院在‘无证儿童案’中认为香港基本法第 24 条的规定属于自治范围内的条款，而直接解释了该条款，这是对自治条款和非自治条款没有从本质上进行认识的结果”[③]。两位教授对司法审查权的权属、权限方面不同的观点，恰好体现出两地的法治观点和法律传统差异。

最后，有学者希望以美国宪法的“政治问题排除原则”来解释某些行为的不可诉性，这首先得回答“国家行为”是否就等同于“政治问题”这一问题。

大法官鲍威尔曾说：“审慎的考虑促使我作出判断：在国会与总统之间的冲突是不适合进行司法审查的，除非双方都应该采取行动来主张其宪法权力。

---

① 胡锦光、刘飞宇：《论国家行为的判断标准及范围》，载《中国人民大学学报》2000 年第 1 期。

② 陈弘毅：《法治、启蒙与现代法的精神》，中国政法大学出版社 1998 年版，第 276 页。

③ 胡锦光：《关于香港法院的司法审查权》，载《法学家》2007 年第 3 期。

在国会和总统之间发生不一致在我们这一体制中是很正常的。这些不一致几乎常常是基于政治的考虑而不是基于法律上的考虑。司法机关不应该参与这些涉及权力分配的冲突之中，除非双方已经进入了一个僵局。”①美国联邦最高法院在“政治问题排除原则”上作出决定性的判决是“贝克尔诉卡尔案”(Baker v. Carr，1962 年)。“在判决书中，联邦最高法院认为，政治问题之所以不受司法审查主要是因为从根本上来说是基于权力分立机能之考虑。从一定意义上讲，这一学说要求联邦法院确定某一问题是否根据宪法已经交付联邦政府的另一个部门来进行处理。”②根据“贝克尔公式”的解释，具备下列因素之一者可定为政治问题：“(1)争讼双方都持有宪法文本所表现出的对各自的(但却是平等的)政治机构的承诺；(2)不存在显而易见可操作的解决争讼的司法标准；(3)由于对于非司法的裁量权(Nonjudicial Discretion)存在先行的政策决定，因而没有裁决的可能性；(4)法院独立判断，必会造成对其他同等机关的不尊重；(5)对已作出的政治决定，法院有无条件顺从的特殊必要；(6)就同一问题，各部门因有不同的声明，有可能产生混乱的情况。”③这些根据法律而排除司法审查的政治问题，体现了立法、司法、行政三权分立的界限。

如何正确厘定政治问题和司法管辖二者之界面和界限是一项重大的宪法课题。“如果司法机构行使了不属于自己的权力一定会招致其他政治机构的反对；如果司法机关因为顾虑重重而不愿意承担评判的责任，也必然会积累社会矛盾，增加社会的交易成本。”所以，对于政治问题，一方面需要司法机关的审慎判断，另一方面也需要其他政治机构充分开放对话渠道。笔者相信我们都会同意程洁博士的意见，“政治问题政治解决”，“法律问题法律解决”，④但是，知易行难，例如，首先要回答的问题是如何在解决这两类问题之前确立一

---

① Goldwater v. Carter，444 U. S. 996，1979. Cf. Ronald D. Rotunda，*Modern Constitutional Law-Cases and Notes*，West Publishing Co.，1985，p. 236. 转引自李晓兵：《论违宪审查实践中的“政治问题排除原则”》，载《河南省政法管理干部学院学报》2007 年第 3 期。

② 李晓兵：《论违宪审查实践中的“政治问题排除原则”》，载《河南省政法管理干部学院学报》2007 年第 3 期。

③ 李毅：《美国联邦最高法院的司法审查权》，载《法学杂志》1999 年第 1 期。

④ 程洁：《论双轨政治下的香港司法权——宪政维度下的再思考》，载《中国法学》2006 年第 5 期。

种区分准则和行为规范。

4. 作为对法院司法审查权的限制的人大释法制度

基本法第158条确立了基本法的解释体制，被认为是中国法与普通法法律解释体制的混合体。因为法律解释问题涉及香港的司法独立，并最终与保障香港特区的高度自治产生联系，所以在坚持“一国两制”的前提下，第158条所提出的是一个折中的解决方案，参考了欧共体的法律解释体制，该体制处理的是对法律的解释权和对案件的终审权不在一起时的情形。①

如前所述，终审法院也承认基本法要求终审法院向人大常委会提出释法要求是对法院管辖权的一种限制（limitation），可见，人大释法制度构成对特区法院司法权的限制。一方面，为了保障香港特区的司法独立，基本法对司法解释权在范围上和程序上作出了特别的规定。基本法第158条规定，香港特区法院在审理案件时可以有条件地解释基本法全部条文。另一方面，当法院需要对基本法关于中央人民政府管理的事务或中央和香港特区关系的条款进行解释，而该条款的解释又影响到案件的判决，在对该案件作出不可上诉的终局判决前，应由终审法院提请全国人大常委会对有关条款作出解释。一旦全国人大常委会对基本法作出解释，香港特区法院在引用相关条款时应以全国人大常委会的解释为准，但在此以前作出的判决不受影响。对此，终审法院的“澄清”和人大常委会的释法都分别予以重申过。

若将基本法放到中国宪法维度上考察，则“请求制度”有其合理性和必然性。② 但是，人大常委会于1999年的第一次释法是不幸的事件。正如胡锦光教授所说：“全国人大常委会虽可以通过重新解释基本法的方式否定香港法院对基本法的解释，但在行使基本法解释权时，也必须慎重行事：(1)首先必须承认香港法院实际存在的司法审查权。(2)必须尊重香港法院对基本法的解释。……(3)香港社会属于法治社会，同时，香港又属于英美法系的传统，在英美法系，由法院解释法律是其传统，因此传统而形成了固有的思维模式，即只有司法机关才能解释法律，并依据居于最高地位的法律进行司法审查。”“基于

---

① 湛中乐、陈聪：《论香港的司法审查权——香港“居留权”案件透视》，载《比较法研究》2001年第2期。

② 笔者在另一篇文章中有展开充分的论述。参见朱国斌：《香港基本法第158条与立法解释》，载《法学研究》2008年第2期。

此，全国人大常委会对基本法的解释只能在迫不得已的情况下而为之，特别是改变香港终审法院裁判的解释应当慎之又慎。”[①]笔者的理解是，维护香港特区的司法独立，保证特区法院享有“独立的司法权和终审权”也是基本法的立法原意，应该得到尊重。

“请求制度”不适用于特区法院在审理案件时对自治事务条款的自行解释；在审理案件时，终审法院既无须请示人大常委会，人大常委会也无权进行干涉。

结　论

基本法明确规定，香港特区享有“独立的司法权和终审权”。透过本文，我们看到，上述条文的落实不是一个一帆风顺的旅程。问题出在基本法创设的制度本身。在“一国两制”之下，两制必须得到平等尊重，不能以一制压制另一制；否则，国家创立特别行政区的意义就荡然无存了。既然制度性的冲突已经存在，那么国家政策制定者和立法者须得寻求一个能平衡两制利益的冲突解决机制。这种机制可以从宪法和基本法中寻找，也可以基于现行法律提出新的制度，比如成立一个利益中立于各成员方的冲突法院，以解决“一国两制”甚至“一国多制”(有待统一台湾之日)架构下的宪法性法律冲突。不论采用哪种制度或方法，香港回归12年来积累的丰富经验肯定会有利用价值。

① 胡锦光：《关于香港法院的司法审查权》，载《法学家》2007年第3期。

论香港特别行政区司法审查权的限制

王德志* 翁加伟**

《中华人民共和国香港特别行政区基本法》第 11 条规定:“香港特别行政区立法机关制定的任何法律,均不得同本法相抵触。”基本法第 64 条又规定:“香港特别行政区政府必须遵守法律,对香港特别行政区立法会负责,执行立法会通过并已生效的法律”,这就为香港特区法院对香港特别行政区立法机关制定法律,以及香港特区政府制定附属法规、行政长官发布行政命令等,行使司法审查权提供了法律依据。香港特别行政区成立以来,特区法院审理了港人内地所生子女居港权案,侮辱国旗、区旗案,梁国雄提起的司法复核案等,对香港特别行政区临时立法会制定的《人民入境条例》、《国旗条例》和《区旗条例》是否符合基本法等问题作出司法裁决。从基本法的相关规定和特区法院的司法实践来看,香港特区的司法审查属于普通法院的附带性审查模式,其司法审查权的行使要受到司法权被动性、案件性原则的制约,在“一国两制”和单一制的国家结构形式下,还要受到我国宪法、主权性立法、法律解释权以及“政治问题”不予审查原则的限制。

一、我国宪法的限制

我国宪法能否成为香港特区司法审查的法律依据?对于这一问题,学术界是存在争议的。这一争议源于我国宪法在香港特区是否具有法律效力的争议。如果我国宪法在香港特区不具有法律效力,那么它就肯定不是香港特区

* 山东大学法学院教授,博士生导师。
** 山东大学硕士研究生。

司法审查的法律依据；如果我国宪法在香港特区具有法律效力，那么就应当进一步探讨它能否成为香港特区司法审查的法律依据。关于我国宪法在香港特区是否具有法律效力的问题，学者们有不同的认识。

多数学者认为，基于国家主权统一和领土完整的原则，我国宪法应当在香港特区适用。① 但是也有学者认为，我国宪法在香港特区不具有法律效力，论据主要有以下几点：首先，《基本法》附件三明确规定了在香港特区实施的全国性法律，这些法律并没有列入我国宪法。《基本法》第 18 条规定："全国性法律除列于本法附件三者外，不在香港特别行政区实施。"所以，我国宪法不在香港实施。《基本法》第 18 条又规定："全国人民代表大会常务委员会在征询其所属的香港特别行政区基本法委员会和香港特别行政区政府的意见后，可对列于本法附件三的法律作出增减。"但到目前为止，全国人大常委会并没有将我国宪法增加为在香港特区实施的全国性法律。其次，《基本法》第 18 条还规定："在香港特别行政区实行的法律为本法以及本法第八条规定的香港原有法律和香港特别行政区立法机关制定的法律。"此条中也不包含我国宪法。再次，我国宪法是社会主义类型的宪法，它规定的是社会主义的制度和政策，香港特区根据"一国两制"的国策实行的是资本主义的制度。所以我国宪法不在香港特区生效。②

笔者同意我国宪法在香港特区具有法律效力的观点，笔者认为，不能仅仅因为《基本法》的某一条款没有明文规定我国宪法在香港特区实施，或者香港实行的是不同于我国内地的社会主义制度，而否认我国宪法在香港特区的法律效力。具体理由如下：

其一，反对我国宪法在香港特区具有法律效力的学者认为，《基本法》第 18 条并没有明确列举我国宪法在香港特区适用，因此我国宪法在特别行政区不具有法律效力。笔者认为这种观点是站不住脚的，因为《基本法》第 18 条也没有将香港特区政府制定的附属法规列为在香港实施的法律，我们能说香港特区政府制定的附属法规不在香港特区实施吗？显然不能。众所周知，香港

① 参见萧蔚云：《论中华人民共和国宪法与香港特别行政区基本法的关系》，载《北京大学学报》(哲社版)1990 年第 3 期；王叔文：《基本法是体现"一国两制"方针的全国性法律》，载《法学研究》1990 年第 2 期；丁焕春：《论我国宪法对香港特别行政区的法律效力》，载《法学评论》1991 年第 3 期。

② 参见王振民：《试论宪法在特别行政区的效力》，载《行政》(澳)2006 年第 3 期。

特区政府制定的附属法规是香港法律体系的重要组成部分，在香港特区发挥着不可替代的作用。香港市民在日常生活中最经常涉及的就是香港特区政府制定的附属法规。所以不能仅仅因为《基本法》的某一条款没有列举我国宪法为在香港特区生效的法律而否认其在香港特区的法律效力。

其二，我国宪法是由一个主权国家中华人民共和国的最高国家权力机关制定的，它作为一个整体是我国国家统一和主权的重要象征，是我国的根本大法，其根本法的地位就决定了我国宪法应当适用于其主权范围内的所有行政区域。香港特区是我国的一个地方行政区域，从总体上看，我国宪法当然对其具有法律效力。我国宪法也没有规定其完全不在特别行政区发生法律效力。从另一个角度分析，我国是一个单一制国家，单一制国家只允许全国有一部宪法，既然只能有一部宪法，其必须在全国范围内生效，否则我国的国家主权就会受到怀疑，单一制国家结构形式也会受到怀疑。这也是香港特区的《基本法》之所以叫做《基本法》而不称为宪法的原因。《基本法》毕竟不是宪法，它不能像宪法那样在全国范围内生效。它之所以被叫做《基本法》，说明我国宪法在包括特别行政区在内的中国所有行政区域都有法律效力了。

其三，我国宪法在香港特区具有法律效力，除了因为它是我国国家主权和统一的重要象征，是我国单一制国家的最高法律之外，从我国宪法的内容来看，有一部分条款是关于香港特区的，当然在香港特区具有法律效力。例如我国《宪法》第 31 条以及第 62 条第 13 项的规定，与特别行政区有着直接的关系，这些条款显然对香港特区发生效力。如果其不在香港特区生效，香港特区的设立以及《基本法》的制定就会失去合法依据。《基本法》的序言中已经明确规定“根据中华人民共和国宪法第三十一条的规定，设立香港特别行政区”，“根据中华人民共和国宪法，全国人民代表大会特制定中华人民共和国香港特别行政区基本法，规定香港特别行政区实行的制度，以保障国家对香港的基本方针政策的实施”。我国宪法正是通过这样的条款，并根据这些条款制定《基本法》，将它的法律效力延伸到香港特区的。除此之外，我国宪法中关于最高国家权力机关、最高国家行政机关、最高国家军事机关、国家主席、国旗、国徽、国歌、首都等有关我国国家主权、统一、外交和国防的规定，也适用于香港特区。

确定我国宪法在香港特区发生法律效力之后，就为进一步分析我国宪法能否成为香港特区司法审查的法律依据奠定了基础。笔者认为我国宪法可以作为香港特区司法审查的法律依据，理由如下：

首先，如上所述，我国宪法在香港特区具有法律效力，我国宪法中有直接适用于香港特区的条款：第 31 条以及第 62 条第 13 项条款，这些条款规定了国家设立特别行政区，由全国人民代表大会规定特别行政区的制度。另外，关于最高国家权力机关、最高国家行政机关、最高国家军事机关、国家主席、国旗、国徽、国歌、首都等有关我国国家主权、统一、外交和国防的规定，都在香港特区发生效力，从而为其作为司法审查的法律依据提供了前提。

其次，我国《宪法》第 5 条明确规定："一切法律、行政法规和地方性法规都不得同宪法相抵触。一切国家机关和武装力量、各政党和各社会团体、各企业事业组织都必须遵守宪法和法律。一切违反宪法和法律的行为，必须予以追究。"根据《基本法》第 81 条的规定，香港特区法院的司法审查权保留了下来，香港特区法院根据我国《宪法》第 5 条的规定，就可以以在香港特区发生法律效力的那些宪法规定为法律依据，对香港特区的立法或行政行为进行司法审查。

但是需要强调的是，尽管我国宪法是香港特区法院司法审查的法律依据，但不是基本法律依据，因为我国宪法作为香港特区法院司法审查的法律依据，其适用是非常有限的。这是因为我国宪法中直接涉及香港特区的规定，如上所述，只有第 31 条以及第 62 条第 13 项条款，并且这些条款只是概括性地规定国家设立特别行政区、由全国人大规定特区的制度，不论从理论上还是在实际生活中，很少会有违反这些规定的立法或者行政行为出现。至于我国最高国家权力机关、最高国家行政机关、最高国家军事机关、国家主席、国旗、国徽、国歌、首都等有关我国国家主权、统一、外交和国防的规定，虽然也适用于香港特区，但其所涉条款从数量上看也很少，另外由于香港特区无权行使国防、外交权，所以也很少有违反这些规定的香港特区的立法或者行政行为。国歌、国旗、国徽、首都等规定只是规定了这些国家象征是什么，以之为法律依据进行司法审查的可能性不大。

总之，我国宪法可以成为香港特区司法审查的法律依据，不能因为适用于香港特区的我国宪法的条款数量不多而否认我国宪法是香港特区司法审查的法律依据。只要我国宪法中有条款能够在香港特区发生法律效力，我国宪法就是香港特区司法审查的法律依据之一。

二、主权性立法的限制

在港人内地所生子女居港权诉讼案中，香港特区终审法院 1999 年 1 月 29 日作出的判决指出，香港特区法院可以审查全国人大或者全国人大常委会的有关立法是否符合《基本法》，如果发现有抵触之处，同样可以宣布无效。该判决作出后，关于香港特区法院能否审查全国人大及其常委会的立法是否违反《基本法》，社会各界引起了广泛争议。有学者对香港终审法院的判决持批评态度①；也有学者对此持肯定态度②；还有学者对《基本法》与全国人大立法产生冲突和《基本法》与全国人大常委会立法产生冲突进行了区分，认为在第一种情形下，香港特区法院并不必然无权审查全国人大的立法，在第二种情形下则可以审查全国人大常委会的立法。③

笔者认为，香港特区法院无权审查全国人大及其常委会的立法是否违反《基本法》，香港特区法院的司法审查权要受到主权性立法的制约，具体理由如下。

首先，香港回归之前，香港法院对英国最高立法机关即英国议会通过的法律无司法审查权。香港回归之前是英国的殖民地，英国掌握着香港的最高立法权、司法权和行政权，香港受英国“议会至上”思想的影响，无权审查其宗主国英国最高立法机关制定的法律。香港特别行政区成立后，根据《基本法》第 19 条的规定，香港原有法律制度和原则对香港法院审判权所作的限制予以保留，因此，香港特区法院无权对其所属国家最高立法机关的立法进行司法审查，即香港特区法院无权对全国人大及其常委会的立法进行司法审查。

其次，全国人大及其常委会是国家的最高权力机关，它的立法和决定代表的是我国全体人民的意志，没有任何其他国家机关有权废止或修改由全国人

---

① 参见许崇德：《香港无证儿童案件评析》，载《法律科学》1998 年第 2 期；肖永平：《评香港终审法院关于港人在内地所生子女居留权的判决》，载《法学杂志》1999 年第 3 期；焦洪昌、姚国建：《宪法学案例教程》，知识产权出版社 2004 年版，第 223 页。

② 参见陈欣新：《香港与中央的“违宪审查”协调》，载《法学研究》2000 年第 4 期。

③ 参见凌兵：《香港特别行政区基本法与全国人大立法权的界限——对香港特区终审法院居留权案判决的宪法思考》，载《法治论丛》2003 年第 1 期。

大及其常委会制定的法律、作出的决定。正如英国宪法学家戴雪对于“议会至上”原理的论述:“在不列颠国内,除议会本身外,任何人,或任何团体,无论行政的、立法的、司法的,俱无权以宣告巴力门的法案为无效。法案既经巴力门决议,惟巴力门能撤销之,在未撤销以前,无人能指斥其为违宪,或以他故,而将其废止。”①也就是说,英国实行的是“议会至上”型的政治体制,议会为“主权性”的造法机关,法院无权审查并宣告议会的法案为无效。同样,在我国的国家机关体系中,全国人大及其常委会居于最高地位,没有任何国家机关在地位上能够越居其上或与之并列,而香港特区法院是我国的一个地方法院,其地位是由最高国家权力机关规定的,无权审查国家最高立法机关的立法和其他决定的合宪性或合法性。

香港特区法院该项判决中的相关内容,受到了我国内地法律专家的严厉批评。有学者指出:“该判决中有关特区法院可审查并宣布全国人大及其常委会的立法行为无效的内容,违反基本法的规定,是对全国人大及其常委会的地位、对一国两制的严重挑战。”②香港特区法院“可宣布人大立法行为无效,这是错误的。终审法院的法官们俨然把自己视为英国的枢密院,违背‘一国两制’的原则。终审法院的地位及权力是由全国人大通过的基本法授予的,是中国一个特别行政区的终审法院。终审法院的判决错误在于曲解基本法第十九条明确规定特区法院对国防、外交等国家行为无管辖权的表述。特区法院只能执行‘主权型’立法,而无权对其提出质疑。终审法院承认,回归之前法院不能质疑英国议会立法,却武断地说现在不受这个限制,这是错误的”③。笔者也认为,香港特区终审法院的观点,实际上是认为自己可以凌驾于全国人大及其常委会之上,不但缺乏法律依据,还挑战了“一国两制”的原则。

三、基本法解释权的限制

法院司法审查权的行使是和其对法律的解释权分不开的,如果法院不享

① [英]戴雪:《英宪精义》,雷宾南译,中国法制出版社 2001 年版,第 159 页。

② 卢寿祥:《埋下人口炸弹 引发宪制风波》,载《地平线月刊》(港)1999 年第 3 期。

③ 卢寿祥:《埋下人口炸弹 引发宪制风波》,载《地平线月刊》(港)1999 年第 3 期。

有对法律的解释权，在法律规定得不是很明确的情况下，法院就难以作出下位法是否违反该法律的判断。正如学者所指出的："从违宪审查制度的产生看，违宪审查是在法律的适用以及法律的解释中产生的，违宪审查之所以直接产生于法律适用和法律解释，是因为司法机关在解决具体的争议纠纷前必须对其所要适用的法律（包括宪法）有准确的理解和认识，又由于法律是立法者的意思表示，而立法者在立法时是不可能预测将来可能发生的所有情况的，或者文字的表述在适用中存有多种不同的认识和理解，这就必然出现了法律的争议，为了解决法律适用中的争议，法律的适用机关首先必须对有争议的法律条款进行解释，因此阐明法律的意义便成为法院的职权。"①

关于基本法的解释权，香港特别行政区基本法第 158 条第 2 款、第 3 款规定："全国人民代表大会常务委员会授权香港特别行政区法院在审理案件时对本法关于香港特别行政区自治范围内的条款自行解释。香港特别行政区法院在审理案件时对本法的其他条款也可解释。但如香港特别行政区法院在审理案件时需要对本法关于中央人民政府管理的事务或中央和香港特别行政区关系的条款进行解释，而该条款的解释又影响到案件的判决，在对该案件作出不可上诉的终局判决前，应由香港特别行政区终审法院请求全国人民代表大会常务委员会对有关条款作出解释。"该条款规定了香港特区法院解释基本法的权力，并规定了其解释权受到的限制。可以断定，香港特区法院对基本法的解释权是全国人大常委会授予的。香港特区法院只能在审理案件时解释基本法。对基本法关于香港特区自治范围内的条款，香港特区法院有权自行解释。由于香港特区法院对基本法的解释权是全国人大常委会授予的，被授权的机构行使权力时不得与授权机构行使该项权力相抵触，因此香港特区法院对基本法的解释权受全国人大常委会解释权的约束。香港特区法院对自治条款以外的条款也有解释权，但是这要受到以下限制：如需要对《基本法》关于中央政府管理的事务或中央和香港特区关系的条款进行解释，并且该解释影响到案件的判决，香港特区法院在对有关案件作出不可上诉的终局判决前，应由终审法院提请全国人大常委会解释；全国人大常委会作出解释后，香港特区法院应当以此为判案的根据，不得作出与全国人大常委会的解释不同的解释。

吴嘉玲诉入境事务处处长案涉及香港特别行政区基本法第 22 条第 4 款

---

① 莫纪宏：《实践中的宪法学原理》，中国人民大学出版社 2007 年版，第 708 页。

和第 24 条的含义。基本法第 22 条第 4 款规定:“中国其他地区的人进入香港特别行政区须办理批准手续,其中进入香港特别行政区定居的人数由中央人民政府主管部门征求香港特别行政区政府的意见后确定。”基本法第 24 条规定:“香港特别行政区居民,简称香港居民,包括永久性居民和非永久性居民。香港特别行政区永久性居民为:(一)在香港特别行政区成立以前或以后在香港出生的中国公民;(二)在香港特别行政区成立以前或以后在香港通常居住连续七年以上的中国公民;(三)第(一)、(二)两项所列居民在香港以外所生的中国籍子女;(四)在香港特别行政区成立以前或以后持有效旅行证件进入香港、在香港通常居住连续七年以上并以香港为永久居住地的非中国籍的人;(五)在香港特别行政区成立以前或以后第(四)项所列居民在香港所生的未满二十一周岁的子女;(六)第(一)至第(五)项所列居民以外在香港特别行政区成立以前只在香港有居留权的人。以上居民在香港特别行政区享有居留权和有资格依照香港特别行政区法律取得载明其居留权的永久性居民身份证。”对这两个条款的解释,涉及中央人民政府管理的事务或中央和香港特别行政区关系,依据特别行政区基本法第 158 条的规定,特别行政区终审法院应当先行请求全国人大常委会解释基本法的相关条款,然后根据全国人大常委会的解释判案。然而,终审法院并没有遵守基本法的规定,“自行”解释了基本法的两个条款,侵犯了全国人大常委会的解释权。

终审法院在其判决书中提出了“最主要需要解释条款”的解释原则,认为“基本法第 22 条第 4 款和第 24 条第 2 款第 3 项不需要提请全国人大常委会解释。基本法第 24 条不属于排除性条款,不是属于中央管理的事务或中央与香港特别行政区的关系的条款,虽然第 24 条与第 22 条第 4 款有联系,但当一个主要的条款与几个次要的条款同时解释时,只要主要的条款属于特区自治范围,那么对中央管理的事务或中央与香港特别行政区的关系的条款进行解释时,就不需要提请全国人大常委会解释”①。根据该原则,终审法院有权衡量实质上哪一条文是在诉讼中最主要需要解释的条款。若最主要需要解释的条款是关于中央人民政府管理的事务或中央和香港特别行政区关系的条款,终审法院是有责任把这条款提请全国人大常委会解释的。但若最主要需要解

① 参见 Ng Ka Ling and another v. the Director of Immigration, [1999] 1HKLRD315.

释的条款是关于香港特区自治范围内的条款，终审法院就不用把这条款交全国人大常委会解释。即使在解释香港特区自治范围内的条款时涉及关于中央人民政府管理的事务或中央和香港特区关系的条款，终审法院也不用提请全国人大常委会解释。[①] 对此，笔者认为，基本法对于基本法的解释权限已经作出了具体分配，因此，在需要同时解释一条基本法关于香港特区自治范围内的条款，另一条关于中央人民政府管理的事务或中央和香港特区关系的条款时，也不应当区分哪一个是最主要需要解释的，从而作出是否提请全国人大常委会解释的选择。香港特区法院应当严格按照基本法第 158 条的规定，对基本法关于香港特别行政区自治范围内的条款可以自行解释，不需提请全国人大常委会解释；对基本法关于中央人民政府管理的事务或中央和香港特别行政区关系的条款，要以该条款的解释是否影响到案件的判决为基准，影响到案件判决的，在作出不可上诉的终局判决前，该类条款需要提请全国人大常委会解释。香港特区法院应当遵守该规定，而不能以自己提出的“最主要需要解释条款”为原则，由自己来选择或权衡是否把相关条款提请全国人大常委会解释。

四、政治问题不予审查原则的限制

在由普通法院进行违宪审查的国家，法院普遍遵循“政治问题”不予审查的原则。在美国，早在 1803 年的马伯里诉麦迪逊一案中，联邦最高法院就阐述了该原则，该案的判决书中写道：“依联邦宪法即赋予总统若干重要政治权能，总统自得以自己之裁量行使之，仅以政治的资格对国家负其责任。为执行这些职务，总统有权任命若干官吏之权限……这些官吏之行为具有政治性质……法院之管辖，仅限于决断有关个人权利事项，对行政机关或行政官吏具有裁量权之职务，如何行使运作，法院不能加以审查。其性质上属于政治问题，或依宪法或法律赋予行政机关执掌之问题，不得向法院提起诉争……应由行政机关行使裁量权事项……向法院提出请求时，应毫不犹豫地加以拒绝。”[②]美国联邦最高法院大法官布伦南在 1962 年的“贝克诉卡尔”案中阐释

① 戴耀廷：《香港基本法与宪政定位》，载《海外法学》2003 年第 8 期。

② 转引自胡锦光主编：《违宪审查比较研究》，中国人民大学出版社 2006 年版，第 34 页。

了“政治问题”的含义，后经美国学者归纳，形成认定“政治问题”的六大判别标准，即“布伦南规则”：“第一，宪法明文将该问题委诸其他同等政治部门予以处理；第二，欠缺解决该问题所需要的司法上的可操作标准；第三，需要有其他部门制定的政策作出司法判断前提；第四，法院如为独立的解释势必构成对其他同等政府部门的不尊重；第五，确有特殊需要，需毫无犹豫遵循已经做成的政治决定；第六，不同政府部门之间就同一问题发表不同意见，而可能发生尴尬局面者。”①

在日本，则实行“统治问题”不予审查的原则，对于“统治行为”或者“政治问题”中具体包括哪些“行为”或“问题”，最普遍的意见认为其应包括：“第一，与国会及内阁（政治部门）的组织与活动有关的基本事项，如对两院的议员的惩罚、议院中的议事程序等；第二，与政治部门的相互关系有关的事项，如众议院的解散等；第三，委托给政治部门政治上的以及裁量上的判断，如国务大臣的任免，对国务大臣的追诉需要内阁首相同意等；第四，与国家全局的命运有关的事项，如与外交、国防有关的事项。”②关于为什么法院不审查政治问题，日本著名宪法学家小林植树进行了充分的论证：“其一，法院并非民选产生，不对选民负责，无法对其作出的与国家命运息息相关的政治问题的判断承担责任；其二，法官并不是解决政治问题的专家，让法院审查解决政治问题是要法官发挥决定政策的机能，对他们来讲确实是勉为其难；其三，法院或法官对政治问题进行审查，必然导致法院和法官卷入到政治的漩涡之中，司法权的独立性、中立性将受到极大的影响，裁判的权威也会受到损害。”③

香港是实行普通法院审查制的地区，也应该遵循“政治问题”不予审查的原则。对于香港特区法院来说，“政治问题”具体包括哪些内容，现在无法给出一个标准的答案，香港特区法院在司法实践中可以参考美国、日本等国家的做法，但是国防、外交行为以及全国人大及其常委会的立法等国家行为，属于香港特区法院不得审查的事项，应该是没有疑问的。香港特区法院在行使其司法审查权时，应当遵循这一为普通法院审查制所普遍遵守的限制。

---

① 韩大元主编：《宪法学》，高等教育出版社 2006 年版，第 552 页。

② 林广华：《违宪审查制度比较研究》，社会科学文献出版社 2004 年版，第 26 页。

③ 韩大元主编：《宪法学》，高等教育出版社 2006 年版，第 551～552 页。

从合宪性推定到权力谦抑主义

——以香港“新世界案”为经验样本

王书成*

2009年9月24日，香港高等法院裁决①，新世界集团挑战立法会“权力及特权法”的司法复核败诉，新世界要承担所有诉讼费。高等法院法官表示，立法会调查小组有权行使传召权，传召证人作供，亦无侵犯私隐。此案源于早前，新世界中国主席郑家纯(Cheng Kar-Shun)及执行董事梁志坚(Leung Chi-Kin)，提出司法复核，要求法庭颁令两人无须出席梁展文(Leung Chin-man)事件的调查聆讯。因为此前，梁展文获委任为新世界中国执行董事及副董事总经理，年薪逾300万港元，立即引起社会哗然，因为梁展文当官期间曾处理红湾半岛事件，包括将该屋苑低价卖予新世界集团。事件扰攘半个月后，梁展文与新世界达成共识无条件解约，但梁展文、郑家纯及梁志坚还是没有能够逃脱应立法会要求就该事件的调查作供。但是2010年5月，委员会突然收到郑家纯及梁志坚向立法会发出的律师信，要求暂停传召(summon)二人，之后更申请高等法院进行司法复核，质疑委员会的传召权，获高等法院的接受。

从法院最终的判决来看，案件涉及了基本法解释等诸多核心命题。② 而法院对于立法会是否“越权”(ultra vires)，则明确地运用了一种合宪性推定方法来进行推理、论证、解释。法院对于处理其司法审查权与立法权的关系，更体现了权力谦抑主义的路径。

---

* 法学博士，香港城市大学法律学院中国法与比较法研究中心研究人员。

① See The Leg CoPowers Case，HCAL79/2009.

② 香港大学法学院举办的学术沙龙讨论了该案涉及的六个学术性命题。See Seminar：The Constitutional Authority of the Legislative Council：The Leg CoPowers Case，http://www. hku. hk/ccpl/events/otherevents/index. html.

一、越权：当事人的挑战

申请人质疑立法会的特别委员会无权传唤他们提供证据和提交文件，要求进行相对的司法审查。申请人认为，传唤证人在立法会前进行提供证词的权力，仅仅授予立法会，而不是它的委员会。同时申请人也主张，特别委员会行使的权力范围，也超出了立法会决议（resolution）的范围，因为立法会决议的授权范围是：①

调查审批前房屋及规划地政局常任秘书长（房屋）及房屋署署长梁展文先生在离职后于新世界中国地产有限公司和其他房地产机构从事工作，以及该等工作是否与梁先生任职屋宇署署长、房屋及规划地政局常任秘书长（房屋）及房屋署署长期间曾参与制订或执行的重大房屋或土地政策及根据该等政策作出的决定有任何关连，从而产生任何潜在或实际利益冲突，以及有关事宜，并根据上述调查的结果，就规管首长级公务员离职后从事工作的政策及安排，以及其他有关事宜作出建议。

从文本内容来看，其并不包括特别委员会对于当事人的传召权（the power to order witnesses to give evidence or produce documents before the Legislative Council）。而且传召只能是在立法会前，而没有授权是在所属的委员会前（before the Council itself but not its committees）。

这样便给法院带来以下几个需要面对的命题：②（1）基本法第 73 条第 10 款的解释，应为该条授予香港特别行政区立法会有权在需要的时候，可传召有关人士出席作证和提供证据，但是并没有授予所属的委员会有权传召有关人士出席作证或提供证据。（2）立法会（权力及特权）条例［the Legislative Council (Powers and Privileges) Ordinance］第 382 章（Cap 382）相关条款的合宪性，因为该条例明确规定立法会的委员会依照程序有权传召证人出席委员会作证或提供相关证据材料，除了立法会可以行使这样的权力外。但是该条例制定于 1985 年，具有与 1997 年生效的基本法的第 73 条第 10 款不

① 立法会 CB(2)307/08-09 号文件。

② 法院在判决书中进行了陈述。See The Leg CoPowers Case，HCAL79/2009.

一致的违宪之处，因为基本法只是授权立法会（Legislative Council as a full body）可以行使相应的权力。（3）同样，即使避开违宪性问题不论，条例第9（2）节也只是授权委员会对立法会决议明确的问题（any matter or question specified in the resolution）行使权力，而涉案调查权的行使已经超越了界限，存在越权（ultra vires）问题。因而，在这个问题之下，也就触及了对于立法会决议（the resolution of the Legislative Council）的解释问题。当然当事人对于该决议的解释是立法会没有明确在文本上对调查权进行授权，进而挑战委员会越权。

从判决中分析的问题可见，当事人针对越权提出了挑战，而法院不管是针对条例的相关条款是否违宪，还是针对立法会的决议是否明确地授权等，最终都是为了解决委员会是否超越了权限的问题。

二、文本主义的超越

从当事人对于委员会传召的挑战，从文本的角度来说，涉及两点：（1）基本法第73条第10款的解释；（2）对于条例相关条款的解释，进而判断其是否违反了基本法。而这些争议的解决，无疑都是以文本为基础而展开的。而法院则通过历史解释方法等对1985年以前相关的规定，如1843年的皇家谕旨（the Royal Instruction）等，1985年的特权条例，以及基本法等进行了相应的文本解释，①这其中涉及了立法会、常设委员会（Standing Committee）、下属委员会（Sub-committee）、特别委员会（Special Committee）等多个主体的权力。毫无疑问，法院对于规范的解释，必须以文本为基础，然而规范的解释，存在不同的方法。法院的解释虽然受规范的约束，必须以规范为基础，但是规范的历史考察、比较等，并不能为法院的解释提供全部的公式，而法院对于诸多规范点的解释，也存在诸多方法的选择。不同的方法论选择，也将产生不同的解释结果。比如当事人从文本上对于委员会的越权进行的解释，很大程度上是一种限缩解释方法，即无法从文本上直接找到授权依据，因而认为违反了基本法，这也是一种解释方法的选择结果，具有相对的合理性。但是法院最终却通

① See The Leg CoPowers Case，HCAL79/2009.

过历史解释等方法，没有接纳当事人的文本限缩解释方法，认为委员会的行为没有越权。

其实，解释方法选择很大程度上并不在于方法本身，而在于方法选择的背后，在于司法审查过程中法院处理司法权与立法权之间关系所采用的原则。这种原则很大程度上将决定法院如何选择解释方法，从而也将产生不同的判决结果。而这种方法的选择，已经超越了文本主义的范畴。

就本案来看，根据基本法第158条第2款，经过全国人民代表大会常务委员会的授权，香港特别行政区法院有权对基本法的条款进行解释。而对于条例的相关条款是否合宪，法院当然有权进行管辖，因为根据基本法第160条第1条款的规定，1997年之前法律的效力，如以后发现有的法律与本法抵触，可依照本法规定的程序修改或停止生效。同样，对于立法会的决议是否达到了文本所要求的“授权”也具有解释的空间。因此，法院对于案件的接受，是其在法治架构下扮演司法角色、行使司法权的重要体现。但是，法院接受了案件，如何行使司法权，则涉及方法论的选择。虽然法院对于司法方法论的选择，是以规范为基础的，但是方法论的选择，本质上毋宁是一种文本规范基础上的文本超越。比如在涉及法院是否有权对“越权”进行管辖时，在法院被授权可以管辖的前提下，在何种程度上进行管辖则是超越文本的一种方法选择。由于超越了文本，所以法院的选择整体上具有两种可能：司法积极主义与司法消极主义。不同的方法选择，则将产生不同的判决结果。如对于基本法第73条第10款，如果采用限缩解释方法，则基本法第73条第10款并没有明确授权委员会可以对证人进行传召，则可以解释为委员会的证人传召行为是越权的。但是法院可以采取其他的方法，如法官在判决中所言，基本法第73条第10款，也没有禁止立法会授权其下属的委员会进行相关的传召权，并未明确规定传召权必须由立法会来行使。这种扩大解释方法，使得接受委员会的证人传召权具有合法性基础。

因此，对于“新世界案”判决，法院最终判决当事人对于越权挑战的败诉，其毋宁体现了超越文本之外消极姿态的一种谦抑主义，其所采取的解释方法也是与合宪性推定方法相通的。

三、合宪性推定：法院的方法

从法院判决的推理来看，整体上法院作为司法机关，在行使司法审查权的过程当中，恪守了谦抑的品格，运用了合宪性推定的方法，虽然在判决书中没有明确表明合宪性推定(Presumption of Constitutionality)。

明确提出合宪性推定概念的为美国 1876 年的穆恩诉伊利诺伊州案(Munn v. Illinois)。在此案中，法院明确提出了合宪性推定原则并宣称，每一个制定法都被推定为是合乎宪法的，法院不应该宣称它们是违宪的，除非它明显地违反了宪法。毫无疑问，立法机关的意志应该被维持。[①] 在 1887 年的穆格勒诉堪萨斯(Mugler v. Kansas)案中，被告穆格勒因为被判刑而认为堪萨斯州的禁酒法令违反了宪法，而法院运用合宪性推定原则进行了判决，指出这些法律应该被推定为是为了公共利益，而不能说是侵犯了任何权利，或者违反了任何合同义务，或对这些条款的恰当的法律意义进行任何侵涉。[②] 伴随着司法实践的不断进行，合宪性推定原则也不断得以发展。1893 年宪法学家塞耶在《哈佛法律评论》上发表的经典之作《美国宪法学说的起源与范围》[③]，对合宪性推定在理论上进行了深入的早期探讨，进而指出“法院只有在国会极为明显(即毫无合理怀疑余地的明白程度)地发生错误时，才能够宣告法律是无效的，而不能只因为单纯发生的错误就宣告其是无效的。法院对于立法机关的行为宣称无效，不能仅仅因为它是错误的、而且还要是一个明显的错误——如此明显以至于没有合理性的空间”。其实从合宪性推定的方法来看，其体现了司法权与立法权之间的一种关系维度。在这种维度下，司法权恪守谦抑的品格。

而在本案中，虽然法院没有明确推定立法机关的行为具有合法性，但是其推理可谓淋漓尽致地体现了合宪性推定方法的谦抑品格。针对法院是否可以

---

① See Munn v. Illinois, 94U. S. 113, 141(1876).

② See Mugler v. Kansas, 123U. S. 623(1887).

③ See James B. Thayer, The Origin and Scope of the American Doctrine of Constitutional Law, 7 *Harv. L. Rev*, 129, 136(1893).

干涉立法机关内部事务，法官在判决中指出："香港特别行政区法院不能干涉立法机关的内部事务，除非立法机关已经违反了基本法的条款，法院才有权进行管辖。但是这种管辖必须是谦抑的(with great restraint)，考虑到在基本法之下不同政府部门所具有的不同宪法角色。"[①]在此，"除非立法机关已经违反了基本法的条款"，从方法论上来说，便是一种合宪性推定的方法。言下之意，只要发现立法机关的行为具有合宪性的基础，便不再进行违宪性判断，因为法院要恪守一种谦抑的品格。

同样，对于法院能否对条例进行管辖时，法官在判决中指出："法院除了在刑事起诉中扮演角色外，其也扮演了其他诸多角色。在香港的政制中，法院不能进入立法机关的内部工作，除非有例外情形，而且必须是以谦抑的方式(Restrictive manner)。"[②]

同样，法院在解释方法上也是秉承了合宪性推定的方法，其对于条例第15节的立法目的进行了解释，即"对于任何立法会或者委员会关于听取证言、或调查文件的权利或权力，或者任何个人拒绝提供文件的权利，根据立法会的决议，都应该根据立法会的方式或实践来决定。而且条例的目的很明显，所有这些问题都属于立法会的内部事宜。当条例没有明确法院应该在什么时刻可以介入证人与特别委员会或者立法会主席之间的纠纷时，立法目的很明显，那就是只要有可能，这些问题都应该在立法会内部予以解决"[③]。

所以，如果从判决的整体来看，虽然在第一个"条例是否违反了基本法"问题上，法院通过文本分析、历史考察等进行了规范解释，但是法院在解释方法上仍然有选择的空间。而贯穿其中的一个原理就是法院始终恪守了合宪性推定的方法，体现了谦抑主义的品格。

可以说，合宪性推定的方法，很大程度上决定了法院在判决中的诸多结果，虽然法院也受制于围绕规范的诸多解释方法。

① See The Leg CoPowers Case，HCAL79/2009.

② See The Leg CoPowers Case，HCAL79/2009.

③ See The Leg CoPowersCase，HCAL79/2009.

四、结语：走向权力谦抑主义

法院在判决中指出，之所以法院会采取一种谦抑的态度来对待立法会的行为，也是根基于权力分立的一般原理，即"立法机关应该对自己的事务进行控制。议会事务过程中被声称为'非规则性'行为，是属于立法机关处理的问题，而不是法院处理的问题，除非明确违反了成文宪法的相关条款"①。

其实秉承谦抑主义品格的合宪性推定方法，并不是一种偶然，而是根基于现代权力制衡的基本原理。塞耶指出，司法实践中，法院逐渐采取一种尊重的姿态来审查立法权的行为。而且尊重（Deference）已经成为一种司法原则。但是为何最终法院采取尊重的姿态呢？这仍然是源于权力分立及其相互之间的平衡关系。塞耶指出，如果法院干涉立法行为，不管是经常性的还是建立在猜疑的基础上，那么情形可能是，这样（对立法机关的权力）的猜疑以及与之相伴的（司法权）反对立法权的"先入为主"，最终可能反而会推倒法官的独立性，同样推倒其维护宪法的角色。因此，法律的有效性不能被推翻，除非它很明显地与宪法不一致，此时才可以由法官指出。也就是在此时，几乎所有人的意识反应里也都可以觉察出此种不一致。因此，在司法控制的过程中，司法机关不能有猜疑，这样公众对于司法的尊信才会得以提升，司法也才能够令人公正而完全地信服，从而取得好的效果。② 由此可见，如果司法机关不采取尊重的态度，总是猜疑性地审查立法机关的行为，这样最终可能导致的结果，不仅是破坏了立法权的职能发挥，同样也影响了司法权自身功能的维护，最终导致司法机关与立法机关的权力失衡。因此，正如塞耶指出的，合宪性推定所形成的权力谦抑规则——只有明显违反宪法的情况下，司法权才会宣称立法行为违宪——不只是一个语义解释问题，不只是简单的谦恭与尊重。这种权力谦抑（Deference）最终涉及宪政架构下权力之间的平衡。

同样，立法机关在制定法律的过程中，有些议会的成员可能对某些问题是

---

① See The Leg CoPowers，HCAL79/2009.

② See James B. Thayer，The origin and scope of the American doctrine of constitutional law，7 *Harv. L. Rev*，1893，p. 142.

否违宪存在疑问,而立法机关最终还是通过了该项法律。遵循民主社会立法的多数决原则,这个时候该法律当然是有效的。而对于部分违宪的疑问,如塞耶指出的,则交由司法机关处理,由司法机关来管辖确定该宪法问题。这是美国法院所特有的权力。① 这也是以权力分立分工及其相互尊重为基础的。因为不可能立法机关所通过的所有立法,都是一致通过而不存在任何违宪性争议。如果这种假定存在,那么司法权就没有存在的必要了,并且事实上是不可能的。因此,立法权存在错误,以及对通过的法律存在违宪性争议,本属宪政常态。剩下的争议问题的解决,正是宪政架构下司法权的使命所在。当然如果在不是由法院来进行违宪审查的其他宪政国家,其违宪审查权所面临的对于立法的审查情形与此类似。

在美国,即使法院可以处理这类宪法性争议,基于权力尊重的原理,法院也不会创造性地去尝试着回答这些立法上的难题。法官不会为了纠正立法机关的错误而偏离自己的职责范围,他们总是会恪守自己的职责与义务。② 如果法院总是试图去解决立法机关的难题,那么又可能出现司法权篡夺了立法权,而破坏了宪政架构下权力之间的平衡。因此司法权仍然采取一种尊重的态度来解决立法所遗留下来的是否违宪的争议性难题,除非所有理性的观念都认为这种违宪是非常明显的。

霍姆斯大法官也指出:谁如果有绝对的权力来解释成文的法律,那么谁就是真正的法律制定者,实施其所有的目的与意图,而不是人民最初所形成的立法内容。③ 由此也可见,法院的司法权之所以采取尊重的态度,其解释学角度的分析也是建立在权力分立与尊重的基础上,如果法院追求无限的解释,那么势必破坏立法权的职能。因此,不论是立法权还是司法权,都在一定程度上保持谦抑的态度,留出一定的空间而尊重其他权力的运行。当然这种尊重也并不会影响自身权力功能的发挥。

当然,法院由于司法权的界限而不得不采取尊重态度,对于立法机关遗留

---

① See James B. Thayer, The origin and scope of the American doctrine of constitutional law, 7 *Harv. L. Rev*, 1893, p. 146.

② See James B. Thayer, The origin and scope of the American doctrine of constitutional law, 7 *Harv. L. Rev*, 1893, p. 146.

③ See James B. Thayer, The origin and scope of the American doctrine of constitutional law, 7 *Harv. L. Rev*, 1893, p. 154.

的那些具有争议性的宪法问题，最终交由谁去解决呢？塞耶指出，这些根本性问题应该由民主制度下的人民去解决。他们是民主制度下最终极的政治主权者。他们通过选举民意代表，从而对宪法问题的解决负最终的责任。①

由此，从司法权对于立法权的谦抑可见，其不是一种偶然，而是现代分权下的一种必然！

① See Michael J. Perry, Protecting human rights in ademocracy: what role for the courts? *Wake Forest Law Review*, Vol. 38, 2003. p. 683.

两岸关系和平发展

“一中宪法”与“宪法一中”

——两岸根本法之“一中性”的比较研究*

周叶中** 祝捷***

自2008年3月以来，台湾地区领导人马英九多次依据台湾地区现行“宪法”，阐述对于“一中原则”的认识。由于马英九的阐述包含两岸间的敏感词语“一中”，因而马英九对台湾地区现行“宪法”中“一中性”的强调，引发了岛内外各界的猜想和讨论。从源流上而言，根据台湾地区现行“宪法”强调“一中”，并非马英九的创造，而是台湾地区部分政治人物长期主张的一项“理念”，而且通过根本法体现“一中性”，也并非为台湾地区所独有。因为实施于我国的1982年宪法，亦通过序言和有关条款体现了“一中性”。因此，基于1982年宪法和台湾地区现行“宪法”在大陆和台湾的实际地位，对两岸根本法之“一中性”进行比较研究，将有利于分析两岸关系和平发展的法理基础，并进而探讨“一个中国”在政治层面和法律层面上的含义。

---

* 本文所指的“根本法”，是在“宪法是根本大法”的纯技术含义上对“根本法”一词的运用，用以指代事实上实施于我国的1982年宪法和台湾地区现行“宪法”。至于台湾地区现行“宪法”的“正当性”，本文暂不讨论，而是赞同大陆学界的通说观点。需要说明的是，本文将制定于1982年的《中华人民共和国宪法》简称为1982年宪法，其中若无特别说明，亦包括其后的四次修改；将制定于1946年并在台湾地区仍然实施的“宪法”称为1946年“宪法”，对经过“宪政改革”修改后的“宪法”，本文称为“台湾地区现行‘宪法’”。

** 周叶中，武汉大学法学院教授，法学博士，博士生导师。

*** 祝捷，武汉大学法学院讲师，法学博士。

一、中国大陆的"一中宪法"

整理1982年宪法"一中性"的形成逻辑，可以发现，1982年宪法的"一中性"是大陆两岸政策对法律作用的结果。但由于大陆两岸政策的灵活性远远大于1982年宪法的灵活性，所以如果运用当前大陆的两岸政策去考量1982年宪法的"一中性"，则可以发现，两者之间在表述上又有所区别。

（一）"一中宪法"概念的提出

1982年宪法的"一中性"延续了自1949年《中国人民政治协商会议共同纲领》（简称《共同纲领》）以来的"一中性"。根据《共同纲领》第2条，中央人民政府必须负责将人民解放战争进行到底，解放中国全部领土，完成统一中国的事业。从当时的历史背景而言，虽然该条在表述中没有出现"台湾"一词，但台湾显然被包括在"中国全部领土"之内，因而实现大陆与台湾的统一，无疑是"统一中国的事业"的一部分。值得注意的是，《共同纲领》第2条使用了"解放"一词，这与当时以"解放台湾"为主要内容的大陆两岸政策是相适应的。与《共同纲领》一样，1954年宪法和1975年宪法，都没有关于"台湾"的规定，但从宪法规定的"维护国家统一"条款中，无疑可以推知1954年宪法和1975年宪法的"一中性"。新中国宪法中首次直接对台湾问题进行规定的是1978年宪法。1978年宪法序言第7自然段规定："台湾是中国的神圣领土。我们一定要解放台湾，完成统一祖国的大业。"根据该自然段的表述，1978年宪法有关台湾问题的规定，一方面延续了前述三部宪法性文件的"一中性"，另一方面仍然是以"解放台湾"为主要内容的大陆两岸政策的产物。1979年后，大陆改变以"解放台湾"为主要内容的两岸政策，而改行以"一国两制"为主要内容的两岸政策。1982年，大陆在修改宪法时，根据"一国两制"的构想，对1978年宪法中有关台湾问题的规定进行了修改和补充。

1982年宪法有关台湾问题的规定主要集中在序言第9自然段和第31条。1982年宪法序言第9自然段规定："台湾是中华人民共和国的神圣领土的一部分。完成统一祖国的大业是包括台湾同胞在内的全中国人民的神圣职责。"比较1982年宪法与1978年宪法的同一规定可见，"我们一定要解放台湾”一句被删除，同时增补了关于国家和公民统一台湾的义务的规定。[①]《宪法》第31条规定：“国家在必要时得设立特别行政区”，“在特别行政区内实行的制度按照具体情况由全国人民代表大会以法律规定”，从而为在台湾地区设置特别行政区提供了宪法依据。由此可见，1982年宪法继承了前四部宪法性文件的“一中性”，但在具体规定以及表述上，根据中国大陆新的两岸政策进行了调整。

由此可以得出一个基本结论：实施于中国大陆的宪法，其“一中性”是由同时期的大陆两岸政策决定的，宪法文本实质上是两岸政策的规范载体。可以说，对实施于中国大陆的宪法而言，其“一中性”的形成逻辑是“从政治到宪法”，即先有政治上的“一中”结论，后有宪法的“一中性”，政治上的“一中”导致宪法的“一中性”，宪法的“一中性”又在规范上体现政治的“一中”。由此可见，1982年宪法的“一中性”，本质上是由制宪权（修宪权）决定的，因而是一个“立宪问题”。在此意义上，1982年宪法的“一中性”，可以被概括为“一中宪法”。

（二）“一中宪法”的含义

1982年宪法以根本法的规范形式体现了以“一国两制”为主要内容的大陆两岸政策。对于1982年宪法的“一中性”，可以运用规范分析方法，从以下两方面进行解读：

第一，1982年宪法的“一中性”兼顾事实和法理，在国家尚未统一的情况下，从法理上维护了“一个中国”的完整性。大陆对“一中”的使用，一直是在“事实”和“规范”两个层次展开的，即一方面肯定“一中”是事实，另一方面又通过“规范”形式肯定这一事实，而并非只将“一中”视为“规范”上的存在。1982年宪法通过序言第9自然段，将“事实”与“规范”紧密结合起来。第9自然段的前半句，通过宣示性语言，表明“台湾是中华人民共和国的神圣领土的一部分”，从而在事实上揭示了1982年宪法的“一中性”；后半句则为包括台湾同胞在内的“全中国人民”创设了统一台湾的义务。由此可见，1982年宪法不仅为其在事实上可以产生法律效力的中国大陆人民创设了统一台湾的义务，而且也为其在事实上还无法产生法律效力的台湾地区人民创设了统一台湾的义

① 周叶中：《台湾问题的宪法学思考》，载《法学》2007年第6期。

务。尽管这一规定的原初目的是体现中国大陆当时的两岸政策，①但从规范角度而言，则使 1982 年宪法穿越海峡，对台湾地区的人民产生了法理上的拘束力，尽管这一拘束力在当时的历史条件下无法得以真正落实。通过事实和法理上的双重规定，1982 年宪法序言第 9 自然段在国家尚未统一的情况下，表明了中国大陆对于“一中”的立场，并且使 1982 年宪法不仅是中国大陆的宪法，而且是效力及于台湾地区的“全中国宪法”。

第二，1982 年宪法的“一中性”为大陆和台湾的政治关系进行了定位。根据 1982 年《宪法》第 31 条，全国人大在必要时，可以设立特别行政区，特别行政区依法可以实行不同于大陆的政治制度。《宪法》第 31 条通常被解读为“一国两制”的宪法依据。但是，从“一中性”来理解《宪法》第 31 条，还可以据此分析 1982 年宪法对大陆和台湾的政治关系定位。《宪法》第 31 条规定了设立特别行政区、实施“一国两制”的三项基本要件：其一，设立主体是全国人大；其二，设立条件是“必要时”，而这个“必要时”的判断权也属于全国人大；其三，设立特别行政区以及在特别行政区实施的制度，由全国人大以法律形式规定。由此可见，设在中国大陆的全国人大对于在台湾设立特别行政区、实施“一国两制”具有全权。另参考《宪法》第 30 条，台湾在没有设立特别行政区时，是中华人民共和国的一个省。由此可见，1982 年宪法对大陆和台湾政治关系的定位，是“中央对地方”的定位模式，即设在中国大陆的中华人民共和国政府是中央，台湾当局是“地方政府”，两者是中央与地方的关系。1982 年宪法的这一定位，与当时大陆对两岸政治关系的定位也是一致的。②

综上所述，“一中宪法”的含义是台湾是中华人民共和国的一部分，1982 年宪法的效力不仅在事实上及于中国大陆，而且在法理上及于包括台湾在内的全中国，中华人民共和国和台湾之间的关系是中央与地方之间的关系。

---

① 根据彭真同志所作的《关于中华人民共和国宪法修改草案的报告》，“叶九条”被专门提出，作为修改宪法的依据之一。参见彭真：《关于中华人民共和国宪法修改草案的报告》，资料来源：http://www.people.com.cn/item/lianghui/zlhb/rd/5jie/newfiles/e-1060.html，下载日期：2009 年 3 月 17 日。

② 1979 年全国人大常委会发表的《告台湾同胞书》、叶剑英同志提出的“叶九条”和邓小平同志在当时的一系列重要讲话，都包含“台湾当局是地方政府”的内容。

(三)"一中宪法"与大陆两岸政策的关系

从总体而言,大陆两岸政策基本上是在1982年宪法的框架内制定的,体现了"一中宪法"的精髓,但在具体主张和制度设计上,又与1982年宪法文本体现出来的"一中性"有所区别。

第一,"一国两制"中的"一国"含义已经发生变化。1992年,大陆和台湾透过海协会和海基会形成历史性的"九二共识"。在坚持"一个中国"原则的基础上,在事务性谈判中不涉及"一个中国"的政治含义。[①] 在"九二共识"的主导下,"一个中国"的政治含义让位于对"一个中国"原则的坚持,[②]两岸亦因而进入对"一个中国"含义"不争论"的阶段。1995年1月,江泽民同志在"江八点"中提出"台湾是中国的一部分",而没有具体说明"台湾是中华人民共和国"的一部分,从而弱化了"中国"的政权符号性,而突出了"中国"的国家符号性。[③] 2002年的中共十六大报告又提出"大陆和台湾同属一个中国",并为2005年的《反分裂国家法》、2007年的中共十七大和2008年的"胡六点"所肯定。目前,大陆在对台工作部分,已经不提"中华人民共和国",而仅提"中国"。与此对照,1982年宪法中"台湾是中华人民共和国的神圣领土的一部分",在外延上显然要小于"大陆和台湾同属一个中国"。

第二,"一国两制"的具体实现形式,从特别行政区制度向着议题化的方向发展。按照1982年宪法制定者的设想,特别行政区制度是实现"一国两制"构想的具体形式。香港、澳门的实践证明,特别行政区制度在实现"一国两制"构想方面,确有其制度优势。但是,台湾问题不同于香港、澳门问题,而更加具有复杂性,"一国两制"构想在台湾的具体实现形式因而也更加复杂。1995年"江八点"提出后,大陆对于以何种方式在台湾实施"一国两制"构想,采取了"议题化"的策略。"议题化"是指将在台湾实施"一国两制"的具体形式作为一项议题,由两岸通过谈判协商解决。通过"议题化"的方法,可以避免预设前提,使大陆和台湾就"一国两制"在台湾的具体实现方式及其相关问题"先谈起

---

① 关于"九二共识"的形成、内容和争议,参见苏起、郑安国编:《"一个中国、各自表述"共识的史实》,翰芦图书出版有限公司2003年版,第1～19页。

② 邵宗海:《两岸关系》,台湾五南图书出版有限公司2006年版,第341页。

③ 周叶中、祝捷:《论海峡两岸和平协议的性质》,载《法学评论》2009年第2期。

来”。经由“议题化”的处理方式，“一国两制”在台湾的具体实现形式，可能是两岸已经提出的模式，也可能是两岸在谈判中创造的新模式。总而言之，特别行政区制度已经不再是在台湾实现“一国两制”构想的唯一形式。

第三，用“中央对地方”定位大陆和台湾的政治关系模式被逐渐弱化，直至不再提及。1982 年宪法制定一年后，邓小平同志考虑到台湾当局对“中央对地方”模式的可接受度，曾经提出以“国共两党谈判”代替“中央对地方”模式。① 1993 年，台湾当局明确表示，不再接受大陆方面有关两党谈判的建议后，②两岸之间的交流主要透过海协会和海基会构成的“两会框架”开展。此后，大陆不再用“中央对地方”定位两岸政治关系。2002 年 11 月，中共十六大报告提出“大陆和台湾同属一个中国”的主张，从而缓解了台湾对于大陆的从属性。2008 年 12 月，胡锦涛同志在“胡六点”中，用“政治对立”描述大陆和台湾当前政治关系的实质。根据“胡六点”的精神，大陆和台湾之间当前的政治关系实质是一国内部的政治对立关系，至于这种政治对立关系运用何种模式进行描述，则属于两岸谈判所要讨论的内容。

虽然大陆两岸政策发生了有别于 1982 年宪法文本的变化，但并不意味着大陆当前的两岸政策是“违宪”的。因为大陆当前的两岸政策在坚持“一中性”、坚持“一国两制”等根本原则和基本方向上，并没有违反 1982 年宪法的规定，反而是在新的历史条件下加强了“一中性”，强化了“一国两制”实现的可能性。而且，即便是在具体主张和制度设计上的变化，也都可以通过宪法解释方式予以说明。当然，为了使 1982 年宪法的规定与大陆当前的两岸政策更具一致性，依据“从政治到宪法”这一“一中宪法”的形成逻辑，可以考虑通过修宪或者全国人大常委会释宪的形式加以解决。③

二、台湾地区的“宪法一中”

台湾地区现行“宪法”的“一中性”是通过“宪法”文本的表象，为“中华民

① 《邓小平文选》(第 3 卷)，人民出版社 1993 年版，第 31 页。

② 邵宗海：《两岸关系》，台湾五南图书出版有限公司 2006 年版，第 631 页。

③ 周叶中：《台湾问题的宪法学思考》，载《法学》2007 年第 6 期。

国"或者"台湾"的所谓"主权性"背书。当然,对台湾地区现行"宪法"的"一中性"应作辩证思考,而不应一概以"台独"斥之。

(一)"宪法一中"的形成

台湾地区现行"宪法"的"一中性"与"中华民国"在台湾的政治含义及其演变有着密切关系。可以说,不理解"中华民国"在台湾的政治含义及其演变,就无法真正理解台湾地区现行"宪法"的"一中性"。陈水扁曾用"中华民国到台湾"、"中华民国在台湾"和"中华民国就是台湾",描述"中华民国"的政治含义在台湾地区的演变过程。① 本文也拟按这一脉络,对"中华民国"的政治含义在台湾的演变作一简要梳理。

所谓"中华民国到台湾",是指"中华民国"虽然在大陆丧失了"合法性",但"中华民国"的"宪法制度"仍然在台湾继续实施,因而"中华民国"到台湾后继续"存续"。按照"中华民国到台湾"理论,"中华民国"退居台湾只是暂时的,因而当时的台湾当局将"反攻大陆"、"反共复国"作为其两岸政策的主要内容,或者至少在表面上维持追求国家统一的努力。"中华民国到台湾"主导下的"中华民国"的政治含义,集中体现在台湾当局"国统会"于 1992 年通过的"'一个中国'意涵定位结论"一文。根据该文的解释,"中华民国"是指 1912 年成立的一个"国家",这个"国家"自 1949 年后丧失了在大陆的"治权",并退居台湾,目前其"主权"范围包括中国大陆、台湾,甚至还包括早已独立的外蒙古,但"治权"仅及于台、澎、金、马,该观点目前仍是台湾当局的官方正式观点。②

所谓"中华民国在台湾",是指"中华民国"虽然成立于中国大陆,而且一度是全中国的"合法政府",但经由 1990 年开始的"宪政改革",已经"台湾化",因而"中华民国"已经是一个新的、台湾人的"国家"。1990 年后,台湾地区开始所谓"宪政改革",在台湾实现了"中央"民意代表、领导人在台湾地区的"直选",并建立"公民投票"制度、精简台湾省级建制,以及承认台湾地区"原住民"的"宪法"地位,从而逐渐将"中华民国台湾化"。"中华民国在台湾"的观点,主导

---

① 陈水扁:"中华民国各界庆祝九十三年国庆大会致词"(2004 年),资料来源:http://www.president.gov.tw/php-bin/prez/shownews.php4,下载日期:2009 年 3 月 17 日。

② 台湾当局至少在形式上仍未废除"'一个中国'意涵定位结论"。参见台湾当局"国统会":"'一个中国'意涵定位结论"(1992 年)。

了台湾当局1990年代后的两岸政策，其顶峰是李登辉的“两国论”。根据李氏对“两国论”的说词，“两国论”正是1990年后台湾地区“宪政改革”的结果，而这里的“两国”是指“在大陆的中华人民共和国”和“在台湾的中华民国”。[①]

所谓“中华民国就是台湾”的提法，始于民进党于1999年通过的“台湾前途决议文”。该“决议文”认为，“台湾”是一个“国家”，依据“宪法”，它的名字是“中华民国”，[②]从而将“中华民国”作为“台湾国”在“宪法”上的“国号”。“中华民国就是台湾”的观点，在台湾又被称为“B型台独”，以便与直接建立“国号”为“台湾国”或者“台湾共和国”的“A型台独”相区别。2007年9月，台湾地区一部分持“台独”观点的学者，拟定所谓“中华民国第二共和宪法草案”，以通过“第二共和”，将“中华民国”和“台湾”进行联结，实现“中华民国就是台湾”的主张。[③]

随着“中华民国”政治含义的演变，台湾地区现行“宪法”的“一中性”亦在发生变化。在“中华民国到台湾”的主导下，1946年“宪法”的“一中性”体现为绝对的、排他性的“一中性”。依据1946年“宪法”，不仅“中华民国”仍然维持对包括大陆在内的“全中国”的虚幻“法统”，而且中华人民共和国也是“不存在”的。“中华民国在台湾”的观点，则改变了1946年“宪法”中具有绝对性的“一中性”，而是按照“一国两区”的思维，区分为“自由地区”和“大陆地区”，承认中华人民共和国在“大陆地区”的有效统治。然而，“中华民国在台湾”也没有从质的方面改变“中华民国”和“宪法”的联结，“中华民国”仍是中国在“宪法”上的一个“国号”，“中华民国”因而也可以简称为“中国”。

“中华民国就是台湾”的观点，使“中华民国”与“宪法”产生了质的联结：“中华民国”不再是“中国”的一个政权符号，而是“台湾”在“宪法”上的符号，因而沦为“台湾”的一种生存策略。存在于台湾地区现行“宪法”上的“中华民国”，透过“宪法”的建构作用，成为“台湾”作为“国家”的一种“存在方式”。台湾地区学者颜厥安更为透彻地指出：“中华民国”已死，只有“中华民国宪法”一

① 《德国之声采访李登辉答问全文》，资料来源：http://www.cass.net.cn/zhuanti/taiwan_1/comments/german.htm，下载日期：2008年12月25日。

② 颜厥安：《宪政体制与语言的困境》，载颜厥安：《宪邦异式》，元照出版有限公司2005年版，第152页。

③ 陈明通：《“中华民国第二共和宪法草案”——〈前言与总纲〉论述》，载“财团法人台湾智库”、“中华亚太菁英交流协会”：“审议式民主——‘中华民国第二共和宪法草案’研讨会会议手册”，2007年。

息尚存。[①] 从“中华民国就是台湾”开始，台湾地区现行“宪法”的“一中性”开始被强调：依照台湾地区现行“宪法”，只有一个“中华民国”，也就是“台湾”，“台湾”是一个“国号”名为“中华民国”的“国家”。通过引据“宪法”的规定，主张“台独”的群体可以堂而皇之地主张“台湾”已经是一个“独立”的“国家”。如民进党所谓“台独”转型的核心要义，就是“台湾”（“中华民国”）已经是一个“独立”的“国家”，不必也不需要再宣告“独立”，任何改变“独立”现状的决定，都必须由全体台湾地区“住民”作出。[②] 按照此逻辑，“中华民国”不再是中国在“宪法”上的一个“国号”，而是“台湾”在“宪法”上的“国号”，“中华民国”因而不能简称为“中国”。这一结论并不仅仅是理论上的推演，在台湾实际上已经有了相应的立法实践。台湾当局在 2000 年 2 月前，一直沿用制定于 1929 年的《国籍法》。根据 1929 年《国籍法》的规定，取得“中华民国国籍”者，必须与“中国”产生联结，要么是直系近亲属或妻为“中国”人，要么是在“中国”有住所。[③] 但 2000 年 2 月，台湾当局全面修改“国籍法”，将“中国”的表述全部替换为“中华民国”，使“中华民国”至少在“国籍法”上与“中国”脱钩。

其实，“台独”分子的上述推演，并不符合台湾地区现行“宪法”的规定。根据台湾地区现行“宪法”的规定，其“一中性”并非是“一个中华民国性”，而仍然是“一个全中国性”。“台独”分子多以“宪政改革”为托词，说明“中华民国”已经“台湾化”。但若仅从文本上来考量，“中华民国台湾化”的说词，其实是曲解了台湾地区现行“宪法”。台湾地区现行“宪法”由两部分构成，一部分是 1946 年“宪法”的文本，另一部分是 1990 年后“宪法增修条文”的文本。1946 年“宪法”制定于中国大陆，其“一中性”是比较纯粹的、绝对的，无须多言，因而本文的重点是对“宪法增修条文”的“一中性”进行分析。其一，“宪法增修条文”序言声明：“增修”“宪法”的目的是“为因应国家统一前之需要”，因而并未在根本法层面否定“一个中国”，也未否定“统一”，因此，从法理角度而言，“宪法增修条文”应是台湾当局在“国家未统一”前的“临时宪法”。其二，“宪法增修条文”虽然大量废止 1946 年“宪法”的规定，但这种“废止”并不是永久废止，而大多以“不受

---

① 颜厥安：《宪政体制与语言的困境》，载颜厥安：《宪邦异式》，元照出版有限公司 2005 年版，第 155 页。

② 参见张凤山：《论民进党的“台独转型”》，载《台湾研究》2001 年第 4 期。

③ 相关条文参见台湾地区“国籍法”（1929 年）第 1 条至第 6 条。

限制”、“不适用”、“停止适用”等名义出现,并无一条被明令“废止”,再结合整个“宪法增修条文”的“临时性”,1946年“宪法”被废止的条文,应只是在“国家未统一前”的“临时废止”。其三,“宪法增修条文”本身亦体现了“一个全中国性”:首先,“宪法增修条文”将“全中国”分为“自由地区”和“大陆地区”,对于选举“中央”民意代表、“直选”台湾地区领导人、“公民投票”等事项,都明确规定在“中华民国自由地区”进行,并没有将“中华民国”和“自由地区”等同起来,体现了“一国两区”的思想;其次,“宪法增修条文”在“中央”民意代表部分设有“全国不分区”代表,虽然亦明确规定“全国不分区代表”也在“自由地区”选举产生,但代表的选举产生方式和代表本身的“代表性”毕竟不同,台湾当局亦是想通过“全国不分区代表”弥补“全中国”和“自由地区”之间的落差。[①] 综上分析,可以得出的一个结论是:台湾地区现行“宪法”并非是在“制宪”或“修宪”时,就将“中华民国”等同于“台湾”,至少从“宪法”文本上读不出这层含义。另外值得注意的是,“中华民国就是台湾”所依据的“宪法”文本和“中华民国在台湾”所依据的“宪法”文本并没有发生变化。因此,两者之间其实是对“一个宪法”的“各自表述”。[②]

至此,对台湾地区现行“宪法”的“一中性”,也可以得出一个基本结论:台湾地区现行“宪法”的“一中性”,是推定台湾地区各政党两岸政策的基本依据,持不同“统”“独”观点的人,都可以从“宪法”上的“一中性”获取政治资源,“宪法”上的“一中性”可以用于掩盖其政治上的“非一中性”,“宪法”上的“一中性”仅仅是规范意义上的,并不必然导致“事实”上的“一中”。由此可见,台湾地区现行“宪法”的“一中性”,基本上是通过持不同“统”“独”观点的人,透过对“宪法”的解释实现的,因而是一个“释宪问题”。在此意义上,台湾地区现行“宪法”的“一中性”,可以被概括为“宪法一中”。

(二)作为“最大公约数”的“宪法一中”

“宪法一中”并非全然没有积极意义。2005年2月,陈水扁和宋楚瑜达成“扁宋十项共识”,其中有一项是“依‘中华民国宪法’所揭示的‘国家’定位,即

---

① 廖元豪:《论政治问题理论:论两岸关系宪法定位之可司法性》,载《政大法学评论》第71期,2002年。

② 曾建元:《一个宪法,各自表述:台湾“宪法”秩序中的“一个中国架构”》,载《万窍:中华通识教育学刊》第4期,2006年。

为两岸目前在事实与法理上的现状，此一‘中华民国主权’现状必须受到两岸与国际社会的承认与尊重”。① 陈水扁、宋楚瑜在事后的记者招待会上，将“中华民国”作为“我们在‘国家’定位的‘最大公约数’”，陈水扁还声言：“既然我们的‘国号’叫做‘中华民国’，‘中华民国的根本大法’——‘中华民国宪法’及‘增修条文’，在没有改变之前都是我们要遵守的。”②宋楚瑜在 2005 年 5 月访问大陆回台后，也曾说“两岸一中”是“两岸各表‘一中’、‘宪法一中’”。谢长廷在 2005 年 2 月声言，“在‘宪法’未改之前，‘行政院’必须要遵守‘宪法’”，“目前‘宪法体制’确有‘一中’架构”，因而他也主张“宪法一中”，但他辩解道：“这个‘宪法一中’与中华人民共和国提出‘片面一中理论’、主张‘一国两制’截然不同，台湾无须自我阉割为中华人民共和国的一中”。③ 马英九在当选为台湾地区领导人前任国民党党主席期间，也从遵守“宪法”的角度，强调对“一中”的坚持。马英九认为：“国民党是台湾目前最大的反对党，要捍卫现有的‘宪法’不被更动，因为现在的‘宪法’是以一个中国为基础所建立的宪法。”④马英九当选为台湾地区领导人后，又多次依据“宪法”，表明了他对于“一中”的肯定态度。马英九甚至认为，依照台湾地区现行“宪法”，大陆也是“中华民国”的领土。⑤ 这个说法已经远远超过了“中华民国在台湾”的层次，而“仿佛”回到了按照“中华民国到台湾”诠释“中华民国”政治含义的年代。

从以上台湾地区部分政治人物的言论可见，遵守“宪法”，按照“宪法”理解和表述“中华民国”与“台湾”的关系，已成为台湾地区政治人物界定台湾“国家定位”的“最大公约数”。可以说，“宪法一中”已成为一个政治口号，是台湾地区持“统”“独”观点的人士对“国家”定位的最大公约数，持不同“统”“独”观点

---

① 转引自曾建元：《一个宪法，各自表述：台湾“宪法”秩序中的“一个中国架构”》，载《万窍：中华通识教育学刊》第 4 期，2006 年。

② “陈水扁与新民党主席宋楚瑜会谈后谈话及记者会答问全文”(2005 年)，资料来源：http://www.president.gov.tw/php-bin/prez/shownews.php4，下载日期：2009 年 3 月 17 日。

③ 转引自曾建元：《一个宪法，各自表述：台湾“宪法”秩序中的“一个中国架构”》，载《万窍：中华通识教育学刊》第 4 期，2006 年。

④ 马英九的这段讲话，是在 2006 年回答新华社记者提问时作出的。参见“马英九演讲誓言捍卫‘一中宪法’”，资料来源：http://cn.chinareviewnews.com/crn-webapp/doc/docDetailCreate.jsp? docid=100138037，下载日期：2009 年 3 月 18 日。

⑤ “马英九：大陆是‘中华民国’领土”，载《星岛日报》2008 年 10 月 8 日。

的人，都可以在“宪法一中”的符号下，进行“各自表述”。“宪法一中”之所以可以成为“最大公约数”，主要基于“宪法一中”有以下三方面的特征：

第一，“宪法一中”以“宪法”作为支撑其存在的基础，对于法治、“宪政”等理念已经深入人心的台湾社会，具有较强的说服力，容易使政治人物的观点获得选民认同。“宪法一中”的最大特色是各种对台湾地区现行“宪法”“一中性”的理解，都可以从“宪法”中找到直接或者间接的依据。台湾地区政治人物一般从“遵守宪法”的角度出发，将“宪法一中”作为自己“统”“独”观的根据，并声言自己的“统”“独”观点，并不是意识形态作用的结果，而是源于对“宪法”的遵守和信服。这一“从宪法到政治”的思维路径，与台湾民众长期形成的法治、“宪政”等理念相契合。因此，政治人物通过“宪法”解释其两岸政策，也容易获得选民认同。基于上述原因，以及台湾选举政治的特点，多数政治人物都意图通过对“宪法一中”表示尊重和支持，来换取选民的支持。

第二，“宪法一中”可以借助“宪法”中所体现的“一国两区”思想，较大限度地包容不同的“统”“独”观点。从台湾地区现行“宪法”的文本来看，“宪法增修条文”以“一国两区”思想为确定大陆和台湾政治关系定位的主要指导思想，将“中华民国”分为“自由地区”和“大陆地区”，并于第 11 条（原为第 10 条）授权“立法院”另行规定“自由地区”人民和“大陆地区”人民的关系及其他有关事务。“一国两区”是“台独”理论从“一国论”向“两国论”的重要节点，用“一国两区”思想来指导“宪法增修条文”的制定，本身就可以理解为是一种“台湾法理独立”的行为。但是，“一国两区”毕竟在形式上保留了“一国”，因此，持“统一”观点的台湾地区政治人物，也可以从中得到“宪法”依据。于是，“宪法一中”借由“一国两区”思想，既包容了强调“两区”的“独”派群体，也包容了强调“一国”的“统”派群体，因而成为双方竞相攫取的“宪法”资源。

第三，“宪法一中”区分了法理和事实，“一中”也随之分裂为“法理一中”和“事实一中”，这就给了持不同“统”“独”观点的人以选择空间。台湾当局 1992 年发表“‘一个中国’意涵定位结论”说词，借用孙中山“权能分治”中的“主权”和“治权”概念，将“中华民国”对“全中国”的权力分为两个层次：在“主权”层次，该说词认为“中华民国”的“主权”及于“整个中国”；在“治权”层次，该说词认为“中华民国”的“治权”仅及于“台澎金马”。① 然而从孙中山对于主权和治

① 台湾当局“国统会”：“‘一个中国’意涵定位结论”（1992 年）。

权的描述可见，台湾当局在这份说词中实际上误用了“主权”和“治权”的概念。台湾地区学者曾建元认为，“治权”表达的只是一种统治权或管辖权的概念及事实，应该用“事实主权”代替“治权”，将“中华民国”的“主权”区分为“法理主权”和“事实主权”。① 根据曾建元的论述，所谓“法理主权”大致相当于“‘一个中国’意涵定位结论”中的“主权”，而“事实主权”大致相当于“‘一个中国’意涵定位结论”中的“治权”。但曾建元又认为，“事实主权”所表达的是比“治权”更为上位的概念，指的是“整个宪法秩序建立的国民主权基础”。② 随着“中华民国”“主权”的裂解，承载“主权”的“宪法”亦随之发生裂解，“宪法一中”也被区分为“法理一中”和“事实一中”。前者是指仅仅存在于“宪法”规范上的“一中”，这个“一中”可以是指“一个中华民国”，也可以是指“一个全中国”；后者则是存在于现实生活中的“一中”，多数台湾地区政治人物并不认为，这种“存在于现实生活中的一中”是“现状”，至多将其理解为“目标”。③ 由此可见，“事实一中”中的“事实”只能从“全中国”来观察，这就与“事实主权”的观察点正好相反，因而“事实一中”只能理解为“事实上的一个全中国”。于是，“宪法一中”的含义包括“法理上的一个中华民国”、“法理上的一个全中国”和“事实上的一个全中国”三种选择，这样，任何一种“统”“独”观点，都可以从中获得需要的选项。④

正是由于“宪法一中”的开放性，所以我们对台湾地区政治人物的“宪法一中”言论应作辩证思考，不能因其含有“一中”而放松对其的警惕，也不能因其突出“中华民国”而否定其积极意义。就目前情况而言，“宪法一中”至少在形式上保持了“一中”，对于两岸关系和平发展的积极意义显然大于其消极意义。

---

① 曾建元:《一个宪法，各自表述:台湾“宪法”秩序中的“一个中国架构”》，载《万窍:中华通识教育学刊》第4期，2006年。

② 曾建元:《一个宪法，各自表述:台湾“宪法”秩序中的“一个中国架构”》，载《万窍:中华通识教育学刊》第4期，2006年。

③ 关于“一个中国”是“现状”还是“目标”，也是理解“一个中国”原则的重要内容，我们将另文论述，在此，暂同意大陆学者的公认观点。

④ 至于是不是还有“一个事实上的中华民国”，我们认为这是不符合“宪法一中”的。因为“一个事实上的中华民国”，只能指在台湾的“中华民国”，这就会产生是不是存在“一个事实上的中华人民共和国”的疑问。如果后者存在，则是“两中”，而非“一中”；如果后者不存在，则“一个事实上的中华民国”其实可以为前三者所涵盖。

三、“一中宪法”和“宪法一中”的比较

对两岸根本法之“一中性”的比较，可以归结为对“一中宪法”和“宪法一中”的比较。作为两种在两岸间具有代表性的“一中”观点，“一中宪法”和“宪法一中”的“同”与“不同”，都在根本法层面体现了两岸关系的特征。

（一）“一中宪法”和“宪法一中”的“同”

“一中宪法”和“宪法一中”最大的“同”，就是都至少在形式上通过根本法维持了“一中”，都没有违反“一个中国”原则，虽然两岸所指“一中”存在区别，但在总体上符合“九二共识”。这也是为何“一中宪法”和“宪法一中”不至于招致两岸过多反对声音的根本原因。当然，这个“同”是显而易见的，本文不必再过多阐述。

如果从根本法的表述联系两岸关系现状，可以发现，“一中宪法”和“宪法一中”实际上表明两岸对“一中”的理解，都出现了政治理解和法律表述相互脱节的现象。而这一现象，也是大陆和台湾两岸政策与法律文本相互脱节的反映。不可否认，在两岸，政策的作用远远大于法律，法律（包括根本法在内）都是在政策指导下制定的，目的是体现政策，以加强政策的规范性。但是，政策的灵活性又远强于法律文本的灵活性，尤其对根本法而言，不仅严格的修改程序制约了其修改，而且两岸关系方面内容的敏感性，也使大陆和台湾对各自根本法中有关两岸关系的内容不敢修改、不能修改。

中国大陆虽然已经对 1982 年宪法进行了四次修改，但都没有触动序言第 9 自然段和第 31 条。这显然已经不是“严格的修改程序”所能解释的，而只能从内容角度进行思考。1979 年后，大陆的两岸政策越来越务实，越来越灵活，“一中”的含义也逐渐从“中华人民共和国”演进为不具有政权意义的“中国”；大陆和台湾的政治关系定位，也从“中央对地方”向具有“平等”意味的“政治对立”发展，就连特别行政区制度也不必然是“一国两制”构想的唯一实现方式。这些变化，不仅体现在领导人的讲话中，而且也为《反分裂国家法》所肯定。那么，为什么中国大陆并不将 1982 年宪法中有关台湾问题的表述，按照当前大陆两岸政策进行修改，而是另外制定《反分裂国家法》，并且宁愿使《反分裂国

家法》在具体表述上与1982年宪法有所不同呢？这其中关键的一点还在于1982年宪法的敏感性。考察1982年宪法序言的其他段落可以发现，1982年宪法其实对“中华民国”和中华人民共和国的关系有着清楚的论述。1982年宪法序言第4自然段指出：“一九一一年孙中山先生领导的辛亥革命，废除了封建帝制，创立了中华民国”；而紧接着的第5自然段就说：“一九四九年，以毛泽东主席为领袖的中国共产党领导中国各族人民……取得了新民主主义革命的伟大胜利，建立了中华人民共和国。”在1982年宪法的制定者看来，“中华民国”虽然曾经存在，但是已经被中华人民共和国所取代，已经成为历史陈迹。这一观点不仅为1982年宪法所肯定，也为绝大多数中国人民（主要是大陆人民）和国际社会所普遍肯定。“中华人民共和国”是“中国”这个国家的政权符号，如果在根本法层面抛弃这个政权符号，将造成1982年宪法前后之间的矛盾，也会给外界以不必要的猜测空间，其影响范围甚至不止于台湾问题的论域。

由此考察台湾地区的情况可以发现，虽然台湾地区也进行了七次“宪政改革”，但都未从实质上对第一个“宪法增修条文”的“一国两区”进行修改。这也显然不能仅用“修改程序的严格性”来解释。从台湾地区领导人的表态来看，不修改“宪法一中”显然有着更多的考量。陈水扁在第一个任期的“就职演说”中，也声言“不将两国论入宪”、“不改国号”等，至于他后来的“修宪”、“制宪”言行，也主要是一种政治操作，难以真正落实。马英九非常重视“宪法”的作用，认为“行宪”优先于“修宪”和“制宪”，①并且表示基于“宪法”的“一中性”，要捍卫这部“宪法”。② “九二共识”后，尤其是“台湾法理独立”概念提出后，中国大陆对台政策的底线转变为台湾当局不通过法律方式谋求“法理台独”，而事实上承认台湾当局在台湾地区的有效管辖。因此，是否在根本法层面变动两岸关系方面的内容，也成为台湾当局两岸政策的底线。尽管“台独”分子主导时的台湾当局，利用种种方式将“中华民国台湾化”，但毕竟不敢直接对“宪法”的

---

① 参见马英九在就任台湾地区领导人典礼上的讲话，2008年5月。资料来源：http://www.zaobao.com/special/china/taiwan/pages11/taiwan080520e.shtml，下载日期：2008年11月14日。

② 参见“马英九演讲誓言捍卫‘一中宪法’”，资料来源：http://cn.chinareviewnews.com/crn-webapp/doc/docDetailCreate.jsp? docid=100138037，下载日期：2009年3月18日。

相关部分进行修改，以防止因触碰底线而导致两岸关系的彻底破裂。台湾地区第七个“宪法增修条文”，规定了比前六个“宪法增修条文”更为严苛的修改程序，可以预见，以后台湾当局要变更“宪法一中”的难度将更大。

总而言之，由于上述种种原因，虽然两岸在政策层面都已走到根本法的前面，但都不能或者不敢对根本法进行相应的修改。正是这种微妙的、形式上的平衡，维护了台海两岸的稳定，也给两岸以和平发展的机会。

（二）“一中宪法”和“宪法一中”的“不同”

毫无疑问，“一中宪法”和“宪法一中”又有着明显的不同。这些不同之处将有助于我们认清“宪法一中”的实质。综合上述有关两岸根本法“一中性”的论述，“一中宪法”和“宪法一中”的不同之处主要有以下几点：

第一，大陆的“一中宪法”遵循“从政治到宪法”的形成逻辑，含义明确固定，而台湾地区的“宪法一中”是“从宪法到政治”，含义模糊，解释空间大。这种形成逻辑的区别，决定了“一中宪法”和“宪法一中”在含义上的不同。作为一个“立宪问题”的产物，“一中宪法”集中体现了1982年宪法制定时的大陆两岸政策，含义明确、固定，可供解释的空间小。但是，作为一个“释宪问题”的产物，“宪法一中”则遵循了“从宪法到政治”的形成逻辑，“宪法”上的表述不过是政治人物用以阐述观点和主张的依据，政治人物也多用政治观点来解读“宪法”上的规定，从而形成“一个宪法，各自表述”的现象。在此情况下，由于“宪法一中”的含义模糊，使台湾地区持不同“统”“独”观点的人群都能从中获取“宪法”资源，“宪法一中”也在“各自表述”的过程中沦为政治人物的语言游戏。

第二，大陆的“一中宪法”在事实和法理上具有同一性，而台湾地区的“宪法一中”则切断了这种同一性。事实和法理的二元化是分析“一中宪法”和“宪法一中”之区别的重要工具之一。1982年宪法有关两岸关系的部分兼顾事实和法理，既在根本法层面肯定了大陆和台湾同属一个中国的事实，并将事实上升为规范，又意识到两岸尚未统一的现状，设计了特别行政区制度，以作为两岸通过“一国两制”构想实现统一的法理基础。“一中宪法”在台湾地区的归属以及解决台湾问题的方式上，都达到了事实和法理的同一。反观台湾地区现行“宪法”，虽然其在法理上肯定了“一中性”，但这个“一中性”可以做数种含义截然不同的理解。尤其是“台独”学者对于“事实主权”和“法理主权”的分类，将本来就含义模糊的“宪法一中”，又拆分成“事实一中”和“法理一中”，从而切断了事实和法理上的同一性，使“宪法一中”的“一中”在更多情况下，只是法理上的一个符号，从而给“台独”分子掩盖其事实上的“台独”提供了遮羞布。

第三，大陆“一中宪法”的主要作用是为了表明大陆当时的两岸政策，从而将两岸政策法制化、宪法化，而台湾地区“宪法一中”的主要作用是为了透过“宪法”的特征，弥合岛内不同群体间的政治争议。如果从“一中宪法”的形成逻辑来考虑，大陆的“一中宪法”体现了大陆当时的两岸政策，是将政策法制化、宪法化的产物，其目的在于从根本法层面宣示大陆的两岸政策，提高大陆两岸政策的效力位阶和权威。而台湾地区的“宪法一中”则产生于政治人物的政争中，其主要作用是借用“宪法”的权威性，以及政治人物表面上遵守“宪法”的态度，从而通过“宪法”弥合持“统”“独”不同主张人群之间的争议。所谓“宪法一中”是“最大公约数”等言论，其实都是在这个背景下出台的。谢长廷更是直截了当地声言：“‘朝野’和解共生，必须有信赖的基础，而且‘中华民国’事实上已经台湾化，与大陆和解共生，其实和维护台湾‘主权’并不矛盾。”正是“宪法一中”，为“各自表述”的人群提供了“信赖的基础”，对于缓解台湾地区的内部政争具有一定的积极性。但在“宪法一中”中，“一中性”实际上依附于“宪法”的权威。尤其在前述政争情况下，“一中性”更加退居“宪法”幕后，成为各方各派肆意“表述”的对象。

最后必须说明的是，对两岸根本法之“一中性”进行比较研究，实际上是透过这种对比，切实弄清大陆和台湾地区的两岸政策。虽然大陆和台湾地区根本法有关两岸关系方面的规定，与其现实政策相比，都存在滞后性，但基于两岸都遵行法治原则，而根本法在各自法律体系中居于最高法律地位，因而仍是具有正式法律效力的两岸政策。因此，对这一规范意义上两岸政策的研究，无疑比单纯政治意义上的两岸政策研究，更加具有直接性和现实性。

论“法理台独”的理论根源*

许崇德** 朱松岭*** 易赛键****

党的十七大报告指出:“在一个中国原则的基础上,协商正式结束两岸敌对状态,达成和平协议,构建两岸关系和平发展框架,开创两岸关系和平发展新局面。”胡锦涛总书记在 2008 年“12・31”讲话中再次重申了这一立场,并强调指出:“两岸复归统一,不是主权和领土再造,而是结束政治对立。”但是,台湾岛内的“台独”势力依然存在并继续建构其基础理论以对抗两岸统一、寻求“法理台独”。对此,有必要探寻“法理台独”的理论根源,以消除两岸“鸡同鸭讲”的状态,在理论上建构国家统一的法学理论。

理论界一般认为,“台湾地位未定论”、“台湾民族论”、“住民自决论”、“中国主权观念过时论”、“台湾命运共同体论”等是“法理台独”的基础理论。本文将“法理台独”的基础理论归纳为实体论、程序论和方法论三个部分。其中,实体论包含“台湾地位未定论”、“自决论”和“事实主权论”;程序论是指“公民投票”论;工具论是指“法理台独”用建构主义理论为工具,重新解构台湾历史,并塑造“法理台独”的未来。

一、“法理台独”的实体论

实体(substance)一词,是古希腊哲学家亚里士多德首创的一个重要哲学

---

* 本文是国家社科基金“‘法理台独’及其对两岸关系影响的评估研究”的阶段性成果。

** 许崇德,中国人民大学法学院教授、博士生导师,中国法学会宪法学研究会名誉会长。

*** 朱松岭,中国人民大学法学院博士生,北京联合大学台湾研究院两岸关系研究所副教授、所长。

**** 易赛键,中国人民大学法学院博士生,求是杂志社政治编辑部编辑、记者。

概念，也是后来西方哲学史上许多哲学家使用的重要哲学范畴，又译为本体。其含义一般是指能够独立存在的、作为一切属性的基础和万物本原的东西。为正本清源，我们重点关注“法理台独”的基础理论。

（一）“台湾地位未定论”

“‘台湾地位未定论’，是1949年中华人民共和国宣告成立之初，美国政府为将台湾纳入它的势力范围，使之成为远东战略的一环，公然背弃《开罗宣言》和《波茨坦公告》，无中生有地编造出来的说法。”该说法强指台湾光复后，就变成了一块无主的土地。由于没有任何条约言明日本已将台湾归还中国，所以要重新确定这块土地的归属。

1. 美国炮制的“台湾地位未定论”及其内容

“台湾地位未定论”的发端乃是杜鲁门在1950年6月27日的声明：“‘台湾未来地位的决定必须等待太平洋安全的恢复，对日和约的签订或经联合国考虑。’这就是美国的所谓‘台湾中立化’政策和‘台湾地位未定论’的由来。”① 我们认为，所谓“台湾地位未定论”，是指美国为了将台湾纳入其势力范围，在国际法中故意编织漏洞，认为台湾尚未回归中国，借以制造矛盾，阻碍中国统一的理论的总称。这一理论后来在“台独”分子中被利用和发展，并成为“法理台独”的来源之一。吕秀莲等就是持这种观点的代表人物。

美国干预者为了维护其在台湾海峡的利益，首先炮制了“台湾主权未定论”。本来，台湾是中国领土的组成部分并无争议。1895年中日甲午战争之后，日本凭借不平等的《马关条约》强行割占了台湾和澎湖列岛。但二战期间，中、美、英三国联合签署了《开罗宣言》和《波茨坦公告》（后苏联加入），明确了日本将所窃取的中国领土，如满洲、台湾及澎湖列岛归还中国，并作为日本投降的必须实施条件之一在《日本投降条款》中为日本政府所接受。② 中国国民政府也在1945年10月25日正式接受了驻台日军的投降，并宣布“自即日起台湾及澎湖列岛已正式重入中国版图，所有一切土地、人民、政事皆已置于中国主权之下”。对此，美国并无异议。

---

① 贾亦斌主编：《论“台独”》，团结出版社1993年版，第73～74页。

② 参见《台湾问题与中国统一（白皮书）》，载张万明著：《涉台法律问题总论》，法律出版社2003年版，第155页。

由于朝鲜战争爆发，美国出于自身利益考虑，对台湾法律地位的政策发生了变化。台湾学者邱宏达在分析美国寻求甚至制造"台湾地位未定论"的原因时指出："韩战使美国决定这个战略性岛屿不能由一敌对的政权所控制，因此，美国必须为其干涉阻挠中共'解放'台湾制造一个法律根据。从美国的角度看来，如果台湾的地位能被称为'未定'，则它比较容易在法理上找寻派海军进入台湾海峡的理由。基于这个考虑，美国便草拟了对日和约中有关台湾地位的条文。"[①]杜勒斯对台湾当局驻美国"大使"顾维钧威胁道："如果美国把台湾单纯地看作中国领土……美国派遣第七舰队进入台湾海峡便师出无名……"[②]大陆学者王缉思和台湾学者邱宏达以及部分香港学者均注意到美国故意炮制"台湾地位未定论"的目的。[③]

其实，美国政府对台湾的私下的幕僚作业从未停止过。1949 年初，美国国务院向美国总统提交了一份全面的对台政策报告，几经补充后，正式由总统批准，成为美国对台"正式，但并非公开"的基本政策。该政策目标是："不让台、澎落入共产党手中，为达此目标，最切实的手段就是把这些岛屿与中国大陆分隔开，而美国要避免公开地、单方面地为它负责"[④]。即朝鲜战争之前，美国表面上不愿意卷入中国内战，但是基本上采用了"政治的"和"经济的"手段遏阻共产党进入台湾，只不过认为这一时期采取军事手段是不明智的而已。

1950 年 1 月 5 日，美国在关于台湾政策的声明中，杜鲁门总统明白无误

---

① 邱宏达：《中国、美国与台湾问题》，载邱宏达著：《中国与台湾问题的分析与文件汇编》，台北，商务印书馆 1975 年版，第 3 页。

② 陈志奇：《美国对华政策三十年》（增订版），台北，中华日报出版社 1981 年版，第 53 页。

③ 参见邱宏达：《台湾澎湖法律地位问题研究》，载录于氏著：《中国与台湾问题的分析与文件汇编》，台北，商务印书馆 1975 年版。王缉思：《论美国"两个中国"政策的起源》，载袁明、哈里·哈丁编：《中美关系史上沉重的一页》，北京大学出版社 1989 年版，第 325 页。《台湾——过去、现在与未来》，香港，盘古出版社 1975 年版，第 46～48 页。

④ *Foreign Relations of The United States*, 1949, Vol. Ⅸ (Washington D. C.: United States Government Printing Office, 1978), pp. 265～267；《美国对台政策机密档案：1949—1989》，第 24～25 页；《国家安全会议就美国对台湾立场的报告（草案）：1949 年 1 月 19 日》，载海峡评论杂志社编印：《台湾命运机密档案》，台北，海峡评论出版社 1991 年版，第 111 页。

地承认中国对台湾的主权。[①] 但仅在几个月后的6月27日，即朝鲜战争爆发两天后，杜鲁门总统就下令美国第七舰队防卫台湾、澎湖列岛，并且180°转弯地发表声明，认为“福尔摩莎(Formosa)未来地位的决定，必须等到太平洋安全问题恢复后，与日本和平解决，或者由联合国考虑而解决”。[②] 这表明，美国为了避免台湾被中国共产党所统一而对台湾问题设置政治、法律、军事障碍的思想已经发端。

在条约签订之前，美国曾以各种外交手法乃至“超法律”的方法，确保中国政府及其盟友在联合国关系台湾命运的问题的会议上没有发言权。美国国务院采取“会议策略”，阻挠中华人民共和国进入联合国，[③]以此剥夺中华人民共和国政府对对日条约(“旧金山条约”)的发言权，同时，台湾当局又未被邀请列席对日条约的会议，中国就没有任何代表可以参与制定此项合约了。美国正是精心策划了在国共两方没有任何一方参与的情况下，签订了瓜分二战成果的“旧金山条约”。以美国等国家为主导的势力在这一条约第2条b项中规定日本正式放弃对台湾和澎湖列岛的主权，但故意留有漏洞，即并不说明上述领土的主权移交给谁，这一条约为部分“台独”势力所利用，被冠以“台湾主权未定论”并成为“法理台独”的基础理论之一。

其后，美国用法律手段插手两岸关系进一步升级。1954年12月3日，美国与蒋介石当局签订了“中美共同防御条约”，表面上是与台湾当局结盟，确保台湾不受大陆的攻击，同时，这个“条约”也限定国民党当局对大陆的军事行动，使得武力统一中国受到极大阻碍。

进入1960年代以后，肯尼迪政府在应对两岸在联合国的中国代表权之争时，尝试提出“中台国”理论体系，期望以“两个中国”或“一中一台”的政策打破僵局，让两岸都获得联合国席位。甚至，在肯尼迪与尼克松的竞选辩论中，“是

---

① 杜鲁门总统称：“美国和其他同盟国已经接受了中国在台湾岛主权运作的事实。” American Foreign Policy 1950—1955：Basic Documents，Vol. Ⅱ（Washington，D. C.：U. S. Government Printing Office，1957），pp. 2448～2449.

② American Foreign Policy 1950—1955：Basic Documents，Vol. Ⅱ（Washington，D. C.：U. S. Government Printing Office，1957），p. 2468；U. S. Department of Stare，*Bulletin*，Vol. 23（3 July，1950），p. 5.

③ 鲍绍森：《“台独”幕后：美国人的倡议与政策》，台北，海峡评论出版社1993年版，第92页。

否放弃金门马祖"成为辩论的焦点之一，肯尼迪欲切断台湾与整个中国的领土联系，主张"一边一国"。当时的国民党当局坚决拒绝了美国当局或明或暗的支持"台独"的言行，而使美国妄图在法理上分裂中国的图谋没有得逞。直到中华人民共和国和美国建交前，美国一直坚持一种观点："美国不需要公开表示它预见台湾终获独立的可能前景，当然美国的防卫承诺应保持不变。""台湾各方面都在自己成长，但还没有成长到足够强壮，或足够独立，能安全因应美国政策公开改变的地步。"①

1971年，中华人民共和国恢复联合国合法席位时，美国就曾抛出"双重代表权案"。1971年9月中旬，时任美国驻联合国大使的布什(George Bush)宣称：美国支持中华人民共和国进入联合国，但反对排除"中华民国"，并称"双重代表"并非指"两个中国"，而是"适应实际存在的实体"。② 实际上，美国的"台湾地位未定论"一直没有改变。

1979年，美国与中华人民共和国建交后，美国采取了新的方法维持其"台湾地位未定论"，即在其国内法体系内通过了特别制定的涉及非本国的第三国国防及政治、经济事务的《与台湾关系法》(*Taiwan Relation Act*)，③粗暴干涉中国内政。

美国国务院法律顾问戴维·罗宾逊(David Robinson)在1982年向参议院司法委员会报告时的一段话赤裸裸地表明了美国在中美建交后在台湾问题上的看法："(上海公报)不是一个国际协议，因此，从国际法的观点看，它没有给任何一方加以任何义务。它在国内法的地位，是总统打算施行的一种政策的声明。……台湾关系法案在国会加以修订之前，将一直是国家的法律。(中美)联合公报中没有任何规定强制总统采取违反台湾关系法案的行动，或从另外

---

① 美国国务院"中华民国事务处"处长对国家安全助理罗斯托(Walt W. Rostow)提出的有关"中华民国政策的备忘录"，载王景宏著：《采访历史：从华府档案看台湾》，台北，远流出版社2001年版，第398页。

② U.S. News & World Report，9，20，1971.

③ 这一法案表示："(美利坚合众国)明白表示美国决定与中华人民共和国建立外交关系，系基于一项期望，即台湾之未来将以和平方式解决之；任何试图以和平手段以外之方式，包括经济抵制或禁运，决定台湾之未来，将被认为乃对西太平洋和平与安全的一项威胁，为美国所严重关切；提供台湾防御性武器；维持美国之能力以抵制任何可能危及台湾人民安全或社会经济制度之武力行使或其他形式之强制行动。"

一方面说，使他无法履行他对法案的职责。”①这一法案是美国外交史上的特例，它开启了用美国国内法“约束”别国领土和主权的先例，是对中国主权的粗暴干涉。同时，它用美国国内法的方式将两岸武力统一“非法化”。这些措施包括1982年美国“对台六项保证”实际上都是“台湾地位未定论”的隐晦和延伸，因为它所讲的“和平解决”暗含着台湾“公民投票”决定台湾前途的前提。

2. 美国炮制和灌输这一理论的原因和历史脉络

第二次世界大战结束以后，社会主义和资本主义两大阵营形成。国共内战在这一大的历史背景下展开。回归两岸关系的逻辑起点不难看到，两岸关系是国共内战的遗留和延续。但是，由于内战几乎与冷战同时，两岸关系就不可避免地受到冷战两大阵营斗争的影响。

1949年10月1日，中华人民共和国通过政府继承方式取得中国政府的合法地位。但是，由于蒋介石集团仍然在台澎金马地区存在，政治对立情势下的两岸关系已经存在。1950年6月27日，美国总统杜鲁门发表声明，正式插手台湾问题。有论者认为：“美国突然而神秘地‘中立’距离韩战战场整个大洲那么远的台湾的行动，不一定是基于美国战略的决定，而可能是美国企图将台湾从中国大陆隔离出来的长期愿望的现实手法。”②同情“台独”的美国学者罗伯特·斯科勒宾诺也承认，使中国分裂成两部分，与其说是国内因素，不如说是国外的影响：“中国与台湾十分符合我们称之为‘分裂国家’的类型，这是第二次世界大战及其直接的后果所遗留下来的问题。……（除了德国之外这些分裂国家）还没有和平地实现统一的先例。在所有……（这类型国家分裂的过程中），都曾有很多国际干涉。毫无例外，最初的分裂是国际间的形势变更与承诺的产物，而不完全是国内事态发展的结果。……”③二战结束以后，两大阵营的对立，意识形态的不同，各自利益的考量等问题使得美国深深介入台湾问题这个中国内政问题。台湾著名学者王晓波认为，这是美国人“以中制苏、

---

① 拉斯德·L. 沃夫（Lester L. Wolff）与戴维·西门编：《台湾关系法立法史》，纽约，牙买加出版，美国中国研究学会，1982年，第51～52页。

② 鲍绍霖：《“台独”幕后：美国人的倡议与政策》，台北，海峡评论出版社1993年版，第85页。

③ 罗伯特·斯宾勒宾诺（Robert Scalapino）：《导论》，载莱曼·麦亚斯（Ramon Meyers）编：《“两个中国”——美国外交政策与利益》，斯坦福大学胡佛研究所，1978年，第3～4页。

以蒋制共、以独制蒋”策略的实施。[①] 而大多数美国干涉主义者在其干涉台湾问题的辩护中一般用下述理由阐述：第一，意识形态信念和道德义务；第二，法律考虑；第三，美国的区域或全球利益。[②]

美国在“旧金山条约”中故意制造所谓“台湾地位未定论”是其利益使然，这也是美国支持“台独”的重要组成部分。史料证明，1951 年 4 月 7 日，美国国务次卿韦布（James E. Webb）在给预算局主任劳顿（Frederick J. Lawton）作证的备忘录中有一个假定的问题涉及台湾，就是：“现时解决的与日本和约，在何种层次上涉及台湾的未来？”韦布回答：“目前美国政府对日和约的初稿，并不寻求确定台湾前途，只要使日本正式放弃台湾及澎湖的主权。美国并没有透过对日本和约解决台湾前途问题的政策或必要。”[③]1951 年 12 月 7 日，美国主管联合国事务的助理国务卿希克森（John D. Hickerson）交给国防部长罗维特（Robert A. Lovet）的备忘录中简述了美国对台政策为不让台湾落入“与苏联结盟，或受苏联支持的中国政权之手”，以及加速增强台湾的防御能力，并承认“能为各国所接受的永远解决台湾问题的办法目前并没有可能。美国的当前目标在于‘拖延时间’，并在可能的范围内致力于发展一项可获接受的解决办法，并切记取得其他国家，尤其是亚洲国家支持的重要性”[④]。与此同时，美国国务院给国防部的说帖显示，美国考虑五种解决台湾问题的方案：第一种方案，确认台湾是中国的一部分。在此情况下，此项解决方式“无法保障美国安全利益；此项利益需要保证台湾不落入与苏联结盟，或受苏联支配之政权”。第二种方案，把台湾“交联合国托管，或其他形式的联合国托管”。第三种方案，“独立台湾”。“此方式无法为共产党或非共产党的中国人所接受。一个‘独立’的台湾可能需要外来经济及军事力量无限期的支持。”第四种方案，“交还日本”。第五种方案，“以自由的‘公民投票’决定台湾及台湾人民的地位”。当时美国国务院的结论是：“当前似乎还没有能满足美国政府目标的

---

① 2005—2007 年作者多次聆听王晓波教授这一论述，此处不再赘述。

② 鲍绍霖：《“台独”幕后：美国人的倡议与政策》，台北，海峡评论出版社 1993 年版，第 44 页。

③ 王景宏著：《采访历史：从华府档案看台湾》，台北，远流出版社 2001 年版，第 278～279 页。

④ 王景宏著：《采访历史：从华府档案看台湾》，台北，远流出版社 2001 年版，第 279 页。

解决台湾问题方案。最后谁控制中国，及其他未定因素仍无法解决，使我们目前无法确定我们有关台湾最后之地位的立场。这些未定因素需要时间来澄清”①。我们可以看到，美国的这五种方案中就包含有支持“法理台独”的内容。当时美国虽然选择了所谓“维持现状”，并因此而定义了美方认为的两岸关系现状，但其第五种方案业已成为推动“法理台独”的程序，并已形成一定的刚性，对未来两岸和平统一制造了相当大的麻烦。

朝鲜战争结束后，美国采取了另外的措施介入台湾问题，并开始实施其在台湾问题上的两手策略。

第一手，采取所谓“国际条约”方式协防台湾。1954 年 12 月，美国与蒋介石集团签订“中美共同防御条约”：条约明定“中华民国”领土仅限于台湾本土和澎湖列岛（金门、马祖和大陈岛并不在此列）。条约明定为防御性，即台湾当局不得以攻打大陆为由请求协助。由于美国将意识形态问题和试图将两岸政治对立的现状长期化，意识形态上的论争以及当时国共两党的“法统”之争就掩盖了美国分裂中国这一问题的严重性，使得许多中国人忽略了美国插手台湾事务的内里乾坤。实际上，当时的蒋介石当局处于一方面要依靠美国援助，另一方面美国的对台政策尤其是“旧金山条约”②的签订又可能使得国民党“统治”台湾的合法性受到挑战的尴尬境地。据记载，当时有一位学者由于怀疑美国对台政策有助于“台独”运动的发展，并且批评国民党的漠然忍受，结果被扣上“共产党”的帽子，并眼看他的一些著作被查禁。③ 蒋介石当局对美国采取的种种“以独制蒋”措施的沉默在未来造成了潜在的危机。

第二手，扶植“台独”势力。美国方面除了在“法理”上为“台独”制造依据，以实现其“以中制苏、以蒋制共、以独制蒋”的策略外，还扶植“台独”分子和“台独”团体。1955 年，“台独”分子廖文毅在日本建立“台湾共和国”，自任第一任“总统”。应该指出的是，虽然廖文毅的“台独”活动是在日本进行的，但是他却得到美国人的有力支持［美国人多称其为托马斯·廖（Thomas Liao）］。④ 1956 年 1 月 1 日，五名台湾留学生在费城组成“台湾人的自由台湾”小组，其

---

① Hungdah Chiu, *China and the question of Taiwan: documents and analysis*, New York: Praeger, 1973, pp. 238～240.

② 具体内容将在下文中论述。

③ 王晓波：《台湾史与台湾人》，台北，东大出版，1988 年，第 1～2、262～271 页。

④ 《透视“台独”》，黎明文化事业股份有限公司编辑部编，台北，1989 年，第 6 页。

目标宣称要“建立独立、民主的‘台湾共和国’，反对所有外来的独裁政权”。两岸当局都是他们反对的目标。后由于害怕成员身份曝光而丧失在美居留权，该组织解散，并于1958年改组为“台湾独立联盟”。后来，该组织在美国《外交事务季刊》(*Foreign Affairs*)等刊物发表“台独”言论，对海外“台独”的发展，“台独”意识启蒙、组织基础的奠定以及“台独”理论化等做了深化，对后来台湾岛内“法理台独”的发展起到重要作用。1966年，“全美台湾独立联盟”在费城成立，由费正清的弟子陈以德担任首届主席。1969年9月29日，“台独”分子在纽约成立世界性的“台湾独立联盟”，达成了海外“台独”的统合。1970年代之后，“台独”路线的实行、政治救援、人权号召，乃至“国会”运作及国际“外交”工作都以美国为中心展开。1982年成立的“台湾人公共事务协会”，成为当时新兴的海外“台独”主流团体，并在美国开展“国会外交”，相当于海外“台独”的“外交部”。他们甚至将触角延伸到世界其他地方，包括亚洲、南美或第三世界国家。1988年12月15日，蔡武雄、李宪荣、陈唐山、李界木等成立了“台湾国际关系中心”(“Center for Taiwan International Relations”，简称“CTIR”)，除对“法理台独”的核心问题即“主权”问题进行研究外，还广泛发展和各国相关团体的关系。它被称为“FAPA”之外的另一个“台独外交部”。

美国对“台独”分子及“台独”组织的支持在彭明敏的回忆录中可见一斑。1964年，彭明敏逃离台湾，取道美国，前往欧洲，成为最有影响力的“台独”头目。据他本人的回忆录《自由的滋味》(1972年版)，美国“驻台湾大使馆”对他极为重视，他所取得的“成就”和美国的支持密不可分。曾任美国驻日本大使的赖世和(Edwin O. Reischauer)也支持“台独”，并赞成建立一个“独立的台湾国”。[①] 美国官员对“法理台独”的兴趣、介入和支持是显而易见的。另据史料，美国基督教方面对“法理台独”的支持也不容忽视。1972年，在美国基督教方面的帮助下，台湾的基督教牧师成立了一个由台湾基督教徒组成的提倡台湾“前途自决”的团体。[②] 有些“台独”团体后来成为民进党内的派系，成为支持“法理台独”的实际政治势力。约瑟夫·W. 波兰廷(Joseph W. Ballantine)在其著作《台湾——美国外交政策的难题》(1952年版)中指出，依据文献

---

① 彭明敏:《自由的滋味》，台北，李敖出版，1989年版，第1页，原文为英文版，1972年出版于美国。

② 《透视“台独”》，黎明文化事业股份有限公司编辑部编，台北，1989年，第6页。

资料，一大批美国议员、情报官员和政府高级官员曾经公开主张“台湾独立”，以及由美国直接或间接地控制台湾。[①] 一位美国高级官员说：“我们在蒋介石时期一直促进……（‘台湾独立’）。”[②]实际上，美国接纳了相当数量的台湾留学生，其中很多人活跃在台湾政坛或者学界，在呼吁美国支持“法理台独”方面起着极为重要的作用。他们甚至成为“法理台独”分子与美国支持者之间联系的重要纽带。

上述美国直接或间接支持的“台独”分子和“台独”团体与台湾岛内的“台独”势力遥相呼应，在理论上、组织上乃至其他方面提供了重要支援，并在台湾“解禁”后成为岛内“法理台独”的重要势力。这些势力在后来台湾的选举中脱缰而驰。正如有论者所言，美国政府在正式场合小心翼翼地置身台湾选举之外，而美国著名政客及政团却无意掩饰他们的干预。[③] 美国在台湾的历次选举中对柔性选举政策和“法理台独”的运用极其熟练，并在形成刚性的“台湾主体性”和推动制度性的“公民投票法”的前期工作中起到重要作用。

3. 台湾学者对“台湾地位未定论”的论述及民进党的应用

“台湾地位未定论”作为“台独”分子常用的理论工具之一，在“急独”和“温和”的“台独分子”那里都有其追随者。前者如廖文毅、彭明敏等，后者如林浊水等。两蒋时代，用刑法严惩“台独”分子，但并没有注意理论上的批驳，因此，这一理论得以谬种流传。李登辉上台后，在其《台湾的主张》一书中认同了“台湾地位未定论”。并以 1951 年“旧金山条约”中日本虽然声明放弃台湾主权，但却未明文规定归还给谁，作为“台湾主权未定论”的法理基础。

“台独”头目黄昭堂、彭明敏等认为，1950 年代的“旧金山条约”和“中日和平条约”在法理上已经产生了“台湾地位未决”的效果。[④] 持“台独”观点的台湾学者陈荔彤认为，虽然由于同盟国间关于台湾、澎湖列岛的最终处置无法达

---

① 鲍绍霖：《“台独”幕后：美国人的倡议与政策》，台北，海峡评论出版社 1993 年版，第 35 页。

② 彼得·斯勿特(Peter Schmid)：《亚洲概览：西贡、台北、东京》，载《邂逅》(*Encounter*)1973 年 9 月号，第 21 页。

③ 参见鲍绍霖：《“台独”幕后：美国人的倡议与政策》，台北，海峡评论出版社 1993 年版，第 35 页。

④ 彭明敏、黄昭堂合著：《台湾在国际法上的地位》(1993)等，另外李鸿禧也持这种观点。

成一致，而将之留待给时间去解决便成为较好的方法。但是“旧金山和约”并未要求日本指明接受者的理由，主要系反映了美国在处理韩战的全盘政策改变。……自1950年6月以后，美国对台湾地位的“政策”便一直是尚未决定，而美国此举乃意欲建立一些避免台湾落入中共手中的法律障碍。①

此外，岛内“台独”分子还引用日本方面和其他国家在当时的一些资料作为其论证“台湾地位未定论”的依据。首先，他们对日本所谓“中日和约”中将台湾规划给“中华民国”而非中华人民共和国进行了驳斥。他们认为，由于日本是战败国的事实，在1952年签订“中日和约”时，并没有权力转移归属权限，导致“中日和约”中无法明文表示台湾的“主权”归属。退一步说，即使日本方面认为，他们是把台湾归还给了“中华民国”而非中华人民共和国，日本政府驻联合国代表 Akira Mastu 在1966年联合国大会中指明：日本政府在1952年的合约系日本与中华民国签订，“在现在，台湾……是中华民国政府所在地，中华人民共和国从未统治过台湾岛”。② 这也并非史实。他们确认的史实是，此项“中日和约”无言结局的法理诠释，仍难排除“旧金山和约”保留给予同盟国未决定前之台湾地位的法律所谓之剩余权(residual right)，从而在同盟国未决定前之台湾法律地位仍属于未决定状态，是否属于中国，此二和约并未提供坚实的证据基础……“它绝不属于中华人民共和国，因台湾与中华人民共和国两者间并无任何法律脐带连结。”③这一理论进一步阐发，认为“旧金山和约”没有规定将台湾未来交由当事国协商解决，也没有规定由联合国加以最后解决，所以法理上自然产生出“旧金山和约”的所有缔约国皆已被赋予一种责任，即二战后，先由“中华民国”占领台湾，一段合理的时间后，台湾领土“主权”问题将由“旧金山和约”的缔约国以有利于同盟国的方式自行解决。同时，台湾问题的未决情况已单独被“旧金山和约”设定产生，从而应无其他剩余的习惯法则得以补充适用。因此，“中华民国”和中华人民共和国对于台湾“主权”的诉求，根据“旧金山和约”和“中日条约”的规定，在国际法上属于未决状态。④

民进党创党时提出的“住民自决”就是建立在“台湾地位未定论”的基础之

---

① 陈荔彤：《台湾“主体”论》，元照出版社2004年版，第173～174页。

② 21. N. GAOR, U. N. Doc. A/PV. 1479(1966), p. 2.

③ 陈荔彤：《台湾“主体”论》，元照出版社2004年版，第177页。

④ 陈荔彤：《台湾“主体”论》，元照出版社2004年版，第178页。

上的。1988 年 4 月 17 日，民进党“临全会”通过的“四一七决议”就宣称，“台湾依 1951 年《旧金山对日和约》及 1952 年‘台日和约’之规定，都未以和约决定战后‘主权’之归属，故其‘主权’并未属于任何一个国家”。按照这一逻辑起点，民进党后来的一系列“台独”主张中，大多数都是以此理论为基础的。

（二）“自决论”

“台独”分子从逻辑上推演，既然“台湾地位未定”，而且“旧金山和约”及“中日条约”也没有规定台湾地位到底如何解决，何时解决，那么就需要寻求理论自己解决。所谓“自决论”就是指台湾未来的地位由台湾人民自己通过合适的程序自行决定。这一理论前期称为“住民自决”论，后期称为“台湾人民自决”论。

1. 自决权的一般理论

自决权分为民族自决权和公民自决权。它有一个漫长的发展过程和清晰的发展脉络。这一理论是在个体不断发展的过程中，由于权力斗争而发展起来的。应该说，这一理论和其他任何理论一样，都是在解决现实中的重大问题过程中提出并发展的。

自决权思想是 17—19 世纪资产阶级革命时期启蒙思想家的思想结晶，也是资产阶级革命的产物。从政治思想史的角度考察，卢梭的“自然权利学说”及“天赋人权学说”对自决权思想的产生有着直接而重大的作用。再往前推，就是卢梭理论中国家权力是公民意志的自主运用，国家权力最终的来源是人民的主权在民思想。这是 19 世纪欧洲民族国家建立的国际法依据，即解决领土纠纷时应根据当地人民的意愿进行全民表决。①

19 世纪末 20 世纪初，“国家民族主义”对自决权思想的发展有一定的影响，即第一次世界大战以后，民族自决权原则主要适用于欧洲，是欧洲建立民族国家以及解决民族问题的指导原则。在整个殖民体系建立过程中，殖民主义者从来没有试图把这项原则适用于广大殖民地或半殖民地国家和人民。②进入 20 世纪以后，无产阶级领袖列宁和美国总统威尔逊分别从不同的立场出发，对自决论作了阐释和发展。列宁的自决权理论的核心是反对民族压迫和

---

① 参见[澳]曼弗雷德·诺瓦克著：《民权公约评注》，毕小青、孙世彦主译，生活·读书·新知三联书店 2003 年版，第 7 页。

② 王英津著：《自决权理论与公民投票》，九州出版社 2007 年版，第 28 页。

殖民统治，他强调各民族间的平等，每个民族都有权建立民族国家。但这并不意味着每个民族都必须或能够独立，因为“无产阶级认为民族要求服从阶级斗争的利益”①。威尔逊则指出：“任何国家都不应该将自己的政策强加给别的国家和人民。”②1918年1月8日威尔逊在其国会演说即“十四点原则”中提出“应自由开放地、完全公正地判断所有殖民地所提出的主张”③。威尔逊的自决权理论侧重于自治权，侧重于一国内的人民自己管理自己，自由地决定自己的统治者以及统治形式。④ 威尔逊在这一理论应用范围上主张将其作为一战后确定领土疆界的和平条约的指导原则，但是由于其主张威胁到殖民主义利益和欧洲海外领地，因此，在瓜分一战成果的国际联盟盟约中并没有提到自决权或民族自决权。⑤

可见，自决权既是个动态的政治问题，也是个静态的法律问题。只不过二战结束以前，它在本质上还是个政治问题而非法律问题而已。二战结束前后，7个经典的国际法文件将其固化为法律问题。并且在苏联的努力下，自决原则被写入《联合国宪章》。由于这7个文件被“法理台独”者所歪曲利用，特列之如下：

1941年8月，美英两国签署的《大西洋宪章》中提出：“尊重各民族自由选择其政府形式的权利，各民族中的主权和自决权有遭剥夺者，两者将努力设法予以恢复。”⑥

1945年6月26日签署的《联合国宪章》第2条第2款规定：“发展各国间以尊重人民平等权利及自决原则为根据之友好关系，并采取其他适当办法以增强普遍和平。”⑦

---

① 《列宁全集》第25卷，人民出版社1988年版，第238页。

② ［美］亨利·基辛格著：《大外交》，顾淑磐、林添贵译，海南出版社1998年版，第201页。

③ 王祖绳等编选：《国际关系史资料选编》(17世纪中叶—1945年)，法律出版社1988年版，第484～485页。

④ 白贵梅：《国际法上的自决》，中国华侨出版社1999年版，第14页。

⑤ StephenD. Krasner, *Sovereighty and Internention*, in Gene M. Lyons and Michael Mast and uno, Beyond Wstphalia, State Sovereighty and International Intervention, The John Hophinks University, 1995, p. 239.

⑥ 王祖绳总主编：《国际关系史》，世界知识出版社1995年版，第6卷，第137页。

⑦ 邱宏达编：《现代国际法基本文件》，台北三民书局1984年版，第10页。

1952年七届联大决议《关于人民与民族的自决权》中提出："联合国会员国应拥护各国人民与各民族自决的原则，同时承认非自治领土和托管领土民族的自决权。"①

1960年12月14日，联合国通过《关于对殖民地及人民给以独立之宣言》，宣言第2条规定："一切民族均有自决权，且凭此权利自由决定其政治地位，自由从事其经济、社会及文化发展。"宣言第6条强调："凡以局部破坏或全部破坏国家统一或领土完整为目的之企图，均与联合国宪章之宗旨及原则不兼容。"②

1966年12月9日，联合国通过《公民权利和政治权利国际公约》，也即《国际人权公约A宪章》。公约第1条规定："所有人民都有自决权。他们凭这种权利自由决定他们的政治地位，并自由谋求他们的经济、社会和文化的发展。"③同日，联合国通过《经济、社会文化权利国际公约》，它又被称为《国际人权公约B宪章》，其第1条第1款又重申"A宪章"中的上述原则。

1970年10月24日，联合国通过《国际法原则宣言》。宣言提出"各民族享有平等权利与自决权之原则"，④"一个民族自由决定建立自主独立国家，与某一独立国家自由结合或合并，或采取任何其他政治地位，均属该民族实施自决权之方式"。⑤ 同时，宣言在详列自决条款之后又强调："以上各项不得解释为授权或鼓励采取任何行动，局部或全部破坏或损害在行为上符合上述民族享有平等权及自决权原则并因之具有代表领土内不分种族、信仰和肤色之全体人民之政府之自由独立国家之领土完整或政治统一。每一国均不得采取目的在局部或全部破坏另一国国内统一及领土完整之任何行动。"⑥

这其中，民族自决的主体是民族，"就是民族脱离异族集体的国家分离，就是组织独立的民族国家"。无论如何想套上这一条是"台独"分子硬生生地将台湾人民从中华民族中隔离出去，构建"台湾民族"的初衷。另外，还有"公民

① 转引自刘佳雁：《从理论与实践论台湾"公民投票法"活动》，载《台湾研究》1996年第4期。

② 邱宏达编：《现代国际法基本文件》，台北三民书局1984年版，第284页。

③ 邱宏达编：《现代国际法基本文件》，台北三民书局1984年版，第294页。

④ 邱宏达编：《现代国际法基本文件》，台北三民书局1984年版，第419页。

⑤ 邱宏达编：《现代国际法基本文件》，台北三民书局1984年版，第422页。

⑥ 邱宏达编：《现代国际法基本文件》，台北三民书局1984年版，第422～423页。

自决”，作为一种权利，它明确规定于《国际人权公约》，它是一个国家内部的民主问题。在一个国家内，某一地区是否能脱离母体独立建国，不能由这个地区的居民单独决定，而应由该国的全体公民决定。因此，台湾“自决”最早采用的是“住民自决”，陈水扁时期又进一步塑造“台湾民族”，为以后适用上述条款做理论准备。

2.“住民自决论”

“住民自决论”有着复杂的背景，也反映了部分台湾同胞对形势评估的复杂心态。一方面，美国等国试图干涉中国内政，炮制并传播了其“台湾地位未定论”，“住民自决理论”支持者有一部分是美国扶植的；另外，部分台湾同胞一方面不满国民党的“统治”方式，另一方面又惧怕统一后实行社会主义制度，因此主张以“自决”来摆脱国共两党“冗长的冲突”。[①] 海外“台独”的理论鼓吹者们最早鼓吹“自决论”。应该说，早期的“自决论”有着形形色色的表现，不一而足。

杨锦麟先生认为，（民进党）这个新集结的政治力量，带着“住民自决”的胎记，走上了台湾的政治舞台。[②]

1970 年代以后，由于海外“台独”运动式微，用“自决”取代“台独”口号似乎成为一种必然。国民党党外势力 1978 年底提出的“住民自决”主张应是最早见端倪者。党外为了“支持‘政府’为寻求新的国际社会地位所作的一切努力，并发起重新加入联合国的运动”，针对国民党当局在“外交”上的败局等，由康宁祥、王兆钊联合发表“告同胞书”，称“台湾之未来应由现在之 1700 万居民共同决定”。同年 12 月 25 日，余登发等 60 余位党外人士签名发表了“党外人士‘国是’声明”，亦称“我们坚持主张台湾的命运应由 1700 万人民来决定”。[③]“与台湾关系法”通过后，康宁祥、黄信介等又发表了“‘国是’声明”，形成了“住民自决”的雏形。从严格意义上讲，这一时期的“住民自决论”是台湾当局被逐出联合国后，岛内人士对台湾前途的思考，并为台湾寻求国际空间而阐发出来的理论，这些理论和当时国民党内“革新保台”的观点有着相似之处。

在 1982 年“立法院”质询中，党外人士首次“以自决的观念向‘行政院’质

① 林劲：《略论“台独”思潮的社会历史根源》，载朱天顺主编：《当代台湾政治研究》，厦门大学出版社 1990 年版，第 193 页。

② 杨锦麟：《“住民自决”述论》，载朱天顺主编：《当代台湾政治研究》，姚嘉文律师事务所 1979 年版，第 203 页。

③ 姚嘉文、陈菊编：《党外文选》，姚嘉文律师事务所 1979 年版，第 48 页。

询,要求'行政院'以'自决原则'突破'外交'逆境",此后,"住民自决"逐渐成为党外人士的共同主张,并在1983年的选举中首次写入党外的"共同政见"。1983年11月15日,美国参议院外委会通过了强烈暗示"住民自决"主张的"台湾前途决议案",称"台湾前途的解决应是和平的、不受强制的,其方式应为台湾人民所能接受的"。"他所隐含的'自决'精神由海外'台独'人士引进了岛内,渗入台湾民主运动的主流。"①

1986年民进党成立后,延续了党外时期的"住民自决"而非"自决"概念,其目的是维持党内各派系平衡,使之按照各自的意图做不同的解读。因此,民进党的各类代表均无法对"住民自决"作一完整的论述。

民进党创党党纲中表述道:"台湾前途应由台湾全体住民决定。依据'经济社会和文化权利的国际规约'所揭示的原则,所有人民都有自决权,且能自由决定其政治地位,并自由追求经济、社会及文化发展。台湾的前途,应由台湾全体住民,以自由、自主、普遍、公正、而平等的方式共同决定。任何政府或政府的联合,都没有决定台湾政治归属的权利。终止台海两岸对抗。基于台湾人民之整体利益,谋求合乎人道、平等、和平的解决途径。在台海两岸政治、社会、经济制度相差悬殊下,应优先致力于改善两岸人民之生活,不应制造紧张对抗。台海两岸之问题,应由全体住民透过自由意志决定,反对由于国共双方基于违背'人民自决原则'的谈判解决方式。"②

时任民进党中常委的谢长廷解释说:"我想'自决'是一个民主的基本前提,我们现在有很多意见。'统一'是一个,'自决独立'也是一个;'邦联'也是一个。站在一个台湾人的立场上来看,我们不是为了统一而统一的。""现在谈统一,问题太多了,我们要在这一代花费很长时间来适应大陆的一套,这等于要牺牲一代或二代人的利益。"因此,"等到大陆和台湾在民间的交流已经有了一段很长的时间后,大家比较了解了之后,再谈统一比较好"。目前,"我赞成'自决'"。③ 民进党第二任主席姚嘉文认为:"'自决'就是要由同一块土地上的人们,大家都共同有机会,以公开的民主程序来决定未来前途,而不是由这

① 《民进党应修改"住民共决"主张》,载香港《中报》1986年12月16日。

② 《民主进步党党纲》,载中华全国台湾同胞联谊会研究室:《透视台湾民主进步党》(上),2000年,第79~80页。

③ 中华全国台湾同胞联谊会研究室:《透视台湾民主进步党》(上),2000年,第81页。

块土地上的少数几个自行决定。故要自决先要民主，当人民能够自觉了，则民主才算落实。”[①]当时很多人都曾发表过“自决和独立上没有等号的关系”[②]等言论。1987年，谢长廷又提出所谓新的“台湾意识”或被称为“台湾命运共同体的自卫意识”的概念，即“在国共长期对峙之下，台湾面临中共政权强大的威胁和压力，所有住民自然形成‘台湾岛命运共同体’的‘台湾意识’；这个新的‘台湾意识’，包含所有本省、外省同胞，也包含了国民党内，是为了全体同胞在这里能够互相融洽，结为一体”。“所谓新的‘台湾意识’，无非成之于命运共同体的自卫意识，是旨在于消弭省籍界限的融洽意识。”“在台‘住民自决运动’中，系包含在台大陆人在内的自觉，亦即以‘台湾岛命运共同体的意识’为基础，而非朝向以统一为最高目标与价值的方向。”[③]后来，这一理论一直在民进党内受到推动，到今天还包括在民进党的党纲之内。

3.“民族自决论”

台湾“民族自决论”由来已久，但性质并不相同。1895年“台湾民主国”运动就是用“自决”理论确立了“自决纲领”，但这一纲领是针对日本殖民主义讲的，有其正当性。海外“台独”以及后来的“法理台独”支持者关于“台湾民族论”、“海洋民族”以及视国民党为“外来殖民统治”等，都是构建“台湾民族”的表现。

台湾人民是中国人民的组成部分，属于中华民族，这是个不争的事实。此类论述也极多、极丰满、极有说服力。但是，“台独”分子依然要解构中华民族，塑造所谓“台湾民族”，其目的就是要适用民族自决论。“台独”分子王育德构思的“台湾民族”采取了*Ernest Renan*的命运共同体的观点，指出汉民族只是*Volk*，并非民族，而“台湾民族”则是要由台湾Volk脱离汉Volk的一个共同体。后来，彭明敏和黄昭堂也采取了这种主观认定的方法。[④] 李登辉加以修饰后改称为“生命共同体”。

前述的理论推理是：并非所有的台湾人都是来自大陆，或是对“非原住民”的故国有感情上的牵挂，因此华人国家的定位根本是无视“原住民”的存在。如“台独”分子廖文毅用混杂血统论建构“台湾民族”：“先天的我们（台湾人）继

---

① 中华全国台湾同胞联谊会研究室：《透视台湾民主进步党》（上），2000年版，第82页。

② 台湾《大华晚报》，1987年2月14日。

③ ［美］《台湾公论报》，1987年1月26日。

④ 彭明敏：《自由的滋味》，台北，彭明敏文教基金会；黄昭堂：《台湾那想那利斯文》，台北，前卫出版。

承印尼、葡萄牙、西班牙、荷兰、福建、广东以及日本人的血统，换句话说，融合‘原住民’、汉、日拉丁、条顿诸民族的血统。”①而“台独”分子王育德则指出，民族是资本主义诞生以后的产物，因而汉民族不是民族，台湾则是在日据时期发展为‘台湾民族’，必须建立民族国家，透过国家这一容器，以精练民族这个“内容物”。② “台独”分子许世楷则指出，台湾人在中国近代民族主义尚未形成前即已移住台湾，而在诸多外来支配者的统治下逐步发展出独立的民族意识，但因没有自己的独立国家，因而是有限的意识。③

其实，“台独”分子在塑造“台湾民族”的时候，也害怕台湾的“原住民”通过自决权将他们非法化。因为，按照他们的逻辑，从国际法上的“第三代人权”上看待集体权利，“原住民”的“民族权”包括认同权、自决权、文化权、财产权和补偿权。他们最担心的是对台湾“原住民”土地权的诠释和落实。因为，土地权背后是“原住民”的“主权”能否被接受，以及民族自决权如何透过自治权的行使来成立自治区。其实，“台独”分子知道，“民族自决权”里包含有是否允许一国内部的民族自决问题。因此，将包括“原住民”、闽南人、客家人和外省人在内的所有人混同到一起，编造成“台湾民族”，一方面可以为自己的所谓“民族自决”去编造一个“民族”，另一方面也想杜绝“原住民”用这种自决权将他们撵出台湾岛。

前“台联党”秘书长施正锋说：“台湾‘独立建国’的正当性在于台湾人想要行使‘民族自决权’，不过，最根本的前提是台湾人已经明显地升华为‘台湾民族’，也就是说，台湾人除了还想保有自己的土地以及生活以外，更重要的是享有‘自己的国家’，而不是任何一个国家都好。”他同时赤裸裸地表明：“‘政治’民族是经过想象而来的共同体，除了建立过去的集体记忆、现在的共同经验，更要建构未来的共同愿景；也因此，民族的认同上可以经过选择而取得。开明的‘台湾民族主义者’应该会接受政治民族的定义，也就是如何将多元族群塑造为‘台湾民族’，具体而言，就是透过对话、协商，来解构、建构以及重构大家都

① 廖文毅：《台湾民本主义》，东京，台湾民报社，第 40 页。转引自黄昭堂：《战后台湾“独立”运动与“台湾民族主义”的发展》，载施正锋编：《“台湾民族主义”》，台北，前卫，1994 年，第 200 页。

② 王育德：《“台湾民族”论》，载《台湾青年》，第 35～37 号，1963 年版，第 10～12 页。转引自黄昭堂：《战后台湾“独立”运动与“台湾民族主义”的发展》，第 204～206 页。

③ 许世楷：《台湾人意识的形成》，载《台湾青年》第 39 号，1964 年版，第 2 页。

能接受的民族认同。"①

（三）"事实主权论"

"事实主权"一词是1990年10月7日民进党第四届第二次全体党员代表大会审议"泛新潮流系"的前民进党主席姚嘉文提出"'我国'主权不及于中华人民共和国及蒙古人民共和国"的提案时提出的概念。在该会上，陈水扁提出修正条文："台湾'事实主权'不及于中国大陆及外蒙古。"这一修正条文在主权前面加上"事实"二字，将所谓主权界定在"事实层面"，并将"国家"改为地理名词。这一主张否定了"台湾是中国的一部分"与两岸政权主张的"法理主权"。他们认为，主权意识是决定一个国家是否存在的最终条件。自从1993年"修宪"之后，在台湾存在的这个真实"国家"就有了新"主权"范畴的界定，亦即它的"有效治权"和"事实主权"已不及中国大陆，而是在台澎金马，从此台湾的"主权"就不再有争议。

至1995年，从时任民进党主席施明德对"台独"主张的新诠释可以看出，"民进党如果执政，不必也不会宣布'台湾独立'"。彭明敏接着也同意，"赞成维持现状，等于赞成'台湾独立'。……台湾已经'独立'数十年了，因此支持现状就是支持'台独'，统一才是改变现状。……台湾从1949年以来即是一个'主权独立的国家'。"②按照"台独"理论塑造者的解释，"'法律主权'系指一个权力机关，能经由法律之形式，表示国家最高无上之命令，此一机关即'法律主权'机关。……假如'法律主权'机关之旨意与'事实主权'之旨意不合，则'法律主权'必须向'事实主权'迁就。在民主时代，这个'事实主权'就是人民的权力，叫做'政治主权'。'我国宪法'规定：'中华民国之主权属于国民全体'，这里的'主权'即指'政治主权'，也就是'事实主权'"③。这一荒谬的解释首先违反了他们的"中华民国宪法"，他们似乎忘记了"事实主权"的提法正是在台湾当局的警告下，迫不得已的反映。林浊水甚至认为，美国的"与台湾关系法"实际上只是限制了台湾的"法律主权"，但承认台湾的"事实主权"，所以才有"与

---

① 施正锋：《"民族自决权"——台湾"独立建国"的民族主义观点》，载庄万春主编：《"台湾独立"的理论与历史》，台湾教授协会策划，前卫出版，2002年版，第207页。

② 《"赞成维持现状等于赞成'台独'"，彭明敏与中央党部沟通做成"消毒"兼抢选票说帖》，载《联合报》1995年9月29日第2版。

③ 陈春生：《台湾"主权"与两岸关系》，翰芦图书出版有限公司2000年版，第78页。

台湾关系法"第4条"凡美国法律提及或涉及外国、外国民族、外国国家或类似实体时，此等名词应包括台湾，此等法律亦应适用于台湾"①。更有"台独"学者用国际惯例等来说明台湾的"事实主权"：奠基于台湾有效控制台澎金马区域，并能与其他国家透过各种方式处理"双边"事务的事实，台湾当局虽自1971年起不再能参与联合国，并自1975年起就只剩下二十几个正式"外交"关系（虽然中美建交前仍有美国等具国际实力的邦交），但台湾凭借着经济实力仍与120多个国家维持积极的"双边"实质往来。1989年成立的亚太经合会（APEC）为了台湾等特例，刻意将其组织成员称为"会员经济体"（Member Economics），并于1991年同时接受台湾、香港及中国为会员。2000年签订的《中西太平洋高度回游鱼类养护与管理公约》也使非签约国的"台湾渔业实体"成为"中西太平洋高度回游鱼类养护与管理委员会"的委员，共同决议中西太平洋养护机制。台湾更成为GATT/WTO历史第一例：以"代表一充分自主的个别关税领域的政府"身份，引用GATT第33条及随后的WTO第12条申请，透过双边及多边谈判，于2002年正式成为WTO会员。这些多边政府间国际组织的例子充分显示：国际社会无法忽视台湾的经贸及远洋渔业等实力，因而必须为应付台湾独特的国际法地位而做"功能性"的创举。而世界各国皆接受台湾人所携护照入境；外国人进入台澎金马得经过台湾当局透过签证表达同意等，都显示"台湾作为一个'事实国家'，享有'事实主权'；且其'事实主权'受到国际普遍尊重"的明显事实。②

从"事实主权"论的提出开始，施明德提出民进党"执政""不必也不会宣布'台湾独立'"。民进党新生代主张替"台独"除魅，到林浊水宣布"台湾现状是'主权'已经独立，'建国'尚未成功"，象征着民进党所谓的现状认同已经渐趋成熟。由于"事实主权"论述的存在，所以将"独立"与"建国"脱钩，倾向于以"台湾现状'主权'已经独立"的解释，取代了过去"独立建国"一体的思考（即认为必须透过"建国"运动才能宣示"国家主权独立"的地位）。这之后，民进党将"现状"即"台独"的论述，将维持"现状"即维持"台独"的论述进一步深化。这是经过1990年代一次次民主选举得出的结论。这意味着，这个党最终还是为了选举的利益。

虽然这一主张离"法理主权"尚有一定差距，但是这一以退为进的说法也为1991年"台独党纲"提出"法理台独"理念奠定了基础，同时这一理论也成为

---

① 林浊水：《两个典范　新旧不同》，载《中国时报》2005年3月20日。

② 卓慧苑：《强化事实　低调处理法理》，载《中国时报》2007年9月2日。

“防御性公投”的基础理论。“事实主权”理论在民进党内的深化及在台湾民众中的推广，对“反独”和国家统一埋下了非常不利的种子。

二、“法理台独”的程序论

“法理台独”的程序论即“台独”分子通过“公民投票”的程序制定“宪法”，变更法源、重建“法统”，以实现台湾“法理独立”。

（一）公民投票的一般理论

一般学理意义上的公民投票，通常是指全体公民通过行使投票的权利对国家或社会的重大或特定问题进行表决的制度。狭义上的公民投票主要是指国家全体公民或社会全体成员就某一项重大事务进行投票表决的制度。广义上的公民投票制度除了包括其狭义上的含义之外，还包括某一地方行政区域单位（州、省、市、区等）的全体居民对有关地方事务进行投票表决的制度。[①] 公民投票有时被称为全民公决，实际上公民投票的内涵远远大于“全民公决”，因其除包含全民公决外，还包括地方性的公民投票。

《云五社会科学大辞典》认为，plebiscite 译成公民投票。其定义为：由一国或一地区公民以投票表示他们对于：是否支持某种政府行使；是否应独立成为一个国家；愿意归属于某一国家等问题之意见。[②] 萨孟武将 plebiscite 译成居民投票，其意为：在民族自决下，要收复领地，均应令该地区居民先举行居民投票。[③] 从上述多种解释中我们可以发现其共同性，即它与国际法上的自决密切相关，是自决权的实现方式。该类型的公民投票的一个重要特点是，在举行公民投票时，并不存在既定的法律意义上的领土疆界或领土归属（当然，这里通常有一个历史上形成的习惯界限，否则无法确定参与投票者的范围）；相反，这个领土疆界或领土归属正在等待着由公民投票来决定。[④]

---

① 王英津：《自决权理论与公民投票》，九州出版社 2007 年版，第 211 页。

② 《云五社会科学大辞典》，第三册政治学，第 40、298 页。

③ 萨孟武：《政治学》，台北三民书局 1991 年版，第 104、484 页。

④ 王英津：《自决权理论与公民投票》，九州出版社 2007 年版，第 214～215 页。

目前国内外学界对公民投票的分类主要包括以下几种。

第一种，李帕特(A. Lijphart)分类法。李帕特将公民投票分为：(1)控制的与非控制的公民投票，即如果政府能够决定公民复决是否举行、何时举行以及议题表决的内容，称之为控制的公民复决；如果公民复决是由人民的创制权所发起的，可以被视为非控制的，因为这种改变是政府所抗拒的。(2)支持支配的与反对支配的公民投票。这一分类主要是通过看投票结果是对政权产生支持还是造成不利来划分的。①

第二种，伦尼(A. Ranney)分类法。伦尼将公民投票划分为四种：(1)政府控制的公民投票；(2)宪法上规定的公民投票；(3)民众请愿的公民投票；(4)民众创制发起的公民投票。②

这两种划分方式的研究对象都是特定领域内的公民投票，也就是它们所针对的均是一个主权国家内部民主政治意义上的公民投票。这种类型的公民投票相对应的英文单词是"Referendum"。Referendum 系指公共问题交由民众投票的程序，经由 referendum 的设计，人民有赞成或拒绝立法作为的权利；或针对管辖权的基本法律，如宪法或宪草的修正及改变成为法时，也可能被提交人民表决。③ 孙中山将 referendum 翻译为复决权。④ 其定义为：若大家看到了从前的旧法律，以为很不利于人民的，便要有一种权，自己去修改，修改好了以后，便要政府执行修改的新法律，废止从前的旧法律，关于这种权，叫做复决权。⑤ 这种公投是一般自由民主体制下的常规性投票，通常不涉及国家主权，而以一般民生议题或公共政策为主。

---

① Lipjhaed, Arend, *Democracies Patters of Majoritarian and Consensus Governmentin Twenty-one Countries*. New Haven: Yale University Press, p. 58.

② [美]巴特勒·兰尼：《公民投票的理论与实践》，吴宜容译，台湾韦伯出版，2002 年版，第 35～39 页。

③ *The Encyclopedia Americana*, Vol. 23 (Danbury, Conn.: Grolier Incorporated, 1990), p. 243, 315～316；或《中文版大美百科全书》，台北，光复书局 1995 年版，第 22 册，第 194 页；第 23 册，第 190 页。

④ 孙中山在民权主义中称人民有选举、罢免、创制、复决权，分别对应的英文是 election、recall、initiative、referendum。参见张正修：《"公民投票法" 谁是谁非》，载陈隆志主编：《"公民投票"与台湾前途》，台北，前卫出版，1994 年版，第 162 页。

⑤ 国父全集编辑委员会编：《国父全集》，台北，近代中国出版社 1989 年版，第 1 册，第 625 页。

（二）“法理台独”的“公民投票程序论”

台湾地区学者许宗力（现为大法官）认为，所谓公民投票基本上是由政府举办，由公民直接对“事”而非对“人”，以投票表达其接受与否的意见。“事”包括法律、议案或个别政策议题，以法案为行使对象的创制、复决，以及只针对个别政策议题为行使对象的所谓政策投票（policy vote），都包括在公民投票的范畴内。① 苏永钦则认为：借由公民正式的投票来形成公共事务的决定时，不论标的、程序和效力如何，往往都会套用到（公民投票）这个词。② 他认为，创制、复决或者公共政策的公民票决都可以称为公民投票，甚至涉及国家主权或国际法义务的公民（住民自决）（self-determination），或者涉及为制定宪法而进行的公民（住民）票决，也都属于公民投票的概念范畴。③ 主张“台独”的陈隆志认为，公民投票概念中的“公民”并不一定明确地指称“宪法”中所谓的具有参政权的公民（台湾地区“宪法”第130条），而有时是泛指“国民”、“人民”，甚而有时是指称居住于某一地域内的“住民”，所谓公民投票乃包括公民、国民、人民及住民投票的概念在内。④ 台湾学者曲兆祥认为，公民投票基本上是个泛称的概念，它是指政治系统（political system）的成员对公共事务以票决的形式来表达意见。其范围颇为广泛，从国家主权的处理、宪法的制定或个别公共政策的采纳与否，乃至无法律效力的“咨询性公民投票”等都属于公民投票所指涉的范畴。他认为，无论怎么界定公民投票的概念，其基本性质是颇为清晰的，即无论哪个层面的公民投票，其性质都属于公民（住民）的直接民权，一如孙中山先生在民权定义中对民权的定义是选举、罢免、创制和复决权。而周阳山教授则一针见血地指出：“‘直接民权’的概念与制度设计，在当今台湾

---

① 许宗力：《“宪法”与“公民投票”——“公投”的“合宪性”，分析与“公投法”的建制》，载陈隆志主编：《“公民投票”与台湾前途——“公投”研讨会论文集》，台北，前卫出版，1999年初版，第93页。

② 苏永钦：《创制复决与咨询性“公投”——从民主理论与“宪法”的角度探讨》，载《“宪政”时代》第27卷，2001年10月，第22页。

③ 苏永钦：《创制复决与咨询性“公投”——从民主理论与“宪法”的角度探讨》，载《“宪政”时代》第27卷，2001年10月，第24～25页。

④ 陈隆志主编：《“公民投票”与台湾前途——“公投”研讨会论文集》，台北，前卫出版，1999年初版，第60～63页。

的实质运作，却有了很大的性质改变。过去六年里，在陈水扁主政之下，‘直接民权’已被简化为‘公民投票’(referendum)，甚至夹杂着‘住民自决’(‘plebiscite’)的意涵，而且其具体内涵已偏离直接民权的精神，在民主巩固的符号意义上，也有了本质性的改变。”①可见，在周阳山教授那里，已经判断陈水扁的“住民自决”就是“公民投票”，是故意制造概念混淆，用“公民投票”之形掩盖“法理台独”之实。在台湾素有“蔡公投”之称的“台独”分子蔡同荣更是在T恤衫上，明白使用“plebiscite”一词。“立法院”第一个“公投法草案”也是他提出来的，这个“草案”中就包括了“不设限条款”，也就是允许台湾人民就“主权”、“领土”、“国号”、“国歌”等关键性的象征符号进行“公投”。在陈水扁及其幕僚的心目中，“公投”一词主要系指“住民自决”，而非孙中山先生所设计的复决。基于此，民进党政府积极推动的“公民投票”，实系“住民自决”的一种变体，其主旨在于推动“新国家的独立行动”，而非一般民主自由体制下常规化的直接民主或公民投票，更非孙中山先生“权能区分”主张之下借“直接民权”以促进“政府善治”的民主手段。②

可见，台湾方面在两岸关系的“公投”上所指的是“plebiscite”，由于“plebiscite”一词曾被拿破仑叔侄及希特勒用来作为独裁的工具，许多人回避使用“plebiscite”一词而以 referendum 取而代之，致使出现了上述两词使用中的混乱。下文关于“防御性公投”的论述就是从“plebiscite”这个意义上展开论述的。

民进党在“台湾前途决议文”的说明中强调：“主权的独立与自主，是国家安全、社会发展及人民幸福的前提。台湾“主权独立”，与中华人民共和国互不隶属，既是历史事实，也是现实状态。这不但是台湾生存的条件，也是发展民主政治与创造经济奇迹的依凭。”不过，民进党也在这份重要决议文中首度正式承认“中华民国”国名，并强调“台湾是一‘主权独立国家’，任何有关‘独立现状’的更动，必须经由台湾全体住民以‘公民投票’的方式决定”。

这一“法理台独”程序的理论看起来极其复杂，实质无非就是“住民自决”，

---

① 周阳山：《公民投票与民主巩固——台湾“宪政”改革的困境与纠结》，载《台湾政治发展学术论文集》，厦门大学台湾研究中心、厦门大学台湾研究院，2006 年 8 月 25—27 日，第 231 页。

② 周阳山：《公民投票与民主巩固——台湾“宪政”改革的困境与纠结》，载《台湾政治发展学术论文集》，厦门大学台湾研究中心、厦门大学台湾研究院，2006 年 8 月 25—27 日，第 232 页。

或把“住民”改成“公民”,称之为“公民自决”,其本质在于推动“法理台独”。

三、“法理台独”的方法论

“法理台独”之所以在民进党“执政”后期发展到顶峰,有其脉络可寻。具体而言,“台独”分子掌握了一套方法论。这套方法论以建构主义为基本方法,对台湾的历史和现实进行了解构和重构。提到解构和重构,不能不提到结构主义、后结构主义、后现代主义和后殖民主义。“法理台独”的基础理论基本上是在后现代主义和后殖民主义基础上,重新解构和重构台湾历史、文化、政治等过程中建立起来的。

(一)建构主义、结构主义与后结构主义的方法论

“建构主义”一词在心理学、语言学、社会心理学、哲学甚至建筑学、教育学等学科中使用过。就一般的现代意义上讲,我们能够将“建构主义”的词源追溯到美国学者彼得·伯尔格和托马斯·鲁克曼在1966年出版的《现实的社会建构:论知识社会学》中。[①] 建构主义经过数十年发展之后,以1999年温特发表《国际政治的社会理论》为标志,建立了较为完善的知识体系。大陆学者郭树勇教授在其《试论建构主义及其在中国的前途》的研究论文中指出,建构主义的知识体系可概括为“23144”,即两个发展阶段、三次学术论战、一种主要研究方法、四个流派和四大研究领域。两个阶段是1980年代的“解构”阶段和1990年代的“建构”阶段。三次学术论战是指,第一次:1980年代以批判理论、后现代主义身份,在新自由主义的加盟下,与新现实主义的论战,争论核心是要不要社会进程分析,要不要国家中心主义,要不要实证主义,功能主义有多大缺陷等;[②]第二次论战于1980年代后期至1990年代中期,主要反对新自由主义理论,二者的分歧主要在于制度是构成性的,还是管制性的,是仅能向行为体施加外在约束,还是可以深入到行为体的认同与利益中去,这种影响是因

---

① Martha Finnemore, *National Inerests in Internatial Society*, Cornell University, 1996, p. 4.

② Robert O. Keohane, *Neoreal is mand Its Critics*, Columbia Uiversity Press, 1986.

果性的还是非因果性的等，实际上是新制度主义和旧制度主义之争；[①]第三次论战是指 1990 年代的绝大部分时期内，建构主义内部形成了论战的态势，以阿什利为代表的后现代主义者，坚持建构主义原有的批判功能和激进立场，反对与主流理论进行方法论和认识论的妥协，而温特、奥德勒和卡赞斯坦等则持相反态度。[②] 其主要研究方法是社会建构主义研究方法。建构主义的四个流派是以阿什利为代表的激进建构主义，以温特为代表的主流建构主义，以约翰·拉格为代表的现代性建构主义，第四个流派是女权主义建构主义。主流建构主义研究的领域主要为元理论、国家利益理论、国际体系理论（包括国际体系转换理论）以及国际和平理论等。

实际上，"台独"分子是选择性使用，而非规范性使用这些理论的。如"解构"的概念，他们是从纳粹理论学家海德格尔等那里得来的。"解构"一词最早的含义，在诠释学派的海德格尔那里，原本是指"摧毁"和"解除解构"。海德格尔这一观点是从胡塞尔的现象学中借用来的。胡塞尔主张，所有的还原与建构，都必须以"亲在"（Dasein）的存在为前提条件，亲在对于存在的探问必须以语言为基础，亦即将"存在于世"而业已获得明证的事物，以语言的形式，"有意义地"联结起来。[③] 这样，才能掀开"亲在"上的遮蔽，进行一种批判性的"解除结构"，将传统形而上存在论的历史及其历史效果"摧毁"，以剥去知觉的矛盾而揭示思想的先天本质。[④] 在台湾的理论家那里，他们对结构主义和后解构主义的使用比用建构主义更加得心应手。如他们从结构主义的共同主张即发现（finding）、奠定（grounding）之类的主题概念应予舍弃出发，从引用福科的"现代性态度可简单地归为对于历史存在的永不平息的批评"[⑤]出发，重新思

---

① Ernst-Otto Czempiel and James N. Rosenau, *Global Changes and The oetical Challenges*, Lexington Books 1989; JohnG. Ruggie, *Constructing the World Polity*, 1998, preface.

② IverB. Neuman and Ole Waever, *The Future of International Relatio ns: Masters in the Making*? Routledge, 1997, introduction.

③ 黄光国：《诠释学》，载黄光国：《社会科学的理路》，台北，心理出版，2001 年版，第 311～388 页。

④ Jacques Derrida 著：《书写与差异》，张宇译，北京三联书店 2001 年版，第 181～215 页。

⑤ 黄光国：《福科的后结构主义》，载黄光国：《社会科学的理路》，台北，心理出版，2001 年版，第 119 页。

考台湾的历史、现在和未来。

我们知道，学界对结构主义与后结构主义是仁者见仁、智者见智的。应该说，索绪尔所开创和推动的架构主义，自 20 世纪 40 年代以来，走向了两个不同的方向。一是由李维史妥在社会人类学领域，以索绪尔的“声音/意义”的语言模式，通过对原始人的神话和习俗的观察和解析，系统地分析了传统文化及其创造机制的稳定基本结构。二是由拉康和巴特等人所继承的，经由对语言、思想行为和社会现实之间的复杂互动关系的符号论进行研究的，他们将结构主义引入一般的社会文化解析活动中去，为后现代主义的符号游戏策略提供了启发。其中，巴特等人这一支在台湾的“法理台独”发展中比较受到关注。因为，这一理论经过德里达和福科等人的发展，开创了后结构主义时代。这里面集中了胡塞尔的现象学、海德格尔的存在哲学、西方马克思主义的社会文化批判、拉康的心理学以及巴特的符号论等，这实际上是一种以“解构”与“游戏”为理论概念的批判策略。台湾学者对这些东西按照自己的需求进行了整理，应用到“台独”论述中去。比如，后结构主义试图寻找和研究西方传统文化及其创作的根基，又不将其作为固定的批判对象，而是对近现代乃至于当代文化的原动力追根问底，并从根本上对传统文化进行颠覆。他们不追求建立系统的理论和方法体系，而是以无止境的批判和重建的游戏策略，作为其发展无限自由的主要手段。① 这种无止境的批判和重建游戏策略，我们在民进党的政策及推动“法理台独”过程中的种种论述都可以见其踪迹。

(二)后现代主义的方法论

后现代主义所指的“现代”是自笛卡儿以来的资本主义精神与文化所表现出来的现代性。与现代性紧密联系在一起的概念是现代化。现代化是指人类社会由传统的农业与乡村社会转变为现代的、都市的和工业社会的过程，并以征服自然为目标的社会系统化过程，并且是一个国家在政治、经济和科技等方面进步的状态。现代性表现出对传统批判和超越的态度，确立以人为中心的地位，将科学与理性化作征服自然和组织社会的手段等。后现代主义理论的批判价值在于对西方主导的意识形态和现代理性与历史观的对抗。但是，“后现代”的不确定性本身也有值得商榷的地方。比如，后现代到底从何时开始至

① 高宣扬：《后现代论》，台湾五南图书有限公司 1990 年版，第 12 页。

今仍无定论。但是，后现代主义的“不可言说”和“不可表达”的特征却可以被“台独”理论家无限制地操弄。有些学者曾经玄而又玄地指出，后现代主义已经远远超出了传统人类文化和知识的范围，甚至超出了迄今为止人类所使用的语言的范围。①

曼德尔曾经指出，资本主义与文化发展三阶段，即市场资本主义、垄断资本主义和跨国资本主义，这三个阶段对应了三种文化，即现实主义、现代主义与后现代主义。② 后现代主义具有模糊性、无历史感、去正常化、反文化和生活游戏的特征。这些特征与台湾历史文化的特殊性以及“戒严”后台湾“法统”论述的缺失联系在一起，很容易在台湾生根发芽。

就其模糊性而言，后现代主义大量使用隐喻、换喻和象征，发明各种符号，表现出异质、多元、差异与分裂等模糊性特征。如后现代主义认为，真理与终极价值始终是透过知识、权力与道德的联系作用，所加之于人们的束缚。福科因此提出“断裂性”与“中断性”的概念，③到后来，孔恩的科学革命以及费耶本德的科学无政府主张等被后现代主义所用，发展成为“不可通约性”(incommensurability)和“不可翻译性”(untranslatablity)，用于说明不同时代与不同典范之间的差别。④

就其无历史感而言，后现代主义认为历史就是人为经过逻辑加工而系统化的论述体系，因而都是不可信或者应该受到置疑的。因此，他们的历史观是一种指向新的历史时代到来，但又不确定上下限的观点。

就其“去正当化”特征而言，后现代主义是对一切正当化的鄙视和否定。应该说，正当化一直是西方社会和文化形成与发展的核心问题之一，它关系到不同阶段社会与文化的基本关系，以及这些基本关系能否稳定和整个社会与文化的基本关系的稳定问题。正当化来自正当性。正当性也就是合法性，合法性(legitimity)这个词的原意是“法”，也就是合乎一个国家的法理与制度才是具有合法性的，合法性关系到一个国家、社会或者政治制度的维持巩固乃至被公共承认的程度。正当化的核心问题是某一个正当化的论证程序，也就是

① 高宣扬：《后现代论》，台湾五南图书有限公司 1990 年版，第 3 页。

② Jameson, op. cit., pp. 1～54.

③ 福科著：《知识考古学》，谢强、马月译，上海，三联书店 1999 年版，第 23～96 页。

④ 黄光国：《〈孔恩的科学革命〉与〈费耶本德的科学无政府主义〉》，载黄光国：《社会科学的理路》，台北，心理出版 2001 年版，第 159～181 页。

说，它是一个具体的程序问题。韦伯、哈贝马斯等都对这一问题进行过深入的阐述。哈贝马斯甚至认为，语言论述论证过程以及其程序的有效性都将纳入正当化过程中。而后现代主义者认为，后现代社会的正当化只有透过具有异质、多元的语言游戏来建构才能实现。①

后现代主义的"反文化"特征说白了就是进行语言游戏。首先，后现代主义对结构主义思想家的研究成果进行了发挥。福科对关于虚构的"人"将在沙漠上消失等理论中提出的"差异"、"主体消亡"、"作者已死"等的发挥，把约定俗成的很多概念破解出来。这种所谓破解逻辑中心主义就是要将所谓被压迫的差异从人们所建立的语言"暴政"中解放出来。后现代主义主张的政治是一种多元政治和差异政治，他们反对排除或者压制，主张追求个性的自由。他们援引解构理论，质疑西方文化的正当性，批判理性中心主义，再加上全球化浪潮，使得后现代主义者甚至质疑民族国家能否作为认同的目标等等。总体来说，后现代主义对政治的主张就是"去中心"，强调差异，权力作最可能的分散才能确保自由。后现代主义者认为，"主体是浸染在论述里，被建构为多元主体所行动的场域，所谓主体毋宁是一种主体分化的效果"②。后现代主义的政治策略侧重于解构、破解，也就是要彻底拆解现代社会所建立起来的统治结构和一切秩序，对长期支撑现代社会和政治的正当性进行全面的否定。同时，这一理论主张建立一种局部的政治认同，认为"政治系由多元、复杂的、众多的权力形式所作的价值的分配"，甚至是"政治乃至社会上多元的、复杂的、众多的权力运作在个人和团体之上去形成特定的认同之谓"③。后现代主义者试图进行文本内的破坏，使存在于文本之中的文化观念不能再现，并透过揭露文化观念中的权力运作达到反文化、反政治、反权力的目的。他们认为，透过思想革命，政治权威就会失去群众的支持，就可以改变现存的制度，获得无限的自由。

上述思想被阉割以后，成为"台独"分子对台湾历史、文化任意肢解，并在法律之外逍遥的最好的理论依据。

---

① [法]让—弗朗索瓦·利奥塔尔：《后现代状态：关于知识的报告》，三联书店 1997 年版，第 130～145 页。

② 孟樊：《后现代的认同政治》，台北，扬智出版 2001 年版，第 325 页。

③ 孟樊：《后现代的认同政治》，台北，扬智出版 2001 年版，第 330～336 页。

(三)后殖民主义的方法论

我们从台湾政治社会中的悲情动员中可以看出，其背后应是有理论支撑的。这一理论就是后殖民主义（postcolonialism）理论。由于台湾的历史经历复杂而独特，这种理论很容易在台湾找到市场。

所谓“后殖民”一词，包括自殖民行动（colonization）起始至今日，所有被帝国化过程（imperial process）影响的文化……这些文学作品各自具备相异于其他地区的特色，是建立在殖民经验之上，凸显于帝国权力的张力，强调与帝国主义泾渭分明的界限。① 所谓“后殖民主义”是第三世界国家对西方发达资本主义国家进行对抗的一种理论，指第三世界国家在第二次世界大战结束后，虽然在形式上获得政治独立，但在知识、语言等文化层面上仍然无法摆脱西方发达资本主义国家的控制，它们在文化抗争策略上，是立足于种族、性别与阶级三个层面。其中，以重构主体为基础的后殖民认同在“法理台独”推动的过程中尤为显著。这里，我们只论述后殖民主义方法论层面的认同。

对饱受殖民主义迫害的第三世界来讲，经由民族主义达成独立，去殖民化与发展是反殖民主义的目标。后殖民主义的学者法农的观点在“法理台独”的理论体系中占据的位置颇值得我们关注。法农认为，有两种反抗殖民的民族主义，一种是接收殖民者资源而与全球资本主义挂钩；另一种则是以全民福祉为目标，在争取独立时也同时重组国家内部权力结构。② 法农主张“去殖民”的奋斗目标实际上是包含国家独立和国家内部权力重组为内容的，他论述道：“政治上教育群众即是让每个国民意识到国家的整体乃是个事实，也就是让国家的历史成为每个国民个人经验的一部分……个人的经验乃是国家的并且是国家存在的一环。”③论述到此，不能不提到“后殖民主义认同指涉”，这一概念是指殖民地人民的认同问题，后殖民主义寻求帝国主义主体（the imperialist subject）的瓦解。法农对这一问题的论述主要是针对非洲讲的，但被运用到“台独”论述中似乎如鱼得水。

---

① Bill Ashcroft，Gareth Griffiths，and Helen Tiffin，*The Empire Writes Back：Theory and Practicin Post-Colonial Literatures*. London：Routledge，1989，p. 2.

② Fanon，*The Wrethced of the North*，op. cit.，pp. 119～163.

③ Fanon，*The Wrethced of the North*，op. cit.，p. 161.

1990年10月7日，李登辉设立“国家统一委员会”的同一天，民进党通过了“1007决议”，主张“台湾主权独立”等。1992年，邱贵芬在其《〈发现台湾〉：建构台湾后殖民主义论述》中首次使用了后殖民的论述，提出了瓦解语言阶级的策略：抵制殖民语言本位，并进而进行语言文化整合，建构足以表达被殖民经验的语言。而运用台湾文学论述首先是拒绝国语本位的文学，从而延伸抵制中国本位的文学观；其次，需要破除“回归殖民前净土净语”。此人指出，台湾文化从殖民时代进入后殖民时代，必须达成“台湾文化即是跨文化”的共识，借以超越殖民/被殖民的恶质政治思考模式。因此，她认为台湾语即是糅合了国语、福佬语、日语、英语、客家语及其他所有流行于台湾社会的语文；台湾文学即是以台湾为中心写出来的作品。[①] 她认为，此文的目的在于促使台湾住民在认识彼此的不同时，也能达成“命运共同体”的共识，建构以台湾为主体位置的文化观。[②] 她并指出，当蒋经国说出“我也是台湾人”时，即已经揭开了台湾的后殖民时代。[③] 后来，孟樊、陈光兴等进一步论述和推广，他们虽然提出问题，但定位模糊，使得台湾社会出现分歧的国家认同。应该说，后殖民主义在“主体”观念上采取了彻底的相对论和怀疑论，被“台独”分子进一步发挥，慢慢起到了瓦解台湾民众国家认同的作用。他们认为，就台湾境况而言，台湾长期被殖民的经验以及彼岸的中国大陆及其民族主义的凝视，“中华民国”这个国家，“不是台湾人建立的，当前制度仍然是外来统治者残留下来的旧体制，并非台湾人自己亲手擎建，连精神上都洋溢着殖民式的依赖心态”[④]。同时，中国大陆有一堆导弹对着台湾，就前者而言，他们认为这违背了人民“主权”的要义；对后者而言，他们要在危急时刻，有足够动员群众、抵抗“侵略”的论述。

综上，20世纪90年代左右，随着全球化浪潮，各种各样以“后”为名的论述陆续进入台湾，为“台独”输入了所谓的“新鲜血液”，各种各样的国家认同也

① 邱贵芬：《〈发现台湾〉：建构台湾“后殖民”论述〉，载《中外文学》第21卷第2期，1992年7月。

② 廖朝阳：《评邱贵芬〈发现台湾〉：建构台湾“后殖民”论述〉》，载《中外文学》第21卷第3期，1992年7月。

③ 邱贵芬：《〈发现台湾〉：建构台湾“后殖民”论述〉，载《中外文学》第21卷第2期，1992年7月。

④ 施正锋：《台湾人的民族认同》，台北，前卫出版1990年版，第51页。

就在台湾文化和政治领域中出现，这对民进党上台后将“法理台独”发挥到极致产生了一定的作用，也对未来两岸达成和平协议制造了障碍。对此，我们需要从其理论根源入手，逐步剥析，慢慢破解，寻求两岸和平发展乃至和平统一的宪法学理论，为两岸结束政治对立作出应有之贡献。

协商民主:构建两岸关系和平发展框架的基本途径

汪进元[*]　汪新胜[**]

一、协商民主对构建两岸关系和平发展框架的功能分析

协商民主是一种民主的决策体制或理性的决策形式，在这一体制中，每个参与者都能够平等地参与公共政策的制定过程，自由地表达意见，愿意倾听并考虑不同的观点，在理性的昭示之下作出决策。① 协商民主不否认偏好的聚合，但不是偏好的简单聚合，而是平等主体之间基于共同的价值诉求，通过自由对话和协商，促进偏好的合理转换。从功能上说，协商民主可以培养参与主体克制自己、理解他人和服从真理的美德；加强参与主体承担决策后果的集体责任感；促进偏好转换、达成民主决策的最优化；化解利益集团的矛盾、促进文化交流、达至社会和谐等等。

协商民主对两岸关系和平发展的功能有如下几个方面。

1. 协商民主能够促进两岸相互包容和理解，化解两岸分歧和冲突

两岸分隔 60 年，在两岸分治的过程中，两岸中国人的思维模式、价值取向迥异。这种差异作为一种社会事实是客观存在的，并且还会产生新的差异和多样性。因此，不同环境中公民或团体可能无法共享同样的集体目标、道德价值或世界观。协商民主理论认为，多样性能够促进公众利用理性，达成多视角

* 汪进元：东南大学法学院教授、博士生导师、法学博士。
** 汪新胜：武汉大学法学院博士研究生。

① 陈剩勇、何包钢主编：《协商民主的发展》，中国社会科学出版社 2006 年版，第 2～3 页。

的统一。因为不同视角、利益和文化意义的对抗告诉人们各自的偏爱,并向对方揭示其自身的经验。倾听那些不同于自己的观点,让自己知道对方眼里自己的境遇,以及对方认为自己与他们的关系,对于具有权力和权威的团体来说,这一点尤其重要。协商民主鼓励包容性、参与性、倾听他人、尊重他者、理解他者,为分歧和冲突的解决提供了共同合作的方法。

理性包容、合作共进,已成为当前两岸共同的思维模式与价值取向。两岸双方都认知到两岸不仅需要遵循理性与包容、善意理解对方、相互尊重、相互扶持,更需要避免内耗。在此基础上,两岸应共同捍卫国家主权与领土完整,共同治理,共同发展。所以,通过协商民主来构建两岸关系和平发展框架具有现实意义。

2. 协商民主有助于形成两岸的理性共融与合作共识

协商民主理论认为,平等性和参与性是协商民主的核心要素。作为一种联合性社会活动的公共协商,是一种由多元主体平等参与的动态性自由对话过程,参与主体在理性的互动中才能维持这样一种活动。这样的对话性过程必须发生在一个可修正的制度和解释框架之中,协商主体及其制度间的对话使得这个框架保持开放性和民主性。① 协商民主理论坚信,协商并不一定能消除不同意见,但协商能使参与者产生理性,帮助参与者找到形成不同意见的基础,使他们在理性的基础上彼此达成共识。在协商民主理论看来,只要人们把相互对立的观点提出来,并相互交流、集体讨论就可能产生更好的结果。正如哈贝马斯所言,“对话的目的的确是为了获致自我理解——在对话中,作为具体的民族、地方、国家或地区的成员,参与者意在得到关于自身的清晰理解;在对话中,参与者意在确定他们如何对待他人;总之,在对话中,他们试图弄清楚他们想要生活在什么样的社会之中——这种对话也是政治的重要组成部分”②。哈贝马斯在其交往行动理论的总体框架之上,发展出了一个试图超越自由主义民主和共和主义民主的“第三种民主”的规范模式,即程序主义的协商民主。他认为,这种民主吸收了两方面的因素,并且用一种理想的商谈和决策程序把它们融合起来,并在协商、自我理解的话语以及公正话语之间建立了

---

① [美]詹姆斯·博曼:《公共协商:多元主义、复杂性与民主》,黄相怀译,中央编译出版社 2006 年版,第 199 页。

② [德]于根·哈贝马斯:《三种规范性民主模型》,载[美]塞拉·本哈比主编:《民主与差异:挑战政治的边界》,黄相怀等译,中央编译出版社 2009 年版,第 25 页。

一种有机联系。

在两岸关系中，从连宋的大陆之行到陈江的台湾之会再到两岸三通的实现等，增量共识已是当前的发展趋势。通过协商民主实现从增量共识到和平统一当不会太远。

3. 协商民主有助于增强两岸人民的集体责任感，促进两岸的和平发展。

两岸同属一个中国，这是两岸都认同的也是不可置疑的事实。但是在中国这一共同体的内部，由于历史和意识形态等诸多因素的影响，在一个共同体内部出现不同的观点和利益冲突是可以理解的。按照多元主义的观点，利益集团的多元化和多元利益的竞争性是公共政策合理化的社会基础。因为多元和竞争可以相互制约，可以达到超然的平衡和稳定。两岸人民有相同的文化传统，背负着中华民族复兴的共同责任，抛开观念和制度之间的差异，谋求一个中国之下的共同繁荣是我们的共同义务。

协商民主理论家认为，协商民主需要或受益于共享的国家认同，成功的协商取决于共同义务和责任。协商民主要求在认同共同体的前提下承担起各自的责任，这种共同体理念和责任意识的形成，应以共同利益为出发点。正是在这种意义上，我们认为，协商民主能够培养两岸的协商主体责任感，促进两岸公共福祉与和平发展。

二、港澳回归的民主协商对两岸关系和平发展的借鉴意义

（一）港澳回归的对话协商

1978 年以后，中国进入了一个新的历史时期。党和政府及时把完成祖国统一大业提上议事日程。随着“新界”租期届满日期逐渐接近，中国政府确定，一定要在 1997 年收回香港，恢复行使主权；在恢复行使主权的前提下，保持香港的繁荣和稳定。为实现上述基本方针，邓小平本着尊重历史、尊重现实的原则，提出要按“一个国家、两种制度”的构想，采取一系列特殊政策来解决香港问题。1979 年 3 月他向来访的香港总督麦理浩首次表明了上述意向，后又向英国外交大臣柯利达、前首相希思等人多次重申了这一立场。1982 年 12 月，

第五届全国人民代表大会第五次会议通过的新宪法规定:"国家在必要时得设立特别行政区,在特别行政区内实行的制度按照具体情况由全国人民代表大会以法律规定。"这就为中国政府在恢复行使主权后在香港设立特别行政区并实行不同于内地的制度和政策,提供了法律依据。

中英关于香港问题的协商和谈判历时两年,分为两个阶段。① 第一个阶段从 1982 年 9 月撒切尔夫人访华至 1983 年 6 月。第二阶段从 1983 年 7 月至 1984 年 9 月。双方的分歧主要集中于如下三个方面:

1. 关于香港的归属和主权问题。1982 年 9 月两国领导人会谈一开始,撒切尔夫人就提出以主权换治权:如果中国同意英国 1997 年后继续管治香港,英国政府可以考虑中国提出的主权要求。邓小平坦率地指出,主权问题是不能谈判的,1997 年中国要收回整个香港地区,这是谈判的前提,至于收回方式可以谈判和协商。邓小平随即阐述了中国以"一国两制"解决香港问题的构想,并希望在保持繁荣方面取得英国的合作。邓小平告诉撒切尔夫人,如果过渡时期内香港发生严重的波动,那时中国将被迫重新考虑收回香港的时间和方式。由于英方主张以主权换治权,坚持要在 1997 年后继续管治香港,直至 1983 年第四轮会谈毫无进展。针对上述情况,邓小平在会见英国前首相希思时明确指出,英国想用主权换治权是行不通的。他劝告英方改变态度,以免出现到 1984 年 9 月中国不得不单方面公布解决香港问题方针政策的局面。撒切尔夫人在僵持了一年之后终于妥协。10 月,她致函中国总理,同意在中国建议的基础上探讨香港持久性安排。至此,中英谈判的主要障碍开始排除。

2. 关于 1997 年后香港应作的安排。英方要求协议尽可能详尽、明确而且具有法律约束力。中方认为 1997 年后的香港安排属于中国内政,与英国经济利益无直接关系的问题,无须与英方讨论。在 1983 年 12 月第七轮会谈中,英方同意以中方的"十二条"为谈判的基础,并承诺不再提出任何与中国主权原则相冲突的建议。虽然此后英方仍不时提出许多与其承诺相违背并直接与中国的主权原则相抵触的主张,但都遭到中方的拒绝。②

---

① 参见《一国两制重要文献选编》,中央文献出版社 1997 年版,第 9 页以下。另见李后:《百年屈辱史的终结》,中央文献出版社 1997 年版,第 89～136 页。

② 英方在香港回归的过渡期的最后阶段提出了"三违反"的政改方案。参见钱其琛:《外交十记》,世界知识出版社 2003 年版,第十章。

3. 关于设立中英联合机构。为实现平稳过渡，中方于1984年2月提出了关于过渡时期的安排和有关政权移交的基本设想。建议在香港设立常驻性中英联合小组，其任务是协调中英协议的执行、商谈有关实现政权顺利交接的具体措施，监察过渡时期的有关事务。对此英方表示坚决反对，强调不要正式确定1997年前为"过渡时期"，不应在香港建立这样的常设机构，以免造成中英"共管"的印象。针对英方要求"保持尊严"的心态，中方一再表示过渡时期仍由英国负责管治，中方不加干顶。联合小组不是权力机构，只起协商和咨询作用。但英方仍表示难以接受，致使会谈陷入僵局。为推动谈判，英国外相杰弗里·豪于1984年两次应邀来京，与中国领导人会晤。双方本着互谅互让精神，就上述重大问题进行了深入的讨论。并于7月底基本达成一致。8月1日，双方宣布在中英协议生效时成立联合联络小组。此后，两国政府代表团又就国籍、民航、土地等具体问题举行了最后三轮谈判。终于在9月18日全部达成协议。1984年12月19日，中英两国政府首脑在北京正式签署了《关于香港问题的联合声明》。1985年5月27日，两国政府在北京互换了批准书，《联合声明》随即生效。

正如前副总理钱其琛所言，澳门回归中国的历程可谓风平浪静。中国和葡萄牙两国以"一国两制"的方针为基础，本着相互理解和平协商的精神，解决澳门回归问题的谈判过程相当顺利，合作良好。1999年12月20日，中葡之间终于顺利完成了澳门回归的政权交接。①

（二）港澳回归的经验之借鉴

中英《联合声明》的签署圆满地解决了两国之间历史上遗留下来的香港问题。它不仅为香港的长期繁荣和稳定提供了坚实的基础，有利于促进祖国的统一，也为和平解决国际争端和历史遗留问题提供了新的经验。

中英双方能就香港问题达成协议以和平的方式加以解决，在我们看来，最根本原因即是中英双方都坚持并不自觉地实践协商民主的精神。邓小平提出的"一国两制"构想及由此制定的基本方针政策，就是协商民主精神的体现和结晶。"一国两制"充分考虑到中、英、港三方面的利益，实事求是，切合实际。中英协商谈判的过程，实际上就是以构想为指导解决香港问题的过

① 参见钱其琛：《外交十记》，世界知识出版社2003年版，第十章。

程。在谈判中，中方在不损害主权的原则下，表现了高度的灵活性和包容性，理性地采纳了英方提出的各种合理建议，终于使“一国两制”构想为有关各方所接受。事后，撒切尔夫人对邓小平道明，会谈成功的奥秘就是他提出的“一国两制”，并赞扬“一国两制”构想为香港的特殊历史环境提供了富有想象力的答案。

港澳回归中的中英协商谈判即是跨国协商民主的典型范例，在此过程中，理性对话与协商贯穿全过程。联合国第五任秘书长德奎利亚尔赞扬说：“在紧张和对抗不幸地笼罩着世界上许多地区的时候，对香港未来地位的谈判取得成功，将毫无疑问地被认为是在当前国际关系中，有效的、静悄悄外交的一项极为突出的范例。”①撒切尔夫人也表示《联合声明》的签订在英中关系的历程中以及国际外交史上都是一个里程碑。

和平统一，一国两制是港澳回归的宝贵经验，也是跨国协商民主的成功典范。港澳回归以和平方式创造的“一国两制”港澳模式，表明“一国两制”不仅具有科学性，而且具有可行性和强大的生命力，并为台湾问题的解决提供了成功的范例。它表达了不同制度下的中国人要求统一的愿望，为不同的政治制度下的中华民族政治实体的统一提供了一个各方面都能接受的方式。

三、两岸关系和平发展的民主协商之历史回眸

自《告台湾同胞书》发表以来的 30 年中，两岸主要进行了“九二香港会谈”，两次“汪辜会谈”，2000 年以后的两岸政党会谈和三次“陈江会谈”等两岸对话和协商。从历史的角度看，两岸关系经历了从对抗逐渐走向对话协商。两岸关系的这一历史性变迁为协商民主构建两岸关系和平发展框架提供了历史性契机。从现实角度来看，和平发展成为两岸主流民意和共同的价值追求，经由理性对话与协商达成和平协议，构建新型和平发展两岸关系，成为当今两岸共识。这一共识为协商民主构建两岸关系和平发展框架奠定现实基础。

---

① 转引自王振民：《中央与特别行政区的关系：一种法治结构的解析》，清华大学出版社 2002 年版，第 86 页。

（一）“九二香港会谈”

1986 年 5 月进行的“华航”代表与中国民航代表，关于“华航事件”进行的商谈，成为 1949 年以来，海峡两岸有关方面就处理具体问题进行的第一次公开商谈。1990 年 9 月，中国红十字会与台湾的红十字组织关于台湾军警在遣返大陆私渡人员问题，签订“金门协议”，这是 1949 年以来，两岸分别授权的民间团体签订的第一个书面协议。“华航事件”和“金门协议”，开创了两岸接触和商谈的局面。

20 世纪 90 年代初，海协会与海基会先后成立。1992 年 10 月 26 日至 10 月 29 日，海协会与海基会在香港举行了工作性商谈。在得到各自相关部门的授权后，1992 年 11 月 16 日，海协会致函海基会，指出海基会在香港商谈中就表述坚持一个中国原则的态度“提出了具体表述内容，其中明确了海峡两岸均坚持一个中国的原则”；重申了同意以各自口头表述的方式表明“海峡两岸均坚持一个中国之原则”的态度，并提出海协会口头表述的要点：“海峡两岸都坚持一个中国的原则，努力谋求国家统一。但在海峡两岸事务性商谈中，不涉及一个中国的含义。”并以附件的方式，将海基会在香港提出的第八个表述方案附在这封函中，作为双方彼此接受的共识内容。12 月，海基会回函对此未表示任何异议。“九二共识”作为两岸 43 年来的第一个政治共识，为两岸商谈奠定了必要的政治基础。

（二）“汪辜会谈”

1993 年 4 月 27 日至 29 日，在海协会的积极推动下，经过海峡两岸的共同努力，第一次“汪辜会谈”在新加坡正式举行。这是海峡两岸授权的民间机构最高负责人之间的首次会晤，也是 40 多年来，两岸高层人士的首次接触商谈。“汪辜会谈”是海峡两岸高层人士在长期隔断之后的首次正式接触，是两岸走向和解的历史性突破，是两岸关系发展进程中的“重要里程碑”。双方在会谈中相互尊重、平等协商，为今后各领域的互助合作提供了可资借鉴的范例，标志着两岸的谈判时代已经来临。两会联系与沟通管道的确立，开启了两岸沟通正常化、制度化的大门，对今后两会领导人互访及解决两岸交往中存在的问题将起到积极的作用。会谈的成功有助于增进两岸的互信，说明只要双方本着“求同存异，平等协商”的原则坐下来谈，许多问题都可望得到解决。

第二次汪辜会谈在上海举行。1998 年 10 月，海基会董事长辜振甫率海基会代表团访问上海、北京，与海协会会长汪道涵在上海举行了“汪辜会晤”。这次会晤开启了两岸政治对话，双方还达成了包括两岸继续进行政治对话及汪道涵会长应邀访问台湾的“四项共识”。但这一新局面不久即遭到“台独”的破坏。李登辉抛出“两国论”，拆毁了两会商谈的基础；陈水扁上台后，拒不承认一个中国的原则，拒不承认两岸两会达成的“九二共识”，两岸关系持续陷入紧张僵局，两会从此中断，未能再续协商。

(三)2000 年以后的两岸政党会谈

两岸两会中断以后，大陆一方面同主张“台独”的分裂势力作坚决斗争，另一方面为重新恢复两会对话和协商做了大量的工作和努力，进行了一系列两岸政党会谈。2000 年 7 月以来，海协会先后三次邀请国民党、亲民党和新党的民意代表组成的大型代表团访问大陆，多次邀请泛蓝“立委”和有关人士组团到大陆访问，就坚持两会 1992 年共识并以此为基础重开两岸对话、推动两岸直接“三通”等问题，不同程度地达成了共识。2001 年 7 月，中台办和新党大陆事务委员会代表团就两岸关系的重大问题进行对话。这一政党交流的形成，成为两岸关系发展中的一个有益的尝试。10 月，海协会再次邀请以新党“立委”带队、由台湾全部 6 家航空公司负责人组成的“两岸空运直航访问团”来访，两岸航空业者首次就两岸空中直航相关问题交换意见并达成“三点结论”和“六点期望”，为推动两岸直接“三通”作出努力。特别是在泛蓝“立委”的努力下，先后实现 2003 年和 2005 年“春节包机”，在两岸“直航”上作了有益的尝试。

特别是 2005 年 4 月和 5 月，中国共产党先后邀请中国国民党主席连战和亲民党主席宋楚瑜来大陆访问，在坚持“九二共识”和反对“台独”基础上，发表了“两岸和平发展共同愿景”，为建立两岸政党交流机制和建立“两岸关系和平稳定发展政治架构”、“两岸经济合作机制”提出了具体建议。大陆与承认“九二共识”、反对“台独”、主张发展两岸关系的台湾各党派开展的交流与对话，体现了相互尊重、求同存异、平等协商的精神，体现了大陆在一个中国原则下改善和发展两岸关系、推动两岸重开对话的诚意。

（四）“陈江会谈”

2008年3月以后，台湾局势发生了积极变化，两岸关系发展面临着难得的历史机遇。海基会、海协会先后改组，并同意在“九二共识”基础上尽快恢复商谈。5月28日，胡锦涛会见率团来访的国民党主席吴伯雄并同他举行会谈。两党领导人会谈达成尽快恢复两会的交往协商的重要共识。

2008年6月12日至14日，海协会与海基会在北京恢复了中断九年之久的商谈，标志着新形势下两岸关系改善和发展有了一个良好开端。两会就两岸周末包机、大陆居民赴台旅游议题进行了平等协商并签署协议。两会还就海协会会长陈云林年内率海协会代表团赴台访问并进行两会协商达成了共识。两会成功复谈表明，只要双方秉持建立互信、搁置争议、求同存异、共创双赢的精神，就一定能够不断推动两岸商谈进程，不断取得更多积极成果。

2008年11月4日，海峡两岸关系协会会长陈云林与台湾海峡交流基金会董事长江丙坤在台北举行会谈。双方就两岸空运直航、海运直航、邮政合作、食品安全等议题进行了商谈，就继续促进大陆居民赴台湾旅游、合作应对国际金融危机、加强两岸经济交往开展了对话，并就下一阶段两会协商议题、加强会务联系、开展交流合作等事宜交换了意见。两会领导人在台北举行会谈，是两会制度化协商的重大突破，也是两岸关系发展中的重要一步。双方在解决两岸海运、空运、邮政、食品安全等问题方面取得重要共识，将使两岸同胞渴望了30年之久的两岸直接通航、通邮变为现实，为两岸人员往来和经济合作开辟便捷的路径，从而增进两岸人民福祉，带动两岸关系发展进入新的里程。

2009年4月26日，海峡两岸关系协会会长陈云林与台湾海峡交流基金会董事长江丙坤在南京紫金山庄举行两会恢复协商以来的第三次会谈。双方就两岸空中定期航班、两岸金融合作、两岸共同打击犯罪及司法互助等议题进行了商谈，就大陆资本赴台投资事宜交换意见，让两岸的大“三通”得以初步实现。

四、两岸关系和平发展的民主协商之原则、途径与愿景

（一）两岸关系和平发展的民主协商之原则：一个中国

世界上只有一个中国，两岸同属一个中国，这是两岸和平发展的基础和前提。目前两岸虽然没有统一，但两岸同属一个中国的基本状况没有任何改变。胡锦涛同志指出："大陆和台湾尽管尚未统一，但不是中国领土和主权的分裂，而是上世纪四十年代中后期中国内战遗留并延续的政治对立，这没有改变大陆和台湾同属一个中国的事实。两岸复归统一，不是主权和领土再造，而是结束政治对立。"[①]坚持一个中国原则，是两岸关系和平发展的政治基础。台湾任何政党，只要承认两岸同属一个中国，我们都愿意同他们交流对话、协商谈判，什么问题都可以谈。两岸应当在一个中国原则的基础上，协商正式结束两岸敌对状态，达成和平协议，构建两岸关系和平发展框架，开创两岸关系和平发展新局面。[②]

在处理两岸关系事务中，坚持一个中国原则就是坚持世界上只有一个中国、大陆和台湾同属一个中国、中国的主权和领土完整不容分割。其核心是维护中国的主权和领土完整。台湾是中国领土的一部分，最终必须与大陆统一。统一的最好办法是和平方式。因此，承认一个中国，就不能搞"台湾独立"、"两个中国"、"一中一台"等分裂活动；承认一个中国，两岸就有了共同的基础和前提，可以通过平等协商，找到解决双方政治分歧的办法，实现和平统一。如果否认一个中国原则、图谋将台湾从中国领土中分裂出去，那就会使和平统一的前提和基础不复存在，从根本上断送和平统一的前景。"一个中国"的观念在两岸民众和主流政治精英中有着根深蒂固的影响，塑造着话语辩论的结果和命运共同体的形成，对两岸关系和平发展有很大的促进作用，也成为两岸协商民主的原则和基础。

---

① 胡锦涛：在纪念《告台湾同胞书》30周年座谈会上发表的讲话。

② 胡锦涛：《推进"一国两制"实践和祖国和平统一大业》，十七大报告。

(二)两岸关系和平发展的民主协商之途径

民主协商是两岸关系和平发展的基本途径。但在具体的方式上仍有再造之处。两岸商谈与对话的曲折历程表明,建立两岸稳定的沟通机制和管道,是保证两岸关系正常发展的关键。我们认为,从民间的民主协商到官方的民主协商是构建两岸关系和平发展框架的必由之路和可行之道。竞争性联邦制是解决两岸关系的可行性国家结构模式。

1. 两岸两会协商机制。20 世纪 90 年代初,为了适应海峡两岸人员往来和经济、文化交流的迅速发展而产生的两岸接触与商谈的迫切需要,海基会与海协会相继成立。两会虽然是民间法人机构,但因受权处理两岸事务性协商而具有准官方机构的性质。两会成立后举行了包括第一次"汪辜会谈"在内的各种层级的 17 次商谈和 1998 年 10 月的政治对话,并达成了两岸"九二共识"。但由于李登辉为代表的"台独"势力公开破坏"一个中国"原则,两会商谈机制被迫中断。[①] 2008 年 6 月 12 日,两会对话与谈判在北京重启。两岸双方不仅签订周末包机直航与大陆居民赴台旅游两个协议,而且通过恢复两会日常联系、加强两会日常交流,重新恢复和建设两会商谈机制。双方就恢复两会紧急联系人制度、建立两会各层级的沟通机制达成共识,推动组织海协会和海基会董监事互访,还将积极促成两岸业务主管部门人员以两会名义互访。这些举措为两会协商机制的长效化和稳定化奠定了坚实基础。

2. 两岸政党协商机制。两岸对和平的共同诉求,使得 2005 年两岸政党交往有了现实可能。从国民党、亲民党、新党三党角度而言,两岸政党交往具有寻根祭祖、政党之间的政治和解、为了推动两岸的经贸合作等特点。2009 年 5 月,民进党籍的高雄市长陈菊以行销世运名义访问大陆,不仅是两岸政党交流的新的里程碑,更是大陆对台工作的重要突破。[②] 两岸政党交流增进了彼此的了解与理解,为发展两岸关系奠定了现实基础;建立了政党定期沟通平台,为两岸关系发展提供了新枢纽;促进了两岸的经贸合作,为发展两岸关系添加了润滑剂。在两岸政党交流中,通过国共两党的共同努力,国共交流平台得以构建,并成为两岸交流与对话的有效机制。几年来,"胡连会"连续举行了

---

① 郜言:《回顾海峡两岸两会对话与谈判》,载《台声》2008 年第 5 期。

② 《两岸政党交流中共将迈大步》,载台湾《中国时报》2009 年 5 月 31 日。

四次，国共两党之间形成了相对定期的沟通机制，提出了影响深远的“两岸和平发展共同愿景”，推动了两岸的和平发展。作为两岸政党协商与交流的知名品牌和两岸“执政党交流平台”，国共论坛所讨论的议题易于得到执政高层的关注；在两岸领导人尚不适宜会谈的情况下，能够在高层传递信息方面起到独特的作用；有些较为敏感的政治议题可以由国共平台出面加强沟通，推进两岸互动的步伐，这些问题的讨论对于加强两岸和平发展框架中和平机制的建设不无意义。① 中国共产党只有与台湾各政党开展广泛、深入的沟通、交流和协商，才能真正达成两岸稳定和不断深化的两岸政治互信与共识，也才能真正使两岸在融合、统一和繁荣的历史中居于主导地位和发挥引导职能。②

3. 两岸民间团体的协商机制。大力加强两岸产业协会、商会及其他民间组织的沟通与合作，构建多元、复合、宽领域、多层次相互补充的两岸商谈机制，是深入接触台湾各层面、增强两岸同胞了解与互信的一个重要方式，也是胡锦涛总书记“寄希望于台湾人民”的对台方针和策略的贯彻和落实。台湾各民间团体和民间组织绝不仅仅是两岸商谈机制中的辅助角色，它们有可能成为加快加深两岸“公权力”合作的巨大推动力。2009 年 5 月在福建省成功召开的海峡论坛，创立了新形势下两岸关系和平发展的新机制，是两岸民间交流、对话与协商的综合性新平台。③ 这一平台蕴涵着扩大两岸民间交流、加强两岸合作、促进两岸共同发展重要功能。从两岸经贸合作方面来看，若能注重构筑两岸同业中介组织之间的谈判磋商、协议安排和协调仲裁等机制平台，就有可能会对今后适时引入两岸“公权力”，构建“官方”正式的持续性、常规化经贸合作机制起到意想不到的促进作用。

4. 竞争性联邦制的启示。从目前来看，台湾方面并不接受“一国两制”港澳模式。由于台湾问题不同于港澳问题，未来“一国两制”台湾模式，应该而且可以充分借鉴“一国两制”港澳模式的经验，并可由大陆和台湾在进行有效的

---

① 赵森:《两岸关系和平发展框架的构建途径》，载《当代世界与社会主义》2009 年第 2 期。

② 肖永国:《论两岸政党沟通和交往》，中国新闻评论网，http://cn.chinareviewnews.com/doc/1008/6/8/1/100868150.html? coluid = 123&kindid = 0&docid = 100868150，下载日期:2009 年 10 月 13 日。

③ 《海峡论坛　两岸民间交流新平台》，http://www.chinareviewnews.com 2009—05—17，下载日期:2009 年 10 月 15 日。

协商基础上有所发展和超越。

从本质上来说，台湾方面反对“一国两制”，是不接受在港澳模式中形成的大陆与港澳之间的中央与地方关系，即“一国两制”港澳模式中的授权性自治。根据目前台湾与大陆是两个互不隶属的政治实体的现状，考虑台湾同胞的平等和民主诉求，结合“和平统一，一国两制”方针的贯彻和落实之现实需要，未来“一国两制”台湾模式应当跳出纯粹的单一制思维，从单一制下的分权性自治找出路。在此，美国的竞争性联邦制给我们以启示和借鉴。

欧美学者在讨论联邦制时，集中在讨论“竞争型联邦制”（competitive federalism）、“合作型联邦制”（cooperative federalism）及其中间形态。当代美国的联邦制就是典型的“竞争型联邦制”，德国的联邦制就是典型的“合作型联邦制”。①

美国宪政体制下的联邦制先后经历了“二元联邦主义”、“合作联邦主义”和“新联邦主义”这几个阶段，最终形成了当代的竞争型联邦制。“二元联邦主义”理论认为，联邦与州在地位上平等，在不同的领域中拥有各自的管辖权，联邦政府不得侵犯州权的管辖范围，亦不得侵犯人民的权利和自由。②“合作联邦主义”是在20世纪30年代由美国第32任总统富兰克林·罗斯福提出的。该理论认为联邦政府与州政府应该进行合作，采取联合行动，不应过于顾及联邦和州权的界限。“新联邦主义”（New Federalism）是美国联邦制发展的第三个阶段。该理论认为，为了解决联邦政府的过度集权带来的危机，最有效的办法是使政府现代化，而政府现代化的关键是扭转联邦政府的集权趋势，“还权于州”，“还权于民”，加强州和地方政府在解决经济和社会问题中的作用。

美国的竞争型联邦制的特点在于：在国家领土统一的前提之下，联邦政府与各州政府地位平行独立、相互竞争，并允许公民以足投票。在竞争型联邦制下，制度竞争使公民们大权在握并最大限度实现人民主权，导致政府为吸引公民和投资者而投入信息成本和交易成本，使得政府为了满足公民的偏好努力推行一些公共政策创新。其反馈结果最终可能是增强一个辖区的区位竞争力

① 关于“竞争型联邦制”和“合作型联邦制”的相关论述，可见冯兴元：《中国辖区政府间竞争理论分析框架》，北京天则经济研究所网站；叶阳明：《全球化与欧洲化对德国民主治理的冲击及其回应》，载《台德学刊》2005年第8期。

② 王希：《原则与妥协》，北京大学出版社2000年版，第198～199页。

和吸引力。[①] 回到“一国两制”中“两制并存，相互竞争和发展”的设计理念，我们可以看出竞争型联邦制与“一国两制”的意涵有着相当程度的契合。因此，竞争型联邦制应当而且能够为台湾问题提供借鉴和智识支持。

(三)两岸关系和平发展的愿景

推动两岸关系和平发展，是大势所趋、人心所向。构建两岸关系和平发展的民主协商机制，就是在“一个中国”的原则下，通过两岸之间的理性对话和协商，构建平等参与、自由对话、协商包容、理性共融的运行机制，促进两岸关系和平发展。其目的就是使两岸在政治上协商治理、经济上共同繁荣、文化上一多兼容、军事上相互信任，最终实现祖国统一和民族复兴。

政治上协商治理：就是两岸在平等原则下，逐步开展政治性对话与协商，营造两岸关系持续发展的协商治理模式。治理是90年代后出现的一种政治管理模式。治理不同于统治。如果说统治是一种单一终极权威的中央集权管理模式的话，那么治理则指的是一种政府与民间、公共部门与私人部门等多元主体的共同管理模式。在两岸关系上，抛开统治可能产生的误解，建立两岸协商共治的政治管理模式。

经济上共同繁荣：就是在两岸经济关系持续发展之基础上，更加紧密地携起手来，全面深化和扩大经济交流与合作，相互扶持，优势互补，实现两岸互利双赢和共同繁荣，推动两岸关系朝和平稳定的方向发展，造福两岸民生。近年来两岸空运直航、海运直航和直接通邮等，为台海地区的经济发展铺平了道路。[②] 目前两岸正在着手准备商签经济合作框架协议。根据台湾“政府经济部和劳委会”预测，两岸签署经济合作框架协议将带动台湾经济增长0.7%至1.65%，增加就业人数10万至25万人。[③] 紧密的经济合作过程，将整合两岸经济社会资源，增加两岸人民共同参与全球经济活动的机会，通过良性互动使双方充分理解对方的立场，积累彼此间的了解与互信，促进两岸同胞的相互认

---

① 冯兴元：《中国辖区政府间竞争理论分析框架》，北京天则经济研究所网站。

② 《两岸直接“三通”基本实现　开创历史新页》，http://news.xinhuanet.com/newscenter/2008－12/15/content_10509761.htm，下载日期：2009年10月25日。

③ 曾昭鹏：《中国今年内愿与台启动经合谈判》，载联合早报网，http://www.zaobao.com/special/china/taiwan/pages12/taiwan091026.shtml，下载日期：2009年10月27日。

同和融合。

文化上一多兼容：就是以中国传统文化为“一”，以传统文化、马克思主义文化、西方自由主义文化等的共存为“多”；“一多兼容”，也就是指以中国传统文化为根基和主干，以大陆马克思主义文化和台湾西方自由主义文化为枝叶来建构新的中国文化。[①] 两岸文化本属同源，60 多年的分治形成了大陆的马克思主义与中国传统文化的融通模式、台湾的西方自由主义与中国传统文化的融通模式。这两种模式虽有区别，但有同根的基础，不仅可以并存，而且还可以进一步融通。2009 年 4 月，连战、宋楚瑜先后到大陆拜祭中华民族人文始祖轩辕黄帝。[②] 2008 年以来，两岸文化对话与文化合作日益深化；大陆方面成功举办了系列“海峡两岸艺术节”大型文化交流活动，搭建两岸交流平台；文化入岛十分活跃；两岸文化产业合作迈向新台阶；两岸文化往来更加密切。

军事上相互信任：就是两岸建立军事安全互信机制。其前提则是一个中国原则，目的是两岸双方共同维护祖国的主权和领土完整，防范和打击“台独”分裂活动、一切企图分裂国家和破坏中华民族共同利益的外国分裂活动，推动祖国和平统一。两岸应本着先易后难、增量共识的原则进行，循序渐进、分步骤有计划地推进。

---

① 参见汪进元：《宪法认同的文化分析》，载《中国法学》2005 年第 1 期。

② 中国台湾网：《华夏儿女聚首陕西公祭轩辕黄帝》，http://www.chinataiwan.org/sy/gd/200904/t20090404_862491.htm，下载日期：2009 年 10 月 25 日。

法视域下之和平协议*

龚向和** 左权***

党的十七大报告首次以官方文件的形式郑重呼吁:"在一个中国原则的基础上,达成和平协议,构建两岸关系和平发展框架,开创两岸关系和平发展新局面。"①此倡议一经提出就得到台湾岛内媒体和亲民党、国民党等一些政党的积极回应。胡锦涛在纪念《告台湾同胞书》发表30周年纪念座谈会的讲话中,再次发出"达成和平协议"的呼吁,台湾地区领导人马英九在接受《印度暨全球事务》季刊采访时称,他愿努力在任期内尽量完成与大陆签署和平协议。两岸都在不同场合表达了同样的诉求,可以说,两岸关系的和平发展已经成为两岸民意的主流,②签订和平协议已积累了相当的政治、民意和现实条件。由于"台湾问题是政治问题,也是法律问题",③法律机制在设计、签订和平协议以及构建两岸关系和平发展框架中具有基础性和关键性的作用。因此运用法律思维研究和平协议等两岸议题,从法制层面分析和解决两岸关系发展中的重大现实问题,显得尤为迫切。

* 祝捷博士的博士论文《海峡两岸和平协议研究》中极富学术性的观点和见解,为本文的写作提供了极有价值的参考,特此致谢!

** 龚向和:东南大学法学院副院长,教授,博士生导师,宪政与人权法研究所所长,法学博士(后)。

*** 左权:东南大学法学院博士生。

① 胡锦涛:《高举中国特色社会主义伟大旗帜,为夺取全面建设小康社会新胜利而奋斗——在中国共产党第十七次全国代表大会上的报告》,2007年。

② 2008年5月马英九当选台湾地区领导人之后,《远见》杂志所做的民意调查显示,71.6%的台湾民众认为,应该签订两岸和平协定。参见余克礼:《两岸应正式结束敌对状态签订和平协定的问题》,载《中国评论》2009年第8期。大陆方面的民意自不待言。

③ 周叶中:《台湾问题的宪法学思考》,载《法学》2007年第6期。

一、台湾问题与和平协议

推进两岸关系和平发展、实现祖国完全统一是全体中华儿女的共同心愿。在“一国两制”的构想下，香港和澳门顺利回归，并获得了长期的繁荣和稳定。与香港问题和澳门问题相比，台湾问题则更为敏感和复杂。

（一）台湾问题的历史与现实

众所周知，历史的内战遗留和现实的政治对立造成了所谓的“台湾问题”。“1949年以来，大陆和台湾尽管尚未统一，但不是中国领土和主权的分裂，而是上个世纪40年代中后期中国内战遗留并延续的政治对立，这没有改变大陆和台湾同属一个中国的事实。”①中国内战于1946年爆发，国共两党形成了交战关系。双方历经几大战役，共产党最终取得胜利，国民党在大陆战败，退居台湾。1949年10月1日，中华人民共和国中央人民政府在北京正式宣告成立，12月7日，“中华民国中央政府”正式迁往台北市，两岸自此进入对立与分治状态。“中华民国政府”现实际控制台湾岛、澎湖群岛、金门群岛（含乌丘）、马祖列岛、东沙群岛，以及南沙群岛的太平岛和中洲岛。进入21世纪，尽管台湾地区已经两次实现“政党轮替”，但两岸关系的现状仍是历史事件的延续，即两岸仍然处于政治对立、军事对峙状态中。

（二）和平协议是台湾问题的必然选择

中国内战60多年来，交战双方从未签订任何具有停战意义的协定或文件，也没有任何一方正式宣布结束与另一方的战争。这场战争一直以两岸的对峙状态和两岸分治的形式延续至今。在武装冲突法和历史实践中，结束敌对状态主要通过以下方式：一是投降。指交战一方承认自己战败而要求对方停止战斗的一种方式。二是停火。交战双方或一方暂时停止攻击，其目的大多是军事性的，如收集和撤离伤病员等。三是停战。停战是通过缔结停战协

① 胡锦涛：《携手推动两岸关系和平发展、同心实现中华民族伟大复兴——在纪念〈告台湾同胞书〉发表30周年座谈会上的讲话》（2008年）。

定而取得的结果，按其规定来说是军事性的，按其目的是政治性的。它因涉及分界线划定、非军事区设置、战俘、监督机构、撤离或占领等问题而更能保障战后稳定。[①] 四是和平协定(Peace agreement)[②]。它用来结束武装冲突或敌对状态。用于结束国家之间武装冲突的构成和平条约，如以色列与埃及、约旦签订的和平条约等。用于结束内战的是和平协定，这类协定通常由一国政府同非国家实体签订的，以书面形式做成并经过冲突各方签署。[③] 如波黑和平协议、北爱尔兰和平协议、尼泊尔和平协议等。“战争不仅是大规模武装冲突的事实，还是一种法律状态。这种法律状态并不因武装冲突的停止而结束。”[④] 从内战角度来看，若非战争双方的其中一方被彻底消灭，战争的结束也就应当由双方协议性质的文书来宣告或决定。由此可见，海峡两岸的武装冲突停止并不意味着内战的结束。

“和平统一、一国两制”无疑是解决台湾问题的最佳方案，但只能是分阶段、有步骤地实现。就目前的情势而言，两岸签订和平协议，结束政治上的对立、军事上的对峙，无论在理论上，还是在实践中，都是最为现实的选择。这不但会改变10多年来两岸关系“政冷经热”的不平衡现状，在政治和法律两个层面推进两岸关系和平发展的新局面，也能为最终实现和平统一的目标铺平道路。签订和平协议是两岸关系和平发展的需要，也是为两岸同胞民生谋福祉的需要，具有广阔的政治前景和现实意义。

二、和平协议之法学分析

和平协议作为法律文件，一方面可以结束两岸对峙状态，消除台海地区爆

---

① 以上分析参见张文贤主编:《国际惯例词典》，复旦大学出版社2000年版，第30页。

② 注:也可译为“和平协议”。官方对十七大报告中“和平协议”一词英译为“peace agreement”。

③ 和平协定的签订者可以是政府与反政府武装，可以是交战的政党，也可以是交战的政治、军事或宗教团体。但这些协定是否构成条约，还需要具体分析。详参朱文奇、李强著:《国际条约法》，中国人民大学出版社2008年版，第23～24页。

④ 白桂梅著:《国际法》，北京大学出版社2006年版，第572页。

发战争的可能性,为两岸关系的和平发展奠定法理基础;另一方面它又能够建立相应的配套制度和程序,有效落实两岸关系和平发展的愿景。但就目前形势看来,和平协议还处在设想和论证阶段,距离着手签订尚有一段路要走。理论上对和平协议以及两岸关系和平发展框架的研究不足,比较政治学中基于其他特定政治结构产生的理论模式,在解释和预测两岸关系时,总有一定缺陷。① 理论资源的匮乏使两岸在和平协议议题上出现了动力不足,造成了理论窘困的现象。以下笔者将从法学角度对和平协议从协商、基础、内容、签署、影响等方面进行探讨,以期助益于和平协议的规范研究。

(一)协商平台的搭建

两岸签订和平协议已经成为两岸关系和平发展、为两岸人民谋福祉的美好愿景,从而具备了一定政治、民意和现实基础。然而两岸怎么能够挣脱历史遗留的问题和情结、现实的冲突和纠葛?质言之,两岸之间协商谈判还存在许多难以打开的"结"。如果两岸不愿意坐到谈判桌前就签订和平协议进行谈判和协商,和平协议也仅仅是一种"愿景"而已,更遑论构建两岸关系和平发展框架。"主权争议"是两岸最根本的结,②解开这个结,或者采取合适的策略绕开这个结,就成为达成和平协议首先要解决的问题。以当前大陆和台湾对"国家"、"主权"的现实争议,双方的主张都不能为对方所接受。由于"两岸可就在国家尚未统一的特殊情况下的政治关系展开务实探讨"③,大陆和台湾地区都可以暂不考虑对方是否为一个政治实体,其公权力机关是否具有"合法性"等敏感问题,而采取具有现实性的、可操作性的,两个"去主权化"的、政治意味较淡的主体称谓。当然这样的双方称谓,既要实现对"九二共识"和"一个中国"原则的体认,也要表现对台湾当局的尊重,体现大陆方面的善意和诚意。

由大陆和台湾地区通过谈判方式签订和平协议是唯一可行的方式。遗憾的是,两岸政治对话的意愿却由于谈判(或协商)的主体、议题、程序等问题存

---

① 学者们就"两德"统一、欧盟模式、联邦制、邦联制等统合模式进行了大量有益的探讨,但由于以上模式都与两岸之间的关系有着本质的区别,并不能适用。

② 张亚中:《两岸"主权"论》,生智文化事业有限公司 1998 年版,第 2 页。

③ 胡锦涛:《携手推动两岸关系和平发展、同心实现中华民族伟大复兴——在纪念〈告台湾同胞书〉发表 30 周年座谈会上的讲话》(2008 年)。

在相当大的分歧，并没有得以实现。如今"两会"已实现了中断九年后的多次会谈，签订了多项协议，海协会负责人也首次访台。两岸之间的交流合作不断加深，事务性谈判已经渐成制度，并走向常态化，并有"两岸文化经贸论坛"等其他多种交流形式。这些都累积了两岸的共识和互信，促使两岸关系向前不断发展。尤其可喜的是党际交往日益活跃，中国共产党和台湾地区的政党及代表团的交流使两岸局势获得了缓和并好转，其中以中国共产党和中国国民党间的交流最为典型。这就为两岸之间采取合适的方式开展政治对话开辟了道路。国共合作曾经是两岸政治谈判的最佳形式，通过国共两党的对话平台实现和平协议的协商谈判，具有比较深厚的历史基础和有利的现实环境，也可以有效地回避"主权"、"国家"以及地位是否对等的争议。当前一个良好的契机就是马英九重任国民党主席，而国民党是台湾地区的"执政党"，形成了马英九是台湾地区领导人和国民党主席的双重身份。由于近年来国共两党形成的良好的互动机制，以及两岸民众热切期盼的"国共第三次合作"，尽快实现国共两党领导人的会晤，从而搭建一个国共更深层次意义的对话和协商平台，这就使得签订和平协议更加具有现实的可能性。

（二）民族共识的达成

和平协议的达成，应当建立在有效协商、达成共识的基础之上。但由于两岸在意识形态、政权和国家三个层次上的现实分歧，在民族层次上形成"中华民族共识"，是签订和平协议阻力最小的选择。黄嘉树教授认为，一旦两岸"同属中国人"的身份认同，以法律文件的形式加以确认，就意味着在国家的政治统一实现之前，先实现了中华民族的统一。两岸互动架构能立足于这样的基础之上，自可保证长期的和平与稳定。① 2007 年 10 月，胡锦涛在十七大报告中，除继续肯定"大陆和台湾同属于一个中国"的提法外，还首次提出"中国是两岸同胞的共同家园，两岸同胞理应携手维护好、建设好我们的共同家园"，"十三亿大陆同胞和两千三百万台湾同胞是血脉相连的命运共同体"，并将台湾问题提到了"维护中华民族根本利益"的高度。这就凸显了两岸的血脉联系，淡化了政治色彩、强化民族符号的意义。2008 年 5 月 20 日，台湾地区领导人马英九在就职演说中提出了"两岸人民同属中华民族"，不啻为对大陆方

① 黄嘉树:《两岸和平问题研究》，载《教学与研究》2007 年第 7 期。

面释放善意的呼应，为当前两岸认同提供了一个新的基点。2008 年 12 月，胡锦涛再次将解决台湾问题提高到全民族发展的高度，将两岸关系和平发展作为“为中华民族谋复兴”的必要条件。由此看来，两岸都已经开始尝试在民族层次上构建认同。“中华民族认同”并不表示对国家认同的否定，它既是对“九二共识”的继承与发展，也是对“一个中国”透彻理解的结果，是当前两岸认同背景的务实选择。“中华民族认同”具有很强的包容力，可包容两岸民众对政党、政权和国家的各种不同认知，足以为两岸的协商沟通提供缓冲和发展空间。正如前海基会秘书长邱进益所言：“用一个中华民族的概念处理问题，很多问题可以迎刃而解。”①周叶中教授和祝捷博士认为：和平协议的性质是一种法理共识，基础是中华民族认同。它是两岸正式结束敌对状态，构建两岸关系和平发展框架的主要法律文件，为两岸关系和平发展提供制度性协商机制。② 由此可见，两岸在“中华民族认同”的基础上达成共识，能够为签订和平协议奠定坚实的法理基础。

（三）规范框架的构建

基于中国共产党对“两岸政治谈判”具体内容的开放立场，即“在一个中国的前提下，什么问题都可以谈”，“地位是平等的，议题是开放的”，“只要台湾当局承认‘九二共识’，两岸对话和谈判即可恢复，而且什么问题都可以谈”。③因此，和平协议的内容也是多方面的，学者们也起草了形形色色的和平协议方案。台湾方面比较有代表性的是张亚中教授拟定的《两岸和平发展基础协定》④和邱进益先生草拟的《两岸和平合作协议草案》⑤；大陆方面周叶中教授和祝捷博士也首次公开发表了《海峡两岸和平协议》（建议稿），民间还有多种版本流传。李家泉研究员认为达成和平协议内容应包含以下内容：一是关于台湾的政治定位，二是关于“九二共识”的表述，三是关于两岸政党关系，四是

---

① 邱进益：《提出〈两岸和平合作协定草案〉的心路历程》，载《中国评论》2008 年第 11 期。

② 周叶中、祝捷：《海峡两岸和平协议》（建议稿），载《法学评论》2009 年第 4 期。

③ 胡锦涛：《坚持一个中国原则，促进祖国统一大业》，载《党的文献》2006 年第 2 期。

④ 张亚中：《〈两岸和平发展基础协定〉刍议》，载《中国评论》2008 年第 10 期。

⑤ 邱进益：《提出〈两岸和平合作协定草案〉的心路历程》，载《中国评论》2008 年第 11 期。

关于台湾的国际空间,五是关于军事互信机制,六是关于两岸和解步骤。[①] 周叶中教授和祝捷博士认为和平协议的主要内容至少应该包括三项。一是确定两岸关系中某些最为关键的优先性原则;二是制度和程序;三是两岸交流和合作的渠道。[②] 笔者认为和平协议不排除仅仅是军事性和平协议的可能,只对结束两岸军事对峙,保持台海地区和平稳定作出宣告,建立军事互信机制。当然和平协议的内容也不仅限于此,综合学者们的观点,可将主要的内容分解为以下几个方面:(1)结束敌对状态。以和平协议的法律形式,达成政治和解,终结由中国内战遗留和延续下来的政治对立和军事对峙,共同维护台海地区和平稳定。(2)关于两岸关系。确认两岸对"中华民族"的共同认同,共同促进两岸关系和平发展,携手同心实现中华民族的复归统一和伟大复兴。(3)两岸交流合作的制度、程序和保障。实现两岸全面直接三通和两岸经贸关系正常化,加强人员往来,扩大各界交流,促进经济文化等各个领域紧密融合。(4)建立两岸互信和协商机制。建立军事、政治互信机制,事务性协商机制和政治协商机制。(5)协议的生效和实施。建立和平协议的执行机制和监督机制等。

(四)签署、效力及实施

和平协议只能通过大陆和台湾谈判的方式签订,应由谁来代表两岸去签订,这是一个聚讼纷纷的问题。全国人大通过的《反分裂国家法》第七条,授权相关权责部门与台湾当局就"正式结束两岸敌对状态"进行协商谈判。周叶中教授和祝捷博士认为,可以仿照"九二共识"的达成,延续两岸事务性谈判中行之有效的"两会框架",在两岸的委托下由"两会"协商谈判并代表签署,而张亚中教授则认为应在"整个中国"框架下,两岸以"北京中国"和"台北中国"的名义由官方签署。笔者认为究竟由谁来签署,这会随着两岸之间接触特别是政治对话机制的形成而逐渐达成共识。

由于两岸法域[③]的不同,两岸对和平协议的接受需经过不同的程序。由

---

① 李家泉:《达成两岸和平协议的可行性研究》,载《中央社会主义学院学报》2008 年第 4 期。

② 周叶中、祝捷:《论海峡两岸和平协议的性质——中华民族认同上的法理共识》,载《法学评论》2009 年第 2 期。

③ 两岸在客观上形成两个法律制度完全不同的区域,可以被称为两个法域。参见韩德培主编:《国际私法新论》,武汉大学出版社 1997 年版,第 477 页。

于学者对签订主体尚存争议，且这直接涉及和平协议的接受和批准，作者限于篇幅，就不再加以探讨，但两岸都以各自区域内具有较高代表性、正当性和权威性的程序来通过和平协议，使其产生较高的规范效力；调适两岸现有法律体系，确保和平协议得到有效实施；通过相应程序和机制实现和平协议部分条款的解释和变更，应该成为学者的共识。

三、和平协议之法律意义

“达成和平协议”这一战略性倡议，不仅展现了党中央以冷静、理性、务实的态度，在对统一规律性的深刻认识基础上，处理两岸问题上的战略智慧和政策创新；也显示出党中央有能力掌控台海局势、把握两岸关系主导权，对未来两岸发展的高度自信。签订和平协议既是基于政策的考量，也是对台法律手段的运用。而将对台工作纳入法制化轨道，必将对我国现行法律体系产生重大影响。

（一）和平协议与对台工作法制化

法律被认为是社会关系的调整器。法律机制将纷繁复杂的社会关系转化为权利义务关系，进而通过调整权利义务关系来实现对社会的控制。[①] 到目前为止，我们对台工作的主要依据主要体现为政策，具体表现为领导人的讲话，有关部门的谈话、指示等。尽管我们对台政策具有明显的延续性和一贯性，但政策本身往往缺乏一种稳定性和制约效力。探寻人类政治文明的发展规律可知，政治问题法律化是人类社会发展的必然趋势，也是人类政治文明成果的结晶。从目前形势看，把对台工作纳入法制化轨道，将政策以法律形式加以体现，这是提高政策的科学性和权威性的重要手段。不仅可以增强政策的宣示效果，也可借助法律固有的稳定性、明确性等特征，达到稳定台湾人民心理、威慑“台独”分裂势力的目的。

1983 年邓小平同志超越意识形态和制度形态，创造性地提出了解决台湾

① [美]庞德：《通过法律的社会控制：法律的任务》，沈宗灵、董世忠译，商务印书馆 1984 年版，第 10 页。

问题的“和平统一，一国两制”政策，同时也开始了探索台湾问题和平解决的法律途径。港澳基本法的成功实践，不仅实现了香港、澳门的顺利回归，香港、澳门两个特别行政区政府顺利施政，而且实现了港澳两地长期的繁荣稳定。2005年3月通过的《反分裂国家法》，是我们在运用法律手段解决台湾问题上具有里程碑意义的重要事件。它不仅有效地打击了“法理台独”，遏制了“台独”势力，同时它还具有反制美国“与台湾关系法”以及《美日安保条约》的国际意义，成为我们在国内和国际层面上遏制“台独”、促进统一的有力武器。由于台湾政局的不确定性，加上“台湾法理独立”是“台独”的重要形式，特别是陈水扁曾鼓噪推行的渐进式“台独”的路线，通过“宪政改革”和“公投”来实现“法理台独”等，对两岸和平构成了现实的危害。根据大陆学者对“法理台独”的研究，“法理台独”呈现出多层次、多样态的结构，不仅追求显性的“台独”结果，而且通过“修宪”、“释宪”、“修法”等方式推动隐形“台独”，一项法律、一件判决，都可能成为“台湾法理独立”的载体。① 在“台独”分裂势力声称所谓“台湾事实上已经独立”的情况下，法律上对大陆和台湾关系定位的规定，往往成为“台独”分裂势力谋求“台独”的重要目标。为了应对台湾当局在法制层面进行“台独”操作的风险，理应高度重视法律在解决两岸关系中的运用，加强法律机制在促进祖国和平统一大业过程中的重大作用。通过法律确认两岸之间的一定的政治关系和事实，也是实现祖国完全统一的重要形式。

（二）和平协议对我国法律体系的影响

宪法是国家的根本法，具有高度的抽象性和原则性，因而它只规定解决台湾问题的基本原则和重大事项，其他具体事项尚需全国人大及其常委会立法规定。宪法序言中规定：“台湾是中华人民共和国的神圣领土的一部分。完成统一祖国的大业是包括台湾同胞在内的全中国人民的神圣职责。”《宪法》第62条规定：“全国人民代表大会有权行使应当由最高国家权力机关行使的其他职权。”这为签订和平协议，留下了宪法空间和法律空间。如若需要从宪法层面体现中央对台工作的意图，可以采取修改宪法的方式，也可以采取宪法解释的方式。我们赞同采取宪法解释的方式来实现宪法变迁，这样既能保持宪

① 周叶中：《台湾问题的宪法学思考》，载《法学》2007年第6期。

法的稳定性，也能彰显中央对台政策的延续性，还能灵活应对中央对台政策的调整。①

我国现行法律体系中有很多涉及台湾地区，如《反分裂国家法》和《国防法》；我国民事、刑事和行政法律中，也有诸多涉及两岸人民权利、义务关系的重要条款；最高人民法院曾为处理两岸民事、刑事和行政法律事务发布过大量司法解释，这些规范性文件共同构成国家对台工作的法律体系。但这些法律还略显单薄，尚未系统化。立法以促进祖国和平统一是落实宪法，也是构建两岸关系和平发展框架的必然要求。如可以制定《两岸关系和平发展基本法》或者《和平统一促进法》等，这些法律不仅是包括调整公权力与公权力之间、公权力与私权利之间的公法规范，也包括调整私权利与私权利之间的私法规范。②和平协议的签订必然会对我国法律体系产生影响。在处理两岸有关法律问题时，应当按照和平协议制定、修改和解释相关法律，与和平协议相冲突的法律也将及时修改。和平协议的接受及其效力等问题，还有待于进一步研究。

我国已将“依法治国、建设社会主义法治国家”写入宪法，依法执政已成为我们党治国理政的基本形式。因此，在强调台湾问题的政治属性的同时，还应充分认识到台湾问题的法律属性。将对台工作纳入法制化轨道，也是法治原则的应有之义。

四、结　语

两岸关系现已呈现出和平发展的良好势头，不断深化的各界交流与合作也让海峡两岸更加紧密地融合。然而我们又不能不看到海峡两岸分隔近60年，在政治制度、意识形态、有关中国统一及台湾前途等问题上还有相当大的分歧。签订两岸和平协议是一个庞大、复杂而又十分敏感、艰巨的系统工程。两岸都要运用中华民族的智慧，寻找双方可以接受的方式和途径。我们只有继续本着建立互信、搁置争议、求同存异、共创双赢的精神，积极稳妥地推进两

---

① 周叶中：《台湾问题的宪法学思考》，载《法学》2007年第6期。

② 周叶中：《论构建两岸关系和平发展框架的法律机制》，载《法学评论》2008年第3期。

岸关系进程，继续巩固反对“台独”、坚持“九二共识”的共同政治基础，并致力于不断增强和深化彼此的互信，继续按照先易后难、先经后政、把握节奏、循序渐进的思路，加强两岸各领域互利合作，同时为逐步破解两岸关系的难题积累共识、创造条件①，才能实现结束两岸敌对状态、签订和平协议的美好愿景。知识界也应充分运用法学思维提供智力支持，特别是发挥法律机制在推动两岸关系发展进程中的积极作用。我们坚信：祖国的和平统一大业和中华民族的伟大复兴一定会早日实现！

① 新华网天津7月29日电：《王毅：继续推进两岸关系进程》，http://news.sohu.com/20090729/n265584334.shtml，下载日期：2009年10月4日。

两岸综合性经济合作协议相关法律问题的探讨

彭莉 *

2008年马英九在大选中提出未来两岸签署CECA之后,胡锦涛总书记在2008年12月纪念《告台湾同胞书》30周年座谈会上的讲话,正式回应了马英九的主张,提出"两岸可以为此签订综合性经济合作协议,建立具有两岸特色的经济合作机制"。两岸综合性经济合作协议(下称《协议》)是在两岸经济整合过程中建立起来的有关货物贸易、服务贸易、投资便利化等议题的综合性规范,涉及一系列协议的签订,进而也将衍生出诸多法律问题。

一、关于《协议》的法律依据

按照世贸组织的规定,成员之间相互或单方给予优惠的法律依据主要有三种:第一,《关税及贸易总协定》(GATT 1997)第24条及其谅解;第二,《服务贸易总协定》(GATS)第5条;第三,授权条款,即《差别、更优惠待遇、互惠及发展中国家更充分参与》决议中的"授权条款"。《协议》是否可以此三者为法律依据? 以下逐一分析之。

(一)适用GATT 1994第24条的分析

GATT第24条第5款规定:本协定的各项规定,不得阻止各缔约方在其领土之间建立关税联盟或自由贸易区,或为建立关税联盟或自由贸易区的需要采用某种临时协定。由该条款可见,GATT第24条规定了三个层次的区域一体化形式:关税同盟、自由贸易区及导向自由贸易区的临时协定。关税同

* 厦门大学台湾研究院教授,《台湾研究集刊》主编。

盟、自由贸易区及导向自由贸易区的临时协定的建立必须符合以下条件:第一,建立关税同盟或自由贸易区的目的必须是促进参加成员之间更紧密的经济一体化,而且是为了增加区域内的贸易自由提供便利,而不是自己处于成员与其他 WTO 成员间的贸易壁垒。第二,对未参加关税联盟或临时协定的各非成员缔约方的贸易所实施的关税和其他贸易规章,大体上不得高于或严于未建立联盟或临时协定时各组成领土所实施的关税和贸易规章的一般限制水平。第三,对于原产于关税同盟和自由贸易区的产品实质上的贸易,应取消关税或其他限制性规章。为了澄清审议区域贸易协定的标准和程序,提高透明度,在乌拉圭回合谈判中达成了《关于解释 GATT 1994 第 24 条的谅解》,对第 24 条的部分规定进行了解释。① 谅解虽然仍存在较大的缺陷,但一定程度上弥补了第 24 条的漏洞。

关税同盟的主要特征是成员相互之间不仅取消了贸易壁垒,还建立了共同对外关税,从目前两岸经贸关系现状来看,显然无法达到这一要求。短期内即将签署的《协议》要达到 WTO 架构下自由贸易区要求的开放程度同样有一定的困难,其困难主要来自台湾方面。长期以来,台湾方面对大陆产品的进口一直采取较为严格的限制政策,于 1988 年才首次开放大陆产品进口,此后,随着两岸经贸关系的发展与台湾经济发展的客观要求,虽然逐渐扩大开放大陆产品进口项目,但速度缓慢。2001 年加入 WTO 后,台湾对大陆产品进口项目开放才有较快增加,但迄今仍有两千余项产品禁止自大陆进口,有数百项有条件进口,与其他一些地区开放进口比率达 95% 以上相比显然有较大差距,与 GATT 第 24 条及“谅解”的要求也存在一定距离。

---

① 《谅解》主要包括:第一,根据第 24 条第 5 款(a)项评估一关税同盟形成前后适用关税和其他贸易法规的总体影响范围时,应根据加权平均(实施)关税税率和实征的关税全面评估;为全面评估难以量化的其他贸易法规的影响范围时,可能审议单项措施、法规、所涉产品及受影响的贸易流量。第二,第 24 条第 5 款(c)项所指的“合理持续时间”一般不得超过 10 年。第三,如果形成关税同盟的成员拟提高约束关税,应按 GATT 第 28 条规定的程序与非关税同盟成员进行补偿性调整的谈判。第四,由一工作组对按第 24 条第 7 款(a)项通报的 RTA 进行审议,并就审议结果向货物贸易理事会提交报告,货物贸易理事会可向各成员提出其认为适当的建议。第五,对于实施 GATT 1994 第 24 条过程中产生的任何事项,可援引争端解决程序。

(二)适用 GATS 第 5 条的分析

GATS 第 5 条与 GATT 规定的原则基本一致,但在概念上有所不同。GATS 第 5 条规定:“本协定不得阻止任何成员参加或达成在参加方之间实现服务贸易自由化的协定”,签订协议的实体要件包括:第一,涵盖众多服务部门;第二,取消实质上所有歧视;第三,不得提高对于第三方的服务贸易壁垒的总体水平。

服务贸易的区域一体化本身包含了服务贸易的自由化,但这种自由化是一定程度的,并且限制在特定的服务部门。因此,从总体上看,GATS 第 5 条关于服务贸易的区域安排的规则,与 1994 年 GATT 第 24 条相比显得要宽松一些[①],加之“涵盖众多服务部门”、“取消实质上所有歧视”的要件仍然存在一定模糊性,因此,一般区域贸易安排要符合 GATS 要求并非十分难以达成。但是,由于台湾方面在服务贸易方面对大陆采取严格的限制,2008 年政党再次轮替后虽然有较大的开放,但幅度仍然有限,例如,2009 年 6 月台湾当局公布了陆资赴台许可办法,第一阶段将开放 100 项项目,其中服务业部分仅开放 25 项,占台湾加入 WTO 承诺开放服务行业 113 项的 22%,律师、会计师、营造及相关工程服务业,均未予开放。[②] 因此,就目前情形来看,《协议》要满足 GATS 所确定的三项实体要件仍有存疑。

(三)适用授权条款的分析

1979 年东京回合通过了《差别、更优惠待遇、互惠以及发展中国家更充分参与》协议。基于发展中国家及地区的特殊性,授权条款为发展中国家及地区签订区域贸易协定提供了较之 GATT 第 24 条更为宽松的要求,为发展中国家及地区贸易安排自动获得免责义务提供了永久的法律基础。发展中国家及地区之间、发达国家及地区与发展中国家及地区之间根据“授权条款”可以建立任何形式的区域贸易安排。

---

① Sung-hoon Park, Reglonal is mand Multilateralismin the East Asian Context, The Academy of International Trade Lawin Macau, 2001.

② 《台湾官方公布陆资来台办法首阶段开放一百项》,http://www.chinanews.com.cn/tw/tw-ztjz/news/2009。

授权条款只需要说明授予优惠的目的不是提高其他成员的关税和非关税，它没有 GATT 1947 第 24 条的要求那么严格，自由度更大，其他成员方提出异议的机会更少。因此，有学者提出可以考虑选择以授权条款为依据签订《协议》。① 但是，《差别、更优惠待遇、互惠以及发展中国家更充分参与》的缔约目的是“给予发展中国家差别和更为优惠的待遇，而不将这种待遇给予其他缔约国(方)”，②因此，授权条款只适用于台湾地区援引该条款给予大陆优惠，对于台湾地区而言，大陆是不可以援引该条款给予台湾地区优惠的，③这与《协议》签署的目的显然不完全相符，与台湾方面的诉求则有更大距离。因此，《协议》援引授权条款为法律依据存在着不确定性，台湾地区学者亦认为“台湾在 WTO 中并不认可为开发中国家，因此可否仿效中国大陆与东协签署之架构协定模式，援引‘授权条款’作为签订 ECFA 之法源依据，即非无疑”④，CEPA没有以授权条款作为签订之法律依据或许也正是基于此种考量。

综上分析，《协议》援引 GATT 第 24 条、GATS 第 5 条及授权条款为法律依据建立自由贸易区或区域一体化均存在不确定性，为此，《协议》的性质可能有 WTO 体制下的区域贸易协定和 WTO 体制外的两岸双边经贸协议两者。就前者而言，以目前两岸贸易的开放度(主要是台湾地区对大陆的开放度)，签订初期的《协议》似乎应以 GATT 第 24 条第 5 款“导向自由贸易区的临时协

---

① 大陆学者慕亚平认为：“建立‘泛中国自由贸易区’不但可以适用 GATT 第 24 条的规定和 GATS 第 5 条的一体化的规定，也可以利用授权条款，而且，适用授权条款的规定会更有利于我们自由地作出经贸安排。”慕教授所言之“泛中国自由贸易区”指的是中国大陆与台湾、香港及澳门之间的区域贸易安排。

② 授权条款的适用情形包括：第一，发达的缔约国(方)根据普遍优惠制给予来自发展中国家产品的优惠关税待遇；第二，在总协定的关于非关税措施规定方面的判别和更加优惠的待遇，这些非关税措施应受在总协定下谈判签订的诸协定的规定制约；第三，欠发达缔约国(方)之间为相互削减或取缔对从对方国家进口的产品所征收的关税，以及按照缔约国(方)全体所规定的准则或条件，减少或取缔对从对方国家进口的产品所实施的非关税措施，所达成的区域性或全球性的协定；第四，在有利于发展中国家的一般或具体措施方面对发展中国家的最不发达国家的特别待遇。见《差别、更优惠待遇、互惠以及发展中国家更充分参与》第 1 点、第 2 点。

③ 慕亚平、沈虹：《建立泛中国自由贸易区的必要性及其法律依据探讨》，载《华南理工大学学报》(社会科学版)2006 年第 2 期。

④ 王泰铨、刘家华：《两岸经济合作框架协议(ECFA)之形式架构与实质内容》，载《月旦法学杂志》2009 年第 6 期。

定”为依据，在10年的“合理持续时间”内实现“取消关税或其他贸易限制”。

二、关于原产地规则的确立

原产地规则是确定产品进入国际贸易领域货物之“籍别”的法律规则，作为一种贸易政策或贸易管理手段，原产地规则是一国或地区给予另一国或地区优惠待遇的判定依据。① 随着世界经济区域化、集团化，贸易垄断不断加强，原产地规则已成为贸易保护的重要工具之一，因而也是世界上各主要区域贸易协定的重要内容。《协议》不论其法律性质如何，都不可避免地必须涉及原产地问题，并且是首先必须解决的问题。

大陆《进出口货物原产地条例》规定：“实施优惠性贸易措施对进出口货物原产地的确定，不适用本条例。具体办法依照中华人民共和国缔结或者参加的国际条约、协定的有关规定另行制定。”②台湾“进口货物原产地认定标准”规定：“进口货物原产地认定基准分为下列三种：一、一般货物之原产地认定。二、低度开发国家货物之原产地认定。三、自由贸易协议缔约国或地区货物之原产地认定。”③《协议》虽然有其特殊性，但上述条款应可参照适用，换言之，大陆与台湾地区可就两岸货物的原产地标准协商后定制于《协议》之中。两岸原产地规则应在参考国际规则、双方相关法令惯例及两岸贸易性质等因素的基础上，寻求出一个两者均接受的标准，具体而言，应注意以下两方面问题：

（一）重视税号改变标准的运用

根据大陆《进出口货物原产地条例》，完全在一个国家（地区）获得的货物，以该国（地区）为原产地；两个以上国家（地区）参与生产的货物，以最后完成实质性改变的国家（地区）为原产地。其中所谓的“实质性改变”的确定标准，以

① 原产地规则除用于最惠国待遇的评定外，还适用于反倾销和反补贴、保障措施、原产地标记管理、国别数量限制、关税配额等非优惠性贸易措施以及进行政府采购、贸易统计等活动对进出口货物原产地的确定。

② 大陆《进出口货物原产地条例》第2条第2款。

③ 台湾“进口货物原产地认定标准”第3条。

税则归类改变为基本标准，税则归类改变不能反映实质性改变的以从价百分比、制造或者加工工序等为补充标准。① 台湾“进口货物原产地认定标准”规定，货物之加工、制造或原材料涉及两个或两个以上国家或地区者，以使该项货物产生最终实质转型之国家或地区。其中所谓的“实质转型”，除特定货物外指下列情形：第一，原材料经加工或制造后所产生之货物与原材料归属之海关进口税则前六位码号列相异者。第二，货物之加工或制造虽未造成前款税则号列改变，但已完成重要制程或附加价值率超过35%以上者。② 可见，两岸非优惠原产地立法认可的标准均包括了税号改变、从价百分比(附加价值率)、制造或者加工工序(完成重要制程)三方面内容，大陆方面甚至强调“以税则归类改变为基本标准”。但是，在大陆已经签署的一系列自由贸易协定中，除CEPA及《中新协定》涉及税号改变标准外，③其余均侧重采用增值标准为主，《中东协定》、《中巴协定》、《中智协定》都规定了“40%区域价值成分”的一刀切的做法，这与NAFTA等主要区域贸易协定中的原产地标准结构有所不同。

两岸《协议》在原产地标准认定问题上应该改变一刀切的做法，重视税号改变标准的运用，其原因包括：第一，税号改变标准与其他标准相比具有独特优点。首先，预测性强，即根据税目归类表，制造商可以在制造或加工阶段就预测到自己产品是否符合实质加工的要求；其次，操作简单，如需提供证明，制造商不难提供足以符合条件的资料；最后，后续跟进成本低，因为它不像“制造或加工工序”和“从价百分比”那样，需要对确定每种货物的主要工序和生产价值作定期的更新和补充。④ 第二，台湾地区拥有全球比例最高的中小企业，并享有“中小企业王国”之美称，操作简单的税号改变标准符合财会能力不强的中小企业的需要。相反，采用从价百分比标准容易造成高额管理成本，尤其是对于生产工序复杂，零件和原材料繁多的中小企业生产者来说，要满足从价百分比标准的判断要求非常耗时费力。第三，在台湾，不论是非优惠性原产地标

① 大陆《进出口货物原产地条例》第6条第1款。

② 台湾“进口货物原产地认定标准”第5条。

③ CEPA附件2采用复数标准的方法，对“实质改变”的认定规定了税号改变标准、从价百分比标准、制造或者加工工序标准之外，还规定了“其他标准”和“混合标准”，并允许采用上述标准外的中国大陆与香港双方一致同意采用的其他标准。

④ 慕亚平、林健聪：《CEPA协议中原产地认定标准刍议》，载慕亚平、李伯侨等著：《区域经济一体化与CEPA的法律问题研究》，法律出版社2005年版，第157～158页。

准还是优惠性原产地标准，税号改变均是判断是否发生“实质转型”的主要依据。①

（二）尽可能协调定制出可操作性强的原产地条款

原产地规则的制定不是越详细越好，有鉴于当前一些区域贸易协定原产地规则过于复杂，给进出口商和海关造成困扰，有些成员提出了应当简化原产地规则的看法。但是对大陆优惠原产地规则而言，需注意的问题不是过于复杂而是简单。因此，如何协调定制出可操作性强的原产地条款是《协议》及其一揽子协议应注意考虑的问题。原产地规则中无论“完全原产地标准”，还是“实质改变标准”中的“税号改变”、“从价百分比”、“制造或者加工工序”都是弹性较大的概念，加之《原产地规则协议》第1条清楚地把优惠性原产地规则排除在外，也就是说《原产地规则协议》并没有优惠性原产地规则中的相关概念统一定义，而两岸现行相关单边立法中有关原产地标准概念的认定又存在一定的差异，②因此，本着务实的精神协商出双方均能接受的、便于《协议》有效执行的原产地规则有重要意义。

三、关于贸易救济模式的选择

贸易救济措施的根本意义与功能在于对一般规则进行弥补与矫正，以保证贸易规则体系目标的真正实现。从这个意义上讲，贸易救济措施是贸易规

---

① 见台湾所谓之“‘中华民国’（台湾）巴拿马共和国自由贸易协定”第4.03条、“‘中华民国’（台湾）危地马拉共和国自由贸易协定”第4.03条等。

② 以“微小加工及处理”条款为例，大陆方面之规定为：“在确定货物是否在一个国家（地区）完全获得时，不考虑下列微小加工或者处理：（一）为运输、贮存期间保存货物而作的加工或者处理；（二）为货物便于装卸而作的加工或者处理；（三）为货物销售而作的包装等加工或者处理。”见大陆《进出口货物原产地条例》第5条。台湾方面之规定为：“货物仅从事下列之作业者，不得认定为实质转型：一、运送或储存期间所必要之保存作业。二、货物为上市或装运所为之分类、分级、分装、包装、加作记号或重贴卷标等作业。三、货物之组合或混合作业，未使组合或混合后之货物与被组合或混合货物之特性造成重大差异者。四、简单之切割或简易之接合、装配或组装等加工作业。五、简单之干燥、稀释或浓缩作业，未改变货物之本质者。”见台湾“进口货物原产地认定标准”第7条。

则体系中不可缺少的一部分。半个世纪以来,各个国家或地区在谈判签署过程中必须讨论的一个问题就是如何制定内部贸易救济措施的相关条款。《协议》虽然在性质上与大多数区域贸易协定有所不同,但是否需要及如何制定贸易救济措施同样是值得关注的重要议题。

(一)《协议》是否设置贸易救济条款

就法律层面而言,通过对大多数区域贸易协定中的贸易救济措施规定进行对比分析,以建立关税同盟为宗旨的协定在关税同盟建立后普遍取消区域内的全部贸易救济措施。与此相反,以建立自由贸易区为宗旨的协定大多则保留区域内的全部贸易救济措施,或者取消其中一种或者两种贸易救济措施,具体而言,贸易救济有以下几种类型:第一,允许采取反倾销和反补贴措施,但禁止采取保障措施。第二,允许采取反补贴和保障措施,但禁止采取反倾销措施。第三,允许采取保障措施,但禁止采取保障反倾销和反补贴措施。第四,允许采取所有措施。① 第五,不采取任何贸易救济措施。因此,《协议》中是否设置贸易救济条款,设置何种类型的贸易救济条款并不存在法律上的障碍,主要取决于两岸的协商结果。就经济层面而言,由于海峡两岸在贸易政策上的不同导向及两岸市场规模的差距,两岸贸易发展长期处于不平衡状态,大陆对台贸易逆差不断增长,因此,近年来大陆对台湾产品的反倾销案件明显多于台湾对大陆的反倾销案件,《协议》如取消贸易救济措施对台湾实际上有利。但台湾方面认为,大陆是全球反倾销调查之首要目标。台湾一旦放弃对大陆采取反倾销措施,恐将沦为大陆廉价产品倾销之市场,对台湾本地传统制造业将造成严重冲击,故声明将会继续援用 WTO 反倾销协定、补贴及平衡措施协定、防卫协定等贸易救济措施,并增设双边防卫机制条款,以维护台湾产业利益。② 对此,大陆商务部台港澳司司长唐炜表示:“双方可以洽谈签订特别防卫条款。”③据此,两岸目前就该问题似乎已达成部分的共识。

---

① 史晓丽:《北美自由贸易区贸易救济法律制度研究》(中国政法大学博士论文),第34页。

② 王泰铨、刘家华:《两岸经济合作框架协议(ECFA)之形式架构与实质内容》,载《月旦法学杂志》2009年第6期。

③ 《唐炜:有信心年底完成 ECFA 协议》,http//www. haixia. com/shenghuo/lalt/.../11073. html14K2009-9-17。

（二）两岸保障措施制度的模式选择

就保留保障措施的区域贸易协定而言，其制度模式大体可分为两类，其一是保留区域内的保障措施，同时还对缔约方适用全球保障措施。绝大多数协定均采取此一做法；其二是规定在某些情况下可以不适用全球保障措施，也就是说，缔约方在适用全球保障措施时，并不完全遵循 WTO 规则。① 采此一模式者相对为少数，典型例子为 NAFTA。根据 NAFTA 第 802 条的规定，在对缔约方采取全球保障措施时，一般情况下应执行 GATT 第 19 条及 WTO《保障措施协议》相关规定，但在保障措施的豁免、贸易补偿及贸易报复方面例外。NAFTA 第 802 条第 5 款明确规定，如果存在以下情况，NAFTA 缔约方不能对其他缔约方采取全球保障措施：第一，未提前向“自由委员会”递交书面通知，并且在可行情况下，未在采取保障措施前给予其货物将被采取保障措施的缔约方以充分磋商的机会；第二，原产于一缔约方的货物进口有效降低到在最近一段代表时间内所允许的合理增长比例以下。

如前所述，两岸目前在是否于《协议》中保留保障措施已有所交集，为此进一步要探讨的是选择何种制度模式。有鉴于保障措施的启动对两岸双方贸易政策和双方互信基础可能产生的负面影响，NAFTA 规定在特定条件下对缔约方不适用保障措施的做法可资借鉴。虽然一些 WTO 成员对 NAFTA 所设置的豁免条款一直存有疑义，甚至被一些成员诉诸 WTO 争端解决机制，但迄今为止，WTO 争端解决机制对此没有作出任何结论，因此，《协议》如采行 NAFTA 保障措施豁免模式，是有前例可援的。

值得注意的是，不论在贸易救济问题上《协议》采取何种模式，台湾“货品进口救济案件处理办法”中对大陆货品继续专章另行规定的做法值得商榷。“办法”出台于 1994 年 6 月，2003 年台湾方面对其进行了较大幅度的修改，增加了第四章之一，对大陆货品采取了特殊的保障措施实体与程序要件，“办法”规定：“依本法第十八条第一项申请产业受害之调查及进口救济之案件得单就大陆货品为之。前项案件产业受害之成立，指该案件大陆货品输入数量增加或相对于“国内”生产量为增加，致“国内”生产相同或直接竞争产品之产业，有

---

① 史晓丽：《北美自由贸易区贸易救济法律制度研究》（中国政法大学博士论文），第 39 页。

受市场扰乱或有市场扰乱之虞。"[①]而对于其他国家或地区的产品,"办法"设置的条件是:"案件产业受害之成立,指该案件货品输入数量增加,或相对于"国内"生产产量为增加,导致"国内"生产相同或直接竞争产品之产业,受严重损害或有严重损害之虞。"[②]两者之间显然存在较大差距。

(三)两岸反倾销和反补贴制度的模式选择

就现有保留区域内反倾销和反补贴的区域贸易协定分类分析,可以发现在制度模式上主要有三类,一是缔约方根据 WTO 反倾销和反补贴规则采取区域内的反倾销反补贴措施。这是目前较为通行的做法,其优点在于容易为各方接受,能够节省谈判时间。二是将 WTO 反倾销和反补贴规则进行部分内容适当修正后适用于缔约各方。三为未规定区域内反倾销和反补贴实体法,在区域内采取反倾销和反补贴措施时适用各自的法律法规。[③]

《协议》不适宜采取第三种模式。双边立法较之单边立法而言,其优点之一即在于能够形成统一的实体规则或程序规则,适用各自法律法规的立法模式显然无法达成这一目的。比较大陆与台湾地区现行反倾销立法,两者间还存在一定的差异之处,在相互采取反倾销和反补贴措施时适用各自的法律法规容易产生纷争。第三种模式的典型例子为 NAFTA,NAFTA 规定:"每一缔约方有权对从任何其他缔约方领土进口的货物适用反倾销法和反补贴法。"[④]必须特别注意的是,NAFTA 独特制度模式产生的背景是 1992 年 8 月协定签署之际,GATT 乌拉圭回合谈判正在进行中,反倾销和反补贴制度作为谈判内容之一也处于悬而未决之中。[⑤] 从理论上说,第一及第二种模式均可适用于两岸,但比较而言,第二种模式似乎更为合适。将 WTO 规则适当修改,即进行更为严格的制度控制,以避免两岸反倾销和反补贴可能的过于频繁的启动,符合海峡两岸双方的利益。从近年来的实践来看,大陆虽然对台湾启

---

① 台湾"货品进口救济案件处理办法"第 2 条第 2 款。

② 台湾"货品进口救济案件处理办法"第 26 条之二。

③ 史晓丽:《北美自由贸易区贸易救济法律制度研究》(中国政法大学博士论文),第 199 页。

④ 《北美自由贸易区协定》第 1092 条第 1 款。

⑤ 史晓丽:《北美自由贸易区贸易救济法律制度研究》(中国政法大学博士论文),第 199 页。

动了多起反倾销调查，但在终审处理结果上，对台湾产品征收的反倾销税率通常低于其他国家或地区，也就是说，将WTO反倾销和反补贴部分规则进行适当的趋于严格的调整已为近年来两岸间的反倾销案例所实践。

四、关于争端解决机制的建构

争端解决机制是为解决国际或区域性争端而设置的制度，包括了争端解决机构、解决规则、解决方法等在内的一整套法律规则。近年来海峡两岸关系逐渐缓和，两岸经贸互动将越来越频繁，建构两岸经贸争端解决机制的重要性也日益显现。两岸争端解决机制的建构，不仅仅要关注相关国际惯例的最新发展，同时还受双方政治、经济、法制状况，以及两岸关系现状及未来走向的影响，因此，必须在参考现有主要争端解决机制运行方式的基础上，结合双方多年来的成功实践，开创两岸争端解决机制的新思路。

（一）排斥专属管辖，可选择排除性管辖

DSU仅在多边体制上对自身的管辖权作出了规定，而没有对区域合作协议内部的争端作出相应规定。现存的区域性争端解决机制对于自身争端解决机制与DSU的管辖权冲突的处理大致可分为专属管辖、选择管辖及排除性的选择管辖三类。

两岸经贸争端解决方式建议使用排他性管辖，一来由于排除管辖已为现有RTA争端解决机制所广泛运用，成为协调RTA与WTO争端解决机制管辖权冲突的首选[①]。二来假使采用专属管辖的方式，争端解决将可能变成一个封闭型的机制，对于两岸来说，其不确定性是值得顾虑的地方，一旦一方逃避或是破坏此种机制，如果没有其他机制进行救济，则可能对另一方造成损害。当然，适用排他性管辖并不是意味着双方可以任意选择，而是允许进行有条件的排除性管辖，两岸争端解决机制协议中可以规定：本机制适用于各缔约方间就其《协议》项下的权利和义务争端的避免和解决；一旦适用本机制，自然

---

① 徐运良：《协调WTO与RTAs争端解决机制管辖权冲突的方法探析》，载《法学杂志》2009年第5期。

排除其他模式的适用。如此既保持了机制管辖权的相对开放性，也保证了两岸争端解决机制适用的优先性。

(二)排斥强制司法模式，可选择准司法性的仲裁方式

由于经济、社会、法制环境的差异，尤其是短时间内政治分歧尚难以消除，两岸要像EU那样建立一个跨越双方的超司法体系，目前还存在较大困难。此外，司法方式涉及财产保全、证据确认、法律适用、判决执行等诸多问题，其复杂而冗长的程序往往让当事方心生畏惧。因此，两岸之间应避免采用EU那样的司法审判方式来解决两岸的纠纷。两岸间可选择适用准司法程序，仲裁被认为是在经贸争端解决方面最好的手段。两岸之间采用仲裁方式解决争端，一方面可以避免因强制司法性方式所可能产生的易于激发矛盾等副作用，另一方面也可以享受仲裁所带来的方便快捷、成本较低、保密性强等好处，进而有利于两岸的经贸争端的顺利解决和两岸经贸关系的良性发展。

(三)排斥“交叉报复”手段，可选择赔偿等补救措施

现有诸多经贸争端解决模式，大都认同在败诉方未能切实履行义务时，胜诉方可以采取交叉报复的措施。但是对于两岸来说，如果引入交叉报复的形式，不仅不利于争端的解决，而且可能进一步激化矛盾，尤其是当民粹主义高涨之时，往往会被利用而引起政治连锁效应。这是一方面。另一方面，现代企业在经营范围上不再局限于单一领域，如果启动交叉报复，尤其是涉及不同产业的替代报复，则可能导致的结果是，一方某企业就某个特定领域政策提出异议，但是在争端不能解决，双方采取跨领域的交叉报复时，另一领域的政策也可能被波及，则该企业就将遭到双重制裁，这样对于两岸的企业来说，百害无一利。虽然两岸之间排斥采取交叉报复的措施，但是为了加强解决方式的强制性和执行力，可以采用其他惩罚替代措施，加强解决方式的多样性，增强裁决的约束力，比如减让、补偿等执行方式，一则此种方法相对温和，不会造成强烈的反弹，二则也有相应的救济效果，可以弥补因为没有适用交叉报复所带来的裁决执行力相对弱化的缺陷。

(四)排斥复杂冗长程序，可选择缩短相应时限

无论是WTO还是其他区域性组织的争端解决机制都是多边贸易体制下

的产物，其宗旨即在于协调各成员的利益，因而不得不在多个国家或地区的要求中寻找多方利益矛盾的平衡点，为此其在时限的设置上也相对较长，例如按DSU规定，WTO争端解决机制自投诉时起至DSB作出决定时超过14个月，但在实际审理案子时往往要持续2～3年才能解决。① 两岸同文同种，在一个国家内不同法域的经贸交流合作应比国际范围更加强调便捷。两岸经贸争端的解决机制应摒弃审限过长、效率低下的程序设计，在诸如调查时间、送达期限等问题的设置上，两岸之间都可以相对缩短期限。

有鉴于海峡两岸之间的特殊性，两岸经贸争端机制的运行还必须注意以下问题：

第一，两岸经贸争端的解决应以协商为主，降低司法手段使用率。

为了保证两岸经贸争端解决的有效性，两岸经贸争端解决机制应当具有规则取向，但是，在强调规则取向的时候，我们也要注意到两岸同属于中华文化的法律体系，无论法律制度如何不同，应坚持和为贵的“非讼”思想，尤其是现有的一些民间解决方式②，简便而有效，为争端解决营造了不同于司法方式的和谐信任环境，是两岸20多年经贸交流而累积下来的智慧结晶，应当继续发挥其应有的作用。两岸经贸争端解决机制可以要求争端方必须走完磋商、调解和调停等程序后，才允许进入仲裁程序，从而分流大量进入仲裁程序争端的，降低准司法手段的使用率，实现两岸争端的“软着陆”。两岸争端解决机制在路径选择上，不是软法与硬法之争，而是以软法为主。

第二，两岸经贸争端解决应引入争端预防机制，提前化解争端。

贸易摩擦的发生往往来源于双方在政策层面上的相对不透明，如果在政策制定或是发布的第一时间，双方都能及时地了解彼此的政策动向，对其中可能违背双方权利义务的政策提出咨询意见，将会大大降低日后争端的发生数量。对于两岸来说，虽然经济层面的交流日益热络，但是官方层面的交流却仍处于相对封闭状态，一些政策的实施效果往往是通过民间的试水之后再向官

① 张潇剑著：《国际民商事及经贸争端解决途径专论》，北京大学出版社2003年版，第152页。

② 现有的民间解决方式主要是通过双方的行业协会或是工会对两岸争端进行协商。迄今为止，两岸行业协会在解决两岸争端方面发挥积极作用的主要有2002年两岸钢铁协会“大陆对台湾地区提出反倾销调查之前的‘四项共识’”；2006年两岸毛巾反倾销案中，两岸以民间代表出面，官方代表以“顾问”身份参加的新的互动模式。

方层面反映，也就是说双方的预警机制是间接启动的，这就降低了双方官方层面对对方贸易政策措施的发展变化动态的反应速度，无法及时了解和把握对方市场发展动向、市场环境，不利于督促提高对自身贸易政策的自审能力，进而导致争端在官方"未反应期"已经开始凸现。所以，两岸不仅要关注争端发生后的解决之道，更要提前对争端的预防做好准备，引入经贸争端预防机制，将争端解决的时间点提前。

五、关于执行机构的设置

《协议》签订之后必将产生一系列执行问题，如《协议》的解释权属于何者？《协议》实施效果由哪一机构来评审？《协议》所涉及的各项事务由谁来具体操作、监督？……因此，应当考虑设置一套适于两岸经济合作机制建构的执行机构。

（一）建立相对完整的组织架构

对于两岸来说，不可能也不必要一步到位地建立完整且紧密的立法、司法、行政等执行机构，而应采用先易后难、逐步展开的设置方式，但是在初期应该有一个相对完整的体系构想。两岸经济合作不仅包含宏观层面，而且也包含微观层面的具体操作问题，不可能由一个机构完全承担，因此就必须进行完善的职责分工，即在机构设置上应当是宏观、微观相结合的模式。

（二）保持机构的相对稳定性，保证人员构成的广泛性与代表性

一个组织架构建立之后，如果只是将其作为一种临时的机构，那么其所可能发挥的影响力必然大打折扣，因此应当保持执行机构适当的固定性与稳定性，以实现执行效果的确定性和连续性。此外，从 CEPA 的经验来看，联合指导委员会主要由官员组成。依 CEPA 第 19 条第 3 款的规定，委员会的职能包括解释安排的规定、解决安排执行过程中可能产生的争议和拟订安排内容的增补及修正，这些都是专业性非常强的工作，只由官员承担这些工作并不十分适当。两岸之间签订《协议》，从根本上来说是一个以经济议题为主的协议，因此在执行人员的选择上，也应当有一部分的经济、法律、金融等专业人员来

参与，至于高层代表、专业人员的选任问题，应给予双方相对的自由度，各自根据内部需要进行指定或选择。最后，在机构执行人员的任职性质上，可以由两部分的人员组成，一部分是非常任委员，包括两地官方和商界人士，由双方指派，担任常务委员的商界人士必须在两地具有重要的影响；另一部分为常驻委员，这些委员固定为指导委员会委员，真正参与各项事务的具体执行过程。

（三）执行机构的运行和工作方式

基于两岸关系的特殊性，《协议》所确立的执行机构在运行过程中应强调协商的工作方式。以表决制度为例，宜侧重采用协商一致方法，以求实现各方意愿的最大共同化，而不宜采反向协商一致原则，否则将会使裂痕进一步扩大。在未来两岸经济合作更加成熟后，执行机构的运行机制可以强化其法律性，以充分发挥对《协议》实施的监督和评审职能。至于机构的工作方式规范，两岸间如若采用固定的执行机构，则不必局限于 CEPA 的单一会议型模式，可以采用诸如专家讨论、官方代表磋商等方式。

考察当今国际社会中的主要自由贸易协议，一般均对协议的执行设置严密的监督、评审机制，这些运行机制完全是以法律规则为基础，为成员设定了强制性的权利义务，①对此，《协议》并非应予全面仿效。在《协议》的初级阶段，暂时不可能建立这种强制性执行机制，虽然强制性机制可以作为未来发展方向的一种选择。《协议》与现有的国与国间的区域贸易协定不同，它短期内不可能实现两岸双方的权利义务的完全对等，这种在某些领域上单方履行义务的模式在国际社会的区域贸易协定中较为特殊，大陆的优惠承诺是在考虑本身的经济发展状况的基础上作出的，具有自我约束力和道义约束力，完全以法律规则为基础设定成员方的强制性权利义务并不合适，②因此，《协议》执行机制应当是一个从政治层面到法律层面逐渐完善的过程。

---

① 李伯侨、卢书桃：《CEPA：瑕疵与完善》，载《当代亚太》2004 年第 6 期。

② 李伯侨、卢书桃：《CEPA：瑕疵与完善》，载《当代亚太》2004 年第 6 期。作者的探讨对象主要是 CEPA，但笔者认为可借鉴用于分析《协议》执行机制的建构。

谈维护台湾同胞正当权益立法中“台湾同胞”的法律定位

杜力夫*

为实现两岸和平发展，就必须切切实实地保护台湾同胞的正当权益。在法治条件下，这种保护应当是依法保护，即制定相关法律，通过严格执法和司法来实现这种保护。依法保护，是一种稳定的、可预测的、长效的保护机制。2005年3月4日，胡锦涛同志在新形势下发展两岸关系的四点意见中提出：“台湾同胞是我们的骨肉兄弟，是发展两岸关系的重要力量，也是遏制‘台独’分裂活动的重要力量。‘台独’分裂势力越是想把台湾同胞同我们分隔开来，我们就越是要更紧密地团结台湾同胞。无论在什么情况下，我们都尊重他们、信赖他们、依靠他们，并且设身处地地为他们着想，千方百计照顾和维护他们的正当权益。”2008年12月31日，胡锦涛同志在纪念《告台湾同胞书》发表30周年座谈会上的讲话中，进一步提出“依法保护台湾同胞正当权益”，他强调：“我们要坚持以人为本，把寄希望于台湾人民方针贯彻到各项对台工作中去，理解、信赖、关心台湾同胞，体察他们的意愿，了解他们的诉求，为他们排忧解难，满腔热情，为台湾同胞多办好事和多办实事，依法保护台湾同胞正当权益。”

“依法保护台湾同胞正当权益”这一命题，首先要求我们要切切实实地依照中华人民共和国宪法和各项法律法规，保护台湾同胞的正当权益。这一点是毫无疑问的。其次，这一命题必然会引申出台湾同胞的法律地位和台湾地区法律在大陆地区适用等一系列问题。

“台湾同胞”这一用语，充满了浓厚的亲情与感情。与之对应的是“大陆同胞”、“港澳同胞”、“海外侨胞”。“同胞”，按《现代汉语词典》的解释，是指“同一

---

* 福建师范大学闽台研究中心研究员，法学院教授。

父母所生的人”、“同一个国家或民族的人”。英语 compatriot 也具有浓厚的感情色彩。然而，“同胞”一词，却不是一个有着严格定义的法律用语。正式的法律用语通常是“人民”、“国民”、“公民”或“居民”。我国 1994 年 3 月 5 日制定的《台湾同胞投资保护法》虽然用了“台湾同胞”这一用语，但并未给其下定义，只是给“台湾同胞投资”下了定义。该法中出现的“台湾同胞投资”、“台湾同胞投资企业”、“台湾同胞投资者”，其实只是把“台湾同胞”作为投资来源的定语使用，表达“台湾地区的公司、企业和其他经济组织或个人”这一内涵。在这部法里，“台湾同胞”不仅包括自然人，还包括法人和其他经济组织。但是在法律实践中，自然人和法人以及各种组织还是有很大区别的。自然人的某些合法权益和权利能力，如人身权、亲权、婚姻自主权等，法人和其他组织是不具备的。因此，在制定保护台湾同胞正当权益的相关法律时，不能将自然人和法人及其他组织放在一起，用一个笼统的词语来概括。换言之，需要对“台湾同胞”这一概念进行梳理，使之与法律上早已形成共识的用语相衔接。

台湾地区 20 世纪 90 年代制定并几经修改依然有效的“台湾地区与大陆地区人民关系条例”，对两岸关系的认定是基于“宪法一中”的立场，即，依照台湾现行的“中华民国宪法”，大陆地区与台湾地区均为“中华民国”领土。因此，该条例规定：“大陆地区：指台湾地区以外之中华民国领土。”（第 2 条）在此基础上，该条例以“台湾地区人民”和“大陆地区人民”来定位两岸同胞的法律属性和法律地位，并以“设有户籍”来加以区分，即规定：“台湾地区人民：指在台湾地区设有户籍之人民。”“大陆地区人民：指在大陆地区设有户籍之人民。”（第 2 条）值得注意的是，在“宪法一中”的框架下，按照台湾地区的相关规定，大陆地区人民，仍然在其“国民”的概念下，只是户籍设于大陆地区。

有必要指出的是，台湾地区有关规定中的“人民”一词的用法，与大陆地区有所不同。它相当于大陆地区法律中的“公民”一词。民国时期，“人民”是指居住在一国国内所有的自然人，包括外国人和无国籍人；“国民”是指具有中国国籍的自然人；而“公民”则被认为是享有选举权等公权利，并承担公法义务，达到一定年龄的国民。在整个民国时期的各部宪法典或宪法草案中，作为基本权利享有主体的用语，几乎均采用“人民”一词。台湾地区迄今为止仍沿用之。在这里，作为享有法定权利主体的“人民”，主要是指本国人，其内涵与“国民”重合，即无论年龄大小，只要拥有国籍，就是享有权利的主体。新中国诞生之际所制定的《共同纲领》仍沿用“人民”作为基本权利的享有主体，但在有关义务规定的条款中则使用“国民”这一用语(第 8 条)。大陆地区 1953 年的选举法仍将“公民”作为拥有选举权和被选举权的主体。从 1954 年宪法开始,大陆地区开始用“公民”一词表示一般基本权利的享有主体。换言之,大陆地区的“公民”一词,仅指拥有法定身份,受国家法律保护和管辖的自然人。而大陆地区“人民”一词主要演化成为政治上的集合概念,通常不是用于指称单个的自然人,而更多地用于指称一定阶级或阶级的联盟和进步的社会力量。

由此看来,如果因袭台湾地区“台湾地区与大陆地区人民关系条例”的用法,将台湾同胞定位为“台湾地区人民”,虽然有利于与对岸相关规定对接,但并不合乎大陆地区的习惯用法。更重要的是,综合台湾地区的“台湾地区与大陆地区人民关系条例”、“国籍法”、“户籍法”等相关规定来看,“台湾地区人民”是指拥有“中华民国国籍”,设户籍于台湾地区者,而“大陆地区人民”则实际上是指同样拥有“中华民国国籍”,但户籍设于大陆地区者。因此大陆人民获得台湾户籍,不存在“归化入籍”问题,只是一个户籍的初设登记问题。然而,众所周知,“中华民国国籍”完全是虚幻的,而台湾的户籍则是实在的,解决问题的途径还是回归到户籍问题较好。故因袭“台湾地区人民”不如用“台湾居民”更妥当,更准确。

因此,结论是,保护台湾同胞正当权益的相关立法中,不宜沿用“台湾同胞”一词,对台湾同胞的正式法律定位,应当是“台湾居民”,即户籍设于台湾地区、居住在台湾地区的中国公民。相对应的则是“大陆居民”。“台湾居民”与“大陆居民”都是“中国居民”,也都是“中国公民”。这也是胡锦涛同志多次强调的“台湾与大陆同属一个中国”原则中的应有之义。

台湾居民与大陆居民同属中国公民,有《国籍法》为依据。《国籍法》第 2 条明确规定:“中华人民共和国是统一的多民族国家,各民族的人都具有中国国籍。”第 4 条规定:“父母双方或一方为中国公民,本人出生在中国,具有中国国籍。”按国际通例,一国公民,是为拥有该国国籍者。中国公民,则为拥有中国国籍者。《国籍法》这里对于国籍的称谓是“中国国籍”,而非“中华人民共和国国籍”。

将“台湾居民”和“大陆居民”置于“中国公民”这一概念之内,并将“台湾居民”在法律上视为“中国公民”,我们已经有行政立法上的实践。国务院 1991 年 12 月 17 日颁布的《中国公民往来台湾地区管理办法》就规定:“居住在大陆的中国公民(以下简称大陆居民)往来台湾地区(以下简称台湾)以及居住在台湾地区的中国公民(以下简称台湾居民)来往大陆,适用本办法。”(第2条)在法律待遇上,台湾居民也适用规范中国公民的相关法律。如,该办法规定,台湾居民经由外国来大陆的,依据《中华人民共和国公民出境入境管理办法》提出申请;(第13条)来大陆后需要前往外国的,依照《中华人民共和国公民出境入境管理法》及其实施细则办理。(第17条)

只有梳理清楚台湾同胞的法律地位,保护台湾同胞正当权益的立法才有坚实的基础和依据。这一问题虽然与“中华民国”、“中华民国政府”、“中华民国宪法”等一系列历史遗留问题的定位相关联,但相对而言毕竟是两岸政治对立较少的一个问题,可以先行予以解决,以便推动两岸的经贸文化和人员交流,促进两岸和平发展。

图书在版编目(CIP)数据

两岸及港澳法制研究论丛. 第 1 辑/周叶中，邹平学主编. ——厦门 ：厦门大学出版社，2010.7
ISBN 978-7-5615-3690-2

Ⅰ. ①两… Ⅱ. ①周… ②邹… Ⅲ. ①法律-中国-文集 Ⅳ. ①D920.4—53

中国版本图书馆 CIP 数据核字(2011)第 083915 号

厦门大学出版社出版发行
(地址:厦门市软件园二期望海路 39 号 邮编:361008)
http://www.xmupress.com
xmup @ public.xm.fj.cn
厦门市明亮彩印有限公司印刷
2011 年 8 月第 1 版 2011 年 8 月第 1 次印刷
开本:787×960 1/16 印张:28 插页:2
字数:462 千字 印数:1～1 500 册
定价:45.00 元